Hobbit Presse
Klett-Cotta

Michael de Larrabeiti
Die Borribles Band 3
Die Schleppnetzfahndung
Aus dem Englischen
übersetzt von
Joachim Kalka

Für Celia, Aimée, Phoebe und Rose

Verlagsgemeinschaft
Ernst Klett Verlag –
J. G. Cotta'sche Buchhandlung
Die Originalausgabe mit dem Titel
»The Borribles: Across the Dark
Metropolis« erschien 1986
bei Pan Books Ltd., London

Erste Auflage der
wohlfeilen Sonderausgabe
Printed in Germany 1988
Fotomechanische Wiedergabe
nur mit Genehmigung des Verlages
Design: Dietrich Ebert, Reutlingen
Satz: Steffen Hahn,
Kornwestheim
Druck und Einband:
Ebner, Ulm
ISBN 3-608-95434-1
ISBN 3-608-95618-2
(Sonderausgabe)

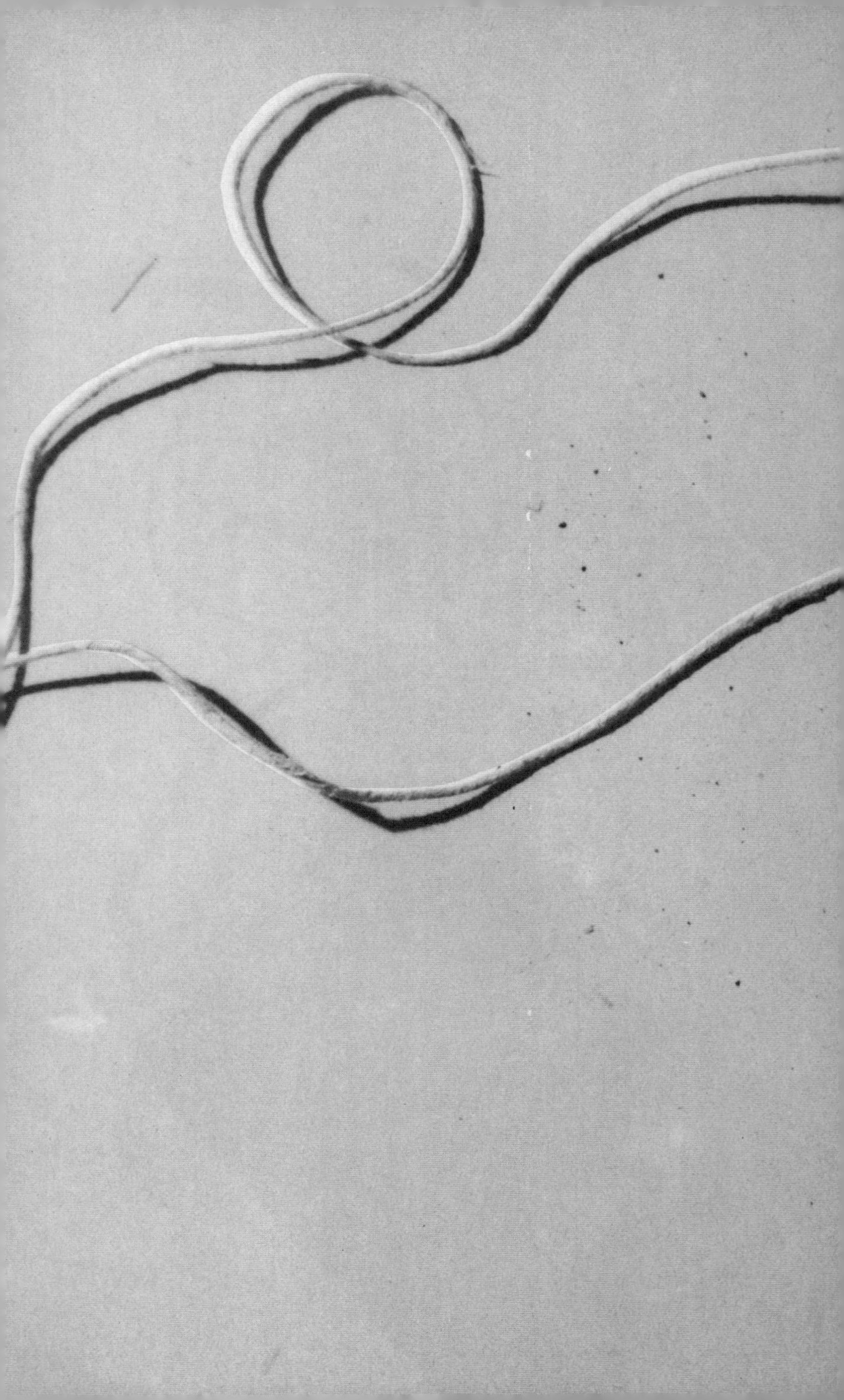

nd falls ich dich nicht mehr sehe –
ein gutes Leben.«
Borrible-Sprichwort

»Kratz nicht, wo's nicht juckt.«

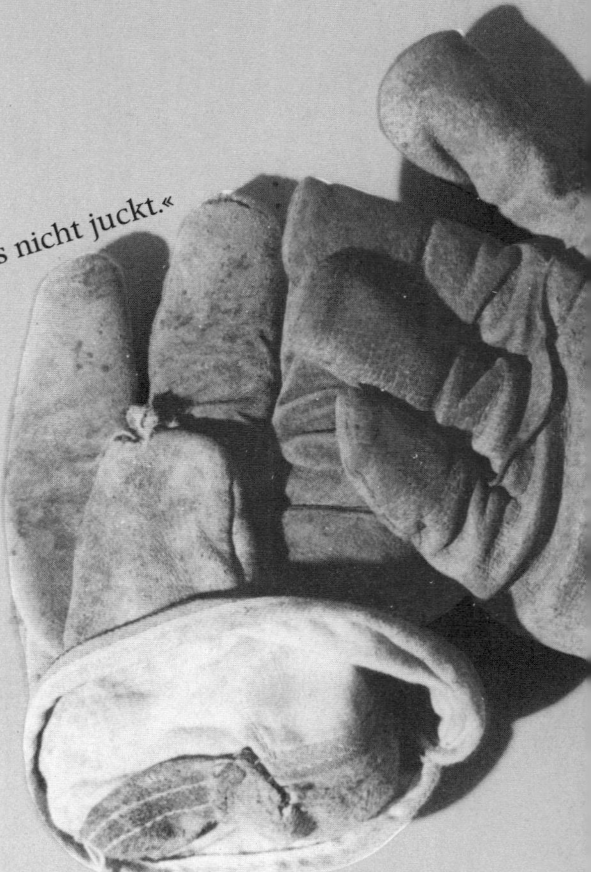

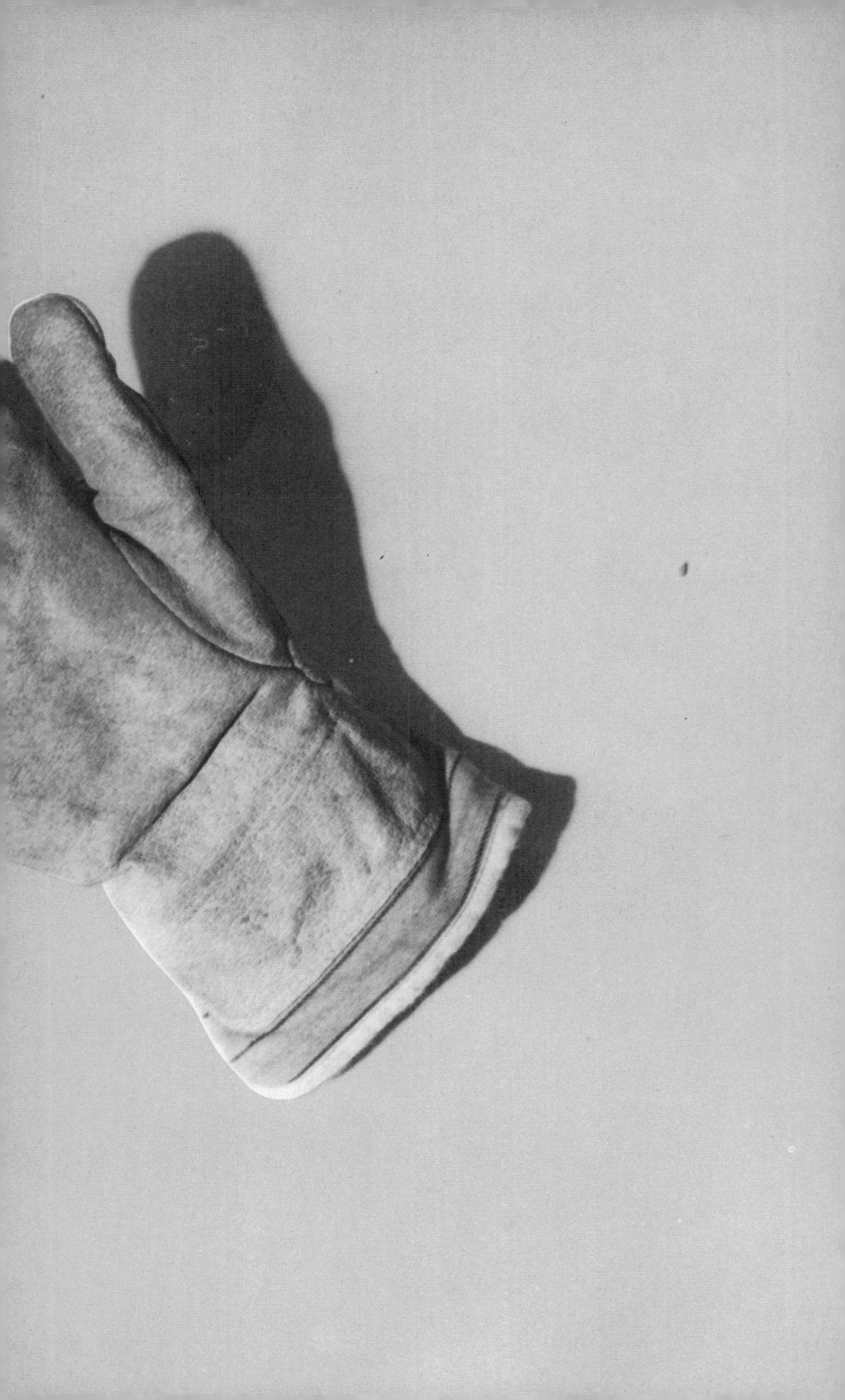

»Ein Borrible, der nicht so lebt wie ein Borrible
ist auch kein Borrible

»Laß dich nicht erwischen.«
PHANTOM

CIP-Titelaufnahme der Deutschen Bibliothek

DeLarrabeiti, Michael:
Die Borribles/Michael de Larrabeiti.
Aus d. Engl. übers. von Joachim Kalka. –
Wohlfeile Sonderausg. – Stuttgart: Klett-Cotta.
(Hobbit Presse)
Einheitssacht.: The Borribles <dt.>
ISBN 3-608-95618-2

Bd. 3. Die Schleppnetzfahndung. – 1. Aufl. – 1988
Orig.-Ausg. u.d.T.: DeLarrabeiti, Michael:
Across the dark metropolis

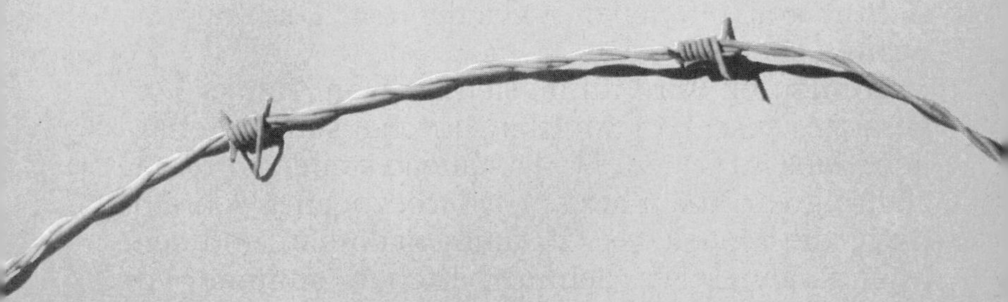

1

Sergeant Hanks von der Londoner Polizei, Vizekommandant der Anti-Borribles-Spezialeinheit, saß vor der Tür zum Büro des Stellvertretenden Polizeipräsidenten auf einem Stuhl und bohrte in einem Zustand seliger Selbstvergessenheit in der Nase. Zehn Minuten lang hatte er mit schönem Erfolg in seinem linken Nasenloch Ausgrabungen angestellt, nun befaßte er sich mit dem rechten. Und wie der gekrümmte Nagel seines Zeigefingers sich in etwas Schwammig-Weiches grub, schlossen sich seine Augen vor reiner sinnlicher Lust. Als sich schließlich der feuchte, üppige Popel von seiner zähen Verwurzelung löste und vorsichtig ans Tageslicht gezerrt wurde, öffnete Hanks nur ein Auge zur Hälfte und betrachtete seine Trophäe mit dem prüfenden Blick langer Erfahrung.

»Hmmm!« sagte er, »erstklassiges Exemplar, schaut aus wie eine junge Auster«, und er klebte ihn unter den Stuhl und kreuzte die dicken Knöchel in einem Gefühl vollkommener Zufriedenheit. Das war das wahre Leben.

Drinnen im Büro fühlte sich Sergeant Hanks' Vorgesetzter, Inspektor Snuffkin, durchaus nicht behaglich. Ganz im Gegenteil – er stand in steifer, korrekter Haltung vor einem breiten, lederbezogenen Schreibtisch, die Lippen fest zusammengepreßt, und sein briefmarkengroßes Schnurrbärtchen summte vor Entrüstung. Snuffkin war in großen Schwierigkeiten, und der Stellvertretende Polizeipräsident sorgte gründlich dafür, daß ihm das auch klar wurde.

»Nicht gut genug«, sagte der SPP, »Ihre Arbeit ist einfach nicht gut genug. Vor zwei Monaten wird mir versichert, Sie haben diese Borribles sicher in Wandsworth eingekesselt. Keinerlei Ausweg. Das waren Ihre Worte. Und das Pferd auch! Und wo sind sie jetzt, wenn ich fragen darf?«

Inspektor Snuffkin öffnete den Mund zu einer Antwort, schloß ihn aber sogleich wieder, als der SPP die Hand mit einer schweigengebietenden Geste hob.

»Geflohen sind sie, so sieht es aus, entwischt.« Die Stimme des SPP war spitz und wie durchsichtig, stach wie Splitter teuren Porzellans. Er war elegant gekleidet: ein sorgfältig geschnittener dunkelgrauer Anzug und ein makelloses Hemd, weiß und glatt wie frischgefallener Schnee. Seine Krawatte bedeutete dem Betrachter dezent, daß er einst einem sehr exklusiven Regiment angehört hatte, und seine Schuhe glänzten so strahlend, daß es unmöglich war, ihre Farbe festzustellen.

Er betrachtete einen dieser Schuhe einen Augenblick lang, am Ende eines steif ausgestreckten Beines, und erhob sich dann, zufrieden mit dem leuchtenden Glanz, behende aus seinem Drehsessel. »Also, Snuffkin«, fuhr er fort, »es läuft darauf hinaus, daß ich Ihnen die prächtigste Truppe unterstellt habe, die man bei irgendeiner Polizei der ganzen Welt finden könnte, und alles, was Sie erreicht haben, ist: Versagen auf der ganzen Linie.« Der SPP schnaubte angewidert und fing an, auf dem olivgrünen Teppich hin- und herzuschreiten, der sein weiträumiges Büro bis in die fernsten Ecken ausfüllte.

Snuffkin sah aus dem Fenster hinab auf die chaotische Silhouette von London. Es war naß da draußen und kalt. Es hatte zu regnen aufgehört, aber nur, damit es bald wieder anfangen konnte. Der Nachmittag war erst zur Hälfte vorüber, doch schon drang der

Lichtschein aus tausend Bürofenstern in hundert Hochhäusern durch das Dämmerlicht.

Snuffkin seufzte. London war sein Revier, die ganze Stadt. Wieder seufzte er: Es war auch das Revier der Borribles. Die ganze Stadt wimmelte von ihnen. In eben diesem Augenblick waren draußen auf den Straßen Borribles zugange und klauten links und rechts, was ihnen in die Finger kam, und wenn sie nicht stahlen, dann lungerten sie müßig in leeren Häusern herum und taten gar nichts: alles Verhaltensweisen, denen ein Ende zu setzen Snuffkin geschworen hatte.

Der SPP kehrte von seinem Gang zurück und war wieder hinter seinem Schreibtisch angelangt. Groß, in lässiger Haltung, stand der SPP dem Inspektor gegenüber, und sein Gesicht war hochmütig, hochherrschaftlich und rosa, wie das eines Richters in weißer Perücke. Auch er seufzte tief, als erschöpfe ihn das Leben: Sein Weg führte an so vielen Idioten vorbei.

»Das einzige, was Sie zuwege gebracht haben, Snuffkin«, sagte er, »ist, ein paar Transportfahrzeuge auf dem Eel Brook Common zu demolieren, etwa zwanzig Ihrer Leute mit Verletzungen in Pension zu schicken und dann die Anführer dieser Borribles großzügig entkommen zu lassen.« Er hob die Hand, als Snuffkin mit einem tiefen Atemzug zum Reden ansetzte. »›Völlig sicher, Sir‹, höre ich Sie noch sagen, ›völlig sicher abgeriegelt dort in Wandsworth. Die können nicht entkommen.‹ Können nicht entkommen, was? Ja? Wie? Die sind nicht nur entkommen, die sind mit einem Pferd zusammen entwischt. Mit einem Pferd, Mann! Das ist aus Ihrem eigenen Polizeirevier verschwunden. Alles hat über Sie Tränen gelacht!«

Snuffkin trat gequält von einem Fuß auf den anderen, sagte aber nichts.

»Ich gebe zu«, fuhr der SPP fort und machte sich wieder zu einem kleinen Gang auf, »Sie haben ein paar Borribles eingefangen und ihnen die Ohren gestutzt, aber die sind unerheblich, es sind nicht die, die wir haben wollen. Konzentrieren Sie sich auf die Rädelsführer.«

Snuffkin zuckte nervös mit dem Kopf. Er ertrug es nicht, so lange stillstehen zu müssen. Er sehnte sich danach, sich zu regen: stampfen, marschieren, kehrt und geradeaus.

»Ist Ihnen denn nicht klar, Snuffkin, daß diese Borribles, je mehr man ihnen durchgehen läßt, desto entschlossener das Fundament unserer Gesellschaft unterwühlen? Wir können es nicht zulassen. Es ist unsere Verantwortlichkeit, daß die Gesellschaft da bleibt, wo sie ist. Es ist einfach ein Ding der Unmöglichkeit, daß Borribles tun, was ihnen gerade einfällt, leben, wie es ihnen behagt, hingehen, wo es ihnen gerade paßt. Sie müssen diese Borriblebande aufspüren und liquidieren. Und vor allem müssen Sie ihr Pferd finden, das für sie eine Art Maskottchen zu sein scheint, und Sie werden dafür sorgen, daß Katzenfutter aus ihm wird. Und wenn Sie bei dieser Aufgabe versagen, Snuffkin, dann fürchte ich sehr, daß ich mich gezwungen sehen würde, Ihre Aufgabe dem Superintendenten Birdlime von Abteilung C zu übertragen. Ein energischer junger Mann, wie Sie wissen, der geht richtig ran. Scharf wie ein Rettich.«

Snuffkin durfte endlich auch etwas sagen. »Ich hab ja alles versucht, Sir, aber London ist so groß. Es ist keine leichte Arbeit, diese Missetäter dingfest zu machen.«

Der SPP schenkte Snuffkin ein mitleidiges Lächeln; er hatte sich dekorativ neben den Kamin gelehnt.

»Mein lieber Snuffkin«, sagte er, »sie dingfest zu machen, ist einfach Ihre Pflicht, und dafür Sorge zu tragen, daß sie – einmal dingfest gemacht – keine Fluchtmöglichkeit mehr haben. Wenn die alten Methoden versagen, müssen Sie neue anwenden, Sie müssen flexibel sein, listig; tückisch, wenn erforderlich. Glauben Sie denn, daß Caesar und Alexander ihre Position durch großzügiges Benehmen erreicht haben? Denken Sie nach, Snuffkin, denken Sie nach! Sie müssen den Borriblealltag infiltrieren, Sie brauchen eine Fünfte Kolonne, Spione, Verräter. Tun Sie alles, alles, was Sie ans Ziel bringt... aber sagen Sie's mir nicht. Ich wünsche, über Ihren Erfolg informiert zu werden, nicht über Ihre Mittel.«

Snuffkins Schnurrbart begann zornig zu zucken, doch er beherrschte sich. Er nickte energisch. »Jawohl, Sir. Infiltrieren, bestechen, korrumpieren. Jawohl!«

Der SPP schlenderte zu seinem Sessel zurück und ließ sich langsam hineinsinken. Er stellte die Ellenbogen auf die Schreibtischplatte und verschränkte die Finger der rechten Hand mit denen der Linken. »Bedenken Sie doch, Snuffkin, das Leben ist eine ständige Prüfung... Wenn wir Erfolg haben, Sie und ich, dann winkt uns eine Beförderung. Wir würden beide eine Stufe aufsteigen, wir hätten bestanden. Ich könnte nächstes Jahr um diese Zeit Polizeipräsident sein und Sie... nun, für einen Mann mit Ihrer Intelligenz und Energie... die Möglichkeiten sind unbegrenzt. Unbegrenzt.«

Der SPP lächelte abgeklärt und drehte sich gemächlich auf seinem Sessel im Kreise, um aus dem großen Fenster sehen zu können. Die regenschweren Sturmwolken hatten sich auf den nur schwach erkennbaren Horizont gesenkt, und das endlose Gewirr der Gebäude und Dächer von London verschwamm zu einem einzigen stumpfen Schwarzblau.

Der SPP reckte sich und breitete die Arme aus. »Es kommt der Winter«, sagte er, als sei dies eine philosophische Einsicht, »und das kann uns nur recht sein. Nicht soviel Leute auf den Straßen, die Borribles werden leichter zu erkennen sein. Es liegt jetzt bei Ihnen, Snuffkin. Völlige Ausmerzung dieser kriminellen Bande von Borribles, mit etwas anderem werde ich mich nicht zufriedengeben. Ich erwarte von Ihnen nur gute Nachrichten, verstehen Sie, was ich meine? Ja? Oder Sie werden in Kürze eine schlechte erhalten. Birdlime wartet nur darauf. Birdlime wartet.«

»Jawohl!« sagte Snuffkin. »Selbstverständlich, Sir.« Er stand immer noch da, zögernd; er wußte nicht, ob er gehen konnte oder nicht. Er wartete darauf, daß der SPP sich wieder vom Fenster wegdrehen würde, doch der starrte immer noch auf das sich stetig verdunkelnde Panorama unten, wo die Lichter immer heller funkelten.

Snuffkin entschied sich zu gehen. Sein Schnurrbart hüpfte und zuckte, und er salutierte und machte mit derselben nervösen Bewegung gleichzeitig kehrt, um über den Teppich zu der polierten Eichenholztüre des Büros zu marschieren. Er öffnete sie, trat hinaus, schloß sie mit ehrfürchtiger Vorsicht, die Gesichtsmuskeln starr vor Haß.

Inspektor Snuffkin verklammerte die Hände auf dem Rücken und stolzierte zwischen dem Fenster seines Büros und dem Schreibtisch auf und ab wie Lord Nelson auf dem Deck seines Flaggschiffs. Sergeant Hanks hatte seinen massiven, wabbligen Hintern auf den Schreibtisch gehievt, die Arme über der eigelbverschmierten Uniform gekreuzt und sperrte nun die fleischigen Ohren auf, damit ihm ja kein Wort entging, welches sein Vorgesetzter nun aussprechen mochte. Die beiden befanden sich im Hauptquartier der Spezial-Borrible-Einheit, dem SBE-Büro in der Micklethwaite Road in Fulham.

»Wir hatten eine höchst bedeutungsvolle Konferenz in Scotland Yard«, sagte Snuffkin. »Sehr eindringliches Gespräch.«

Hanks öffnete seine dicken Lippen und lächelte leer. Gleichzeitig glitt seine Hand in die Jackettasche und zog einen Schokoladenriegel hervor. »Das freut mich zu hören, Sir«, sagte er. »Vielleicht etwas Trauben-Nuß?«

Snuffkin winkte ungeduldig ab und drehte sich auf dem Absatz um hundertachtzig Grad – etwa neunzig Grad mehr, als er eigentlich beabsichtigt hatte, so daß er mit einem gewissen Erstaunen nun durchs Fenster auf die Straße hinuntersah. »Es geht im Leben um mehr als um Trauben-Nuß«, sagte er ernst. »Wir haben Probleme, Hanks, große Probleme.«

Hanks betrachtete den Rücken des Inspektors und steckte sich den halben Schokoladenriegel zwischen die Lippen, wobei ihm der Speichel so reichlich im Mund zusammenlief, daß die Nässe sein Kinn hinabrann, braun und mit halbzerkauten Rosinen gesprenkelt.

»Der SPP und ich«, fuhr der Inspektor fort, »haben entschieden, daß die Situation betreffs der Borribles als ebenso kritisch wie chronisch einzuschätzen ist. Eine neue Initiative unsererseits muß eingeleitet werden. Wir werden unsere Anstrengungen auf die hauptsächlichen Kriminellen, die Bande vom Eel Brook Common, konzentrieren. Diese Lumpen, diese

Vagabunden müssen in Gewahrsam genommen werden, und es müssen unverzüglich ihre sämtlichen Ohren gestutzt werden. Ihre Unterschlüpfe sind zu zerstören. Sie müssen gezwungen werden, sich so zu benehmen wie alle anderen auch, müssen Geld verdienen wie alle anderen auch und erwachsen werden. Wie alle anderen auch. Wir sind für die Gesellschaft verantwortlich, Hanks.«

»Das sind wir in der Tat allemal, Sir«, pflichtete Hanks ihm bei, langsam kauend und schmatzend.

»An der Basis macht sich eine schlappe Haltung breit, Hanks. Der SPP und ich haben dies ausführlich erörtert. Diese Borribles sägen an den Stützen unserer Gesellschaft, und am Ende bricht unsere ganze Zivilisation zusammen. Die Freiheit führt zur Anarchie. Die müssen einfach lernen, sich ruhig und ordentlich zu verhalten.«

»So ist es, Ruhe und Ordnung«, sagte Hanks. Er hob seinen schweren Körper vom Schreibtisch und ging mit schwerem Tritt zu einem Speiseschrank, der direkt an der Tür des Büros stand. Den öffnete er, holte ein Brötchen heraus, schnitt es auf, bestrich es mit Butter und dann dick mit Honig.

»Das Zeug mag ich einfach«, erklärte er und preßte sich das Brötchen zwischen die Zähne, daß der Honig über sein Kinn lief und auf die Uniform träufte.

Snuffkin ignorierte diese Bemerkung und fegte mit rascher Kehrtwendung durchs Zimmer und hinter seinen Schreibtisch. Er setzte sich und fuhr sofort wieder auf, als hätte er sich auf etwas Feuchtem und Abstoßendem niedergelassen. Sein Gesicht nahm einen strengen Ausdruck an, und sein Schnurrbart zuckte von einer Seite zur anderen, die Bewegungen seiner Füße nachahmend.

»Die Männer müssen gerügt werden«, sagte er, »und dann eine neue, stramme Ausbildung. Wir müssen uns diese Borribles schnappen, und vor allem das Pferd. Die Lage ist kritisch. Es muß uns etwas Neues einfallen. Spitzel, Unterwanderung.«

»Das wär nicht neu, Sir.«

»Wenn alles klappt, riecht's nach Beförderung, Hanks. Sie werden Inspektor, ich werde SPP, und der SPP wird geadelt. Stellen Sie sich das vor, Hanks. Adelstitel! Sir Sergeant Hanks. Lord Snuffkin von Fulham. Unfaßbar.«

»Unfaßbar!« wiederholte Hanks. Snuffkin führte eine Hand an die Stirn und ließ sich in seinen Sessel fallen. »Das ist unsere letzte Chance. Wenn wir's nicht schaffen, ist Birdlime dran, und wir können wieder Streife gehen. Wir müssen einfach Mittel und Wege finden, um in die Infrastruktur der Borribles einzudringen.«

»Geheimagenten!«

»Genau.«

»Was wir brauchen«, sagte Hanks, »ist jemand auf der anderen Seite. Das brauchen wir.«

Snuffkin fuhr wieder aus seinem Sessel hoch, stampfte mit beiden Füßen gleichzeitig auf den Boden und lief zum Fenster. Seine Hände, immer noch auf dem Rücken verschränkt, machten einen entschlossenen Versuch, einander zu erwürgen. »Ganz genau«, sagte er, und leidenschaftliche Erregung strömte dampfend aus seinen Ohren, als kochten in seinem Schädel zwei Teekessel.

Hanks stand mitten im Zimmer und hob einen Finger zur Nase, um ihn, so weit es nur ging, in ein Nasenloch zu bohren – etwa bis zum zweiten Gelenk. »Was wir brauchen«, sagte er, »wäre eine gottverdammte Kompanie Zwerge.«

Schweigen glitt durch den Raum wie eine Wagenladung nasser Zement. Snuffkin kauerte sich plötzlich zusammen und wandte sich sehr langsam vom Fenster weg, Zoll um Zoll, mit einem starr ausgestreckten Finger auf seinen Untergebenen deutend, der in aller Unschuld versunken dastand und mit einem Popel kämpfte. Snuffkin lachte ein zufriedenes Lachen.

»Ha! Hanks, ha! Mir ist eben eine unglaublich brillante Idee gekommen.« Snuffkin näherte sich seinem Sergeanten, immer noch in gebückter Haltung und mit ausgestrecktem, deutendem Finger. »Wußten Sie, daß ich auf der Polizeischule in Hendon Jahrgangsbester war? Mein Hirn ist ein Computer, der nie mit seinen Berechnungen innehält, der Informationen über Informationen aufnimmt, bis eines Tages, wenn der Druck übermächtig wird, beim rotglühenden Schein der unerbittlichen Notwendigkeit… ›Heu Riga!‹ Und die ersehnte Antwort liegt vor uns. Mit anderen Worten, was wir brauchen, ist eine Kompanie Zwerge.«

Ein Ausdruck der Verblüffung zog über Hanks' Gesicht, und er nahm den Finger aus der Nase, ohne ihn auch nur zu betrachten. »Das hab ich eben gesagt«, sagte er. Er nahm eine Teekanne aus dem Schrank und löffelte Teeblätter hinein. »Ich möchte schwören, ich hab das gesagt.«

Snuffkin richtete sich auf und ließ den Arm herunterfallen. Er hüpfte hinter seinen Schreibtisch und setzte sich. »Seien Sie nicht töricht, Hanks«, sagte er, »ich würde es bedauern, wenn Sie Ihren lebenslangen Gewohnheiten untreu würden, Gewohnheiten, welche Ihrer Karriere stets förderlich waren. Ihr Job ist niemals die Formulierung, stets nur die Aktualisierung einer Strategie.«

»Oh«, sagte Hanks und knipste den Schalter des elektrischen Wasserkessels an.

»Deshalb befinde ich mich in meiner Stellung und Sie in der Ihren«, sagte Snuffkin mit der säuerlichen Strenge eines Pfarrers. »Und jetzt hören Sie her. Wir werden diskrete Anzeigen in die Zeitungen setzen, insbesondere in die Fachblätter – *Die Bühne, Zirkusnachrichten, Jahrmarkt und Schaubude,* all so was, und bieten darin Liliputanern und Zwergen eine Stellung an, sie müssen aber noch jugendlich sein. Klar, Hanks? Wir wollen nur die haben, die jung ausschauen.«

Hanks stöpselte den kochenden Kessel aus und goß das Wasser in die Teekanne. Er reichte dem Inspektor einen Becher mit dem heißen, schwarzen, starken Getränk.

»Wir können Liliputaner aus allen Kreisen brauchen«, sagte Snuffkin, nachdem er einen kleinen Schluck genommen hatte. »Wir bilden sie aus, wir bereiten sie vor, die kriegen einen Kursus in Borriblegebräuchen, alles. Sie werden stehlen und in Abrißhäusern wohnen wie die Borribles und werden alle ihre Sprichwörter kennen. Sie werden sie infiltrieren, unterminieren und auf subversive Weise ihr Leben penetrieren.«

Hanks schlürfte seinen Tee und erzeugte Geräusche, die an ein Abflußrohr im Gewitter denken ließen. »Zwerge haben keine spitzen Ohren«, bemerkte er. »Borribles aber.« Der Sergeant lächelte wie ein Fleck Treibsand beim Laut nahender Schritte: Darauf gab es keine Antwort.

Snuffkin schlug mit der Faust auf den Schreibtisch und stampfte mit dem Fuß auf den Boden. »So kann man mich nicht besiegen«, sagte er. »Jahrgangsbester in Hendon, das war ich! Wir werden Spezialohren aus Plastik anfertigen lassen, schön spitz, und werden sie dranheften.«

Hanks' gewaltiger Bauch wogte unter seiner beklekkerten Uniform wie Wasser in einem Luftballon. »Ich glaube nicht, daß das hinhauen wird, Sir. Wenn ein Borrible einen Verdacht faßt und einen von Ihren Spionen an den Ohren zieht, na, dann gehen die Lauscher ab, und es heißt adieu ihr Zwerge. Die Borribles würden die zur Minna machen.«

Snuffkin nippte an seinem Tee. »Schwierigkeiten«, sagte er, »sind ausschließlich dazu da, daß sie von überlegenen Gehirnen wie meinem überwunden werden. Wenn Heftklammern unseren Zwecken nicht entsprechen, dann werden wir die Ohren mit einem Patentkleber fixieren, den bringt nichts von der Stelle, wie fest die Borribles auch daran herumzerren mögen.«

»Patentkleber...«, sagte Hanks. »Die Zwerge würden ihre neuen Ohren nie mehr runterkriegen. Ich seh noch nicht, daß die sich darauf einlassen. Ich würd's nicht.«

»Sie sind kein Liliputaner, der dringend Geld braucht«, sagte Snuffkin und betrachtete prüfend seine Fingernägel, »außer natürlich im bildlichen Sinne. Für genügend Moneten läßt sich die menschliche Spezies zu beinahe jeder Handlungsweise überreden. Alles hat man schon für Geld gemacht und wird's auch wieder tun.«

»Nicht die Borribles«, sagte Hanks. Er schob beleidigt seine dicken Lippen vor.

»Das war in der Tat immer das Problem«, stimmte ihm Snuffkin zu, »aber die Zwerge, die zu bestechen wir beabsichtigen, sind keine Borribles. Ich werde sie zu Spitzenkräften ausbilden, und dann werde ich auf jedem Straßenmarkt einen stationieren, und wenn die Borribles sich in Bewegung setzen, werde ich Bescheid wissen, ehe sie's selbst richtig merken. Wir werden ihnen die Ohren stutzen, und sie werden erwachsen und alt werden wie wir auch … und werden arbeiten müssen! Und was dieses zerfranste, verlauste Pferd angeht, das wird in einer langen Reihe von Katzenfutterdosen enden. Diesmal gilt's, Hanks, der Vorhang fällt«, und die beiden Polizeibeamten grienten und hoben ihre Teebecher und ließen sie gegeneinander klacken.

»Wir werden das Ganze ›Unternehmen Katzenfutter‹ nennen«, fuhr Snuffkin fort, »so heißt die Sache«, und er war so zufrieden mit sich selbst, daß er sogleich ein improvisiertes Liedchen anstimmte. Es war ein schmissiger kleiner Song, und die Melodie ließ den Inspektor höchst energisch hin und her stolzieren und springen.

»Katzenfutter – die Parole
deckt zunächst bescheidne Ziele:
daß ich mir die Wühler hole,
wenn auch noch nicht allzu viele.

Rasch greift mein Programm dann breiter –
erst wird mal das Pferd zerstückelt,
aber dann geht's machtvoll weiter,
wenn mein Heilsplan sich entwickelt.

All die asozialen Penner,
die mein England ruinieren,
prüf ich jetzt auf einen Nenner:
auf die Marke Herz & Nieren.

Katzenfutter aus den Stänkern,
die die Wirtschaft untergraben,
aus den unverfrornen Denkern,
die noch eine Meinung haben.

All die tückischen Proleten,
Simulanten, Arbeitslosen,
werd ich in den Hintern treten:
Rein in die Konservendosen!

Flegel, Nörgler, freche Kinder –
will wer nicht im Gleichschritt gehen,
bin ich gern bereit, die Sünder
gründlich durch den Wolf zu drehen.

Terroristen, Kritikaster,
Borribles, ihr schlauen Füchse!
Widerspruch, Krawall und Laster
landen sauber in der Büchse.«

Am Ende des Liedes grinste Hanks und schüttelte voll Bewunderung den Kopf. »Wundervoll, Sir«, sagte er, »einfach wundervoll.« Er grinste wieder und goß sich einen Schluck Tee in den Mund.

In diesem Moment prasselte, vom Wind getrieben, der Regen gegen die Wand des Hauses, und Snuffkin hüpfte ans Fenster. Er versuchte, in die Nacht hinauszuspähen, aber es herrschte beinahe undurchdringliches Dunkel auf der Straße, und das Licht einer ein Stück weiter stehenden Laterne erreichte kaum den Gehsteig.

Snuffkin machte entzückt ein paar Tanzschrittchen. »Schaut euch diesen kalten Regen an«, krähte er.

»Jetzt möchte ich kein Borrible in einem alten Abbruchschuppen sein, Hanks, nicht jetzt und überhaupt niemals.«

Hanks lachte. »Jetzt kommt der Winter«, sagte er, »ein langer harter Winter.«

»So wird es den Borribles vorkommen«, sagte Snuffkin, und sein Schnurrbart schob sich von einer Seite auf die andere wie ein Scheibenwischer. »Ein langer harter Winter für die Borribles. Darauf trinke ich noch einen Schluck Tee.«

»Sicherlich, Sir«, sagte der Sergeant und schob seinen riesigen Leib in Richtung des Teekessels durchs Zimmer.

Bingo Borrible zog sich die Wollmütze tief über die Ohren, schlug den Kragen seiner Militärjacke hoch und landete mit einem Klimmzug oben auf dem Bahndamm. Der Wind biß ihn scharf; der Regen stach ihm ins Gesicht wie Nadelgeschosse einer Schleuder. Er drehte sich um und sah angestrengt hinunter. »Auf geht's, Stonkus«, sagte er. »Auf dem Gleis drüben stehn ein paar Waggons.«

Ein kratzendes, scharrendes Geräusch drang empor, und aus dem wirbelnden Regendunkel tauchte Stonkus' Kopf auf. Stonkus war großgewachsen für einen Borrible, und sein Gesicht ließ nur langsam erkennen, was er dachte. Doch alle, die ihn kannten, mochten ihn: Man vertraute ihm bis in den Tod, und er war stark wie ein Mann. Hinter Stonkus zog sich Zwielicht herauf, der Bangladeshi aus Whitechapel.

»Wirklich das Letzte«, sagte er, »nach diesem Sommer so ein Winter. Ich brauch 'nen neuen Regenmantel.«

»Das erste«, unterbrach ihn Bingo, »ist jetzt mal, Futter für Sam zu finden. Der hat heut früh bloß ein paar Möhren gehabt.«

»Glaubst du, in den Waggons da ist was Brauchbares?« fragte Stonkus. Er schaute sich nach den schwächlichen Straßenlampen der Battersea High Street unter ihnen um. »Bißchen exponierte Lage hier droben.«

»Keine Angst«, antwortete Bingo. »Mir hat einer gesagt, daß hier oben eine Ladung Futterkuchen steht. Ich schau mir mal die Güterwagen an, bleibt ihr hier und paßt auf.«

Bingo kletterte vorsichtig auf der anderen Seite des Bahndamms hinunter und lief geduckt über andere Geleise bis zu den abgestellten Waggons. Bald hatten Stonkus und Zwielicht ihren Gefährten aus den Augen verloren, aber nach ein, zwei Minuten hörten sie seinen Ruf und liefen ihm nach.

»Was ist da drin?« fragte Stonkus. Er stand neben einem der großen Eisenbahnräder, Zwielicht neben sich.

»Ist mir nicht ganz klar«, sagte Bingo. Seine Stimme kam aus dem Inneren des Güterwagens; der Wind zerriß die einzelnen Wörter. »Hier liegt irgendein Zeug in Plastiksäcken, ich hab kurz mal mit meiner Taschenlampe reingefunzelt, sieht aus wie Tierfutter.«

»Schmeiß einen runter«, sagte Stonkus, »ich trag ihn zur Fabrik zurück.«

»Mir auch gleich einen«, sagte Zwielicht, »dann ist Sam ein paar Tage lang versorgt.«

Als der erste Sack auf den Boden plumpste, drang ein lauter Schrei von unten auf der anderen Seite der Bahnlinie zu ihnen. »Bleibt da stehen!« brüllte eine Männerstimme. »Ihr seid verhaftet!«

»Bahnpolizei«, sagte Zwielicht. »Los, Bingo, raus aus

dem Wagen.« Der Bangladeshi zog eine Schleuder aus dem Gürtel, lud sie mit einem Stein und schoß in die Richtung des Gebrülls. Noch ein Schuß; die Stimme erhob sich wieder, andere fielen ein.

»Ihr kommt hier nicht weg! Wir haben Posten auf beiden Seiten der Strecke!«

Bingo sprang herab. »Gelogen«, sagte er, »sonst hätten sie's uns nicht gesagt. Auf geht's, zur High Street rüber.«

»Was ist mit dem Viehfutter?« fragte Stonkus, gelassen wie immer. »Das Pferd hat Hunger.«

»Wir können's jetzt nicht abschleppen«, sagte Zwielicht, »da sind wir langsamer.«

Stonkus bückte sich und warf sich einen Sack über die Schulter. »Ich versuch's mal«, sagte er.

Das war das Ende der Diskussion. Die drei Borribles rannten davon und stolperten im Dunkel auf ihrer Seite den Bahndamm hinunter. Drunten kamen sie an die hintere Mauer der Höfe, die zu den Ladengeschäften der Battersea High Street gehören. Bingo hatte recht gehabt: Hier lauerte keine Polizei auf sie. Einen Augenblick lang standen sie still und lauschten. Die Stimmen erklangen nun über ihnen, bei den Güterwagen.

»Über die Mauer«, sagte Bingo. Er verschränkte die Hände fest zum Steigbügel, und Zwielicht setzte seinen Fuß darauf und stieß sich ab, um oben auf der Mauer zu landen. Sogleich schwangen Stonkus und Bingo den Sack zu ihm hinauf, und Zwielicht lenkte ihn über die Mauer, wo er auf der anderen Seite mit sanftem Klatschen aufschlug. Dann stieg Stonkus auf die Mauer, streckte den Arm aus und zog Bingo zu sich empor.

Ein Weilchen saßen alle drei auf der Mauer und hielten den Atem an – sie lauschten, wie die Schreie und Pfiffe der Polizei in der Ferne schwächer wurden, lauschten, um sicherzugehen, daß niemand unten ihnen auflauerte. Sie saßen geduldig da, reglos und stumm. Das waren sie gewohnt; in einer solchen Dunkelheit wußte man nie, wer in der Nähe sein mochte, um einen unverhofft anzufallen. Und während sie warteten, drang ihnen der Geruch des Hinterhofs in die Nase – getrockneter Urin und Ziegelstaub, Schimmel und toter Hund.

Als nach zehn Minuten die ganze Gegend wieder ruhig war, rutschten die drei Borribles von der Mauer, und Stonkus wuchtete sich den Sack Viehfutter auf die Schulter. »Alles klar«, sagte er, »wir können zur Fabrik zurück.«

Die Fabrik stand am Ende der Battersea High Street, in der Nähe des Vicarage Crescent, und indem sie sich im Schatten hielten und über Hinterhofmauern kletterten, erreichten die Borribles ihr Ziel ohne weitere Schwierigkeiten. Neben dem Fabrikgebäude – zwischen der Fabrik und dem Bahndamm – lag ein leeres Stück Land, übersät mit Schrott und Abfall. Die Borribles durchquerten es und kamen zu einer großen Tür aus breiten, schweren Brettern.

Hier hielt Bingo an und klopfte das Borriblesignal: lang, zweimal kurz, lang; er kratzte sich dabei ein wenig die Knöchel auf. Nach einer kleinen Weile öffnete sich die Tür an frischgeölten Angeln, und ein weißer Fleck erschien in der Dunkelheit: Sydneys Gesicht. »Also?« sagte sie.

»Bingo, Zwielicht und Stonkus«, sagte Bingo.

Sydney sagte billigend »Hmm« und öffnete die Tür gerade so weit, daß die drei Borribles eintreten konnten. Sobald sie drinnen waren, schloß sie die Tür wieder. Innen war es dunkler als draußen.

Sie fragte: »Habt ihr was gefunden?«

Stonkus schlug auf den Sack über seiner Schulter. »Halben Zentner Futterkuchen«, sagte er. »Das dürfte reichen.«

»Gut«, sagte Sydney, »dann geht mal gleich und füttert ihn«, und sie hörten sie zum nächsten Fenster gehen, um ihre Wache fortzusetzen.

Die drei Borribles entfernten sich in der schwarzen Dunkelheit – ihre Füße waren den unebenen Boden gewohnt, der mit Schutt und Mörtel bedeckt war. Als sie das Ende des Gebäudes erreicht hatten, gingen sie durch ein schmales Türchen in der Mauer, um eine Ecke und dann eine breite Rampe hinunter in einen tiefen Keller.

Dieser Keller war ihr Heim. Die Fabrik hat seit Jahren leergestanden und war eigentlich zu riesengroß und zugig für Borribles. Borribles ziehen gewöhnlich kleine Räume vor, die sich leichter warmhalten und einrichten lassen. Dieses Mal hatten die Abenteurer jedoch keine große Wahl gehabt. Nach der Rückkehr aus Wandsworth vor etwa zwei Monaten mußten sie auf der Flucht vor Inspektor Snuffkin und der SBE sofort untertauchen und außerdem einen Ort finden, der geräumig genug war, um das Pferd Sam dort zu verbergen. Die Fabrik war für diesen Zweck ideal gewesen.

Am Fuß der Rampe angekommen gingen sie auf dem Kellerboden in entgegengesetzter Richtung weiter bis zum Ende des großen Kellerraumes, wo eine einsame Glühbirne von einem zerzausten Kabel baumelte und schwaches Licht gab. Dort, unter dem höchsten Punkt der Rampe, warf Stonkus den Sack hin, kniete sich daneben, zog sein Messer und schlitzte das Plastikmaterial auf.

»Sieht aus, als ob's in Ordnung wäre«, sagte er. »Komm, Sam, versuch das mal.«

Ein kleines Pferd, das nach nichts Besonderem aussah und halb braun, halb schwarz war, als könne es sich nicht für eine Farbe entscheiden, regte sich in einer Ecke des Kellers und warf elend den Kopf hin und her. Das war Sam.

Er kam herüber und senkte das Maul in den offenen Sack, wo er zu kauen begann. Der Geschmack gefiel ihm nicht, und schon nach einer kleinen Probe schnob er kräftig durch die Nüstern und machte ein, zwei Schritte rückwärts.

»Ach, Sam«, sagte Zwielicht, dem die eine seiner Augenbrauen besorgt nach oben fuhr, »du mußt doch was fressen, du siehst gar nicht gut aus.«

Bingo hob einen Eimer mit klarem Wasser vom Boden hoch. Er ließ ihn kreisen, daß das Wasser aufrauschte. »Vielleicht hat er Durst«, sagte er.

Während seiner Worte ging ein weiteres Licht an und ließ erkennen, daß an der einen Seite des Kellers zwei, drei Stockbetten standen und auf dem Boden noch drei oder vier Matratzen lagen. Unter der Rampe hatten die Borribles eine Art grobschlächtiges Wohnzimmer mit zwei, drei alten Lehnstühlen improvisiert, bei denen man die Polsterfüllung und die Sprungfedern sah. Dabei stand ein langer Tisch aus Planken von einem Bretterzaun, die über Sägeböcke gelegt worden waren. Als Schemel dienten Orangenkisten und kleine Fässer, in denen die Trauben auf den Markt gebracht werden. Schmutzige Decken und zerfetzte Kissen boten nur spärliche Behaglichkeit.

Bingo schaute auf, als das Licht anging. Gesichter

tauchten aus der Dunkelheit auf. Poch warf seine Decke zurück und erhob sich, vollständig angezogen, aus seinem Bett. Er stellte sich zu den anderen neben das Pferd.

»Sieht nicht so gut aus, was?« sagte er.

Chaline stützte sich auf den Ellenbogen und schaute aus ihrem Bett herüber. »Er kriegt keine frische Luft«, sagte sie. »Das braucht er, und Auslauf.« Unter ihrem Kopfkissen lag eine Orange. Sie holte sie hervor und fing an sie zu schälen.

Nun hörte man ein lautes Gähnen und eine Salve von Gefluch, und Vulgo kroch unter einem großen Haufen von Decken und Säcken hervor. »Na gut«, sagte er, »wenn nun schon mal das Licht an ist und ihr alle ein Schwätzchen halten wollt, dann kann ich uns auch gleich mal einen Tee machen.« Er füllte einen Elektrokessel an einem Wasserhahn in der Mauer und schob den Stecker in die Leitung. »Wie spät ist es überhaupt?«

Chaline schaute auf die Uhr. »Drei Uhr ist es«, sagte sie. »Am Morgen.«

Napoleon erwachte als nächster. »Sagt mal«, sagte er, »was spielt sich hier eigentlich ab, wenn ich fragen darf?«

»Wir haben Futterkuchen für Sam gebracht«, sagte Bingo. »Mögen Pferde Futterkuchen?«

Eine Weile war es still, und alle sahen zu, wie Vulgo den Tee machte. Als er fertig war, nahm sich Poch einen Becher und setzte sich an den Tisch. »Wer hat Wache?« fragte er.

»Sid und Torri«, antwortete Vulgo. »Ich bring ihnen 'nen Schluck rüber.« Er griff sich zwei Becher und verschwand, ein wenig hinkend, in der Dunkelheit.

»Das Pferd gefällt mir gar nicht«, sagte Poch zwischen kleinen Schlucken, »gefällt mir überhaupt nicht. Er sieht krank aus. Schaut euch das Fell an, halb braun, halb schwarz, sieht aus wie ein Teppich.«

»Das ist die Farbe, mit der ihn der gute Knibbs getarnt hat«, sagte Chaline. »Das Schwarz geht ab.«

»Er frißt die Möhren, die wir finden«, sagte Bingo, »und die Äpfel und den Kohl.«

»Klar, das frißt er«, sagte Zwielicht, »aber er ist ja schließlich, verdammtnochmal, keine Ziege, oder? Er braucht Heu und so Zeug.«

»Es ist der Mangel an frischer Luft.« Das war Sydneys Stimme, und alle drehten sich nach ihr um. Sie war eben vom Fuß der Rampe ins Licht getreten. Ihr Gesicht trug tiefe Sorgenfalten: Alle die Abenteurer hatten Sam gern, aber Sydney liebte ihn. Für sie war Sam etwas ganz Besonderes.

Orococco ließ sich geräuschlos aus einem der oberen Betten auf den Fußboden fallen, nahm eine Tasse Tee und setzte sich zu Poch. »Wie lang verkriechen wir uns jetzt schon«, fragte er, »zwei Monate? Drei?«

»Lange genug«, sagte Napoleon mit noch bittererem Tonfall als sonst, »lange genug, daß ein langer Sommer zu einem langen Winter werden konnte.«

Es war wieder still, als alle Abenteurer ihren eigenen Gedanken nachhingen. Wenige Wochen hatten genügt, daß ihnen dieses Gefühl des Gefangenseins vertraut geworden war. Es war wie ein Belagerungszustand. Und sie waren in so herrlicher Laune aus Wandsworth zurückgekehrt, mit Ben, dem Penner, und dem Stallmeister Knibbs. Nur als Notbehelf waren sie in der Fabrik untergetaucht, nur um sich zu verbergen, bis die Fahndung vorbei und vergessen war, bis es möglich sein würde, Sam sicher nach Neasden zu bringen.

Aber es war alles schiefgegangen, bedenklich schief. Die Fahndung der SBE hatte nicht nachgelassen, wie die Borribles gehofft hatten, und sie fanden sich in ihrer Bewegungsfreiheit schlimm eingeschränkt. Von allen Seiten engte man sie ein. An jeder Themsebrücke standen Polizisten. Polizisten hatten sich als Straßenhändler auf den Märkten verkleidet. Polizisten bewachten jede Kreuzung, und die SBE-Transporter kreisten wie Aaskrähen ständig durch die Straßen. Auf der York Road und vor dem Prince's Head stoppten Bullenpatrouillen wahllos die Kinder und überprüften ihre Ohren. Jeder Borrible, jede Borrible, die man so durch Zufall erwischte, bekamen sofort nach dem Verhör die Ohren gestutzt. Es war sogar schwierig geworden, auf dem Markt zu stehlen – ihre einzige Nahrungsquelle, und Sam zu füttern, war das allergrößte Problem. Die Borribles waren gezwungen, sich beinahe ausschließlich bei Nacht zu bewegen, wo weniger Lebensmittel erreichbar waren. Die Gefahr der Gefangennahme wich nie von ihnen und schien von Tag zu Tag größer zu werden. Sie fühlten sich, als würden sie langsam erwürgt. Sie waren mittlerweile niedergeschlagen und sehnten sich nach dem alten Borribleleben in Unabhängigkeit und Freiheit; sie waren sogar zum Streiten zu deprimiert.

Chaline schwang ihre Beine aus dem Bett und warf die Orangenschale in eine Ecke des Kellers; mit dem Handrücken wischte sie sich den Mund ab.

»Es ist schon zwei Monate zu lange«, sagte sie. »Wir müssen hier raus und ein ruhiges Plätzchen für den Winter finden. Snuffkin weiß, daß wir hier sind, irgendwo in der Gegend, und je länger wir hierbleiben, desto besser wird seine Chance, uns zu schnappen. Es wird Sam nichts nützen, wenn wir alle die

Ohren gestutzt bekommen und als ein Haufen braver Bubis und Mädels zu netten Adoptiveltern gesteckt werden. Nach ein paar Monaten würden wir uns nicht einmal mehr an Sam erinnern. Das Gedächtnis läuft aus, sagen sie, wenn man erst die Ohren behandelt kriegt.«

»Wenn wir nun Sam zurücklassen würden, nur für eine Weile«, schlug Napoleon vor, »uns für den Winter verdrücken und ihn dann wieder befreien?«

Niemand antwortete. Poch schaute zu Chaline hinüber, und dann blickten beide Sydney an. Sie war es, die für das Pferd sprach.

Sydney saß in sich zusammengekauert auf einem Traubenfaß; sie hob zum Sprechen nicht den Kopf, und ihre Stimme war leise und traurig.

»Also«, sagte sie, »ich weiß, ihr habt alle schon mehr als genug für Sam getan ... die ganze Geschichte mit Zoff und die Kämpfe in den Abflußkanälen und der Schacht im Schlamm. Ich hab gedacht, wenn wir hierher zurückgekommen sind, ist alles vorbei. Ich hab gedacht, ich nehme Sam mit nach Neasden, und damit hat sich's. Vielleicht hat Napoleon recht, es hat keinen Sinn, wenn wir uns alle fangen lassen. Vielleicht solltet ihr alle bis nächstes Frühjahr heimgehen, und ich bleibe bei Sam, ich füttere ihn weiter und hoffe, daß man mich nicht erwischt.«

»Es geht nicht darum, Sid«, sagte Chaline, »es geht um Sam. Er ist seit zwei Monaten in diesem Keller eingesperrt, das kann ihm nicht guttun. Er stirbt, wenn wir ihn nicht hier rauskriegen.«

Sydney senkte den Kopf in die Hände. »Und wir auch, so oder so. Snuffkin hat uns so gut wie in der Hand, wir können nur noch davonlaufen.«

Poch stand auf und kam aus dem Schatten in das

Licht. »Wir können nicht so weitermachen«, sagte er und zitierte dann aus dem *Großen Buch der Borrible-Sprichwörter*: »›Ein Borrible, der nicht so lebt wie ein Borrible, ist auch kein Borrible.‹ Wir müssen fort, anderswohin.«

Orococco goß sich noch Tee ein. »Wir müssen mal die positive Seite sehn«, sagte er. »Erstens weiß Snuffkin nicht, wo wir sind, jedenfalls nicht genau. Zweitens wird's jetzt Winter. In einem Monat oder so wird's um drei Uhr mittags dunkel... und die meiste Zeit regnet es, die Leute latschen mit dem Gesicht nach unten rum. Man wird uns nicht bemerken, wenn wir einmal aus der Gefahrenzone raus sind.«

»Und ich nehme an«, sagte Napoleon, den alten Hohn in der Stimme, »ein Riesenvieh von Pferd, das hinter uns hertrabt, das bemerken sie auch nicht. Was willst du ihnen sagen, hm? Ach, das ist unser Bernhardiner mit dem großen Kopf?«

»Wir schulden ihm unser Leben«, rief Sydney, »vergiß das nie, Napoleon Wendel.«

»Es hat keinen Sinn«, sagte Zwielicht, »wenn wir unsere Freiheit aufgeben, und es dann doch nicht sicher ist, daß Sam seine bekommt. Das wäre bloß blöd.«

»Das wäre es«, stimmte ihm Chaline zu, »deshalb müssen wir hier schlau vorgehen, wir müssen diese Runde gewinnen. Das Pferd ist wichtig. Wir müssen es nach Neasden schaffen, damit Sydney es dort versorgen kann und damit wir heimgehen und ein normales Leben führen können.«

»Neasden«, sagte Napoleon, »ist dir klar, wo das ist? Das ist auf der anderen Seite vom Mond, verdammt noch eins. Und alle fünf Fuß auf dem ganzen Weg steht ein Bulle, und Rumbels, Borriblediebe und

Inspektor Snuffkin mit Sergeant Hanks und den blauen Jungs von der SBE. Warum nach Neasden?«

Sydney stand auf, stemmte die Hände in die Seiten und schaute den Wendel an. »Ich will dir sagen, warum«, sagte sie, »weil ich in Neasden lebe und mich um Sam kümmern kann, und weil dort ein alter Typ lebt, der auf einem Riesen-, Riesenstück Ödland an den Bahngleisen wohnt. Erwachsene gehen da kaum je hin, die denken, der Typ ist nicht ganz richtig. Mick der Spinner heißt er bei denen, aber der spinnt nicht, durchaus nicht. Er rettet Pferde und Esel vor dem Schlachthaus, läßt sie nicht umkommen. Manche Leute geben ihm Futter und Heu und Stroh und so. Sie werfen Zeug aus den Eisenbahnfenstern auf dem Weg zur Arbeit. Wenn Sam da mit all den anderen Pferden wäre, dann würde Snuffkin ihn niemals finden, und ich könnte ihn immer sehn, wenn ich wollte ... deshalb nach Neasden. Das ist der Grund.«

Poch hob die Hand. »Wie ich das sehe, ist unser schlimmstes Problem, aus Battersea rauszukommen, weil dies der Ort ist, den Snuffkin am schärfsten beobachtet. Wenn wir ein paar Meilen weiterkämen, in vorsichtigen Etappen ... also ... wir könnten's schaffen. Wenn wir im Dunkeln marschieren, müssen wir uns nur im Tageslicht verbergen, und das dauert im Winter nur sechs oder sieben Stunden.«

»Wir könnten vom Fluß weg ziehen«, schlug Stonkus vor, »erst mal für den Anfang, weil wir wissen, daß Snuffkin die Brücken bewachen läßt, das macht er immer.«

Zwielicht sprang auf und sah sich im Ring der Gesichter um. »Eine Herausforderung«, sagte er, »ein neues Abenteuer. Ein langer Marsch quer durch London. Ein zweiter Name. Ich werde mich Zwielicht

Nachtgänger nennen, wenn ich aus Neasden zurückkomme.«

Poch drohte dem Bangladeshi mahnend mit dem Finger. »Wir haben alle schon genügend Ruhm und Abenteuer hinter uns, daß es für ein ganzes Borribleleben langt«, sage er. »Nur keine Aufregung.«

Chaline senkte den Kopf, damit Poch ihr Lächeln nicht sehen konnte. Wie Poch sich doch verändert hatte, seit sie ihn zuerst kennengelernt hatte! Da war er nur ein lauter, selbstsüchtiger Borrible gewesen, der sich mehr Namen erobern wollte als sonst irgend jemand auf der Welt. Jetzt hatte er sich bis zur Unkenntlichkeit verwandelt: Die Erfahrung hatte ihn verändert.

»Wir müssen die Sache organisieren«, sagte Orococco. »Rasch.«

»Ja«, sagte Vulgo, »wir brauchen jede Menge Ausrüstung für einen langen Marsch wie in diesem Plan, vor allem in der Winterkälte. Warme Kleidung, Regenmäntel, Stiefel.«

»Taschenlampen«, sagte Zwielicht.

»Neue Schleudern«, setzte Napoleon hinzu, »und Munitionsgurte – je zwei mit vierzig Steinen, mal zehn, macht eine Feuerkraft von vierhundert Schuß. Olé!«

»Und Futter für Sam«, sagte Sydney besorgt, und alle lachten, hörten abrupt auf und lachten dann wieder, weil das Gelächter sich so schön anhörte.

Poch gab mit einer leichten Bewegung seines Kopfes Napoleon ein Zeichen. Nach den langen Monaten, die sie zusammen im Schlamm von Eisenkopfs Schacht grabend verbracht hatten, war eine tiefe Freundschaft zwischen den beiden entstanden, die an die Stelle des alten Hasses und der Rivalität getreten war, die sie einst empfunden hatten. »Ich hab da eine Idee«, sagte er, »ein kleines Spähtruppunternehmen, um eine sichere Route hier raus zu finden, für uns und das Pferd. Kommst du mit mir?«

Der Wendel nickte. »Ich komme«, sagte er.

»Ich komm auch«, sagte Stonkus. »Vielleicht braucht ihr 'ne starke Schulter.«

»Alles klar«, sagte Vulgo. »Während ihr das abwikkelt, holen wir unsern Bedarf aus den Läden.«

»Wißt ihr«, sagte Orococco, »leicht wird es nicht sein, nach Neasden zu kommen. Ich hab so ein Gefühl, als würde das unsere ganzen anderen Abenteuer etwa so gefährlich wie ein Spielchen im Sandkasten ausschaun lassen.«

2

Nach drei Tagen und Nächten kamen Poch, Napoleon und Stonkus müde und dreckig, aber voll Optimismus von ihrem Erkundungsunternehmen zurück. »Wir haben jetzt einen Weg gefunden«, erklärte Poch.

»Ist zwar gefährlich, aber wenigstens führt er in die genau andere Richtung als dorthin, wo Snuffkin es erwartet.«

Auch die anderen waren nicht müßig gewesen. Verkleidet in gestohlenen Schuluniformen der Sinjen School war es ihnen gelungen, den SBE-Patrouillen in der Falcon Road auszuweichen, und in diesen drei Tagen hatten sie das meiste, was für den Großen Marsch nach Neasden benötigt werden würde, in die Fabrik geschafft. Es gab nun sogar eine Decke für Sam, und Sydney hatte dafür gesorgt, daß auch eine Dose Schuhcreme gestohlen worden war, mit der man die braunen Stellen auf dem Fell des Pferdes wieder verschwinden lassen konnte. Sam war nun wieder am ganzen Leib glänzendschwarz.

Orococco schlug sich mit der flachen Hand auf den Schenkel, als er das sah, und meinte: »Mensch, das seh ich jetzt auch zum ersten Mal, daß man Schuhe blank wienert, bevor sie zugeschnitten sind.« Aber er lachte laut dabei und klopfte dem Pferd den Hals und fügte hinzu, er könne eben keinem schlechten Witz widerstehen.

Die Borribles hatten Glück, daß sie sich für diese Vorbereitungen rasch entschieden hatten und nun beinahe aufbruchbereit waren, denn es dauerte nicht mehr lange, bis ihnen weitere Entscheidungen abgenommen wurden.

Kurz vor dem Dämmern des Morgens – etwa eine Woche nach Pochs Kundschaftergang – kamen Chaline und Vulgo, die Wache gestanden hatten, die Rampe heruntergerannt und liefen von Bett zu Bett, um ihre schlafenden Kameraden zu wecken.

»Rasch!« sagte Chaline und rollte Poch von der Matratze, »aufstehen, es kommen Arbeiter, sie haben den Zaun umgewalzt, es kommt ein Bulldozer, der ganze Laden hier wird abgerissen.«

In wenigen Minuten waren alle für den Marsch gerüstet, sie trugen Rucksäcke und steingefüllte Munitionsgurte auf der Brust. Sie machten die Lichter aus und versammelten sich mit Sam unter den Stützpfeilern der Rampe, wo sie warteten und kaum zu atmen wagten.

Von oben hörte man eine Menge Lärm. Das Dröhnen des Bulldozers, das Klirren zerbrechenden Glases, das Krachen von Vorschlaghämmern und die Rufe der Männer. Zwei Arbeiter kamen in genagelten Stiefeln die Rampe in den Keller hinuntergestapft und unterhielten sich laut. Auf halbem Wege hielten sie an; es war zu dunkel.

»Duster hier wie im Negerarsch«, sagte eine Stimme, »ob hier wohl noch was Wichtiges ist?«

»Nee«, kam die Antwort, »bloß der alte Keller, wir füllen's dann einfach mit Schutt auf und hauen einen Fuß hoch Zement drauf für die Basis. Dauert nicht lang. Alles plattmachen, hat's geheißen, und mehr ist nicht nötig.«

Die Schritte entfernten sich wieder nach oben. Die zweite Stimme gab weitere Instruktionen. »Aber das kann warten«, sagte sie dann, »erst mal 'n Täßchen Tee. Macht die Kacheln ab und schmeißt sie hinten auf den Laster, und dann hauen wir die Wände klein.«

Den ganzen Tag hindurch standen die Borribles zusammengedrängt mit Sam daneben, und der Lärm der Zerstörung dröhnte um ihre Köpfe und über ihnen. Große Beton- und Ziegelbrocken krachten auf den Kellerboden. Riesige Balken und Stahlträger zerquetschten die Betten unter sich. Es hagelte Fensterrahmen und Türsimse. Nur die massive Backsteinrampe rettete die Borribles davor, wie bei einem Erdbeben zu Tode gedrückt zu werden. Staub wölkte auf und verklebte ihnen Nasen und Lungen; sie husteten und spuckten; es wurde ihnen schlecht von dem ganzen Dreck, und ein paar von ihnen erbrachen sich auf den Lehmfußboden. Und den ganzen Tag lang wuchs die Flut von Schutt und Steinbrocken höher und höher, und sie fürchteten schon, daß sie lebendig begraben würden, wenn die Arbeit noch lange voranginge, daß sie die Trümmer über sich nicht würden beiseite schieben können, daß sie vor Durst und Hunger zugrunde gehen müßten, ehe der Marsch noch begonnen hatte.

Erst als das Licht, das von draußen schmal hereinfiel, schwächer wurde, wagten sie Hoffnung zu schöpfen, und sie warteten nun bange darauf, daß die Bauarbeiter mit dem sinkenden Abend aufhören und nicht mit Flutlicht in die Nacht hinein weiterarbeiten würden. Sie hatten Glück. Als es dunkel wurde, ertönte ein enormes Krachen, als wäre eine Bombe explodiert, und der Keller und der Schutt bebten, und der Staub wirbelte wie in einem Tornado umher. Die Westmauer war in ihrer ganzen Länge mit einem riesigen Eisengewicht niedergelegt worden, das vom Arm eines Krans schwang. Aber dies war das Ende der Zerstörung an diesem Tage; es wurde ruhig über der Ruine, und auch der erstickende Staub legte sich still.

Die Borribles warteten noch eine gute Stunde, bis es ganz dunkel war und sie sicher sein konnten, daß alle die Baustelle verlassen hatten. Dann setzten sie sich in Bewegung. Es war nicht einfach, freizukommen. Unter der Rampe hatten sie nur den kleinen Raum, der ihnen das Leben gerettet hatte. Um sie her lag der Schutt mehr als schulterhoch; manche Brocken waren zentnerschwer oder noch gewaltiger. Zunächst mußten sie Steine und Mörtel mit den bloßen Händen beiseiteräumen und eine Art schiefer Ebene für Sam bauen, auf der das Pferd auf den Schutt hinauf und dann auf den Rest der Rampe klettern konnte, um schließlich auf ebener Erde anzulangen.

Stonkus pfiff durch die Zähne und rollte sich die Ärmel hoch. »Na denn, auf geht's«, sagte er. »Hier gibt's nur einen Weg raus, und wenn wir heute nacht nicht gehn, sind wir morgen schon ins Fundament einzementiert.«

Es brauchte drei Stunden harter Arbeit, bis es den Abenteurern gelungen war, einen Weg für Sam zu bahnen. Nachdem sie ihn bis ins Erdgeschoß gezerrt und geschoben hatten, sammelten sie ihre Habe und trafen sich im Fabrikhof, der nun voll Lastwagen und großer Maschinen stand. Licht drang vom Vicarage Crescent herüber und fiel vom Bahndamm herunter: Es zeigte ihnen, was von der Fabrik noch übrig war, die ihnen als Fluchtort gedient hatte.

Das Dach war verschwunden, und das erste und zweite Stockwerk waren zerschmettert, und der Schutt füllte nun den Keller oder lag auf dem Erdboden verstreut. Überall lagen die Kacheln der Fassade; sie knackten unter den Füßen wie Eis auf Pfützen. Metallrohre und Stromkabel lagen herum, zerbrochenes Glas, das wie kostbare Juwelen aufglitzerte, und unordentliche Stapel bröckelnder Backsteine. Von dem Gebäude selbst blieben nur noch drei wie ein Knochengerüst ragende Wände, von formlosen Fenster- und Türöffnungen durchlöchert; ein hingemetzeltes Gesicht ohne Mund und Augen.

»So eine Schande«, sagte Chaline. »Schaut euch bloß an, was die angerichtet haben.«

Ja, die Borribles waren traurig. Die Fabrik war nur ein paar Monate lang ihre Heimat gewesen, aber sie hatten sich den Keller einigermaßen gemütlich gemacht und hatten sich einigermaßen sicher gefühlt. Nun waren sie wieder Vagabunden. Wo würden sie wohl in dieser Nacht schlafen, und wo in den nächsten hundert Nächten?

Poch brach den Bann. »Bringt nichts, so hier rumzustehen«, sagte er. »Wir müssen vor dem Morgen noch eine tüchtige Strecke zurücklegen.«

»Wohin also?« fragte Torricanyon. »Du hast's uns noch nicht gesagt.«

Poch hob einen Arm über den Kopf. »Da rauf!« sagte er. »An der Bahn entlang. Es ist eine Zweiglinie, Olympia bis Clapham Junction. Ich glaube nicht, daß die SBE sie beobachtet.«

»Aber der Zugverkehr?« fragte Orococco. »Möchte da droben nicht zu Johannisbeermarmelade werden.« Er warf zwei zusammengeknotete Säcke mit Futterkuchen über Sams Rücken.

»Es gibt nur vier Züge pro Tag«, sagte Napoleon, »wir haben den Fahrplan am Bahnhof gecheckt.« Auch er warf zwei Säcke auf den Pferderücken.

»He«, sagte Sydney, »warum soll er das tragen? Ist das was zu fressen für ihn?«

Napoleon lächelte so, daß deutlich wurde: Hier ließ er nicht mit sich reden. »Sydney«, sagte er, »wir brechen gerade zur größten Expedition auf, die Borribles je unternommen haben. Mit dem Pferd oder ohne, unsere Chancen sind verdammt abenteuerlich. Ich bin ein Wendel, ich gehe sehr ungern solche Risiken ein. Und in den Säcken sind noch ein paar hundert Steine für die Schleudern, ich bin sicher, Sam wird nichts dagegen haben.«

Es gab keine weitere Diskussion. Die Abenteurer stolperten vorsichtig durch das Geröll, das den Fabrikhof bedeckte, zogen durch ein Loch im Zaun und standen vor dem steilen Anstieg des Bahndamms. Es war nicht leicht, hinaufzuklettern, und ihre Reise begann schlecht. Die Seiten der Böschung waren mit scharfem, regenschlüpfrigem Schotter bedeckt, mit Steinen, die den Borribles in die Hände und Knie stachen, als sie sich mit ihren Gepäcklasten hinaufkämpften. Für Sam war es noch schlimmer. Er strengte sich an, so gut er konnte, mit seinen Freunden die Dammkrone zu erreichen, aber es war zu schwierig für seine harten glatten Hufe, und er stürzte mehrmals und zerkratzte sich böse die Beine; die Borribles versuchten ihn mit ihren verletzten Händen nach oben zu ziehen und zu schieben.

»Wenn wir weiter so 'nen Lärm machen«, sagte Torricanyon, »haben wir bald Snuffkin hier, der hilft uns dann weiter.«

»Wartet«, sagte Chaline und nahm ein dickes Gewinde Nylonseil von ihrer Schulter. »Ich binde hier das eine Ende um Sams Brust, ihr anderen ans andere Ende, geht nach oben und auf der anderen Seite wieder runter und zieht wie blöd, dann wird Sam hier hochspazieren.«

Es gab keine Einwände; sie versuchten es, und es klappte. Fünf Minuten später stand Sam auf den Schienen, und Chaline rollte ihr Seil wieder über Hand und Ellenbogen auf, wobei sie zuhörte, wie Poch flüsternd erklärte, wie der erste Abschnitt ihres Marsches aussehen sollte.

Sein Plan war einfach. Der Marsch bis Clapham Junction würde nicht lange dauern, aber dort würden sie im Versteck warten müssen bis nach Mitternacht. Clapham Junction war ein riesiger Bahnhof, wo sich die Hauptstrecken von den Victoria- und Waterloo-Bahnhöfen trafen, um nebeneinander weiterzulaufen. Hunderte von Zügen fuhren hier in der Stunde vorbei, und es wäre der sichere Tod, die Geleise zu überqueren, ehe die stromführenden Schienen nicht abgeschaltet waren und man den ganzen Zugverkehr eingestellt hatte. Nur so konnten sie das Pferd hinüberbringen, ohne getötet oder verletzt zu werden.

Auf der anderen Seite von Clapham Junction würden sie dann das Gleis zur Wandsworth Common-Station nehmen. Dort würden sie den Schienenstrang verlassen und sich für die Tagesstunden einen Unterschlupf suchen. Poch, Napoleon und Stonkus hatten auf ihrer dreitägigen Erkundungsfahrt genau das richtige Plätzchen gefunden. In der nächsten Nacht würden sie dann weiter nach Osten gehen, in der Hoffnung, im Morgengrauen immer ein Versteck zu finden – und auch in der, daß sie stets einen hilfsbereiten Borriblestamm finden würden, der sie unterbringen konnte, und am Ende einen, der wußte, welche Brücke (wenn es eine gab) über die Themse nicht von der SBE belauert wurde.

Als Poch dies alles erklärt hatte, formierten sie sich zur Marschkolonne. Stonkus und Napoleon gingen als Späher voraus, um mögliche Gefahren zu entdekken, da sie den Weg kannten. Poch und Bingo bildeten die Nachhut. Sydney führte wie immer das Pferd, und die anderen Abenteurer schlossen sich zum Schutz gegen Angriffe um sie zusammen. So, mit tiefempfundenen gegenseitigen Wünschen: »Laß dich nicht erwischen!«, nahmen sie ihre Positionen ein und brachen auf, die Schleudern schußbereit. Der Große Marsch nach Neasden hatte begonnen.

Die Eisenbahnlinie verschwand in weitem Bogen in der windbrausenden Dunkelheit. Die stählernen Schienen blinkten nur hie und da auf, wenn ein paar schwachstrahlende Sterne durch tiefhängende Wolken drangen, welche der Wind brutal einhertrieb. Es war ein schweigsamer Marsch. Wenig wurde gesprochen; es war nicht nötig. Alle wußten, daß die Reise, die sie nun angetreten hatten, das gefährlichste unter all ihren Unternehmen war. Wahrscheinlich war es das gefährlichste Unternehmen in der ganzen langen Geschichte der Borribles.

Aber wie groß auch die Gefahren sein mochten, sie wollten sich nicht den Schneid abkaufen lassen. Leichtfüßig, auf den Zehen, liefen sie über die Eisenbrücke mit den hohen Seitenwänden, welche die Battersea Park Road überquert; unter ihnen zischten Busse und Autos über den Asphalt. Die Zweiglinie führte sie weiter, erst im Bogen weg von der Clapham Junction, dann in weiter Kurve wieder darauf zu.

Der hohe Bahndamm, auf dem die Borribles entlangzogen, hatte sich nun über die höchstgelegenen Reihen der endlosen Arbeiterhäuser emporgeschwungen und lief über den kohlschwarzen Schieferdächern dahin. In den Wohnküchen hinten in Tausenden von Häusern waren die Gardinen nicht zugezogen und im dünnen elektrischen Licht konnten die

Borribles ganze Familien an Eßtischen mit Plastiktischtüchern sitzen oder erschöpft in Polstersesseln hängen sehen. Bald aber wurde der Bahndamm wieder niedriger, und die Schienen liefen mit einem anderen Gleis zusammen, und hinter großen Bretterwänden stand direkt am Eingang zum Bahnhof Clapham Junction ein Stellwerk. Hier mußten sie warten, bis die ratternden Züge verstummten.

Das Stellwerk war ein hohes Gebäude mit einer breiten hölzernen Außentreppe, und da nach Mittag keine Züge die Olympia-Strecke befuhren, war es dunkel und verlassen. Die Fenster lagen alle im oberen Stockwerk und waren mit einem Schmutzfilm überzogen; ein Schild trug die Aufschrift *Clapham Junction/Nord.*

Sydney führte Sam direkt unter die Treppe, wo er ein wenig geschützt war. Sie warf ihm die bunte Decke über, und dann drängte sie sich mit den anderen Abenteurern um das Pferd, um es etwas wärmer zu haben und vor dem Wind sicher zu sein. Während sie warteten, daß die langen Stunden vorbeigingen, aßen und tranken sie von ihrem Proviant, gegen die Mauer gelehnt, ausruhend, reihum Geschichten erzählend.

Langsam, langsam nahm die Zahl der Züge ab, die durch den großen Bahnhof fuhren und der Lärm der Lastwagen in den Straßen verklang. Der Regen fiel sanft und unermüdlich. Die Borribles drängten sich enger aneinander und zogen sich die Regenhäute über die Köpfe. Sie schwiegen; sie dösten. Die Köpfe sanken ihnen auf die Knie. Sie schliefen.

Als das Leuchtzifferblatt seiner Uhr drei zeigte, schüttelte Torricanyon, der mit der Wache an der Reihe war, seine schlafenden Genossen wach, und wieder machten sie sich marschbereit. Diesmal ging

Poch voran, und sie folgten im Gänsemarsch, nie zu dicht aufeinander, aber immer in Sichtweite: So begannen die Abenteurer das gefährliche Gewirr von Geleisen zu überqueren, welches das Labyrinth von Clapham Junction bildet.

Schließlich kamen sie nach einem mit langsamer Vorsicht zurückgelegten Weg auf der Südseite an. Sie hatten zwanzig oder dreißig Gleise ohne einen Unfall gekreuzt und befanden sich jetzt am Rand einer steilen Böschung, von der aus sie die Kreuzung sehen konnten, an der die Falcon Road auf Lavender Hill trifft.

Es war gespenstisch, diesen Ort so leer zu sehen; nicht einmal eine Katze oder ein Hund regten sich. Nur das Licht der riesigen Uhr oben am Kaufhaus von Arding und Hobbs belebte die Szenerie, es beschien das Schmiedeeisen der Bedürfnisanstalt auf der Verkehrsinsel und glänzte auf dem schwarzen Asphalt der regenüberrieselten Straßen.

Poch marschierte weiter. Er spürte den Boden glatt und hart unter seinen Füßen ansteigen. Er war am Beton des südlichsten Bahnsteigs angelangt: Bahnsteig siebzehn. Er winkte den nächsten hinter sich herbei, dann rannte er geduckt vorwärts und hielt erst inne, als er vor jedem Lichtstrahl wohlverborgen unter der Treppe angelangt war, welche die Reisenden hinüber zu den anderen Bahnsteigen brachte. Dort wartete er, bis seine Freunde bei ihm angekommen waren, und dann trieb er sie weiter – denn obwohl der Bahnhof nachts eigentlich verlassen sein sollte: Wer konnte wissen, wieviele Polizisten oder Wächter in den Schatten lauern mochten?

Die Eisenbahnroute aus Clapham Junction hinaus liegt in einer tiefen Schlucht, die durch einen Berg gehauen ist, auf dessen Höhe das Granada-Kino mit seinem Bingo-Saal steht. Die beiden Seiten dieses Einschnitts sind hoch wie Burgmauern und werden durch Millionen Ziegelsteine befestigt, die im Lauf der Jahre sich mit einer so dicken Schmutzschicht bedeckt haben, daß auch der wildeste Regen sie nicht mehr durchdringen oder die Millionen Ziegelsteine sauberwaschen könnte. Über der Schlucht verlaufen keine Straßen, und es gibt außer dem Kino keine hohen Gebäude; kein Lichtschein dringt auf den Grund dieses Canyons.

Als die Borribles das westliche Ende von Bahnsteig siebzehn verließen, traten sie in diese dichte Finsternis ein. Sie konnten nicht einmal sehen, wohin sie ihre Füße setzen mußten. Sie stolperten und stürzten und nahmen nichts als den Regenvorhang einen Zoll vor ihren Augen wahr. Es war, als bewegten sie sich auf den Erdmittelpunkt zu, aber sie schimpften nicht – die Dunkelheit war ihre Freundin, ihre Beschützerin. Je länger sie dauerte, desto sicherer konnten sie sich fühlen.

Wegen dieser Finsternis waren die Borribles gezwungen, sich näher beieinander zu halten, als normalerweise als klug galt. Niemand wollte abirren und sich allein und verletzlich morgens auf der Hauptstrecke wiederfinden, wo die starr-bleichen Gesichter der Pendler aus wartenden Zügen herabglotzen würden. So folgte jeder Borrible blindlings dem vor ihm Gehenden, und erst als der Himmel etwas aufhellte, bemerkten sie, daß die hohen Wände abfielen und daß, je weiter sie vordrangen, die Böschung rechts und links niedriger wurde, bis sie schließlich – nachdem sie unter einer metallenen Fußgängerbrücke hindurchgezogen waren – nach beiden Seiten durch

Drahtzäune hindurch über den weiten Wandsworth Common schauen konnten.

»Nicht mehr viel weiter.« Pochs Stimme kam, vom Wind getragen, nach hinten. »Aber paßt auf die Züge auf, die fangen jetzt bald wieder an zu fahren.«

Poch hatte recht. Kurz nach seinen Worten begann der Boden unter den Füßen der Borribles zu zittern und zu beben. Die Steinchen zwischen den Schwellen fingen zu klappern an.

»Mein lieber Mann«, sagte Orococco. »Ein Erdbeben.«

»Weg vom Gleis«, brüllte Stonkus, »haltet Sam fest!«

Die Abenteurer warfen sich gegen den Abhang neben der Bahnlinie und preßten sich in das Gras. Sydney hielt Sams Kopf und redete leise und beruhigend auf ihn ein. Stonkus blieb auch neben dem Pferd und streichelte ihm die Flanke.

Die Borribles hatten keinen Augenblick zu früh reagiert. Ein höllischer Pfiff ertönte gellend und hallte in Echos die Strecke entlang; die Abenteurer fuhren zusammen, erschreckt durch den furchtbaren Lärm. Eine massive Wand warmer Luft raste vor dem Zug her die Schienen entlang wie ein mächtiger, unsichtbarer Extra-Waggon. Sie riß und zerrte an den Borribles und wollte ihre Körper ergreifen und unter die Räder schleudern, aber die Borribles gruben ihre Hände in die nasse Erde und hielten sich fest.

Dann erhob sich der Zug selbst aus dem Nichts, war auf einmal gefährlich nah, und das Licht aus den Fenstern strömte über die Flüchtigen. Der Boden erzitterte, und die Borribles sahen eine lange Reihe von Erwachsenengesichtern durch den Himmel über ihnen dahinziehen und wie Statuen ins Dunkel starren. Ein regelmäßiger Rhythmus schlug rasch und hart und unnachgiebig, und dann war der Zug plötzlich vorbei, aufjaulend, der letzte Wagen schwankte rührend-hilflos, und hinterher zerrte der Zug ein Vakuum, das einmal schnell an den Borribles sog und dann vorüberfegte und, sich entfernend, nach Bäumen und Sträuchern schnappte.

Poch lehnte sich hin, wo er gerade lag, und lauschte erleichtert dem verschwindenden Geräusch des Zuges. »Das bringt's nicht«, sagte er dann einen Moment später. Er rappelte sich auf und winkte mit weitausholendem Arm seinen Gefährten. »Bald kommen hier Hunderte von Zügen vorbei, Hunderte, und man wird uns sehen, könnt ihr Gift drauf nehmen.«

Wieder hatte Poch recht. Die ersten Züge des Berufsverkehrs am Morgen fuhren nun in rasch zunehmender Zahl vorbei. Immer, wenn wieder einer vorübergedonnert war, rannten die Borribles weiter, und die Lichter des Wandsworth Common-Bahnhofs kamen näher. Der Umriß der Straßenbrücke zeichnete sich ab, und als sie dort angekommen waren, ließ Poch den Trupp halten.

»Wer hat die Drahtschere?« fragte er.

Napoleon langte in seine hintere Hosentasche. »Ich«, sagte er. »Ich hab immer eine dabei.« Und ohne auf Anweisungen zu warten, kletterte er die Böschung hoch und fing an, ein Loch in den Drahtzaun zu schneiden, groß genug, daß Sam hindurch gehen konnte.

Einer nach dem anderen stiegen und stolperten die Borribles hinauf und betraten den Common. Sie verteilten sich und suchten Deckung hinter Büschen und Bäumen, witterten nach Gefahr. Als sie sich sicher waren, daß niemand sie beobachtete, pfiffen sie das Zeichen, und Sydney und Stonkus kamen mit dem

Pferd herauf. Die weiten Grasflächen von Wandsworth waren still und leer, silbergrün im Regenrieseln. Auch die Straßen lagen schweigend, nur wenige Autos fuhren dann und wann vorbei. Die Borribles und Sam verließen den Common zusammen und rannten in einer dichtgedrängten Gruppe über die Hauptstraße und in eine Sackgasse, die zum Hintereingang des Bahnhofs führte. Hier waren wegen eines kleinen, aber modernen Haushaltmarkts ein paar ältere Gebäude aufgegeben worden, hauptsächlich kleinere Backsteinhäuser. Vor einem davon hielten Stonkus und Napoleon an, und Stonkus fragte: »Das war's doch, oder?«

Das Gebäude war flach und langgestreckt; an drei Seiten hatte sich Müll angelagert, der schon so lange hier ruhte, daß er zu einer einzigen massiv-harten Substanz geworden zu sein schien. Die Fenster waren alle zerbrochen, wenn auch einige mit Brettern zugenagelt worden waren, um das Wetter abzuhalten. In besseren Tagen waren die Ziegel altweiß gestrichen gewesen, und über der Tür trug ein Schild, das nur noch an einem Nagel baumelte, die Worte: »Autovermietung Zack-Zack, Eigent. Ron Sheppard«.

Auf der Rückseite des verfallenden Hauses gab es eine Tür, die groß genug war, Sam einzulassen. Sie war zwar abgeschlossen, hing aber nur locker in den Angeln, und Stonkus hob sie ohne Mühe heraus. Nach kaum einer Minute waren das Pferd und die Abenteurer drinnen, und die Tür wurde von der Innenseite her wieder eingesetzt. Sydney öffnete sogleich einen Sack mit Futterkuchen für Sam und wischte ihm den Regen vom Rücken, während er fraß.

»Siehst du«, sagte sie, »jetzt geht's dir wieder besser. Die frische Luft hat dir sicher Appetit gemacht, hm?«

Und wie als Antwort wieherte das Pferd leise, knabberte dem Mädchen sanft an der Schulter und kaute dann sein Fressen mit neu erwachtem Behagen. In der Zwischenzeit streiften Sydneys Kameraden die Rucksäcke ab und räumten einen Platz zwischen dem Müll und Schutt frei, der den Boden bedeckte, gerade genug, um sich zu setzen und auszuruhen. Stonkus brach ein paar Leisten aus dem Gips der Wand und zerkleinerte sie.

»Ich mach Feuer«, sagte er, »da können wir Suppe kochen. Braucht man nach so einer Nacht wie dieser.«

»Dann klauen wir besser auf dem Marsch noch einen Haufen Suppenkonserven«, sagte Chaline melancholisch, »denn solche Nächte wird's noch eine Menge geben, ehe wir da sind.«

Diese Bemerkung stimmte die Borribles sehr deprimiert, und erst später, als sie gegessen und sich ausgeruht hatten, wurden sie wieder munterer. Gegen Mittag erwachten sie und kochten Tee in einem Topf; die Blätter tanzten im kochenden Wasser. Dann, als sie dasaßen und sich die Hände an den dampfenden Emaillebechern wärmten, sahen sie einander an und lächelten langsam, einer nach dem anderen. Sie waren stolz auf das, was sie am vergangenen Tag geschafft hatten, und auf das, was sie sich vorgenommen hatten. Sie fühlten sich stark; fühlten, daß sie alles Erdenkliche vollbringen konnten, wenn sie nur sich selbst und dem treu blieben, woran sie glaubten. Ihre Herzen hoben sich. Es war nur ein winziger Moment, aber obwohl sie wußten, er würde vergehen, wußten sie, jetzt, in dieser elenden stinkenden Baracke, an deren Innenwänden der Regen hinabtroff, daß dieser Augenblick unbestreitbar und unwiderstehlich gegenwärtig war. Für sie war er ewig.

Und so verbrachten die Borribles den Tag, in den Schlafsäcken liegend, essend und trinkend, redend und schlafend. Nach Einbruch der Dunkelheit setzten sie ihren Marsch nicht gleich fort, denn noch waren die Straßen belebt. Sie beschlossen, erst um acht oder neun loszugehen. Dann würden die Leute von der Arbeit daheim sein und in ihren Sesseln hocken. Es war November, und wenn die Pendler einmal zu Hause waren, gingen sie nicht so schnell wieder raus. Am kommenden Morgen würde es um sieben noch dunkel sein, und bis dahin würden die Borribles wohl ein neues Versteck gefunden haben – neun Stunden auf dem Marsch, jede Nacht, das war wohl für jeden genug.

Doch die Zeit zum Aufbruch rückte rasch heran. Die Abenteurer rollten ihre Schlafsäcke zusammen, packten die Vorräte ein und kämpften sich in die Regenhäute. Ehe sie gingen, knipste Poch noch einmal seine Taschenlampe an und schaute auf den großen Stadtplan von London, den er mitgebracht hatte.

»Das ist die Strecke heute nacht«, erklärte er, »nur für den Fall, daß wir getrennt werden. Durch diese Nebenstraßen zum Clapham Common, und wenn wir mal auf der anderen Seite sind, zurück auf die Straße und versuchen, nach Brixton zu kommen.«

»Da gibt's 'nen Markt«, sagte Bingo, »der ist nicht schlecht, müssen auf jeden Fall Borribles in Brixton wohnen.«

»Es liegt nicht auf dem Weg nach Neasden«, wandte Sydney ein, die Poch über die Schulter sah.

»Weiß ich«, sagte Poch und begann, die Karte zusammenzufalten. »Wir schwenken dann nach Brixton zum Fluß rüber, in der Nähe der City, wo Snuffkin nicht damit rechnet, daß wir über die Themse gehen.

Dann durchqueren wir den Norden von London. Das ist sehr viel weiter, aber ich glaube, auch sehr viel sicherer.«

»Der Borrible, der seinen Kopf hübsch drunten hält, behält die Ohren dran«, sagte Stonkus mit einem Zitat aus dem *Großen Buch der Borrible-Sprichwörter*, und indem er die Hintertür wieder aus den Angeln hob, beendete er das Gespräch und ging hinaus ins Dunkel, um zu sehen, ob die Luft rein war.

Es wurde kein überflüssiges Wort gesprochen, als der Borribletrupp um eine Ecke des Wandsworth Common bog und sich in die düsteren Straßen schlich. Ein kalter Winternebel hing über den Gehsteigen und hielt den Regen ab, und nur die schmalen Lichtstreifen, die man hinter dicken Vorhängen sah, zeigten den Abenteurern, daß überhaupt noch jemand in London am Leben war.

Die Borribles gingen nun zu zweien, in lang auseinandergezogener Reihe mit einem Abstand von mindestens zwanzig Yards zwischen den Paaren. Sydney ging mit Sam und Stonkus ziemlich in der Mitte der Gruppe. Die Anführer und die Nachhut hielten nach Gefahren Ausschau; beim leisesten Anzeichen ertönte ein Pfiff, oder ein Steinwurf warnte, und die Abenteurer und das Pferd verschwanden in der Dunkelheit eines Vorgartens, duckten sich hinter eine Hecke oder verbargen sich, an die Wand einer Garage gepreßt.

Zuerst marschierten sie die Thurleigh Road hinunter, dann die Anhöhe gegenüber hinauf; nach links in die Wroughton Road, nach rechts in die Chatto Road. Dann über die Alfriston Road in die Culmstock Road und endlich näherten sie sich verstohlen dem

Rand der winddurchwehten Leere, die Clapham Common heißt, drangen in sie ein und sammelten sich bei einer in der Dunkelheit verschwimmenden Baumgruppe.

Sie waren nervös; Borribles sind es immer im Freien. Sie vermissen den Schutz der Straßen, die Wärme der Menschenmenge. Dann und wann sauste ein Auto auf der South Circular Road vorbei. Poch starrte hinüber. Die Straße war gut beleuchtet und breit – schon sie allein zu überqueren, war ein Problem, aber mit dem Pferd würden sie meilenweit zu sehen sein. Sie mußten ihren Augenblick mit großer List wählen.

Während die Borribles ihre Umgebung musterten, drang ein leises, dumpf-kratzendes Geräusch aus der Ferne an ihre Ohren; es klang wie eine schlecht geölte Maschine, die sich mit einer schweren Last plagt. Das Geräusch kam näher und wurde lauter.

Plötzlich sagte Bingo: »Duckt euch! Bullen, in einem Auto.«

Im nächsten Augenblick war kein Borrible mehr zu sehen. Alle hatten sich versteckt, nur ihre Stimmen waren noch zu hören, als sie flüsternd die Situation zu klären versuchten.

»Fährt sehr langsam.«

»Zu verdammt langsam. Der sucht nach uns.«

»Scheiße! Er hält!«

»Jetzt fährt er wieder an.«

»Schaut! Schaut! Er führt eine Lastwagenkolonne an. Muß irgend so ein Konvoi mit Überlänge sein oder was.«

»Diese langen Dinger dürfen nur nachts verkehren. Hat mit uns nichts zu tun.«

»Ein Wohnwagen kommt, und paar Lastwagen.«

»Kann jemand sehen, was es ist?«

Die Borribles sahen zu, wie der Polizeiwagen den Südring entlangkroch und nur ein paar Yards an ihren Verstecken vorbeifuhr – aber die Bullen schauten nur nach vorn und hinten und waren nur an der Durchfahrt des Konvois interessiert. Hinter dem Polizeiauto kamen mehrere riesige Lastwagen mit monströs großen schwarzen Reifen, und als der erste an Bingo vorbeikroch, konnte er lesen, was an der Seite aufgemalt war: Buffonis Zirkus & Menagerie.

»Also ein Zirkus«, sagte Chaline, »ein Wanderzirkus. Wahnsinn! Sieht man nicht mehr oft heutzutage.«

»Ziemlich großes Unternehmen«, sagte Vulgo. »Ich kann schon sieben oder acht Wagen sehen.«

»Haufen Borribles machen bei 'nem Zirkus mit«, sagte Orococco. »Ein Vetter von mir ist zum Zirkus abgehauen.«

Die langsame Prozession wanderte weiter, und das Polizeiauto verschwand. Die riesenhaften Zirkuswagen fuhren mit angestrengtem Knirschen daher, als müßten sie einen steilen Anstieg bewältigen, und der Qualm von ihren Auspuffen schwebte in die dunklen Baumkronen über den Straßenlampen empor. Noch mehr Lastwagen erschienen, dann kamen auch Käfigwagen, deren Seiten aber mit Planen verhangen waren, so daß man keine Löwen oder Tiger zu Gesicht bekam. Zwischen den Lastern und den Käfigen schritten etwa ein Dutzend Gestalten einher, groß und schlank, die Züge bei der Beleuchtung nicht kenntlich. Sie trugen Sturmlaternen und führten kleine Gruppen von Tieren mit sich. Ein paar Kamele kamen vorbei, ein Elefant, einige Pferde und Ponys. Ein ganzes Dorf war auf dem Marsch.

Poch spähte hinter seinem Baum hervor. »He«, sagte er, »wißt ihr, was die vorhaben? Sie ziehen auf den

Common, drüben an den Teich hin. Ich erinnere mich jetzt, da sind früher immer die Zirkuszelte gestanden.« Poch duckte sich aus dem Licht, als der Streifenwagen nun nach erfüllter Aufgabe in Gegenrichtung vorbeifegte, zurück zum Polizeirevier Lavender Hill.

Bingo lachte. »Ich hab's«, sagte er, »wir kommen jetzt ganz bequem über die Straße. Wir hängen uns einfach bei denen am Ende an, und sobald die drüben sind, verflüchtigen wir uns. Gute Nacht und danke schön.«

Die Idee gefiel den Borribles. Sie erhoben sich aus ihren Verstecken, scharten sich um Sam und führten ihn durch das Gras zu der hellerleuchteten Straße, wo sie sich der Zirkuskolonne anschlossen; in demselben Tempo, indem diese sich vorwärtsschob, folgten sie.

Laster um Laster, Anhänger um Anhänger bog die Zirkuskolonne von der Straße ab und bildete einen großen Kreis auf einem leeren, aschebestreuten Stück Land in der Nähe des Teiches, beim Mount Pond. Die Borribles, nun sicher auf der anderen Straßenseite, hatten eigentlich erst in die Dunkelheit davonlaufen wollen, doch nun, fasziniert von all dem Getriebe um sie her, versteckten sie sich unter ein paar Bäumen und schauten zu.

Als erstes zogen und schoben die Zirkusarbeiter ihre Wagen und Käfige in die richtige Position und markierten die Standorte der Schaubuden für den kommenden Tag. Heute nacht galt es, die Zelte aufzuschlagen, und es gab noch genügend anderes zu tun. Große Vorschlaghämmer krachten auf eiserne Pflöcke, und die wilden Tiere knurrten und brüllten, als man ihnen Futter und Wasser gab. Gleichzeitig wurden Lampen installiert, und Essen wurde zubereitet und roch wundervoll.

»Mir auch 'nen Schlag Suppe«, sagte Zwielicht.

Während er noch sprach, wurde ein Wohnwagen an seinen Ort gezogen und blieb nur wenige Yards vom Versteck der Abenteurer entfernt stehen. Die Tür flog sogleich auf, und um die acht kleine Gestalten warfen sich die Treppe hinunter, schreiend und rufend.

»Den Wohnwagen noch ein Stück weiter rein.«

»Wer macht eigentlich Essen?«

»Den Käfig her.«

»Die Heringe reinklopfen!«

Die Borribles duckten sich in den Schatten der Bäume. »Los, gehen wir«, sagte Poch.

Keiner antwortete. Die Abenteurer beobachteten alle die Leute, die nun vor ihnen im hellen Glanz der Flutlichtlampen sich mit ihrer Arbeit mühten. Sie waren so voller Energie und Enthusiasmus, stark und ausdauernd, glücklich bei ihrem Geschäft. Sie rannten und watzten auf starken, muskulösen Beinen hin und her; sie waren breitschultrig, und doch war keiner von ihnen größer als ein zwölfjähriges Kind, nicht einer überragte den durchschnittlichen Borrible.

»Wahnsinn«, sagte Vulgo. »Was haltet ihr von denen? Wer soll das sein? Sind die Borribles?«

»Könnte schon sein«, antwortete Orococco. »Wie gesagt, beim Zirkus gibt's Borribles, aber die haben auch Zwerge und Liliputaner. Mein Vetter hat einmal gesagt... aber wenn man den Wohnwagen anguckt, steht drauf: Akrobaten, oder?«

»Ist mir gleich, wer das ist«, sagte Chaline leise. »Ich hab so ein Gefühl, wir sollten weitermarschieren.«

Noch viele Jahre später sollte Chaline sich an diesen Augenblick erinnern, als ihr Abenteuer eine Wendung nahm: Wenn sie nur nicht gezögert hätten, wäre alles vielleicht ganz, ganz anders gekommen.

3

»Borribles«, hob Inspektor Snuffkin an, der seine vorbereitete Ansprache ablas, »sind der Abschaum unserer Gesellschaft, der Ausschuß, der Abfall, und müssen als solcher unter den Teppich der Zwangsmaßnahmen gekehrt und glattgetreten werden. Ihr, Männer wie Zwerge, sollt die ausführenden Organe dieses Säuberungsprozesses sein.«

Snuffkin strahlte. Vor ihm standen die Truppführer der SBE, steif und stur wie eine Reihe Betonpfähle: große, stämmige Männer mit Haaren auf den Knöcheln, dicken roten Stiernacken und breiten, harten Stirnen und zolldicken Hirnschalen. Sie lauschten Snuffkin mit großäugiger Hingabe.

Vor diesen Männern und ein wenig zur Seite angetreten standen etwa zwanzig Zwerge. Sie hatten wohlgeformte Körper mit starken Gliedmaßen und heller Haut, und sie waren aus all den Bewerbern, die sich auf Snuffkins Anzeigen hin gemeldet hatten, aufgrund ihres jugendlichen Aussehens ausgewählt worden. Darüber hinaus waren sie gründlich ausgebildet und wußten genau, wie die Borribles lebten. Und auch sie lauschten dem Inspektor mit höchster Konzentration. Man hatte ihnen viel Geld für ihren Einsatz versprochen, und wenn sie es tatsächlich schafften, einen Borrible zu fangen, winkte eine massive Prämie.

»Ihr Zwerge«, fuhr Snuffkin fort und lief im großen Versammlungsraum des SBE-Hauptquartiers hin und her, »habt eine wundervolle Gelegenheit, beziehungsweise Chance erhalten, dem Gesetz zu dienen sowie der Ordnung. Ihr werdet unser Spähtrupp sein, unser Geheimdienst hinter den feindlichen Linien. Ihr seht bereits wie Borribles aus, und wenn erst diese speziell angefertigten spitzen Ohren, mit menschlicher Haut überzogen, auf eure eigenen Ohren geklebt sein werden, dann werden selbst Borribles euch für Borribles halten.« Der Inspektor lächelte und tanzte einen kurzen Fandango. Sergeant Hanks trat vor und hob beide Arme in die Höhe. In der einen Hand hielt er ein fleischfarbenes Borribleohr und in der anderen einen großen Topf Kontaktkleber.

»Es besteht«, sagte Snuffkin, »kein Grund für euch Hilfstruppen, euch wegen dieses Spezialklebstoffs zu sorgen. Sergeant Hanks verfügt über ein spezielles Lösungsmittel, das wir, wenn die Zeit gekommen sein wird, zum Einsatz bringen, und dann wird wie von Zauberhand alles wieder sein wie zuvor.«

»Bitte, Inspektor –«, einer der Zwerge hob die Hand. »Wenn wir von einem Ihrer Männer gefangen werden, und er kann uns nicht von den echten unterscheiden, wie können wir ihn dann davon überzeugen, daß wir in Wirklichkeit verkleidete Erwachsene sind?«

Snuffkin drehte sich rasch einmal um sich selbst und nickte mit der Miene eines Mannes, der auf jede je ersonnene Frage die Antwort parat hat. »Höchst einfach«, sagte er. »Jeder einzelne von euch bekommt das Losungswort. Diese Losung wird nur euch und den Mitgliedern der SBE bekannt sein.«

»Jawohl, Sir! Wie heißt die Losung?«

Snuffkin warf seine kleinen Füße hin und her und sprach über seine Schulter. »Ja. Ganz recht. Wie heißt die Losung, Hanks?«

Hanks wurde tiefrot, senkte den Kopf und starrte das Ohr an, das er in der Hand hielt. »Jaa«, sagte er. »Ja ... ehm ... Wackelpudding. Das ist die Losung. Niemand darf da je dahinterkommen.«

Snuffkin zuckte mit dem Schnurrbart und stampfte

drei Schritte nach rechts, dann drei Schritte nach links. Er deutete mit ausgestrecktem Arm auf die Zwerge wie ein »Sie sind gemeint«-Wahlplakat.

»Ihr habt alle eine gründliche Ausbildung bekommen«, sagte er, »und kennt die Anti-Borrible-Taktiken. Dies ist ein Kampf bis aufs Messer, keine Gnade. Borribles sind überall unter uns, traut niemand. Ihr wißt, wie Borribles leben, leere Häuser, Stehlen auf dem Markt, kein fester Wohnsitz, Ladendiebstähle... also, ihr müßt es ebenso machen. Dem ganzen äußeren Schein nach müßt ihr Borribles werden.«

Er wirbelte, von seinen Mantelschößen umflattert, in einer Pirouette herum und sah auf eine mit kleinen Fähnchen übersäte Karte von London, die an die Wand geheftet war. Er hustete, und seine Hände, hinter dem Rücken verschränkt, rangen miteinander.

»Dutzende von Zwergen«, verkündete er, »sind bereits in Stellung, hängen an Straßenecken herum und latschen über die Märkte.« Snuffkin stemmte die Hände in die Seiten, und sein Schnurrbart spreizte seine Flügel wie ein Falter, der aus der Verpuppung kriecht. »Dies ist mein größter Plan, und er wird wie eine Quarzuhr funktionieren. Ich werde soviel wie möglich von euch jungen Zwergen an die Straßenfront schicken. Ich habe so ein Gefühl, so ein starkes Gefühl, daß ein paar von meinen Spitzeln schon mit dieser Bande von Ganoven Kontakt haben, daß sie so tun, als könnten sie ihnen dabei helfen, mit diesem Klepper durchzugehen, den wir dingfest zu machen wünschen.«

Snuffkin stampfte mit dem einen, dann dem anderen Fuß auf und wandte sich dann mit rascher Bewegung von der Karte ab. Seine Augen wurden schmal, seine Stimme tiefer, mit Churchill-Ton.

»Dieses Mal werden wir nicht unterliegen. Wir werden sie in den Straßen und den Seitengassen bekämpfen, in allen labyrinthischen Windungen der großen Metropole, wir werden um jeden Yard, jeden Fuß, jeden Zoll kämpfen. Hinter jedem von euch Zwergen, seid dessen eingedenk, stehen zehn Männer von der SBE. Ihr werdet siegen, und ihr werdet nie allein in den Kampf ziehen. Das ist das große Endspiel! Ich werde den Borribles einen gnadenlosen Elfmeter in den Kasten donnern. Sie werden nicht durchkommen. Wir werden ungesehen und unerkannt zuschlagen, und der Boden Londons wird mit abgestutzten Ohren wie mit Herbstlaub übersät sein.«

Sergeant Hanks grinste und stieß einen zustimmenden Jubelruf aus, doch Snuffkin hob ärgerlich eine Hand, um die Unterbrechung verstummen zu lassen.

»Und ich werde unter euch sein, Männer. Ich habe Vorkehrungen getroffen, daß mir ein eigener Wohnwagen zur Verfügung gestellt wird. Er wird privat und persönlich sein, ausgerüstet mit eigenem Bad und eigener Toilette! Ich werde dort einziehen und werde dort leben, bis diese Diebeshorden mitsamt ihrem Pferd gefangengenommen worden sind. Dort werde ich meine strategische Arbeit vollbringen, wie Montgomery in der Wüste Nordafrikas. Ich werde dafür sorgen, daß unsere Taten in die Geschichte eingehen.«

Snuffkins Schnurrbart drehte sich nun langsam, voll gebändigter Energie, wie eine Schiffsschraube. »Epochale Geschichte! Unsere größte Stunde! Welch eine Wendung! Der Wüstenfuchs! Folget mir nach! Niemals zuvor!«

»Gewiß«, sagte Hanks, zog einen Keks aus der Tasche und schob ihn sich in den Mund.

Snuffkin nahm militärische Haltung an, richtete

sich zu seiner vollen Größe auf und deutete mit dem Daumen abrupt über seine Schulter auf die Karte. »Wo immer diese Fahnen am dichtesten stehen, werde ich im Gewühl dem Feind die Stirn bieten«, sagte er.

Hanks schwenkte das Ohr, das er in der Hand hielt, hoch in der Luft und rief Hurra, wobei er die erste Reihe der Zwerge mit einem feinen Regen von Speicheltröpfchen und Kekskrümeln besprühte. Snuffkin neigte leicht den Kopf, und die SBE-Beamten salutierten, machten rechtsumkehrt und marschierten aus dem Raum. Die Zwerge grüßten, nach einem Moment des Zögerns, ebenfalls und folgten ihnen.

Der Inspektor sah zu, wie sie abzogen. Sein Schnurrbart hob sich von seinen Zähnen wie eine Falltür und enthüllte ein Lächeln, das Lächeln eines Kaninchens mit scharfem Gebiß.

»Wenn uns nur jetzt der SPP sehen könnte«, sagte Hanks und stopfte sich noch einen Keks in den Mund. »Da wäre ich bereits Sir Sergeant Hanks mit mehr Dekorationen auf der Brust als ein Weihnachtsbaum. Was?«

Inspektor Snuffkin schniefte tadelnd. »Es ist ganz gut, Hanks, daß er uns nicht sehen kann«, sagte er. »Der Einsatz von Zwergen ist ein wenig irregulär, und der SPP würde mit etwas Irregulärem nichts zu tun haben wollen. Er würde uns nicht in den Arm fallen, verstehen Sie mich richtig, aber er will nichts zu tun haben damit. Und es muß alles, Hanks, wo wir schon dabei sind, streng geheim bleiben. In Zukunft müssen Sie sicher gehen, daß in Berichten und Funkdurchsagen und so weiter die Männer von den Zwergen stets als … als …«

»Späher«, schlug Hanks vor.

»Als, wie ich bereits sagte, Spähern reden«, schloß

Snuffkin. Er schaute wieder auf die Karte, und ein verträumter Ausdruck trat in seine Augen.

»Irgendwo in London sind sie, diese Borribles … irgendwo in London. Wo sie wohl stecken? Wo sie wohl stecken?«

Die Borribles standen im Dunkel unter den Bäumen. Es war wärmer geworden, und der Regen rann wieder herab, tropfte von den Bäumen und lief einem in den Nacken. Sam stieß mit dem Huf auf, ungeduldig, als wolle er jetzt weiterziehen.

»Wir können hier nicht bleiben«, sagte Sydney, »Sam wird sich erkälten, er zittert schon.«

Die Borribles schauten immer noch zu, wie die Akrobaten ihr Zelt aufschlugen, von der Geschwindigkeit und dem erfahrenen Geschick fasziniert, mit dem die Operation vonstatten ging.

Chaline berührte Poch. »Ja«, sagte sie, »wir packen's besser wieder.«

Poch sah auf die Uhr. Es war erst elf. Als er den Kopf hob, um zu antworten, prallte jemand von der Seite gegen ihn. Es war einer der Akrobaten, der, an einem Seil ziehend, rückwärts ging.

»Aufgepaßt!« rief der Neuankömmling, »aus dem Weg, kannst du nicht sehen, daß ich das Haltetau hier festzurren will?«

Poch sagte nichts, aber er packte den Akrobaten mit einem raschen Griff am Hals. »Schnauze«, sagte er, »oder ich drück dir die Luft ab.«

»Laß los«, sagte der Akrobat. »Keine Spielchen jetzt. Warum langst du nicht auch hin? Ich laß dir gleich …« Seine Stimme erstarb. Er hatte die anderen Borribles in der Dunkelheit unter den Bäumen gesehen und erschrak, solch eine Versammlung mitten in der Nacht auf dem Common zu finden. Stonkus näherte sich und ergriff von hinten seinen Arm.

»He!« sagte der Akrobat ohne große Zuversicht. »Was soll das hier?«

»Gar nichts«, sagte Poch. »Wir wollen nichts, wir tun nichts. Wir wollen bloß über den Common, hübsch ruhig und leise.«

Der Akrobat schob sein Gesicht vor das von Poch und sah ihm gerade in die Augen. »Hört mal«, sagte er, »ihr seid genau so groß wie ich, alle, wie ihr da seid. Bist du auch ein Zwerg, oder seid ihr Kinder, daheim weggelaufen?«

Poch antwortete nicht, denn in diesem Moment rief eine Stimme aus der Richtung des halb aufgerichteten Zeltes: »He, Scooter, wach mal auf! Zieh an deinem blöden Seil, verdammt noch mal. Der Scheißmast wakkelt wie ein Lämmerschwanz.«

»Ihr laßt mich mal besser los«, sagte der Scooter genannte Akrobat, »oder ihr habt alle von uns hier.«

»Also, mach zu«, sagte Poch, »aber mach keine Geschichten, wir sind zehn.«

»Ist das wahr!« sagte Scooter. »Mein Gott, da fürcht ich mich ja zu Tode.« Und er schüttelte Poch und Stonkus ab, schlang das Seil in seiner Hand um den Stamm des nächsten Baumes und fing an zu ziehen – die Borribles sahen, wie sich die Mitte des Zeltes drüben hob. Als er fertig war, band Scooter das Ende des Seils an einen Ast und drehte sich zu den Borribles, die Hände in die Seiten gestemmt und lächelnd. Er machte keine Anstalten, zu fliehen oder nach seinen Freunden zu rufen.

»Ihr solltet euch mal keine Sorgen machen«, sagte er, an alle gewandt. »Wir sind Fahrensleute. Zirkusvolk, Jahrmarktszigeuner. Wir würden euch nie an jemand verraten, an die Polypen zu allerletzt. Gegen unsere Tradition.«

»Ach nee«, sagte Poch. »Und woher wissen wir, daß das auch wahr ist?«

Scooter zuckte die Achseln. »Macht, was ihr wollt«, sagte er, »aber mich müßt ihr jetzt gehen lassen. Ich hab 'nen Haufen zu tun, und die anderen werden bald nach mir suchen.«

»Wir machen uns jetzt so oder so auf den Weg«, sagte Napoleon. »Ist zu unsicher hier. Und dich könnten wir mitnehmen, wenn wir wollten.«

»Meine Güte«, sagte Scooter.

»Wir sind auf dem Weg nach Brixton, das ist alles«, sagte Poch endlich.

Scooter verschränkte die Arme und lehnte sich gegen einen Baum. »Wir auch«, sagte er. »In drei Tagen brechen wir auf zum Brockwell Park, haben dort eine Vorstellung. Könntet mit uns reisen. Niemand würde euch im Wohnwagen sehen, und ein Pferd mehr würde keinem auffallen.«

»Nein«, sagte Poch, »wir gehen jetzt«, aber es war zu spät. Sechs Gestalten kamen plötzlich dicht auf die Borribles zu.

»Los doch, Scooter«, rief einer. »Warum tust du denn nicht auch deinen Teil, wir wollen alle ins Bett, Mensch.«

Die Borribles luden rasch ihre Schleudern und stellten sich unter den Bäumen Rücken an Rücken. Sydney hielt sich bereit, um das Pferd davongaloppieren zu lassen, aber Scooter bewegte sich immer noch nicht. »Bitte«, sagte er, »habt keine Angst. Schaut doch her.« Er drehte sich um und winkte seinen Kameraden. »Langsam!« rief er. »Ich hab ein paar gefunden, die Hilfe brauchen können.«

Die heranrückenden Akrobaten hielten nur einen Moment inne und gingen dann vorsichtig weiter. Sie verteilten sich in einer Reihe vor der Baumgruppe und standen den Borribles gegenüber. Einer lehnte sich auf den Stiel eines Vorschlaghammers. Gegen das grelle Flutlicht der Zirkuslampen konnten die Borribles erkennen, daß er zwar nur so groß war wie sie, aber kräftig gebaut, bullig wie Stonkus. »Wer sind die?« fragte er. »Was wollen sie?«

»Wir wollen gar nichts«, antwortete Chaline. »Wir gehen bloß über den Common.«

»Laß mal, Drillich«, sagte Scooter zu dem Akrobaten mit dem Hammer, »sind nur ein paar Kinder auf dem Zug nach Brixton ... mit einem Pferd.«

»Einem Pferd!« entgegnete Drillich lebhaft. »Ein Pferd, was? Da schau mal her.«

»Wieso, was ist mit dem Pferd?« sagte Sydney, sofort verteidigungsbereit.

»Was ist damit?« erwiderte Drillich. »Ich wette, ihr habt eins von unseren geklaut, das ist's. Frisbee, geh schnell und zähl sie ab.«

Einer von Drillichs Kameraden lief weg, und die anderen traten wachsam von einem Fuß auf den anderen, zu allem bereit.

»Nun laß es doch, Drillich«, sagte Scooter, »sind wirklich bloß Kinder, wenn ich's dir sage. Und soweit ich sehen kann, würde ihnen eine anständige Mahlzeit ganz gut tun.«

»Die Pferde sind alle da«, ertönte Frisbees Stimme von der anderen Seite des halb aufgestellten Zeltes, und Drillichs Körper entspannte sich.

»Also, ist gut«, sagte er. »Können gern mit uns kommen, wenn sie wollen. Soll niemand sagen, daß die Fahrensleute nicht wissen, was Gastfreundschaft heißt.« Und mit diesen Worten drehte sich die untersetzte Gestalt um und schritt davon; seine Gefährten folgten ihm.

Die Borribles atmeten erleichtert auf und schoben ihre Schleudern in die hinteren Hosentaschen. Scooter lachte. »Ich hab's euch doch gesagt«, meinte er. »Jetzt kommt wenigstens mit und eßt was mit uns, ehe ihr abhaut. Heut nacht gibt's Irish Stew. Sobald wir mit der Arbeit fertig sind, heißt das.«

»Irish Stew«, sagte Bingo, »Mensch, das mag ich. Mit Klößen?«

»Aber ja«, sagte Scooter, »mit Klößen.«

Danach schien es keinen Grund mehr zu geben, warum sie im Regen hätten stehenbleiben sollen, und die Borribles gingen langsam zum Zelt hinüber, das nun solide wie eine Kirche aussah. Scooter zog ein Stück Segeltuch zur Seite, und Sam, gefolgt von den anderen Abenteurern, trat hinein.

Sie standen in einem Raum, der etwa dreißig Yards lang und zwanzig breit war. An der Schmalseite, gegenüber dem Eingang, stand eine aus Planken gefügte Bühne, welche die Akrobaten beinahe vollständig aufgebaut hatten. Die Borribles zögerten. Diese Zirkusleute mochten recht klein sein, aber es waren Erwachsene, und Borribles halten sich ungern in geschlossenen Räumen zusammen mit Erwachsenen auf.

Scooter war ihnen in das Zelt gefolgt und lachte angesichts ihres Mißbehagens. »Ihr könnt den Rest der Nacht unter der Bühne verbringen, wenn ihr mögt«, sagte er. »Das Pferd auch. Ruht euch gut aus. Dann könnt ihr mit uns weiter, wenn wir aufbrechen. Macht sich einfacher, als bei Nacht durch die Straßen zu schleichen, und ist nicht so gefährlich.«

»Habt ihr irgendein richtiges Pferdefutter«, fragte Sydney, »für den Sam?«

»Sam, was?« sagte Scooter, »o ja, wir haben schon Hafer oder so was. Wie heißt ihr denn?«

Die Borribles schauten einander an, zögerten, und sagten es ihm dann. Bei jedem Namen zeigte Scooters Gesicht größere und größere Überraschung. Am Ende der Liste lächelte er breit. »Ich heiß Scooter«, sagte er, »aber eure Namen gefallen mir gut…« Seine Augen wurden schmal, und er schaute Poch fest an. »Ich würde gerne ihre Geschichte hören, irgendwann mal.«

Poch berührte die Schleuder in seiner Tasche. Scooter hatte soeben den denkbar freundlichsten Borriblegruß gebraucht. Er schaute aus den Augenwinkeln zur Bühne hinüber. Die sechs oder sieben von Scooters Kameraden, die bis jetzt hart gearbeitet hatten, waren nun still und schwiegen, die erhobenen Hämmer reglos in den Händen. Sie hatten diesen besonderen Satz gehört und warteten auf die Antwort.

Das Schweigen hielt an. Dann sagte Chaline: »Wir werden euch gern die Geschichten erzählen, und dein Name ist auch ein guter Name, Scooter, der muß auch eine gute Geschichte haben. Bevor wir gehen, mußt du uns erzählen, wie du ihn dir geholt hast.«

Nun drang großer Lärm von der Bühne her: Die Akrobaten warfen ihre Werkzeuge weg, lachten, schrieen und sprangen auf den Boden hinunter. Scooter lächelte wieder und hob die Hand zum Kopf: langsam schob er seine Haare zurück, um spitze Ohren zu enthüllen, Borribleohren. Und die anderen Akrobaten kamen von der Bühne herüber und zeigten ihre, alles Borribleohren.

Poch schüttelte den Kopf in großem Erstaunen. Er

musterte Scooters Ohren genau: Sie sahen richtig borriblemäßig aus.

»Ihr könnt keine Borribles sein«, sagte Napoleon, »ihr seht nicht danach aus.«

Drillich schlug dem Wendel auf die Schulter. »Sehn nicht danach aus, was soll das heißen, wir sehn nicht danach aus? Das sind meine Freunde, zwei Mädchen dabei, Mazzo und Lobda, und dann haben wir Pfannkuch, Sindbad, Knochel und Frisbee.«

»Es sind gute Namen«, sagte Poch, »wirklich, aber was Napoleon sagen will – ich meine, ihr seht nicht so aus wie Borribles, ich meine, die Ohren schon, aber...«

»Ihr seht zu stark aus«, sagte Chaline, »ein bißchen wie zu kurz geratene Erwachsene.«

Drillich lachte und schaute sich nach seinen Freunden um. »Natürlich tun wir das«, sagte er, »das macht der Zirkus. Die Arbeit als Akrobat, an den Seilen schwingen, das Zelt aufbauen, die Käfige rumschieben. Als Clown auftreten, da mußt du in Form sein als Clown.«

»Und abgesehen davon«, sagte Scooter, »sehen nicht alle Borribles gleich aus, bei weitem nicht. Ihr habt zwei schwarze dabei, Napoleon sieht grün aus, und der da, Stonkus, schaut eher aus wie einer von uns, oder?«

Stonkus lächelte, was selten vorkam; es freute ihn, daß man seine Stärke bemerkt hatte.

Drillich legte Poch den Arm um die Schultern. »Macht euch nicht so viele Sorgen. Denkt dran, wir sind alle zusammen Borribles hier. Jetzt essen wir was, dann wird's euch besser gehn. Frisbee hat im Wohnwagen gekocht, er bringt's gleich rüber. Es gibt ein Festmahl! Und Hafer für das Pferd.«

Und so geschah's. Die Akrobaten bauten einen

Tisch mit Brettern vom Bühnengerüst auf und improvisierten auch eine Bank. Die Borribles setzten sich, Drillich und Frisbee brachten einen riesigen Kessel mit Stew vom Wohnwagen herüber, und vor jeden wurden Suppenteller und Löffel gelegt. Großzügige Portionen wurden auf die Teller geschöpft, und die Abenteurer verloren keine Zeit dabei, alles zu verschlingen, was man ihnen vorsetzte, solchen Hunger hatten sie nach einer warmen Mahlzeit.

Gegen Ende des Mahls schaute Poch über den Tisch und hob sein Glas, um Chaline zuzutrinken. Sie erwiderte seinen Blick, doch ihr Gesicht war ernst und voller Zweifel. Sie neigte ihren Kopf kurz in die Richtung von Drillich und zuckte leicht die Achseln, fragend. War er der Anführer, oder war er nur die stärkste Persönlichkeit in der Gruppe? Die Hauptsache, die an ihm auffiel, war seine Stärke. Von den Abenteurern konnte sich ihm vielleicht nur Stonkus in einem fairen Kampf stellen mit einer Chance, zu gewinnen. Gut, wie das Sprichwort sagte: Wenn man dir keinen fairen Kampf läßt, dann kämpfst du am besten nicht mehr fair.

Chaline beobachtete den Akrobaten prüfend und musterte seine äußerliche Erscheinung auf der Suche nach einem Schlüssel zu seiner Persönlichkeit. Sein ingwerfarbenes Haar stand seitwärts ab wie die Borsten an einem Kaminfegerbesen. Er hatte ein rundes Gesicht, breit wie ein Kohlkopf, mit muskulösen Bakken und einem großen, erwachsenen Mund; das eine seiner Augen schien etwas weiter als das andere. Die Hände waren groß und kräftig; Finger wie Sperrbolzen mit sechseckigen Muttern als Knöcheln. Er trug einen gestreiften Jersey-Pullover aus dicker Wolle, an den Ellenbogen unregelmäßig abgeschnitten, und seine hellbraunen Hosen waren ölfleckig. Er sah aus wie ein Einbrecher, der gerade schlechte Zeiten erlebt. Chaline zuckte die Achseln: Borribles waren Einbrecher, wenn man's genau nahm.

Sie wandte ihre Aufmerksamkeit nun Scooter zu. Er war anders, er war nicht so stark gebaut wie Drillich, wenn auch immer noch breitschultrig und mit einem kräftigen Bizeps für einen Borrible. Er sah hart aus wie ein Kanaldeckel, aber irgendwie war sein Gesicht doch sorgloser, offener als das von Drillich. Sein schwarzes Haar glänzte wie Asphalt im Regen und berührte seine Schultern. Sein Kinn war spitz, seine Augen braun, und obwohl sein Gesichtsausdruck, wie der von Drillich, etwas Erwachsenes hatte, war er nicht unruhig oder grüblerisch, sondern frei und unverkrampft.

Chaline wischte einen Rest Stew mit einem Brotstückchen von ihrem Teller. Irgendwas stimmte nicht ganz, aber es entzog sich ihr, was. Sie schaute reihum jeden der Akrobaten an. Alle redeten und lächelten; sie erzählten die Geschichten ihrer Namen nach echter Borribleart, stellten Fragen über die Große Rumbeljagd und kratzten sich an den spitzen Ohren. Es war wohl alles in Ordnung.

So ging das Essen und das Reden fort, und die Akrobaten und die Abenteurer lernten sich langsam kennen, und das Mißtrauen verging. Wie bei allen Borribles flogen zahllose Geschichten hin und her. Die Akrobaten erzählten eine um die andere Episode von ihren Reisen und den seltsamen Menschen, die sie in anderen Zirkusunternehmen und auf anderen Jahrmärkten getroffen hatten. Die Abenteurer erzählten auch Geschichten, vom Rumbelreich und von Eisenkopfs Schacht, aber sie gaben nicht preis, was es damit auf sich hatte, daß sie bei Nacht Clapham Common überqueren wollten, und warum Sam das Pferd zu ihnen gehörte.

Schließlich begannen, nachdem jeder und jede ihren Teil zum Geschichtentausch beigetragen hatte, die ersten Köpfe zu nicken, und die Akrobaten gingen zu ihrem Wohnwagen, die Abenteurer krochen unter die Bühne, wobei sie Sam mitnahmen. Sicher und warm in ihren Schlafsäcken, mit vollem Magen, schliefen sie rasch ein, und die Nacht um sie war dunkel und still bis auf das gelegentliche Geräusch eines Autos, das auf der regennassen Straße vorbeizischte, die den Common nur etwa hundert Meter vom Schlafplatz der Vagabunden entfernt durchschnitt.

Nur Napoleon lag wach, das Messer in der Hand, die Schleuder neben sich. Er war verwirrt. Er und Poch und Chaline und all die anderen hatten sich die Ohren der Akrobaten gründlich angesehen, um zu prüfen, ob sie auch waren, was sie zu sein behaupteten, aber die Zirkusleute hatten die Ohren der Abenteurer nicht angeschaut, und das war nicht borriblemäßig, kein bißchen borriblemäßig. Dieser Gedanke nagte die ganze Nacht an Napoleon, aber Napoleon hatte schon immer Schwierigkeiten damit gehabt, irgend jemand zu vertrauen, besonders, wenn man freundlich zu ihm war.

Was es auch immer mit Napoleons Verdacht auf sich haben mochte, die Nacht verging ohne Zwischenfall. Am Morgen weckten Scooter und Drillich bei Tagesanbruch die Abenteurer und brachten ihnen Hände voll Obst, frische Brötchen und Becher mit Tee. Als sie gefrühstückt hatten, ging Drillich zur Rückwand des Zelts, versicherte sich, daß die Luft rein war und hob dann die Zeltwand über Sams Kopf, daß das Pferd ins Freie hinaus gehen konnte, wo es beglückt andere Pferde zur Gesellschaft fand und weiches grünes Gras, auf dem es unter Bäumen stehen konnte. Die Abenteurer zögerten, ihm zu folgen.

»Ist das nicht gefährlich?« fragte Chaline.

»Mensch! Was glaubst du«, antwortete Drillich, »keiner wird Zeit haben, sich nach dir umzudrehen, außerdem hängen immer Horden von Kindern um den Zirkus rum, ein paar mehr fallen da nicht weiter auf.« So gingen die Borribles beruhigt dem Pferd nach und sahen, was sie am vorigen Abend noch nicht hatten beschauen können.

Ringsumher standen die Laster und Anhänger, die all das tonnenschwere Gerät transportierten, das der Zirkus Buffoni benötigte, wenn er unterwegs war. Zelte und Taue, Generatoren und Meilen um Meilen schweres, wetterfestes Kabel, die Tierkäfige, die Futterbehälter und natürlich die großen vierrädrigen Wohnwagen, in denen die Zirkusleute wohnten, wenn sie auf Tournee waren.

Der Lärm der Dieselmotoren war ohrenbetäubend. Stämmige Männer in zerrissenen und verdreckten Jeans und Pullovern testeten alle Maschinen, und ein tiefes, pochendes Röhren drang aus allen Richtungen. Stimmen plärrten aus verschiedenen Lautsprechern gleichzeitig; die Aufbautrupps hämmerten Nägel ein und sägten Holzpflöcke zurecht. Es war das Chaos; es war überwältigend geschäftig und lebhaft.

Der Mittelpunkt all dieser Betriebsamkeit war das Große Zelt. Davor waren in einem Halbkreis die Schaubuden und die Käfige der Menagerie aufgebaut, die lange Reihen wie Wagenspeichen bildeten, mit dem Großen Zelt als Nabe, daß die Besucher auf-

und abspazieren und alle Attraktionen genießen konnten.

»Ist nur ein kleines Großes Zelt«, erklärte Drillich, als sie davorstanden, »aber für uns groß genug. Wir kriegen vierhundert Leute rein.«

Napoleon witterte die Luft, als röche es nach Bullen, nun am Morgen ebenso mißtrauisch wie in der Nacht. »All die Zirkusleute hier«, sagte er, »Erwachsene, oder nicht? Würden die euch nicht an die SBE verpfeifen, wenn sie spitzkriegen, daß ihr Borribles seid?«

Drillich lachte sein rauhes Lachen, das wie Kies knirschte. »Nein«, sagte er. »Erstens sind die Fahrensleute nicht gerade in die Polypen verliebt, das ist eine alte Geschichte, steckt in ihnen drin.«

»Und zweitens?« fragte Poch. Er schaute zum Dach des Großen Zeltes empor und sah zu, wie sich am höchsten Mast ein großes Banner entfaltete. Er las die Wörter: BUFFONIS ZIRKUS: DER GRÖSSTE KLEINE ZIRKUS DER WELT.

»Zweitens«, sagte Drillich, »nun, die glauben, wir sind gewöhnliche Zwerge, so stehen wir auf dem Programm, so heißt es auf unserem Wohnwagen: BUFFONIS FLIEGENDE ZWERGE – DIE ATEMBERAUBENDEN AKROBATEN. Wir arbeiten am Trapez und auf dem Seil.«

»Dann müßt ihr ja Geld bezahlt bekommen«, sagte Chaline. »Das ist nicht borriblemäßig, oder? Wie bringt ihr das zusammen?«

»Guter Witz«, sagte Drillich. »Wenn wir irgendwoher Geld hätten, was wir nicht haben, dann müßten wir es Ronaldo Buffoni geben, der ist der Chef. Nur weil kaum jemand in diesem Zirkus seinen Lohn nimmt, geht die ganze Chose hier überhaupt weiter. Die ganzen Futterkosten, die Tiere, der Tierarzt,

Kostüme, Lastwagen, Benzin! Unser armer alter Buffoni.«

»Ja«, sagte Scooter. »Als Drillich und ich uns zuerst getroffen haben, da sind wir einfach so dem Zirkus gefolgt. Konnte man ebensogut den Bullen aus dem Weg gehen wie auf irgendeine andere Weise. Gab immer was zu essen und einen Platz zum Schlafen. Nach und nach haben wir die anderen Borribles getroffen ... haben uns mit den Buffonis angefreundet, haben unterwegs ein paar Zirkustricks gelernt, vor Jahren schon. Dann sagt der gute Ronaldo eines Tages, wir können unsere eigene Bude aufmachen, solang es ihn nichts kostet. Hat er uns das Zelt und den Wohnwagen gegeben.«

»Arbeiten im Tausch gegen das Essen, das ist der Fuß in der Tür«, sagte Chaline. »So fängt's an, wie man's auch dreht und wendet.«

Drillich zuckte die Achseln. »Kommt schon irgendwie drauf an. Klauen ist auch Arbeit, muß man auch aufstehen und ans Geschäft gehen, oder? Obst vom Karren.«

Hier endete das Gespräch, denn Drillich und Scooter führten die Borribles nun durch die Reihen der kleinen Zelte und Buden mit ihren verschiedenen Angeboten und Darbietungen. Hier konnte man nach Glücksnummern angeln, dort warteten an einer Schießbude die beweglichen Ziele, Vögel und Pfeifen; es gab ein Zelt mit einer Dicken Dame, einen Hungerkünstler (»Der Dünne Mann«), eine Bärtige Dame (Drillich zufolge in Wirklichkeit auch ein Mann), einen siamesischen Schwertschlucker, ein Einmannorchester, das musizierend durch die Straßen der Nachbarschaft lief, um Besucher anzulocken. Ramona die Radfahrhexe jonglierte auf dem Einrad;

es gab einen Feuerschlucker, Tanka, den menschenfressenden Tiger aus Bengalen mit seinem Wärter Amurishi Patadi, ein paar Schimpansen und das einzige weiße Nashorn außerhalb der freien Wildbahn. Am Ende der ganzen Vielfalt gab es noch ein langsames Karussell für die Kinder und eine rasantere Berg- und Talbahn für Erwachsene.

»Aber wo kommen die ganzen Leute her?« fragte Torricanyon, das Gesicht zu einer perplexen Grimasse verzogen. »Ich meine, mit allen diesen Arbeitern und Fahrern und Artisten ist ja bald kein Platz mehr in den Wohnwagen.

Scooter grinste. »Es sind immer wieder dieselben«, sagte er. »Sie fahren die Lastwagen, bauen die Zelte auf, füttern die Tiere, machen Eis und Popcorn, betreiben die Shows in den Buden und reparieren die Maschinen, wenn sie kaputtgehen.«

»So ist's«, sagte Drillich, »und heut abend werden sie dann im Flitterkostüm in der Manege stehen und sich mit all diesen großartigen Namen schmücken. Tatsächlich sind sie fast alle untereinander verwandt, alles Buffonis – Onkel, Tantchen, Brüder, Schwestern, Vettern. Sie spielen alle verschiedene Rollen, Clowns und alles. Und wir auch.«

Vulgo schüttelte den Kopf. »Was ist mit dem Tiger? Der sieht recht wild aus.«

»Ach, der Tiger ist ganz harmlos. Er ist so wohlgenährt, daß Arthur ihn kaum dazu kriegt, auf den Stuhl zu klettern.«

»Arthur! Ich denke, der kommt aus Bengalen.«

»Bengalen!« hohnlachte Drillich, »das ist Arthur Buffoni, der da drüben mit dem Overall, der den Pflock in den Boden treibt. Jeden Abend muß er sich das Gesicht schwärzen und einen Turban aufsetzen.

Diese Buffonis kommen alle aus der Hackney Road, reine Cockneys, der Name tut nichts zur Sache.«

Wie die Borribles sich von Arthur Buffoni wegdrehten, standen sie plötzlich direkt vor einem gutgebauten, fülligen Mann mit einer grellkarierten Mütze, einem Tweedjackett und blanken Gamaschen. Er war nicht sehr groß, aber er sah kräftig aus, und seine Haut leuchtete vor Gesundheit, sein Körper schien vor Energie und Enthusiasmus bersten zu wollen. Seine Wangen waren sehr rund und sehr rot; der honigfarbene Schnurrbart sträubte sich lebhaft, und seine langen, buschigen Koteletten reichten ihm beinahe bis zum Kinn. Er trug einen Stock unter dem Arm und hielt sich wie ein Soldat. Das war Signor Ronaldo Buffoni, und es war für jeden, der sich die Mühe nahm, hinzusehen, ganz offensichtlich, daß er den Zirkus mit der ganzen Kraft eines generösen Herzens liebte. Seine Reise, seine Buden, seine Manege und die Menschen, die mit ihm arbeiteten, waren sein Leben. Er lächelte entzückt, als er die Abenteurer sah.

»Aha!« sagte er und schlug sich mit dem Stöckchen leicht gegen das Bein, »habt noch ein paar neue Kumpel mitgebracht, was? Schon mal beim Zirkus Buffoni gewesen?«

Die Abenteurer schüttelten die Köpfe, ohne etwas zu sagen.

»Dachte mir's. Ihr könnt heute abend kommen, Eintritt frei. Du kannst dich drum kümmern, Drillich. Die Plätze werden doch nicht voll, nicht bei diesem Wetter. Verspätet euch nicht, pünktlich halb acht.« Und mit fröhlichem Winken schritt Signor Buffoni davon und die Stufen seines Wohnwagens empor.

Den Rest des Tages blieben die Abenteurer sich selbst überlassen. Die Akrobaten waren damit beschäftigt, den Buffonis bei der Vorbereitung der Abendvorstellung im Großen Zelt zu helfen, und sie mußten sich auch darum kümmern, daß alles für ihre eigene Show in ihrer Bude bereit war, die nach der großen Vorstellung stattfand.

Die Borribles waren mit diesem Verlauf der Dinge ganz zufrieden. Sydney lieh sich einen Striegel aus und bearbeitete Sam, bis er so gepflegt aussah, wie es nur je möglich sein würde, und ihre Gefährten beschäftigten sich ihrer Neigung entsprechend – einige machten ein Nickerchen in der Wärme des Wohnwagens der Akrobaten, andere tranken Tee und schwatzten im Zelt, der Rest schlenderte zwischen den Arbeitern und den Neugierigen umher.

»Wißt ihr was?« sagte Zwielicht behaglich irgendwann an diesem Nachmittag. »Wenn der Rest der Reise auch so läuft, ist das eine reine Wolke.«

»Klar«, sagte Vulgo, »es bleibt immer schön trocken, bis es schifft.«

Langsam gingen die Stunden vorbei. Das schwache Tageslicht verlor sich, und der Himmel wurde dunkel. Es war Abend. Musik hallte aus den Zelten und war noch meilenweit entfernt zu hören – sechs verschiedene Melodien zugleich. Und die Dieselgeneratoren schütterten und grollten und hielten die Lichter glühend, leuchtend wie Gold und rot wie Rubine. Immer mal wieder ließ sich die Stimme von Signor Buffoni dröhnend durch einen Lautsprecher vernehmen, um die Hauptattraktion des Abends anzukündigen: »Hereinspaziert, hereinspaziert, versäumen Sie nicht die größte Show der Welt, halb acht im Großen Zelt! Hereinspaziert.«

Die Menge drängte sich dichter und dichter, bis die zusammengekeilte Masse sich nur noch in jeweils einer Richtung voranbewegen konnte. Gras und Aschenstreu wurden zu einem einzigen Schlammfilm zertrampelt, und die Musik schepperte lauter, und die Berg- und Talbahn wirbelte rascher und rascher herum, bis die Passagiere ängstlich und angenehm aufgeregt kreischten.

Die Erregung von Geschwindigkeit und Musik teilte sich den Abenteurern mit, und sie konnten es kaum erwarten, bis die Vorstellung anfing; alle außer Napoleon natürlich. Er war auch aufs äußerste angespannt, aber vor Mißtrauen. Er suchte sich Poch und nahm ihn beiseite, damit sie miteinander reden konnten, ohne belauscht zu werden. »Dieser Drillich«, sagte der Wendel mit verkniffenem Gesicht, »den hab ich den ganzen Nachmittag nicht gesehen, und das gefällt mir nicht.«

Poch nickte. »Ja«, sagte er, »ist mir auch aufgefallen. Immerhin, wie das Sprichwort sagt: ›Kratz nicht, wo's nicht juckt.‹ Sie waren gut zu uns ... Ich glaub' nicht, daß irgendwas dahintersteckt.«

»Hm!« sagte Napoleon, »es gibt auch ein altes Wendelsprichwort. ›Wenn einer so gut ist, kann er gar nicht so gut sein.‹ Mein Lieblingsleitsatz.«

Trotz all seines Mißtrauens traf Napoleon seine Freunde am Eingang des Großen Zeltes, wo er endlich Drillich erblickte, der neben einem der Zirkusleute stand und grell-orangefarbene Hosen trug, Schuhe wie Kindersärge und eine große rote Nase. Unter dem Arm hatte er einen dicken Stapel Programme, und er gab jedem Besucher eines, wie sie das Zelt betraten, um ihre Plätze einzunehmen. Als Napoleon ihn fragte, wo er den ganzen Nachmittag gesteckt habe, lächelte er nur und wischte sich in einer Pantomime der Erschöpfung imaginären Schweiß von der Stirn.

»Hab den ganzen Tag keine Ruhe gehabt«, sagte er. »Der alte Buffoni hat mich hierhin, dorthin, überallhin gehetzt.«

Napoleon ließ es für den Augenblick bei dieser Erklärung bewenden und ging mit den anderen Abenteurern in das Zelt, wo man ihnen eine Bank zeigte, die in der ersten Reihe für sie reserviert war... Von Minute zu Minute wurde das Publikum zahlreicher, und trotz Buffonis Bemerkung am Morgen war kaum ein freier Platz zu sehen. Der Lärm in dem Großen Zelt schwoll an, und nach kurzer Zeit wurden die Lichter gedämpft, und Signor Buffoni persönlich erschien in einem strahlenden Kreis silbernen Scheinwerferlichts – er sah überaus prächtig aus in einem roten Jackett, einer wie von Juwelen glitzernden Schärpe und einem schwarzen Zylinder. Er trug eine enorme Peitsche und schaffte Ruhe, indem er sie laut über seinem Kopf knallen ließ.

»Mei-ne *hoch* verehrten Herrschaften! DamnunHerren!« rief er, und seine Stimme scholl auch ohne Mikrophon durch das ganze Zelt. »Ich heiße Sie herzlich willkommen zur grrrößten Show der Welt! Seien Sie im Namen des Zirkus Buffoni gegrüßt. Und nuun! als erstes heute abend für Ihr Vergnügen und Ihr Entzücken, präsentiert vom Zirkus Buffoni... die wilden Rosse der russischen Steppe! Noch vor wenigen Monaten...! Haben sich diese Pferde frei in den endlosen Weiten von Asien getummelt! Und nuun...! Sind sie unter immensen Kosten hierhergebracht und unter der persönlichen Aufsicht des großen Mazeppa Buffoni...! Und seiner entzückenden Gattin Caterina dressiert worden! Verehrtes Publikum – hier sind nun – der große Mazeppa und Caterina.«

Bei diesen Worten knallte Signor Buffoni mit der

Peitsche, die Lichter erloschen, und als sie einige Sekunden später wieder angingen, war der Direktor verschwunden, und drei Pferde, zwei Grauschimmel und ein Rappe, fegten um das Manegenrund, und hinterher rannten ein junger Mann und eine junge Frau, beide in Ballettrikots, die großzügig mit Flitter und Straß übersät waren.

Beinahe sofort hatten Mazeppa und Caterina die Pferde eingeholt und sprangen ihnen auf die Rücken, wo sie Handstand machten und von einem Tier zum anderen wechselten, alles mit atemberaubender Geschwindigkeit. Zum Beschluß der Nummer, um die bisherigen Leistungen noch zu überflügeln, stand Caterina auf den Schultern ihres Partners, mit dem Gesicht nach hinten, winkend und lächelnd. Die Borribles und der Rest des Publikums sahen gebannt zu.

Bald war die erste Nummer vorbei, und unter donnerndem Beifall verschwanden die Pferde; wieder trat Signor Buffoni in die Mitte der Manege.

»Uund nuun . . .! Meine Damen und Herren, möchte der Zirkus Buffoni unter nicht geringen Kosten für Ihre erstaunten Augen Amurishi Patadi und einen furchterregenden Tiger auftreten lassen, der noch vor kaum zwei Wochen . . .! in den üppigen Regenwäldern des unerforschten Bengalen umherstreifte. Hochverehrtes Publikum – Tanka der Tiger.«

Das Publikum gab keinen Laut von sich, als die Lichter ihre Farbe veränderten und ein halbes Dutzend Clowns einen großen Käfig in die Mitte der Manege schoben. Arthur Buffoni folgte ihnen mit einer kleinen Peitsche; er sah aus wie ein Maharadscha, das Gesicht korrekt zum Farbton starken Kaffees geschminkt und einen edelsteinbesetzten Turban auf dem Kopf.

Arthur verneigte sich vor dem Publikum und begann dann, auf Zehenspitzen um den Käfig herumzugehen, als nähere er sich einem halbverhungerten, menschenfressenden Raubtier. Er hielt sich die meiste Zeit etwa sechs Fuß von den Gitterstäben entfernt, aber manchmal sprang er näher, knallte mit der Peitsche und machte sofort wieder einen Satz zurück in die sichere Entfernung. Es sah nicht besonders gefährlich aus, und Tanka lag inzwischen ungerührt auf dem Boden des Käfigs und beobachtete mit einem Auge die Zuschauer; das andere war fest geschlossen.

Die Lautsprecher knackten, und Signor Buffoni sprach von irgendwo hinter der Szene: »Meine Damen und Herren, ich muß Sie natürlich nicht erst darauf aufmerksam machen, daß diese Bengalitiger gerade dann am gefährlichsten und tödlichsten sind, wenn sie am schläfrigsten wirken! Wir bitten die Zuschauer, keine Furcht zu haben! Alle notwendigen Sicherheitsvorkehrungen sind getroffen.«

Der Klang der Lautsprecher erstarb, und zwei Männer in weißen Overalls erschienen, beide mit Gewehren, und stellten sich in die Nähe des Käfiggitters. Langsam, unter Trommelwirbel, öffnete Arthur die Tür des Käfigs, und alle Zuschauer spürten ihr Herz pochen. Als nächstes ergriff Arthur einen Stuhl und stieß Tanka damit an, als er den Käfig betrat. Das Publikum stöhnte auf. Dann knallte Arthur mit der Peitsche, und mit einem Aufbrüllen erhob sich Tanka, kletterte auf einen Podest, hob eine Tatze und brüllte wieder. Hingerissener Applaus, auf den hin Arthur Buffoni den höchsten Beweis seiner Tapferkeit lieferte, das Tier mit der Peitsche reizte und ihm dann frech den Rücken zukehrte und auf dem Boden niederkniete.

Das Publikum raste, aber Arthur war noch nicht fertig. Er stand wieder auf und legte als Finale beide Arme um den Hals des Tigers und küßte Tanka direkt auf die Nase. Die Zuschauer jubelten, verstummten dann aber angstvoll, als das Raubtier plötzlich in zornigem Knurren die Zähne zeigte. Die beiden Männer in den weißen Overalls entsicherten ihre Gewehre. Arthur ging langsam, langsam, rückwärts zur Tür des Käfigs, schlüpfte hindurch und warf sie hinter sich klirrend ins Schloß; dann drehte er einen großen Schlüssel um, den er in seine Tasche schob. Lächelnd verbeugte er sich mehrere Male tief vor den Zuschauern und genoß den großzügigen Lärm von Hunderten klatschender Hände. »Hurra!« riefen die Kinder. »Bravo!« röhrten die Eltern. »Weiter, weiter!« schrieen die Abenteurer.

Nach Tanka und Arthur folgten die Nummern rasch und zügig aufeinander. Es waren so viele, daß die Borribles nicht mehr mitzählen konnten, und alles Buffonis. Ramona auf ihrem Einrad, Marco der Starke Mann mit einem Schnurrbart wie eine angespannt vibrierende Sprungfeder und schließlich auch Marmaduke Buffoni, auf dem Hochseil der Schwerkraft spottend.

»Muß man ihnen schon lassen«, sagte Stonkus, »wenn man bedenkt, daß es immer dieselben in verschiedenen Kostümen sind. Man würde es nicht merken, wenn man's nicht weiß, hm?«

Die Pause kam nur allzurasch, und die Borribles entspannten sich. Die Lichter glühten wieder auf, und von hinter der Manege kamen sechs oder sieben Clowns hereingelaufen, um das Publikum zu unterhalten, während es Eis und Hot Dogs verzehrte. Die Clowns waren große Männer, alles erfahrene Parterreakrobaten, und warfen sich gegenseitig durch die

Manege, fielen um, fuhren in ihrem kaputten Auto und bespritzten sich mit gefärbtem Wasser aus einem langen Spritzschlauch. Alle Zuschauer waren hilflos vor Gelächter, sackten auf ihren Plätzen in sich zusammen, hielten sich die schmerzenden Bäuche.

»Also, da kann man nichts sagen«, sagte Bingo, dem die Lachtränen über das Gesicht liefen, »einfach urkomisch. Ich kann gar nicht mehr aufhören... und schaut mal, da kommen noch welche.«

Es stimmte: Etwa ein Dutzend Männer in Clownskostümen kamen durch die Segeltuchwand und gingen in die Manege. Aber sie blieben von den ersten Clowns getrennt stehen und nahmen an ihrem grotesk-komischen Auftritt nicht teil. Auch ihre Maske war anders: Zwar hatten sie rote Nasen, aber die Gesichter waren grellweiß geschminkt, und die Münder waren breite blaue Schlitze, mit nach unten gezogenen Enden, Trauer und Elend ausdrückend.

Die ursprünglichen Clowns schienen erstaunt von den Neuankömmlingen, und nach und nach wurde ihre Nummer langsamer und kam zu einem Ende. Sie drängten sich in einer Gruppe zusammen und besprachen sich; sie wirkten ängstlich.

»Gehört alles zum Auftritt«, sagte Chaline. »Gleich gibt's ein Kämpfchen.«

»Haltet euch bereit«, sagte Napoleon. Er war halb aufgestanden und schaute nach hinten. »Es gefällt mir nicht. Schaut euch um, da hinten kommen noch mehr rein.«

Bingo drehte sich mühsam auf seinem Sitz um, immer noch lachend. Er zählte – es waren zu viele. »Soviel Clowns hat dieser ganze Zirkus nicht«, sagte er, und sein Lachen vertrocknete wie ein Fleck Spucke im Ziegelstaub.

Poch sprang von seinem Platz und stieg in die Manege. Er hatte seine Schleuder in der Hand und lud sie. »Verdammte Scheiße«, fluchte er. »Sie haben Schlagstöcke, und schaut euch mal die Stiefel an. Es sind die Bullen. Jemand hat uns verpfiffen. Wir sind umzingelt.«

Nun standen Polizisten in geschlossenem Kreis an der Innenwand des Zeltes; eine lange Reihe stand hinten in der Manege, und mehrere Gruppen kamen die Gänge zwischen den Bankreihen herab. Das Publikum lachte; für sie gehörte das alles zum Zirkus – eine große Clownsschlacht stand bevor.

»Schleudern raus!« schrie Poch und schoß auf einen großen Polizisten, den er in den Magen traf. Der Polizist griff konvulsivisch nach seinem Zwerchfell und ging zu Boden.

»Auf, los«, rief Chaline, »in die Manege, zielt auf die Lampen, das ist unsere einzige Chance.«

Chalines Idee war nicht schlecht. Die Abenteurer sammelten sich um Poch, und die Glühbirnen über ihren Köpfen zersprangen eine nach der anderen, wie sie zielten und schossen. Das Große Zelt wurde dunkler, und das Gelächter der Zuschauer erstarb, als Glasscherben auf ihre Köpfe herabzuregnen begannen.

Die Polizisten brüllten auf. »Borribles!« riefen sie. »Haltet die Borribles, nehmt sie fest!«

Nun erhoben sich Schreckensschreie im Publikum, und die Erwachsenen umklammerten ihre Kinder fest mit den Armen, damit die Polizisten sie nicht aus Versehen fortschleifen konnten. »Borribles«, sagte einer zum anderen, die Stimme brüchig vor Angst, »die Kinder da sind Borribles.«

Chaline kämpfte Rücken an Rücken mit Poch. Sie zielte auf die hellste Lampe in der Mitte. Sie gehörte zu den besten Schleuderschützen, und sie fehlte nicht: Mit einer lauten Explosion versank das Zelt im Dunkel. Die Zuschauer kreischten noch lauter, die Kinder weinten.

»Laßt sie nicht entkommen!« röhrte eine Stimme, die jedem Borrible im Zirkuszelt einen Schauer über den Rücken jagte. Es war die Stimme von Sergeant Hanks, und wo Hanks war, war Snuffkin nicht fern. »Laßt sie nicht entkommen, es sind gemeingefährliche Borribles!«

Sergeant Hanks hatte vielleicht damit gerechnet, daß er auf diese Weise seiner Sache nützen konnte, indem er sich der Unterstützung des Publikums versicherte, aber es kam anders. Der Ruf »Borribles!« wurde auf allen Seiten von den Zuschauern aufgenommen, das stimmte, aber sie gerieten in Panik, schnappten sich ihre Kinder und sprangen auf, um sich einen Weg zu den Ausgängen zu bahnen. Diese Verwirrung half den Abenteurern eine Weile. Es bedeutete, daß die Polizisten, die sich von der Zeltwand her einen Weg zu ihren Opfern bahnen wollten, gegen die nach draußen drängende Menge nicht vorrücken konnten. So mußten die Borribles nun nur den Polizisten entkommen, die sich bereits in der Manege befanden, unter dem Segeltuch hindurchtauchen und sich draußen in der Menge verlieren.

Dies war leichter gesagt als getan. In der Manege herrschte totale Konfusion. Inspektor Snuffkin, der die SBE-Razzia vollkommen geheimhalten wollte, hatte es nicht für nötig gehalten, Signor Buffoni oder irgend jemand sonst vom Zirkus von seinem Plan in Kenntnis zu setzen. Demgemäß waren die Clowns in der Manege, die richtigen Clowns, als sie sich von ihrer ersten Verblüffung erholt hatten, überaus wütend. Soweit sie die Sache betraf, war eine Gruppe Unbekannter im Clownskostüm in den Zirkus eingedrungen und hatte ihnen den Auftritt ruiniert, gerade als die Nummer gut lief. Waren das vielleicht ihre tödlichen Rivalen vom Zirkus Bernardo Mattamori u. Söhne? Solche Sachen waren schon vorgekommen.

Nun fingen in der vollständigen Dunkelheit die Polizisten an, nach rechts und links zu tasten und haschen, um die wendigen Borribles zu ergreifen und zu verhaften. Unglücklicherweise gelang es ihnen nur, eine Anzahl starker Zirkusartisten zu packen, die es nicht schätzten, wenn Unbekannte sie im Dunkeln zu umklammern suchten. Die Zirkusleute schlugen entschlossen um sich, entrissen den Polizisten die Knüppel und knallten sie ihnen auf die Schädel mit der ganzen Verve von Arbeitern, die es gewohnt sind, zehn Pfund schwere Vorschlaghämmer mit Freude zu schwingen. So begann nun die Schlacht im Ernst, und obwohl die Männer vom Zirkus in der Minderzahl waren, waren sie ihren Angreifern mehr als gewachsen. Sie waren durch die harte Schule der Manegen im ganzen Land gegangen. Sie wußten, wie man zusprang, sich fallen ließ, sich drehte und wendete, den Gegner umwarf und sich zur Seite duckte. Die Beamten der SBE kamen, trotz Snuffkins Stolz auf ihre Ausbildung, nur auf den zweiten Platz.

Selbst in der Finsternis fanden die Clowns ihre Requisiten, und ein paar rannten hin und holten den Wasserschlauch. Sie drehten auf und durchnäßten alle: Polizisten wie fliehende Zuschauer. Sie fanden einen Feuerlöscher und hüllten die SBE-Männer in klebrigen Schaum. Wie hart auch die Polypen zurückschlugen, wie laut sie auch schrien, sie seien Beamte der Polizei, die Clowns ließen sich auf nichts ein.

»Wer's glaubt!« brüllten sie. »Ihr seid von Mattamori! Ein ehrlicher Clown braucht sich nix gefallen zu lassen.«

Auch Poch schrie laut: »Verteilt euch!« brüllte er. »Trennt euch. Wir treffen uns beim Pferd, wenn's geht, und nehmen ihn mit. Geht zum Markt in Brixton und wartet dort. Los!«

Auf allen Seiten um die Abenteurer kämpften noch die Erwachsenen, zerrend und schwankend, fluchend und stolpernd, zu beschäftigt und zu wütend, um die schmalen Körper der Borribles zu bemerken, die sich vorbeischoben und -wanden, bis sie den Rand des Zeltes erreicht hatten. Poch fand sich neben Chaline gegen die Rückwand gepreßt. Sie zog ihr Messer und schlitzte das Segeltuch auf. Ein Auge gegen den Schlitz gepreßt, starrte sie hinaus.

»Jede Menge Volk«, sagte sie, »und alles schaut zu. Uniformen seh ich keine«, und ohne ein weiteres Wort schlüpfte sie aus dem Zelt, und Poch folgte ihr. Er hoffte, daß auch seine Freunde so leicht davonkommen würden; sein Optimismus sollte sich als unberechtigt erweisen.

Nach dem Tadel, den er vom SPP erhalten hatte, war Inspektor Snuffkin entschlossen: Diesmal mußte es gelingen. »Aufgrund eingegangener Informationen«, wie er es umschrieb, wußte er genau, daß die Abenteurer an diesem Abend im Zirkus saßen, und um sie nicht zu warnen, trugen die meisten seiner Männer keine Uniform. Er hatte sie als Clowns, Würstchenverkäufer, Normalbürger verkleidet, und, falls das nicht reichen sollte, einen äußeren Ring um den Zirkus gezogen, wo Polizeiwagen warteten, Beamte in Bäumen und im Gebüsch versteckt lauerten, entschlossen, dafür zu sorgen, daß niemand entkam.

Inspektor Snuffkin selbst stand auf dem Dach seines brandneuen schneeweißen Wohnwagens, ein Megaphon in der Hand. Die ganze Gegend war von Flutlicht taghell erleuchtet. Snuffkin war glücklich, er ignorierte die Regenschauer, die der Wind überallhin blies. Er schrie auf die Menge ein, genoß seine Machtbefugnis, seine Stimme hob und senkte sich in der stürmischen Luft.

»Dies ist Unternehmen Katzenfutter, Unternehmen Katzenfutter. Niemand wird den abgesperrten Bereich verlassen, ich wiederhole, niemand. Sie sind alle verhaftet, aber jeder, der einen Borrible dingfest macht und den Behörden übergibt, erhält eine Belohnung. Halten Sie die Augen nach Borribles offen.«

Tief in der Menge verborgen setzte Poch seine ganze Erfahrung ein: er schlängelte, duckte, wand sich weiter in der Richtung, wo er das Pferd vermutete, gerade hinter den Schaubuden, unter den Bäumen. Chaline folgte dicht hinter ihm. Sie begriff es nicht: Diese Menge war nicht ein einziger großer Klumpen Ziellosigkeit, wie Menschenmengen sonst, diese Menge gab acht. Dann sprang Snuffkins Ankündigung durch die Nacht, und sie wußte, was los war – die Menge schaute nicht bloß so bei einem Spektakel zu, sie hielt Ausschau nach Borribles.

Chaline hielt inne, und das Herz wurde ihr zu Gelee. In ihrem ganzen Leben hatte sie noch nie solche Angst und solche Hilflosigkeit empfunden. Vor ihr erhob sich lautes Gebrüll, und sie sah, wie Poch über die Köpfe der Menge in die Luft geschleudert wurde. Sein Gesicht glänzte im Flutlicht, es war vor Zorn und Angst verzerrt. Poch fiel und wurde wieder hochgeworfen; erregte Schreie ertönten. Chaline fluchte und schob sich durch einen Wald von Beinen. Sie kam zu dem Mann, der Poch festhielt, und schlug ihm die Zähne in den Schenkel. Der Mann kreischte und fuhr voll Schmerz mit den Händen nach seinem Bein. Poch fiel neben ihr zu Boden, wurde aber sofort von einem anderen Mann ergriffen. »Ich hab ihn«, schrie er. Dann umklammerten rauhe Hände Chaline und rissen sie zur Höhe der Erwachsenen empor.

»Mich beißen, ja?« sagte eine Stimme, und ein Faustschlag traf sie ins Gesicht; sie wurde hochgeworfen, fiel, wurde wieder weitergeschleudert, und so wanderte sie in der Höhe von Hand zu Hand wie ein Zuschauer, der bei einem Fußballspiel bewußtlos geworden ist. Sie schrie und trat und kratzte, doch es nützte nichts. Rauhe Finger zerrten an ihrem Körper, und sie und Poch wurden durch die Lüfte auf den großen weißen Wagen zugerollt, auf dessen Dach Snuffkin in seinem langen Mantel stand, dessen Knöpfe wie Katzenaugen durch den Regenwind glühten.

Der Boden in der Nähe des Großen Zeltes war von Tausenden von Schuhen zu Schlamm zertrampelt worden; tiefer Schlamm, der wie Leim klebte. Napoleon kroch auf dem Bauch hinein, ein Messer zwischen den Zähnen, sich mit den Händen weiterschiebend. Hinter ihm kam Bingo.

»Paß auf«, sagte Napoleon, »du gehst so rum ums Zelt und ich in der Gegenrichtung, und wir treffen uns auf der anderen Seite. Schneid alle Haltetaue durch, an denen du vorbeikommst, und der ganze Salat fällt in sich zusammen, das wird die Bullen bißchen beschäftigen.«

»Alles klar«, sagte Bingo und zog sein Messer.

Der Plan lief gut. Ohne die stabilisierende Spannung der Seile sank das riesige Zelt sanft in sich zusammen; seine tiefen, schweren Falten betteten sich auf die immer noch miteinander ringenden Clowns und Polizisten.

Bingo und Napoleon trafen sich wie vereinbart auf der anderen Seite, und da sie sahen, daß hier die Menge nicht so dicht war, setzten sie zu einem Spurt in Richtung der nächsten Baumgruppe an. Sie rannten schnell, schlugen Haken nach rechts und links um Menschengruppen herum, die nur erstaunt starren konnten, wie die Borribles vorbeiliefen. Endlich im Schutz der Dunkelheit unter den Bäumen angekommen, schauten sie außer Atem zum grellen Licht der Polizeischeinwerfer zurück.

»So eine Scheiße«, sagte Bingo. »Ich möchte wissen, wie die Bullen wissen konnten, daß wir hier sind.«

»Ganz einfach«, sagte eine Stimme hinter ihnen, »wir wissen eben alles«, und mit kräftigen Hieben wurden die beiden Borribles zu Boden geworfen. Hände glitten über ihre Körper und nahmen ihnen Messer und Schleudern weg. Ihre Arme wurden auf den Rücken gezwungen, und man legte ihnen Handschellen an. Erst, als man sie auf die Füße zerrte, sahen sie, daß vier oder fünf Beamte von der SBE in Uniform um sie herumstanden. Hinter den Bäumen sahen sie den unbestimmten Umriß eines SBE-Transporters.

Bingo konnte nicht allein stehen. Der Schlag, der ihn getroffen hatte, hatte ihm die Luft genommen.

»Ihr Schweine«, sagte Napoleon. »Er ist bloß ein Junge.«

Die Polizisten lachten, und einer beugte sich vor und zog hart an Napoleons Ohr. »O ja«, sagte er, »bloß ein süßer kleiner Borriblejunge. Na, du wirst bald genug ein kleiner Junge sein, Freundchen, da kannst du was von halten, zurück ins Alltagsleben.«

Stonkus war stark, der stärkste unter den Abenteurern. Während der Verwirrung im Großen Zelt hatte er sich bei seinem Freund Torricanyon gehalten und ihnen beiden einen Weg durch den verrückten Mob kämpfender Erwachsener gebahnt. Draußen angelangt, hatten sie sich mit Glück unter eine Gruppe aus dem Publikum gemischt, die mit ihren Kindern zum äußeren Rund der Buden und Zelte vordrang. Die beiden Borribles waren mitgegangen, und zum richtigen Zeitpunkt waren sie rasch in das Dunkel zwischen zwei Schaubuden untergetaucht, wo sie stehenblieben, um Atem zu schöpfen und sich umzusehen.

Sie konnten alles hören – Snuffkins Stimme aus dem Megaphon und die Rufe und Hohnschreie der SBE, wie sie Borribles jagte und verhaftete, und ebenso die Zirkusleute, die sich zu verteidigen wagten. »Wir schaffen's nie zum Pferd rüber«, sagte Stonkus. »Wäre besser, wenn wir hier verschwinden und dann denen helfen, die sich durchschlagen.«

Torricanyon nickte, und die beiden Freunde zogen sich weiter aus dem Licht zurück und kamen zur Rückseite der Zeltreihe. Sie schauten hinüber: Das Dunkel erstreckte sich endlos, bis zum Rand des weiten Common.

»Auf«, sagte Stonkus, »lauf zu!«

Die beiden Borribles rannten abrupt los und liefen von ihrem Versteck auf die Bäume und das Gebüsch zu, die sie in nicht allzu weiter Entfernung sehen konnten. Sie kamen nicht weit. Erst zehn oder fünfzehn Yards hatten sie zurückgelegt, als ein Dutzend Schatten wie Trolle aus dem Boden wuchsen. Eine schnelle Bewegung durchglitt die Luft, und ein feinmaschiges Netz senkte sich auf die Fliehenden, und sie stürzten hin und zappelten wie gestrandete Fische.

Orococco und Vulgo entkamen dem Großen Zelt und kämpften sich durch die Menge wie Entdeckungsreisende, die sich einen Weg durch den Urwald hacken. Es war ihnen nicht klar, daß die Menge mit Polizisten durchsetzt war, aber sie konnten fühlen, wie Hände nach ihnen griffen, als sie sich weiterduckten, und sie konnten Stimmen hören, die ihnen über ihren Köpfen nachschrien.

»Wir müssen zum Zelt der Akrobaten«, schlug Orococco vor, »das ist die einzige Chance, tun, als ob wir zu denen gehören, die für den Zirkus arbeiten.«

Die beiden Borribles stießen sich weiter voran; sie traten und knufften gegen die Beine, die ihnen den Weg verstellten. Irgendwie gelang es ihnen, die Gefangennahme zu vermeiden, und sie erreichten das Zelt, das sie suchten. Daneben schien eine kleine Oase der Ruhe zu liegen; sie drängten sich in den Schatten. Während sie wieder Atem schöpften, hörten sie dicht in der Nähe die Stimme von Snuffkin.

»Laßt nicht nach in eurer Wachsamkeit, es müssen sämtliche Borribles verhaftet werden. Zirkusangehörige, die Polizeibeamte in der Ausübung ihrer Pflichten behindern, kommen ins Gefängnis. Die Genehmigung für den Zirkus wird eingezogen. Mister Buffoni, Mister Buffoni, Sie werden jetzt sofort zum Polizeihauptquartier an meinem Wagen kommen. Geben Sie allen Ihren Verwandten und Angestellten die Anweisung, in vollem Umfang mit der Polizei zu kooperieren. Mister Buffoni! Mister Buffoni!«

»Scheiße«, sagte Vulgo, »die Bullen sind gerade hier um die Ecke, da hinten.«

Orococco nickte. »Na prima, dann werden sie so nahebei gar nicht erst nach uns schauen. Rasch, ins Zelt, eh man uns sieht.«

Beide Borribles legten sich auf den Erdboden und rutschten unter der Kante des Zelttuches durch, sich mit den Ellenbogen vorwärts ziehend. Innen im Zelt war es stockfinster, kein Laut war zu hören.

»Zur Bühne rüber«, flüsterte Orococco, »das haut hin.«

Die beiden Borribles hatten das Zelt halb durchquert, als ein lautes Klicken ertönte; es war, als habe man einen Schalter umgelegt. Das stimmte auch. Plötzlich war der ganze Innenraum von oben erleuchtet; zwanzig Glühbirnen schienen hell wie der Tag. Orococco und Vulgo sahen einander an und standen langsam vom Boden auf. Es hatte keinen Sinn mehr.

Auf jeder der beiden Längsseiten des Zeltes stand eine Reihe von SBE-Männern und -Frauen in Uniform, alle mit Knüppeln. Sie lächelten zärtlich. Vulgo stieß Orococco an und wies mit dem Kopf nach hinten. »Wir sind echt am richtigen Platz, Coco«, sagte er. »Da schau mal.«

Orococco schaute. Vor ihnen auf dem Boden ausgestreckt, fest gebunden und geknebelt, lagen alle acht Akrobaten, in säuberlicher Anordnung aufgereiht. Die Haare waren ihnen zurückgestreift worden, daß man die spitzen Ohren sah, und die Augen blinzelten in der plötzlichen Helle. Sie sahen angstvoll aus, die Körper schlaff und hoffnungslos, wie große rohe Würste auf einem Grill, schon mit der Gabel angestochen und bratfertig.

»Wie das wohl ist, wenn man erwachsen wird«, sagte Orococco, aber dann war keine Zeit mehr zu sprechen. Große Hände ergriffen ihn und Vulgo, und man band sie und warf sie zu Boden.

Als die Abenteurer in verschiedene Richtungen aus dem Großen Zelt davongerannt waren, war ein Mitglied der Gruppe zögernd zurückgeblieben. Gerade außerhalb des Zeltes im Dunkel zusammengekauert, starrte Sydney auf die wogende, gewalttätige Menge, vom Geschrei und vom Flutlicht wie betäubt.

Als das Riesenzelt zusammenzufallen begann, versuchten die Zirkusleute ihren Kameraden zu Hilfe zu kommen, die unter der stürzenden Zeltwand begraben waren. Da sie nichts von der SBE und ihren Plänen wußten, waren sie immer noch überzeugt, daß ihre Show von Mattamoris Leuten überfallen worden war, und sie konnten den Polizisten in Zivil nicht glauben, die insistierten, daß sie Polizeibeamte waren! Die Zirkusleute schlugen erst zu und stellten anschließend Fragen.

Diese Feindseligkeiten gaben Sydney die Gelegenheit, auf die sie gewartet hatte. Indem sie sich so klein machte, wie sie konnte, schlich sie durch jenen Teil des Zirkusgeländes, wo der Kampf am heftigsten tobte, und kam schließlich bis zu dem äußeren Ring mit den Schaubuden, ohne daß man auf sie aufmerksam geworden wäre. Dort kroch sie unter die Theke einer Wurfbude, und da fand sie Zwielicht. Es war ihr in all dem Aufruhr gelungen, auf einen Freund zu stoßen.

Die beiden Borribles waren glücklich, einander gefunden zu haben, aber für Sydney gab es im Grunde nur einen Gedanken: Sam zu finden, das Seil durchzuschneiden, das ihn an seinen Baum band, und mit ihm hinaus auf den Common zu fliehen. Die Vorstellung, daß Snuffkin das Pferd wieder fangen und zur Arbeit einsetzen könnte, erfüllte sie mit Entsetzen, und ihr Herz schien kalt zu werden.

»Hast recht«, stimmte ihr Zwielicht zu, »ich komme mit und helf dir dabei. Und so oder so«, fügte er hinzu, »das Pferd ist doch auf jeden Fall der Punkt, wo wir uns treffen wollten?«

Der Weg zum Zelt der Akrobaten wurde ohne große Schwierigkeiten zurückgelegt – die beiden Freunde krochen einfach von Zelt zu Zelt und hielten sich auf der von der Menschenmenge entferntesten Seite. Als sie angekommen waren, suchten sie sich einen Platz, von dem aus sie das Akrobatenzelt beobachten konnten, und Snuffkin auch. Er tänzelte immer noch auf dem Wagendach herum und schrie aus Leibeskräften in sein Megaphon. Sein Stab stand in einer Gruppe unter ihm beieinander und starrte auf den tobenden Mob, der mit Panikrufen an ihnen vorbeiquirlte. Aber auf der anderen Seite einer ruhigen, offenen Fläche, hinter den Zelten und näher an den beiden Borribles als an den Polizisten, stand Sam unter ein paar Bäumen im Halbdunkel, unbeachtet, unbewacht und fest an seinen Baum gebunden.

Sydney zog ihr Messer. »Ich lauf rüber und schneid ihn los«, sagte sie. »Halt du Wache, Zwielicht, und wenn welche von den Bullen sich umdrehen und Gefahr besteht, daß sie mich sehen, also, dann mußt du halt ihre Aufmerksamkeit auf dich lenken, daß sie dir nachgehen. Wenn ich das Pferd in die Bäume hineingeführt habe, kommst du nach. Alles klar?«

Das Mädchen wartete nicht auf die Antwort des Bangladeshi. Wie der Wind lief sie mit ausgestreckten Armen zu dem Pferd hinüber.

»O Sam«, flüsterte sie, als sie das Seil durchschnitt, »wir müssen uns rasch davonmachen, schnell, unter die Bäume.« Sie zog am Zügel, aber Sam rührte sich nicht. Er schüttelte wild den Kopf, schnob durch die

Nüstern, und Sydney sah, daß die Füße des Pferdes mit starker Nylonschnur fest zusammengebunden waren. Er konnte sich nicht bewegen.

»Diese Schufte«, sagte Sydney und kniete sich hin, um das Pferd loszuschneiden. Sie mußte sich beeilen, sie war schon zu lange draußen im Freien. Wieder warf das Pferd den Kopf hin und her, und nun schob es sich mit kurzen Schritten rückwärts. »Ach, Sam«, sagte Sydney, »was ist denn, was haben sie mit dir gemacht?«

Sydney hatte nicht gesehen, was Sam hinter ihr gesehen hatte: Die schmale Gestalt von Zwielicht wurde ins Licht gezerrt, gefesselt und geknebelt, als Gefangener, und ein Ring dunkler Silhouetten schloß sich von den Zelten und den Bäumen her um das Mädchen. Aber nun erblickte sie die Verfolger und stöhnte laut auf, warf die Arme um den Nacken des Pferdes und klammerte sich dort wie ums liebe Leben fest.

»O Sam!« rief sie, »ich hab es nicht geschafft. Sie haben dich wieder. Es tut mir leid, es tut mir leid, es tut mir so leid.« Und Sydney war so niedergeschlagen, daß sie nicht hörte, wie die triumphierende Stimme über das Megaphon verkündete, daß alle Borribles und ihre Verbündeten gefangen waren und daß die Schlacht verloren beziehungsweise gewonnen sei! Sie spürte nicht, wie die großen Hände das Messer aus ihrem Griff wanden oder die Schleuder aus ihrer Tasche zogen, und sie fühlte nicht, wie sich die kalten Handschellen wie der Biß eines zuschnappenden Hundes um ihre Handgelenke schlossen. Alles, was Sydney vermochte, war um Sams Ende zu weinen, um das Pferd, das sie liebte, jetzt bald schon Katzenfutter.

4

Inspektor Snuffkin und Sergeant Hanks standen wie die Präsidentschaftskandidaten auf dem hinteren Balkon des weißen SBE-Wohnwagens. Unter ihnen, knöcheltief im Schlamm, standen die Abenteurer und die Akrobaten, in einer langen Reihe aneinandergefesselt, die spitzen Ohren deutlich sichtbar. Dahinter stand Sam das Pferd, weiter hinten standen die Zirkusclowns, ebenfalls in Handschellen, die Gesichter blutig und die Kleider zerrissen. Um alle herum stand ein dichtgedrängtes Regiment Polizisten, und ihre schwarzen Regenmäntel glühten phosphoreszierend in der Nacht wie feuchte Kohle.

Die SBE hatte schließlich die Ordnung wiederhergestellt. Die Zuschauer waren nach Hause abgeschoben worden, und die Zirkusleute hatte man eingeschlossen in ihre Wohnwagen und ihnen befohlen, sich dort bis auf weiteres ruhig zu verhalten, wenn sie nicht unter Arrest gestellt werden wollten. Eine große Stille herrschte, wo vorher lautes, panisches Chaos gewesen war. Niemand regte sich außer einigen wenigen Polizisten, die durch die Ruinen des großen Kampfes gingen und sich vergewisserten, daß nirgendwo ein Borrible unter dem Müllhaufen aus zerfetzter Zeltleinwand und zerschlagenen Buden sich noch versteckt hielt. Das Feld lag in vollkommener trauriger Verlassenheit da.

Inspektor Snuffkin blickte strahlend über die Szene hinweg wie ein Leuchtturm; es gelang ihm nicht, seine tiefe Befriedigung zu verbergen, und sein Lächeln brach immer wieder hervor. Seine Hände hatte er fester denn je hinter dem Rücken verklammert, und die Rechte versuchte, ihm die linke Schulter auszurenken, indem sie mit wilder Kraft an dem Arm zog. Seine Absätze hoben und senkten sich in getreulichem Trommelwirbel. Endlich hob er die Hand: Nun würde er reden.

»Männer«, begann er, »ich habe euch Blut, Schweiß und Tränen versprochen, doch zum Weinen war keine Zeit! Wir haben eine große Schlacht gewonnen, genau wie ich es vorhergesagt habe. Hier stehen die Gefangenen und ihre Helfershelfer vor uns, in Schmach und Schande aneinandergekettet. Missetäter, Miesepeter, die die Welt ändern wollen, weil sie ihnen nicht paßt, die sich zu physischer Gewalt hinreißen lassen, wenn die Regeln der Gesellschaft unbequem werden. Nun haben wir die Rädelsführer, und unser Kampf ist beinahe zu Ende. Wir haben auch ihr Maskottchen, diesen mottenzerfressenen, x-beinigen, lahmknochigen, krummrückigen, einstmaligen Equus. Dieses elende Vieh ist das Symbol und Zentrum ihrer Revolte geworden! Nun, bis hierher und nicht weiter. Wenn dies Pferd das Herz der Bewegung ist, dann werde ich dies Herz mit beiden Händen ergreifen und entzweireißen. Ich befehle hiermit, daß das obenerwähnte Tier umgehend zu einem Schlachthaus oder -hof gebracht werden soll, wo man es bis zum Eintritt des Todes vor den Kopf schlagen wird, um es dann an den Hinterfüßen aufzuhängen. An einem Haken. Es wird mit einem langen Messer aufgeschlitzt und dann zu netten kleinen Dosenportionen für Kätzchen verarbeitet. Ich sage euch, Männer, das Unternehmen Katzenfutter ist ein voller Erfolg geworden. Wir werden eine Gedenkmedaille schlagen lassen.«

Sydney schrie auf und fiel auf die Knie in den Schlamm. Da sie mit den Handschellen so eng aneinandergefesselt waren, wurden Chaline und Zwielicht mit ihr zu Boden gezerrt.

»Nein!« schrie das Mädchen, so laut sie konnte. »Laßt doch Sam in Ruhe, es ist nicht seine Schuld. Stutzt uns die Ohren, wenn ihr müßt, aber laßt Sam draußen. Er ist nur ein Pferd, er hat nie was getan.«

Snuffkin lachte und tänzelte zufrieden, und seine Hände flatterten vor seiner Brust auf und ab, wie Elstern, die nach einem Landeplatz suchen. Hanks' Bauch wackelte vor Vergnügen, und er nahm ein Bonbon aus der Tasche und schob es in den Mund.

»Nun nimm es nicht so schwer«, sagte Snuffkin und neigte seinen Kopf in einer Geste ironischen Mitgefühls auf die Seite. »Sam wird bald aller irdischen Sorgen ledig sein, aber ihr und eure Akrobatenfreunde, ihr seid die, die in der Bredouille sitzen. Ihr werdet euch zu Tode schuften, sobald wir mit euren Ohren fertig sind. Ihr werdet nette normale Arbeitnehmer sein, für den ganzen Rest eures Lebens.«

Nun winkte der Inspektor mit der Rechten, und das Regiment Polizisten schlug mit soldatischer Präzision die Hacken zusammen.

»Bringt diese Borribles zum vereinbarten Ort«, befahl Snuffkin, »und diese Hampelmänner hier auch. Sperrt sie ein und erteilt ihnen eine Lektion. Morgen früh wird wegen so vieler Vergehen Anklage gegen sie erhoben, wie ich mir nur ausdenken kann. Weg mit ihnen.«

Wie die Borribles zu den Polizeitransportern gestoßen wurden, die neben dem SBE-Wagen bereitstanden, trat Poch aus der Reihe hervor; die Handschellen zwangen seine Gefährten, sich mit ihm zu bewegen. Er trat so nahe zu Snuffkin, wie er konnte, dann hob er die Hände über den Kopf, und die gefesselten Hände seiner Freunde wurden auch in die Höhe gezogen. Poch schüttelte seine Handfesseln, bis sie klirrten. Seine Wange war blutig, seine Kleider waren zerfetzt, sein Gesicht war wild vor Zorn.

»Ich bring dich um«, sagte er mit weißen Lippen. »Du warst das hier mit der Gewalt, Snuffkin, nicht wir. Ich laß nicht nach, bis du tot bist. Ich…«

Poch konnte nicht weitersprechen: Ein Polizist schlug ihn hart gegen die Schläfe, und er wurde mit den anderen davongetrieben, stolpernd und im Schlamm rutschend. Selbst die Zirkusclowns wurden in einen Wagen gepfercht und nicht besser behandelt als die Borribles, sondern gestoßen, getreten und beschimpft. Mindestens zehn von ihnen waren unter Arrest, und sie boten einen traurigen Anblick. Einige hatten lange und hart unter dem Großen Zelt gekämpft, die andern hatte man verhaftet, als sie ihren Kollegen zu Hilfe kommen wollten. Keinen Augenblick hatten sie begriffen, was eigentlich los war. Während des verrückten Kampfes hatten sie geglaubt, ihr Zirkus würde angegriffen, und hatten sich nur verteidigen wollen. Nun würden sie, wenn das Gericht sie schuldig sprach, viele Monate im Gefängnis verbringen, vielleicht sogar ein, zwei Jahre.

Nicht nur das: Ihr Zirkus lag in Fetzen auf der Erde, ihre Kostüme waren zu kleinen Stücken zerrissen, und alle hatten sie blaue Augen, blutige Nasen und aufgeplatzte Köpfe. Es war mehr, als Zirkusleute ertragen konnten, und auch sie schrien Drohungen zu Snuffkin und Hanks hinüber, aber wie laut sie auch ihre Stimmen erhoben, es führte zu nichts. Man prügelte sie in die Gefangenenwagen, und die schweren Türen wurden hinter ihnen zweimal abgeschlossen. Auf Snuffkins Zeichen hin fuhren die Wagen über das

Gras zur Hauptstraße, und von da wandte sich die Kolonne nach Süd-Clapham, unter schwerer Bewachung. Die Borribles waren gefangen, und Inspektor Snuffkin ging kein Risiko mehr ein.

Die Untergrundbahnstation Clapham Common South ist nur ein paar hundert Yards von jenem Teil des Common entfernt, wo Buffoni seinen Zirkus aufgeschlagen hatte. Als Snuffkins Wohnwagen hierher gezogen worden war, standen die Gefangenen auf dem Gehsteig, zusammengetrieben und von mehr als der doppelten Anzahl von Polizisten bewacht. Die Borribles warteten voll Unruhe auf Snuffkin – was hatte es mit dem »vereinbarten Ort« auf sich? Sie brauchten nicht lange zu warten, bis diese Frage ihre Antwort fand. In der Nähe ihres Standortes lag auf einer schäbigen kleinen Rasenfläche, die weder zum Common zu gehören schien noch Ödland war, direkt neben einer aus Backstein gebauten Reihe säuerlich riechender öffentlicher Toiletten, ein eigenartiges zementüberzogenes Gebäude, halb quadratisch, halb rund. Es wurde von einem hohen Drahtzaun gesichert und war groß und fensterlos, bedrohlich und düster.

Sobald der Wohnwagen ankam, marschierten Snuffkin und Hanks die Stufen herunter und gingen durch ein Tor im Drahtzaun zu einer großen Eisentür, die sich in der Mitte des eckigen Teils des bizarren Gebäudes befand. Die Tür wurde nach außen geöffnet, ein Licht angeknipst, und die Gefangenen sahen einen unfreundlichen rechteckigen Korridor, groß und aus Betonplatten gefügt.

»Also, Männer«, sagte Snuffkin, »bringt die Gefangenen rein, macht zu, wir wollen nicht gesehen werden.«

Der Inspektor stand am Eingang und schaute zu, wie seine Befehle befolgt wurden. »Ich will zwanzig Mann vorausmarschieren sehen«, sagte er, »dann kommen in der Mitte die Gefangenen, und zwanzig Mann folgen mit Sergeant Hanks. Eine Wache von sechs Konstablern bleibt am Wohnwagen, und dann brauche ich noch zwei, die das Pferd ins Gefängnis von Wandsworth bringen, wo es eingekerkert wird, bis der Schinder es abholt. Der Rest fährt ins Hauptquartier zurück, aber ihr meldet euch morgen wieder hier, und zwar zeitig. Ist das alles klar?«

Die Männer grüßten, und Hanks verlor keine Zeit und teilte seine Streitkräfte ein. Als alles angeordnet war, ließ Snuffkin die große Eisentür schließen, und als der Klang der ins Schloß fallenden Tür verhallte, schloß er mit einem großen Schlüssel ab, den er dann in seiner Manteltasche barg, die er selbstzufrieden tätschelte.

Als nächstes kauerte sich Snuffkin auf den Boden und zog einen anderen, kleinen Schlüssel aus einer anderen Tasche, mit dem er eine Stahlplatte in einem Schachtdeckel aufschloß, der am hinteren Ende des Korridors in den Boden einzementiert war. Er fingerte an einem Kombinationsschloß herum, und als die Sperren sich geöffnet hatten, befahl er sechs von seinen Leuten, den Deckel zu heben. Es war keine einfache Aufgabe. Der Schachtdeckel war dick und schwer, doch nach langem Keuchen und Schnaufen schwangen ihn die Polizisten in den Angeln zurück.

Snuffkin griff nun in den Schacht, der sich vor ihnen geöffnet hatte, legte einen Schalter um, und Hunderte von Lampen flammten auf; wie aus meilenweiter Entfernung begann eine Luftumwälzungsanlage zu summen. Die Männer der SBE drängten sich um die Öffnung und starrten hinab. Vor Erstaunen holten sie tief Luft: Sie sahen eine Treppe, die sich endlos immer weiter in Spiralen hinabwand und erst verschwand, als sie für das Auge zu klein geworden war.

»Jawohl«, sagte Snuffkin stolz, als hätte er es selbst gebaut, »das ist das achte Weltwunder. Was im letzten Weltkrieg ein schlichter Luftschutzkeller für die gewöhnliche Bevölkerung war, ist nun tiefer und weiter ausgebaut worden, bis es den halben Clapham Common unterkellert. Was wir hier vor uns haben, ist eine ganze Stadt, die alles enthält, was man braucht, um unsere Zivilisation im Falle einer thermonuklearen Katastrophe zu sichern: Regierungsbüros, Kommandozentralen, Nahrung, Wasser, Toiletten – und ein Gefängnis. Ein großes. Wenn die totale Zerstörung kommt, muß das Überleben der Verwaltungsbeamten gesichert sein, so daß, was auch geschieht, Recht und Ordnung über den Jüngsten Tag hinaus fortexistieren. An Recht und Ordnung besteht immer Bedarf, Männer, wie ihr wißt. Leider wird selbst ein gründlicher Atomkrieg das Verbrechen nicht ausrotten.«

»Ist es ein schönes festes Gefängnis, Sir?« fragte Sergeant Hanks.

»Gibt kein besseres«, antwortete der Inspektor, »deshalb sind wir heute nacht hier. Kein Borrible, und sei er ein noch so begabter Ein- und Ausbrecher, kann sich hier verdünnisieren. Kein Clown, und sei's der komischste, wird das noch zum Lachen finden. Nun, Männer!« sagte Snuffkin, der seine kleine Ansprache beendete, indem er auf die erste Stufe unter dem Schachtdeckel sprang, »folgt mir, es ist ein langer, langer Weg, also haltet euch ran.«

Mit einem Zucken seines Schnurrbartes entschwand der Inspektor ihren Blicken, und sofort folgte ihm das erste Kontingent seiner Männer und dann die Gefangenen. Diesen folgte wiederum Sergeant Hanks mit seinen zwanzig Beamten, deren letzter den Deckel schloß und von innen verriegelte. Wie Snuffkin gesagt hatte: Es gab kein Entkommen.

Mit jedem Schritt wuchs die Verzweiflung der Borribles. Schlimmer als die Unmöglichkeit zu fliehen war es, daß es nicht einmal die leiseste Hoffnung gab. Es gab nur einen einzigen Ausweg, der sorgsam bewacht wurde, und hier drunten bildeten die Korridore und Verbindungsgänge ein Labyrinth, in dem Snuffkin seine Gefangenen absichtlich kreuz und quer führte, um sie zu verwirren.

Auf jedem Stockwerk, an dem sie vorbeikamen, führten Tunnel in alle Richtungen, und von diesen Tunneln gingen andere ab und glänzend polierte Türen ohne Zahl, jede mit einer genauen Bezeichnung, die sie im Vorbeigehen lesen konnten: CIG5, MI5, MI6, Marineministerium, Innenminister, Auswärtiger Ausschuß, Kabinett/Sitzungssaal, Squashhalle, Geheimdienst, Premierminister, Schwimmbad, Verteidigungsministerium. Einige der Türen standen offen, und die Gefangenen erhaschten kurze Blicke auf große Zimmer mit Teppichboden, grünen Tischen und bequemen Sesseln. Viele der Räume waren mit großen Sofas, Bars und Bücherregalen ausgestattet, manche auch mit Betten und Chaiselongues, alle mit frischgebügelten Kissenbezügen bereit für den großen Tag von Armageddon.

Endlich aber wurden die Gefangenen, die nun vor Müdigkeit wie vor Niedergeschlagenheit nur noch dahinstolpern konnten, in einen breiten, nackten Korridor gebracht, der die unterste Basis der unterirdischen Zitadelle darzustellen schien – und hier gab es noch mehr Türen, diesmal aus massivem Stahl mit Riegeln oben und unten und Spionen, durch welche der Wärter die Insassen beobachten konnte. Snuffkin gab seine Befehle, und drei der Zellen wurden aufgerissen.

»Wird euch gefallen«, sagte der Inspektor. »Eiskalt ist's da drin.«

»Wie ist es mit was zum Essen?« sagte einer von den Clowns. »Wir brauchen etwas.«

»Da bin ich mir gar nicht so sicher«, sagte Snuffkin, »auf jeden Fall nicht vor morgen. Ihr werdet viel hilfsbereiter sein, wenn ihr ein paar Tage ohne Nahrung hinter euch habt. Die meisten Leute sind's.« Er winkte, und seine Polizisten stießen die Clowns in zwei der Zellen, und dann wurden die Türen hinter ihnen verriegelt.

»Ach, Hanks«, sagte Snuffkin zu seinem Sergeanten gewandt, der gerade die Nachhut heranführte, »bringen Sie diese Borrible-Akrobaten mit zum Verhör, fesseln Sie sie von den anderen ab.«

Sergeant Hanks zog einen Schlüssel aus der Tasche und tat wie geheißen. »Wunderbar, Sir«, sagte er begeistert. »Nichts geht über ein kleines Verhör, um den Appetit anzuregen. Ich freue mich richtig drauf.«

Die Akrobaten versuchten, so gut es ging, gegen die Übermacht der Polizisten anzukämpfen, aber sie konnten ihrem Schicksal nicht entgehen. Drillich fluchte und trat wie ein Wilder, ebenso Scooter und Mazzo, aber die anderen verloren rein die Nerven und wanden sich schreiend vor Angst auf dem Boden. Nichts half – lachend und höhnend zerrten die großen Polizisten mit ihren schinkengroßen Händen die Gefangenen an den Füßen davon, daß die Köpfe auf den harten Korridor aufschlugen, bis ihre Schreie in der Ferne schwächer und schwächer wurden und verhallten.

»So«, sagte Hanks, als er die Abenteurer in ihre Zelle trieb. »Wenn ihr morgen früh eure kleinen Sportsfreunde mit schön blutigen, fransigen Ohren seht, dann werdet ihr wunderhübsch brav sein, ihr sagt uns alles, was wir hören wollen, sollt mal sehen«, und der Sergeant hieb die Metalltür ins Schloß, und das Klirren klang in Echos die Korridore entlang. Dann schob er die Riegel vor und preßte ein Auge gegen den Spion. »Da wärt ihr nun also«, sagte er, »alles schön ordentlich aufgeräumt und von der Straße runter. Morgen werden wir uns schön amüsieren, ich versprech's euch, lauter interessante Spielchen. Ihr werdet euch keine Minute langweilen.« Hanks lachte fröhlich vor sich hin und entfernte sich dann; das Stampfen seiner Füße verhallte in der Ferne.

»Jetzt sitzen wir drin«, sagte Zwielicht, »schön tief drin in der Scheiße.«

»Ja, Mann«, sagte Orococco, »tiefer drin waren wir noch nie. Tiefer geht's nicht.«

Im behaglichsten Wohnzimmer der unterirdischen Regierungskommandozentrale goß sich der SPP einen großen Gin und Tonic ein, ließ seinen eleganten Körper vorsichtig in einen weichen Sessel sinken und sein Bein über die Lehne baumeln, daß ein Fuß sanft vor und zurück pendelte. Er hob sein Glas in feierlicher Siegesgeste. »Holen Sie sich auch einen Drink, Snuffkin, alter Junge«, sagte er, »bei Gott, Sie haben einen verdient. Sie haben die wildesten Erwartungen in Downing Street übertroffen.«

»Nein danke, Sir«, sagte Snuffkin und fingerte an seiner Krawatte. »Ich trinke niemals, Sir. Keinesfalls im Dienste.«

»Dienste, was?« sagte der SPP und zog eine Augenbraue hoch. »Na, setzen Sie sich, Mann, sonst sieht's hier noch unordentlich aus.« Der SPP grinste über sein eigenes Scherzchen. Er war bester Laune.

Snuffkin durchquerte das Zimmer und hockte sich auf die Kante eines Armsessels, der mindestens drei Nummern zu groß für ihn war.

»Wundervoll hier unten, wie?« sagte der SPP und nippte an seinem Drink. »Diese Weitsicht, diese Planung.«

»O ja, Sir!« sagte Snuffkin, »der demokratische Konzensus muß gesichert bleiben.«

»Genau, Snuffkin, genau.«

»Wissen Sie, Sir, in gewisser Weise würde ich den Atomkrieg willkommen heißen. Man könnte reinen Tisch machen, alles ordnen. Weniger Leute zu disziplinieren, es wäre ein neuer Anfang.«

Der SPP nippte wieder an seinem Glas. »Jaja«, sagte er. »Ganz recht. Also, ich habe die Sache mit dem Innenministerium besprochen, und man möchte, daß ich Ihnen sage, wie sehr man dort damit zufrieden ist, wie sich alles entwickelt...«

Snuffkin rutschte noch weiter auf seiner Sesselkante vor. »O wirklich, Sir?«

»Ja doch«, der SPP wedelte gönnerhaft mit einer schlaffen Hand. »Weiter wollen sie, daß Sie die Gefangenen hier so lange wie möglich festhalten. Sie wollen, daß diese Borriblegeschichte einfach unter ihrem eigenen Gewicht in sich zusammenfällt. Nachdem Sie jetzt die Rädelsführer und dieses blöde Pferd kassiert haben, wäre es vielleicht sinnvoll, das Tempo etwas zu drosseln.«

Snuffkins Schnurrbart senkte sich enttäuscht. »Darf ich fragen – wer im Innenministerium, Sir, mit allem Respekt?«

Der SPP setzte sich aufrecht hin. »Liebe Zeit, Snuffkin, seien Sie so gut. Fällt alles unter die Geheimhaltungsvorschriften. Aber ich kann Ihnen im Vertrauen sagen, daß das Finanzministerium sich große Sorgen über unsere Ausgaben macht. Sie wollen, daß wir uns mehr zurückhalten … Jetzt schauen Sie mich nicht so enttäuscht an … Ist wahrscheinlich nur eine zeitweilige Anordnung … sie sind wirklich alle ganz entzückt gewesen, und die anderen Angelegenheiten, von denen wir neulich gesprochen haben, nun, da muß die Suppe noch ein wenig kochen.«

»Die Suppe, Sir?«

»Adelstitel, Beförderungen und so weiter, definitiv angesagt. Vielleicht sogar was Erbliches, nicht bloß diese kurzfristigen Titulierungen auf Lebenszeit. Kinder, Snuffkin? Nein! Wie? Na, macht ja nichts, auch ganz gut so.«

Der SPP leerte sein Glas und erhob sich. »Nun machen Sie mit Ihrer segensreichen Arbeit weiter. Was haben Sie mit dem Pferd gemacht?«

»Nach Wandsworth geschickt, Sir, zwischenzeitlich. In ein, zwei Tagen wird es auf dem Weg ins Schlachthaus sein.«

Der SPP schaute zufrieden drein. »Ausgezeichnet, Snuffkin. Hat mir nicht gefallen, wie dieses Pferd immer wieder ins Bild kam … merkwürdig. Also, halten Sie Verbindung, private Leitung zu Scotland Yard. Übrigens, es wird nichts in den Zeitungen stehn. Ich hab' dafür gesorgt. Nur eine Rauferei auf dem Clapham Common, Flegel aus der Gegend mit Zigeunern … grober Unfug.«

Snuffkin stand ebenfalls auf und zog einen braunen Briefumschlag aus der Tasche. »Mein vertraulicher Bericht, Sir.«

Der SPP streckte die Hand nach seinem Alpakamantel aus; er wirkte schockiert. »Liebe Güte, nein«, sagte er. »Keinerlei schriftliche Berichte – nicht einmal geheime. Ich will nicht wissen, wie Sie vorgehen, Snuffkin, niemals. Könnte alles sehr peinlich werdenn, wenn es schief geht. Diese ganze Borriblegeschichte hat inoffiziellen Charakter. Alles, was ich hören will, ist: Erfolg. Erfolg! Lassen Sie jetzt diese Kinder nicht entwischen. Sonst werden Sie nie Viscount. Immer auf Draht sein.«

Snuffkin drehte sich in den Knöcheln und wand sich in den Knien mit einer Bewegung, die eine Art Mittelding aus Knicks und Verbeugung war. »Sie können von hier unten unmöglich entkommen«, sagte er. »Unmöglich. Ich habe den Eingang oben mit Wachtposten besetzt.«

Der SPP besah den Inspektor voll Widerwillen und krabbelte seine Finger in graue Glacéhandschuhe. »Nein«, sagte er und durchquerte das Zimmer, um in den VIP-Lift zu treten, der ihn mit Höchstgeschwindigkeit zur Erdoberfläche hinaufbringen würde. Die Türen schlossen sich automatisch, und Snuffkin verschwand. Der SPP atmete erleichtert auf. Einige Sekunden später kam er aus einem verdeckten Ausgang neben der Untergrundbahnstation hervor und ging – den Mantelkragen gegen den Regen hochgeschlagen – die wenigen Yards zu seinem in der Dunkelheit wartenden Rolls-Royce.

Der Chauffeur stand bereit und öffnete die Tür. Der SPP kroch in den Wagen und ließ sich in die weichen Polster des Rücksitzes sinken. Dann stieg der Chauffeur hinter das Lenkrad, ließ den Wagen an, und im Augenblick glitt die große Maschine in die ungestalte Nacht davon, lautlos wie eine Giftgaswolke.

In derselben Nacht und nicht sehr weit entfernt glänzten die Ruinen des Zirkus von der Nässe desselben Regens, der so kurz auf den SPP gefallen war. Im gelben Schein ihrer Notbeleuchtung überprüften die Angehörigen des Zirkus Buffoni das Ausmaß der Zerstörung und versuchten, den entsetzlichen Schaden zu beheben, den man ihnen zugefügt hatte. Es schien aussichtslos. Das Große Zelt war ein einziges Wrack, zerfetzt und zerrissen, die Haltetaue durchschnitten, der Hauptmast in verrücktem Winkel zur Seite geknickt, das Tuch naß und schwer wie die Segel eines gesunkenen Schoners.

Den Buden war es nicht besser ergangen – ihre Bretterwände waren zersplittert, die Leinwandseiten aus den Ösen gerissen, die Preise der Wurf- und Schießbuden in den Schlamm getrampelt. Die elektrischen Kabel waren aus den Steckkontakten herausgezerrt worden; die Bänke waren als Rammböcke gebraucht worden und lagen überall in Stücken herum. Verlorene Kleidungsstücke, Hüte, Halstücher und Handschuhe übersäten das Schlachtfeld, und der Eiswagen lag umgestürzt dazwischen, und Erdbeer-, Schokoladen- und Vanilleeis versickerten im Dreck.

Die Zirkusleute fühlten sich bis ins Innerste ihres Wesens beleidigt; geschmäht und erniedrigt. Und mehr noch, ihre Clowns – alles Freunde und Verwandte – waren verhaftet und fortgeschleppt worden. Keine Bitten und kein Zureden hatten bei Snuffkin und Hanks geholfen. Der Inspektor wollte Signor Buffoni nicht einmal sagen, wo die Clowns eingesperrt werden sollten, und der Zirkusdirektor war in seinen Wohnwagen gegangen und hatte das Gesicht in den Händen verborgen.

Aber Ronaldo Buffoni war nicht der Mann, der leicht unterzukriegen war. Jahrelang hatte er die Straßen der Welt befahren. Er war in Indien und Amerika gewesen, in Australien und auf den Falklandinseln, und zahlreich waren die Schwierigkeiten gewesen, die er hatte überwinden müssen. Und wenn er sich jetzt auch eine Weile seinem Kummer überließ – nach zehn Minuten kam er wieder hervor und versammelte seine Leute im Zelt der Akrobaten (es war das einzige, das noch stand), und alle Anwesenden konnten sehen, daß Signor Buffoni vor Wut kochte. Er stieg auf die Bühne und wandte sich mit vor Leidenschaft zitternden Worten an seine Zuhörer; Feuer lag in seiner Stimme.

»Meine Familie, meine Freunde«, begann er, »niemals sind wir so beleidigt worden. Wir haben unsere Gastfreundschaft ein paar Reisenden geschenkt, die wie wir mittellos sind. Wir haben kein Gesetz gebrochen und niemandem etwas zuleide getan. Und doch sind wir angegriffen und mißhandelt worden von sogenannten Vertretern von Gesetz und Ordnung. Unser Zirkus ist ruiniert, unser Lebensunterhalt dahin. Wir werden viele Wochen brauchen, bis wir wieder dort stehen, wo wir heute morgen waren.« Signor Buffoni schob die Hände in die Hosentaschen; sein Bauch hing unglücklich über seinen Gürtel. Er dachte ein wenig nach, dann hob er den Kopf. »Aber wir haben schon Schlimmeres überstanden. Oder?«

Die Zirkusleute schauten einander an und begannen sich zu erinnern. »Ja!« riefen einige. »Kannst du wohl sagen.«

Signor Buffoni lächelte. »Denkt an die Unruhen nach den Cricket-Meisterschaften in Neudelhi, denkt an den Taifun in der Javanischen See, denkt an den Schiffbruch am Barrierenriff. Was ist uns da die Schlacht von Clapham Common? … Eine Bagatelle.«

Das Zirkusvolk schrie und jubelte zustimmend; sie schlugen sich gegenseitig auf die Schultern.

Signor Buffoni ballte die Fäuste und schüttelte sie in der Luft. »Und so, meine Familie, meine Freunde, müssen wir unsere Show wieder auf die Räder bringen, jetzt gleich, wie alles daliegt. Die Pfähle ausbessern, das Zelttuch flicken, die Taue neu knüpfen. Wir werden die Nacht durch arbeiten. Hämmern, leimen, nähen, seilern.«

»Ja!« brüllte der Zirkus. »Wir zeigen's ihnen. So leicht können sie uns nicht von der Straße in den Graben stoßen.«

»Gut gesagt!« schrie Signor Buffoni durch den Lärm, »aber laßt uns nicht vergessen, daß sie unsere Clowns und unsere Akrobaten eingesperrt haben. Wir brauchen unsere Verwandten, wir wollen unsere Freunde frei sehen. Es kommt eine Zeit, wo selbst der gesetzestreue Bürger sich gezwungen sieht, die Gesetze zu brechen … die ist jetzt da. Wir müssen etwas tun, und es muß gleich geschehen.«

Die Zirkusleute wollten eben wieder in Beifallsrufe für Signor Buffonis Rede ausbrechen, als sich der Zelteingang bewegte und Ramona auf ihrem Einrad durch die Öffnung des Segeltuches hereinfegte, fünf Meter vorfuhr, drei zurück, mehrere Male im Kreis, bremste und zu Boden sprang, das umfallende Rad am Sattel auffangend. »Ta-ra!« rief sie aus alter Gewohnheit und verbeugte sich.

»Ist jetzt nicht die Zeit und nicht der Ort«, sagte die

Dicke Dame. »Wir wollen jetzt gerade ernsthaft Mittel und Wege erörtern.«

Ramona wischte das mit einer Handbewegung beiseite. »Man kann die Mittel nicht erörtern, wenn man den Weg nicht kennt«, verkündete sie geheimnisvoll.

»Dann erzähl uns deine Geschichte«, sagte Signor Buffoni. »Wir hören dir zu.«

Ramona war nun glücklich, da sie die uneingeschränkte Aufmerksamkeit ihrer Kollegen hatte. Sie räusperte sich. »Wie ihr wißt«, sagte sie, »bin ich nicht gerade eine Heldin, aber blöd bin ich auch nicht. Ich hab mich dafür entschieden, daß die Prügelei nichts ist für mich, und hab mich ruhig in meinen Wohnwagen zurückgezogen und durchs Fenster die Chose betrachtet – das war schon ein Gekloppe, und ich hab zu meiner Zeit einiges gesehen. Als alles vorbei war, sehe ich, wie die Gesetzeshüter unsere Clowns und unsere Akrobaten in ihre Minnas laden wie der Metzger die halben Ochsen. So geht's nicht, sage ich mir, und ich schwinge mich aufs Einrad, zieh mir einen dunklen Regenmantel über, einen Schal ums Gesicht, und mit großer Geschwindigkeit den Polypen hinterher.«

»Wo sind sie hin?« fragte Marco und ließ seine Muskeln spielen. »Ich werde diese Bullen wie Zeltpflöcke in den Boden treiben.«

Ramona hielt den Arm mit vorgestreckter Handfläche hoch: Geduld.

»Sie sind nicht weit, Freunde und Vettern. Nur ein paar Meter weiter hier den Südring hoch steht ein merkwürdig eckiges Gebäude mit einem Drahtzaun drumherum. Ich schätze, das ist eine Art Langzeitgefängnis, das einer breiten Öffentlichkeit unbekannt bleiben soll. Ein Geheimgefängnis, dessen Besuchszeiten nicht in der Morgenzeitung angegeben werden.«

»So was gibt's doch nicht«, sagte die Dicke Dame. »Woher weißt du, daß es ein Gefängnis ist?«

Ramona stemmte die Hand in die Seite und lachte ärgerlich. »Deshalb, Apfelbäckchen, aus dem ganz einfachen Grund, weil ich gesehen hab, wie unsere uniformierten Freunde unsere Mitbürger auf den Kopf gehauen und in den erwähnten entlegenen Knast hineingetrieben haben, worauf sie einen Schlüssel in einer kleinen Öffnung umgedreht haben, die man gewöhnlich als Schloß bezeichnet. Mir genügt das. Unsere Kumpel sind da drin und werden vielleicht ewig drin bleiben oder bis sie eingehen, was ihnen wohl lange genug vorkommen wird.«

»Hmmm«, sagte der Dünne Mann, »es könnte ein privater Eingang zum Untergrundbahnnetz sein.«

Ramona schüttelte mit Nachdruck den Kopf. »Seit wann schaffen die Plattfüße ihre Gefangenen mit öffentlichen Verkehrsmitteln in den Knast?«

»Also, worauf warten wir?« fragte die Dicke Dame. »Auf und befreit sie!«

Alle stießen zustimmende Rufe aus, aber Ramona hob wieder ihre Hand. »Wir müssen vorsichtig sein«, sagte sie, »es sind etwa dreißig oder vierzig Polizeibeamte mit den Gefangenen unter die Erde gegangen, und es stehen noch sechs andere auf Wache neben dem Wagen von dem Inspektor. Eine Weile später – denn ich hab hinter einem Baum vor die Sache noch ein wenig unter Beobachtung behalten – kommt dann noch ein Rolls-Royce mit Chauffeur an, und aus diesem Luxusgerät steigt so ein Nobeltyp aus und geht auch nach unten. Ich fürchte, daß da etwas Häßliches ausgekocht wird, in einer Küche, von der wir nichts wissen. Wir wissen nicht mal, was auf der Speisekarte steht.«

»Dann«, sagte Marco, »heißt das, je eher wir unsere Clowns und Akrobaten da rausholen, um so besser.«

»So ist es«, schrie Vespa der Bauchredner, und so erregt war er, daß er unwillkürlich seine Stimme so erklingen ließ, als käme sie von weit hinten, und alle drehten sich um, zu sehen, wer da käme, und es herrschte die größte Verwirrung.

»Augenblick, Augenblick«, rief Signor Buffoni. »Falls wir das machen ...«

»Nicht ›falls‹«, riefen seine Zuhörer, »wenn wir's dann machen!«

»Wenn wir das dann machen«, fuhr Signor Buffoni fort, »müssen wir zuerst an die Sicherheit des Zirkus denken. Die größte Zahl muß hierbleiben und so rasch wie möglich alles aufladen, all die zerbrochenen Teile, alles ... wenn wir dann unsere Freunde rausgeholt haben, sind wir bereit, aufzubrechen und den Zirkus mitzunehmen, und anstatt nach Brockwell Park, wie wir's geplant hatten, gehen wir zurück nach Hackney und flicken dort alles zusammen. Wenn wir schnell genug machen, sind wir wieder daheim und von der Straße runter, ehe die Polizei noch weiß, daß wir überhaupt fort sind.«

Beifall und Zustimmung, und die Zirkusleute verließen sofort das Zelt und organisierten ihre Arbeiten. Eine große Gruppe wurde dazu bestimmt, den Zirkus reisefertig zu machen, und einer kleineren, einer Art Kommandotrupp, wurde die Verantwortung übertragen, ihre Kollegen, die Clowns, zu befreien.

»Was wir machen müssen«, sagte Signor Buffoni, der einst in der Armee gewesen war, wenn sich auch niemand ganz sicher war, in welcher, »was wir machen müssen, ist, uns eine Rückzugslinie sichern. Wir können es nicht brauchen, daß die Polizei uns nach Hackney folgt, wir brauchen mindestens ein paar Stunden Vorsprung.« Und ohne weitere Diskussion trennte sich die kleine Gruppe furchtloser Fahrensleute von ihren Freunden und Verwandten und zog durch das dunkle stille Gras des Common davon, von Baum zu Baum huschend, in direkter Richtung nach Clapham-Süd, geleitet von Ramona auf ihrem Einrad.

Etwa zwanzig Yards oder so von Snuffkins Wohnwagen entfernt sammelte sich das Kommandounternehmen hinter zwei, drei großen Bäumen. Im Licht einer entfernten Straßenlampe konnten sie drei Polizisten sehen, die sich frierend gegen den Drahtzaun lehnten, welcher das geheimnisvolle Gebäude umgab, das den Eingang zu der Untergrundfestung barg. Hinter ihm kurvte die leere Hauptstraße, auf der sich nichts regte, nach Westen davon, den langen Abhang nach Balham hinunter, und ein leichter Wind trieb den Regen aus den dunklen Bezirken Südlondons in kleinen Schauern über den Asphalt.

»Es waren sechs auf Wache, als ich gegangen bin«, flüsterte Ramona, »die anderen drei müssen im Wagen sein ... und der Rolls ist weg.«

»Was sollen wir tun?« fragte Signor Buffoni. »Wie sollen wir vorgehen?«

»Wir haben einen Plan«, sagte Marco, »Vespa und ich. Ihr braucht bloß zusehen«, und auf ein Zeichen Marcos hin lenkte der Bauchredner seine Stimme an den drei Polizisten vorbei gegen eine Wand, daß sie zurückprallte und von irgendwo in der Nähe des Untergrundbahnhofs zu kommen schien. Die drei Polizisten sprangen sofort auf und wandten sich um, so daß sie den Bäumen, wo die Zirkusleute verborgen waren, den Rücken kehrten. Es war kein Wunder, daß sie sich so rasch bewegten. Die Stimme, die der Bauchredner gebrauchte, klang exakt wie die von Inspektor Snuffkin.

»Hab ich euch bei einem Nickerchen erwischt, wenn ihr Wache halten solltet!« sagte die Stimme. »Männer, ich habe euch gewarnt, auf der Hut zu sein! Das kann die Degradierung bedeuten! Hier rüber mit euch, ihr unzuverlässigen Penner.«

Die Polizisten starrten zum Bahnhof hinüber, doch sie konnten niemand sehen. Langsam kamen sie zum Straßenrand, in die Richtung gehend, aus der sie die Stimme zu vernehmen meinten; sie wagten es nicht, die Befehle ihres Vorgesetzten zu ignorieren.

Sobald sie sich in Bewegung gesetzt hatten, rannte Marco aus seinem Versteck hervor, lief hinter sie und schlug mit seiner Riesenkraft geschickt und hart ihre Köpfe gegeneinander, daß sie besinnungslos zu Boden fielen.

Sobald dies geschafft war, kamen die anderen Zirkusleute herbei und zogen die bewußtlosen Polizisten in das Dunkel neben Snuffkins Wohnwagen. Hier durchsuchte der Dünne Mann ihnen die Taschen und fand einen Satz Schlüssel zur Festung, die er sogleich Signor Buffoni weiterreichte.

»Wenn wir jetzt«, sagte der Zirkusdirektor, »noch die Männer in dem Wohnwagen zu fassen kriegten, dann wären wir im Geschäft.«

»Keine Bange«, sagte Vespa, und er ging dreist zu den Stufen des Wohnwagens hinüber und fing an, weitere Befehle zu geben, nicht nur mit Snuffkins Stimme diesmal, sondern auch mit der von Sergeant Hanks.

»Was treiben diese Männer in meinem Wohnwagen, Hanks? Ich will sie da raushaben. Eine Schande.«

»Jawohl, Sir, jawohl. Auf geht's, Konstabler, angetreten, bißchen Bewegung. Raus mit euch.«

Zuerst hörte man nur kleine Geräusche aus dem Inneren des Wohnwagens, doch als Vespa einen Strom von Befehlen folgen ließ, wurde es lauter und lauter. Nach wenigen Augenblicken öffnete sich die Tür des Wohnwagens, und die drei Polizisten, die sich in der Hast, daß keiner der letzte sein wollte, gegenseitig schubsten, kamen die Stufen heruntergetrampelt.

Wieder schlug Marco zu. Seine große Faust tat drei Hiebe, und die Hüter von Recht und Ordnung fielen bewußtlos um.

»Ausgezeichnet«, sagte Signor Buffoni. »Fesselt sie alle mit Handschellen aneinander, knebelt sie, und dann sperren wir alle sechs in den Wohnwagen.«

»Genau«, sagte die Dicke Dame, »und die nehmen wir auch mit«, und sie riß allen sechs Polizisten die Funkgeräte von der Uniform und stopfte sie unter ihren weiten Pullover. »Wer weiß, vielleicht sind die noch ganz nützlich.«

Der Augenblick war da: Signor Buffoni benutzte die erbeuteten Schlüssel, um das Tor im Drahtzaun zu öffnen, und führte dann seine Truppen zu der massiven Stahltür, die er ebenso aufschloß. Innen fanden sie den schweren Schachtdeckel, und der Dünne Mann – dem man eine kriminelle Vergangenheit zutraute – machte kurzen Prozeß mit dem Kombinationsschloß. Dann spuckte Marco in die Hände, rieb sie aneinander und stemmte allein den Deckel nach oben. Einen Augenblick lang waren die Zirkusleute sprachlos und glotzten hinunter auf die Treppe, die sich zu ihren Füßen ins Unendliche wand.

»Egal jetzt«, sagte Ramona, »wir können nicht zurück.«

»Gewiß nicht«, stimmte ihr Signor Buffoni zu. »Folgt mir nun und seid leise. Das Überraschungsmoment ist alles bei solchen Operationen.«

Die Buffonis brauchten Stunden, um zu entdecken, wo die Polizisten waren. Von jedem Treppenabsatz führten Dutzende von Korridoren weg, und es gab Dutzende von Treppenabsätzen. Alle Gänge mußten erforscht werden, damit man die Gefangenen nicht übersah. Als sie schließlich das unterste Stockwerk erreichten, hatten die Zirkusleute beinahe schon die Hoffnung aufgegeben, ihre Freunde wiederzufinden.

»Nicht verzweifeln«, sagte der Dünne Mann, »es gibt doch Lebenszeichen hier drunten. Da hängen Polizeimäntel an der Wand, da ist Schmutz auf dem Boden, da liegt ein Helm auf einem Stuhl. Hier haben wir's.«

Sie hatten es. Rasch gab Signor Buffoni seine Anweisungen. »Die Dicke Dame wird die Treppe abriegeln«, sagte er. »Laß niemand vorbei. Ihr anderen, folgt mir.«

Es war ein unbehagliches Gefühl, durch diese breiten Stahlkorridore zu gehen, ein klaustrophobisches Gefühl der Lethargie und Hoffnungslosigkeit. Die Zirkusleute spürten es, als sie schweigend auf Zehenspitzen hin und her schlichen und nach einer Spur suchten, die ihnen zeigen konnte, in welcher Zelle die Gefangenen waren. Doch es schien keine Lösung für ihr Problem zu geben, wenn sie nicht alle Türen öffnen und alle Polizisten wecken wollten – keine Lösung, bis Ramona plötzlich eine Idee hatte.

»Ist euch nicht aufgefallen, Jungs«, sagte sie zu Signor Buffoni und den anderen, »daß sich die Bullen hier unten so sicher fühlen, daß es keine Wachen gibt? Sie glauben, keiner findet hier herein, schon gar nicht raus. Und es kommt hinzu, die ganze Affäre hier ist eine Art Hauptquartier, in dem unsere Oberhäupter nach dem großen Knall wohnen dürfen. All die Türen hier haben Spione, daß man sie als Gefängniszellen gebrauchen kann, wenn Krieg, Revolution oder andere Ausnahmefälle das notwendig machen. Wir wollten diese Gucklöcher nicht öffnen, damit uns nicht plötzlich ein Bulle von der anderen Seite her anstarrt, aber ... diese Türen haben Außenriegel, einen oben, einen unten.«

»Und das heißt«, sagte der Dünne Mann, der nun begriff, wo es hinging, »daß unsere Arbeit hier doch am Ende recht einfach ist.«

»Ganz recht, mein Freund«, sagte Ramona, »ganz recht. Wir müssen bloß die geschlossenen Riegel öffnen und die offenen Riegel schließen, und Unrecht wird Recht, und Recht wird (zu Recht) zum Unrecht. Eine philosophische Umkehrung. Das Problem des Lebens in handlicher Form durch die Bewegung eines Riegels gelöst.«

Mit großer Vorsicht gingen die Zirkusleute zu jeder Stahltür im untersten Stockwerk und kehrten die Stellung der Riegel um. Am Ende dieser Übung gab es vier Türen, die sie öffnen konnten. Sie sahen einander an und lächelten.

»Na«, sagte Signor Buffoni, »es ist wohl an der Zeit, die Sache ins Rollen zu bringen.«

Sanft, tief Atem holend, zog Signor Buffoni die erste Türe auf. Innen war es so hell wie draußen, und es bot sich seinen Augen ein mitleiderregender Anblick. Die Abenteurer, ohne Bett, ohne Decken oder Kissen, lagen in tiefem Schlaf auf dem kalten Stahlfußboden, sich gegenseitig eng umarmend, um sich zu wärmen. Ihre Kleider waren zerrissen, die Gesichter zerschlagen und schmutzig, von verschlungenen Linien gezeichnet, wo Tränen herabgelaufen waren.

Signor Buffoni war sprachlos vor Mitleid. Ramona nicht.

»Hat man schon je so etwas gesehen!« sagte sie. »Kinder in Handschellen.«

»Was machen wir mit denen?« fragte der Dünne Mann, »sind nicht unsere.«

»Nicht unsere!« erwiderte Signor Buffoni, »natürlich sind es unsere. Es sind Freunde unserer Akrobaten, sie sind in mein Zirkuszelt eingeladen worden, und, mehr noch, sie haben auf unserer Seite gekämpft. Das macht sie zu Buffonis ehrenhalber. Weckt sie auf und schickt sie auf den Weg.«

»Alles klar«, sagte Ramona, und sie schnappte sich den Schlüsselbund von dem Dünnen Mann und begann, die Handschellen an den Handgelenken der Abenteurer aufzuschließen, wobei sie einen nach dem anderen wachrüttelte.

Chaline öffnete als erste die Augen und starrte an die Decke, ohne zu begreifen, wo sie war. Sie rieb sich mit den Händen das Gesicht, da sah sie, daß ihre Handgelenke frei waren. Sie starrte Ramona töricht an.

»Ich träume«, sagte sie, »ich träume.« Aber sie träumte nicht. Da waren die anderen, sie standen auf, massierten sich die schmerzenden Arme, und die Zellentür war auch offen, und fünf oder sechs Zirkusleute starrten herein.

»Beeilung«, sagte Signor Buffoni, »der Weg nach draußen ist frei, aber es ist keine Zeit zu verlieren. Wir müssen noch die Clowns und Akrobaten freilassen. Kommt.«

Die Abenteurer brauchten keine zweite Aufforderung. Noch halbbetäubt und verwirrt, auch schwach vor Hunger, stolperten sie doch aus ihrer Zelle und rannten den Gang entlang, bis sie zum Fuß der Treppe kamen, die sie in die Freiheit führen sollte. Hier fanden sie die Dicke Dame Wache halten, doch sie sah sie kommen und schob, ehe sie noch etwas sagten, ihren massiven Leib beiseite.

Die Borribles sagten kaum Lebewohl und rasten gleich die Betontreppen der Zitadelle empor, so schnell sie nur konnten. Es schien ihnen allen, als würden sie nie den oberen Ausgang erreichen, als würden sie nie wieder den Wind im Gesicht spüren, aber endlich sahen sie doch die Öffnung des Schachtes über sich, und der Deckel war offen. Bald schoben und zogen sie sich die letzte Treppe hinauf, und einen Augenblick später sogen sie tiefe Züge Nachtluft in ihre Lungen.

Alles war leer um sie. Niemand bewegte sich auf dem Common oder auf den Straßen. Nur der Wind und der Regen raschelten in den Bäumen, und aus Snuffkins Wohnwagen drang kein Laut. Einen Augenblick lang schauten sie einander an und berührten sich mit den Händen.

»Laßt uns nicht länger hier rumstehen«, sagte Napoleon, sobald er wieder bei Atem war. »Bringt nichts, hier zu warten, bis wir geschnappt werden, wie?«

»Hast recht«, sagte Stonkus, »aber wohin?«

»Irgendwohin«, sagte Poch. »Aber laßt uns doch Richtung Brixton gehen. Wir wissen, da ist ein Markt, und wir brauchen was zu essen.«

Die Abenteurer einigten sich auf diesen Plan und liefen im Trab davon; sie schnitten eine Ecke des Common ab und rannten in die Richtung der südlichen Nebenstraßen, die sie nach Brixton führen würden.

Ein überschäumendes Glücksgefühl erfüllte sie: Sie waren frei. Es war wundervoll, wieder im Freien zu sein – selbst der Regen fühlte sich wie etwas Besonderes an, wie ein Geschenk. Doch in diesem herrlichen Glücksmoment hatten sie eines vergessen: den Grund ihrer Reise. Nur Sydney dachte noch daran. Nur ihr Herz war schwer, und sie konnte nicht so rasch laufen wie die anderen. Die Füße versagten ihr den Dienst, die Tränen liefen ihr übers Gesicht. Am Rand des Common, als die Abenteurer gerade die Straße in Richtung der Häuser drüben überqueren wollten, hielt Sydney an und lehnte ihre Stirn gegen einen Laternenpfahl.

»Ich kann nicht«, sagte sie. »Ich kann nicht weiter. Wir sind entkommen, aber sie haben Sam. Ihr habt gehört, was Snuffkin gesagt hat. Sie haben ihn ins Gefängnis von Wandsworth gebracht ... sie werden Katzenfutter aus ihm machen. O Sam!«

Die anderen umstanden Sydney und suchten sie zu trösten. »Was können wir tun, Sid?« fragte Vulgo. »Was kann denn irgend jemand hier tun?«

»Ich weiß es nicht«, sagte Sydney. »Vielleicht könnte ich beim Gefängnis sein, wenn sie ihn rausbringen.«

Die anderen antworteten nicht. Es schien, als sei Sams Lage hoffnungslos. Chaline seufzte und faßte ihre Freundin an den Schultern, und dann, im Kreis der Borribles, unter der Straßenlampe und während der Regen sie immer noch alle durchweichte, sagte sie Sydney, wie es aussah.

»Es hat keinen Sinn, Sid, du mußt mit uns kommen. Wir haben keine Chance, Sam aus dem Wandsworth-Gefängnis rauszuholen, aber wir können ihn vielleicht später retten. Jetzt ist die erste Pflicht die gegen uns selbst. Wir können Sam gar nicht helfen, wenn wir im Kittchen hocken, und Wandsworth ist der allererste Ort, wo Snuffkin nach uns suchen wird. Wir haben keinen Proviant, keine Messer, keine Regenhaut, nichts. Gar nichts. Wir müssen uns erst wieder mit allem ausrüsten, dann können wir dem Pferd helfen.«

Sydney schniefte und schob sich das nasse Haar aus den Augen. Sie sah ihren Freunden in die Gesichter, ihren Freunden, die hier so getreulich in der Mitte dieser Londoner Nacht auf sie warteten, und sie versuchte zu lächeln. »Was du sagst, stimmt schon alles. Nur hasse ich es so, mir vorstellen zu müssen, daß Sam in den Händen von Snuffkin und Hanks ist, oder gar daß er ins Schlachthaus kommt.«

»Wir holen ihn wieder«, sagte Zwielicht, »wir haben's schon mal gemacht, und wir machen's wieder, ich versprech's dir.« Und indem sie Sydney an den Händen und Armen faßten, zogen ihre Gefährten sie in raschem Lauf über die Straße, und die ganze Borriblebande verschwand in den stillen Seitenstraßen, wo die Morgendämmerung stets erst spät erscheint.

5

Die ganze restliche Nacht hindurch marschierten und rannten die Borribles in langer Kette hintereinander weiter. Sie ließen den Common auf der Narbonne Avenue hinter sich, dann ging's über die Hambalt Road in die Abbeville Road, und als sie hier um die Ecke bogen, merkte Stonkus, der die Nachhut übernommen hatte, daß ihnen jemand folgte. Er pfiff ein leises Warnsignal, das weitergegeben wurde und immer weiter, bis jeder in der langen Reihe der Flüchtigen hinter der nächsten Mauer oder im nächsten Vorgarten Schutz gesucht hatte.

Stonkus kauerte sich neben eine Mülltonne und wartete, bis er zwei kleine Gestalten rasch an sich vorbeilaufen sah. Sobald sie vorüber waren, kam er aus seinem Versteck hervor und folgte ihnen. Der nächste in der Reihe war Vulgo – er machte es genauso, und als die Fremden den dritten Borrible überholt hatten (das war Torricanyon), wurden sie angegriffen und schnell und lautlos zu Boden geschleudert.

»Aufhören«, rief eine Stimme, »wir wollten euch doch nur einholen, wir sind's, Drillich und Scooter.«

Stonkus gab den anderen ein Zeichen, und Drillich und Scooter konnten sich aufrappeln. »Wie habt ihr uns gefunden?« fragte er.

»Die Buffonis haben uns gleich nach euch rausgelassen«, sagte Drillich. »Als wir oben an der Treppe waren, konnten wir euch grade noch am anderen Ende vom Common sehen, an der Laterne. Wir sind dann einfach hinterher ... Den andern haben sie die Ohren gestutzt.«

Stonkus nickte. »Böse Sache«, sagte er, »aber wir haben keine Zeit zum Reden. Wenn es hell wird, müssen wir von der Straße runter sein. Die Bullen werden überall rumwimmeln, also bewegt euch jetzt und folgt den anderen.« Mit einem neuen Pfiff gab er das Signal, daß alles in Ordnung war.

Sogleich zogen die Borribles weiter, in vorsichtiger Entfernung von den Durchfahrtsstraßen und immer Deckung hinter parkenden Autos suchend. Auf diese Weise überquerten sie rasch die Clapham Park Road und kamen in ein Labyrinth kleiner Sträßchen zwischen den roten Ziegelfassaden von Appartementhäusern. Triangle Place, in die Nelson Road und wieder hinaus auf die Haselrigge Road, immer schneller, denn nun hoben sich langsam die schweren Nachtwolken, und ein Grau kroch langsam vom Himmel herab in die schmutzigen Straßen.

Poch schaute hinauf. »Müssen bald was finden«, sagte er zu sich, und eben in diesem Augenblick kam er aus einer Gasse hervor, die ihn hinter einem Block schlafender Häuser entlanggeführt hatte, und fand sich vor einem dreistöckigen Schulgebäude, dessen Fenster mit Maschendraht gesichert waren. Er las das Schild an der hohen Backsteinmauer, welche den Hof sicherte: *Aristotle-Road-Schule,* hieß es da, *Betreten Verboten.* Poch grinste zufrieden. Das war genau der richtige Ort für sie – ein aufgegebenes Schulgebäude.

Die Abenteurer drangen ohne Schwierigkeiten in das Gebäude ein und machten es sich in einem kleinen Büro im obersten Stockwerk für den Rest des Tages bequem. Zuerst schliefen sie, denn während der letzten achtundvierzig Stunden hatten sie einen weiten Weg zurückgelegt und einiges durchgemacht, doch lange konnten sie nicht schlafen – ihr Hunger war zu groß, und die Schule war ungeheizt. Bald erschauerten sie vor Kälte.

Sie waren tatsächlich in einer elenden Lage: Die ganze Ausrüstung, die sie von Battersea mitgebracht hatten, war ihnen verlorengegangen – sie hatten keine eisernen Rationen mehr, keine Schutzkleidung, keine Schleudern und keine Messer. Sie waren waffenlos, und, schlimmer noch, sie konnten es nicht einmal wagen, sich auf die Straße zu stehlen, um nach Nahrung zu suchen: Snuffkin würde überall Polizisten stationiert haben, die nach ihnen suchen sollten. Jedes verdächtige Kind würde verhaftet werden, vor allem, wenn man es beim Diebstahl ertappte.

»Wir müssen uns erstmal totstellen«, sagte Stonkus. »›Besser ein Tag ohne Fraß als ein Leben ohne Ohren.‹«

Die Borribles hörten das weise Sprichwort und versuchten, nicht ans Essen zu denken; sie kauerten sich enger aneinander, um der Kälte zu entgehen. Den Tag hindurch dösten sie und husteten und niesten – hin und wieder besprachen sie sich, fragten sich, ob die SBE irgendeine Vorstellung von ihrem Fluchtweg haben mochte, ob Snuffkin Sam wirklich schlachten lassen wollte, vor allem aber, wie Snuffkin wohl dahinter gekommen war, daß die Borribles sich in einem Zirkus auf dem Clapham Common versteckt hatten.

»Na, das ist ziemlich klar«, sagte Napoleon und schaute grimmig einen nach dem anderen im Zimmer an. »Das hat ihm jemand geflüstert ... und sehr wahrscheinlich jemand hier. Einer von uns ist ein Verräter.«

»Das ist unmöglich«, sagte Orococco. »Uns kannst du nicht im Verdacht haben.«

»Ich habe jeden im Verdacht«, sagte Napoleon stolz und deutete energisch mit dem Daumen auf die eigene Brust. »Der Borrible, der nicht mehr mißtrauisch ist, ist kein Borrible mehr.« Er schaute zu Drillich und Scooter hinüber, die an die Wand gelehnt zusammen auf dem Boden saßen. »Was ist mit denen?« sagte er, jedes Wort betonend. »Von denen wissen wir nicht sehr viel, oder?«

Die Borribles starrten die beiden Akrobaten stumm an.

Drillich sprang auf. »Ich bin so gut ein Borrible wie ihr, ich sag's euch«, rief er. »Hört auf damit. Ich bin ein Borrible, Menschenskind, schaut euch doch meine Ohren an, wo sollten die denn sonst herkommen? Und schaut euch Scooter hier an, habt ihr vielleicht schon mal einen gesehen, der mehr wie ein Borrible aussieht?«

»Ja«, sagte Scooter, »wir sind Borribles, ist doch klar, warum wären wir sonst hinter euch hergerannt ... um uns anzuschließen natürlich. Der Borrible hilft dem Borrible.«

»Und was ist mit den anderen?« fragte Napoleon höhnisch. »Wo sind denn die? Was ist geschehen, als Snuffkin euch alleine beiseite genommen hat?«

Drillich schaute rasch von Napoleon zu Poch und dann zu Chaline. »Sie haben uns verhört«, sagte er. »Uns im Viereck herumgeprügelt. Sie haben den anderen die Ohren gestutzt, Mazzo, Sindbad, Knochel, Frisbee, Pfannkuch und Lobda ... allen. Hanks hat's getan, man hat gemerkt, daß es ihm Spaß macht ... man kann es spüren.«

»Ist doch Blödsinn«, sagte Torricanyon, »wie können die beiden Verräter sein, wenn sie mit uns zusammen gefangengenommen worden sind, und dazu noch beinahe die Ohren verloren haben?«

»Wir können nicht mehr zum Zirkus zurück, selbst wenn wir wollten«, sagte Scooter. »Selbst wenn die

Buffonis abhauen können, ehe Snuffkin ihnen auf die Spur kommt, findet er sie am Ende doch, und wenn er uns dann auch findet, dann heißt's schnipp-schnapp.«

»Schnipp-schnapp stimmt genau«, sagte Drillich. »Ich sag's euch, das waren nicht wir, die euch haben auffliegen lassen.«

Napoleon sah nicht überzeugt aus. »Jemand war's«, sagte er, »und wenn ich erst weiß, wer, kriegt jemand meine Klinge in die Buletten. Und eines sage ich euch: Wir brauchen eine neue Regel, bis das alles vorbei ist, die Aristotle-Road-Regel.«

»Und wie soll die sein?« fragte Stonkus.

Napoleon sah sich im Zimmer um. »Die besagt folgendes: Niemand geht irgendwo alleine hin. Wir müssen immer zu zweit oder zu dritt sein.« Er streckte den Arm aus und deutete mit dem Finger auf Drillich und Scooter. »Vor allem mit den beiden«, sagte er. »Ich trau ihnen nicht.«

»Laß doch den Quatsch!« sagte Scooter, »ums Haar wären wir selbst die Ohren losgeworden. Hanks war schon drauf und dran, als Snuffkin plötzlich weggeholt wurde, weil irgendein Typ von Scotland Yard ihn sprechen wollte. Hanks hat uns geschworen, er würd's am nächsten Morgen machen, und hat uns wieder in die Zelle geschmissen.«

»Es ist mir scheißegal, ob er euch ums Haar den Kopf abgeschnitten hätte«, sagte Napoleon, in dessen Stimme Zorn und Ungeduld stärker wurden. »Entweder beugt ihr euch der neuen Regel, oder ich weiß, was ich davon zu halten habe.« Er sah die anderen an. »Es ist besser, als nochmals verpfiffen zu werden, und was man auch hin und her dazu sagen kann, verpfiffen hat uns jemand, das könnt ihr nicht leugnen. Wer ist dafür?«

Bingo hob sofort die Hand. Er war Napoleons besonderer Freund. »Ich bin dafür«, sagte er.

Dann hob Poch seine Hand und langsam folgten alle anderen im Zimmer, selbst Drillich und Scooter. Die Aristotle-Road-Regel war angenommen.

Den ganzen Tag lang strömte Regen, vom Wind schräg dahergetrieben, über den Himmel und fiel auf die schwarzschimmernden Schieferdächer und den schwarzen Asphalt der Straßen der Stadt. Er fiel auf die wintertoten Gärten; er fiel in die Schornsteine. Er rann an den schmutzigen Schaufensterscheiben herunter, über die Gehsteige, in die Straßenrinnen. Die Abzugsrohre und Kloaken Londons waren voller Regenwasser, und die ganze Zeit ruhten sich die Borribles hinter den kahlen Mauern der Aristotle-Road-Schule aus. Sie kamen beinahe um vor Hunger, aber sie waren in Sicherheit. Kein einziges Mal hörten sie eine Polizeisirene, nie einen Hausmeister. Sie warteten nur, daß die Stunden vergingen und das Tageslicht schwächer würde. Wenn es dann wieder dunkel wäre, ginge die Reise weiter nach Brixton und – hofften sie – in Richtung Mahlzeit, und wenn es nur Abfälle aus den Mülltonnen sein würden.

Dann war es Nacht. Poch stand auf und reckte sich. Er ging ans Fenster und schaute auf die Straßenlampen und auf die durch die Bedford Road fahrenden Autos hinunter. »Jetzt warten wir noch, bis die Kneipen schließen«, sagte er, »und dann noch eine Stunde. Besser, wir sind ganz besonders vorsichtig. Snuffkin hat mir meine Karte weggenommen, aber wenn ich mich richtig erinnere, dann bringt uns die Bahnlinie da drüben direkt nach Brixton … sind nur ein paar Meilen.«

Schlag Mitternacht verließen die Abenteurer die Schule, kreuzten einer nach dem anderen die Straße und bewegten sich wie Schatten durch einen Bauhof, der in tiefem Dunkel lag. Auf der anderen Seite kamen sie an die steile Böschung des Bahndamms, die sie bis zum Gleis hinaufkletterten. Dort hielten sie an und lauschten – alles war ruhig und unsichtbar, es schien kein Mond, und es schienen keine Sterne.

»Geht ganz vorsichtig weiter«, sagte Poch »und haltet die Ohren offen. Hab nie einen Fahrplan für diese Linie gesehen, wenn ihr also einen Zug kommen hört, dann macht euch zeitig von den Schienen runter, und tretet nicht aus Versehen auf die unter Strom ... werdet sonst schwarzgebraten.«

Es war kein weiter Weg nach Brixton, nur zwei, drei Meilen, wie Poch gesagt hatte. An beiden Seiten des Bahndamms zogen sich lange Straßen mit Reihenhäusern hin, wo kein einziges Licht mehr zu sehen war. Alles schlief, und die Last des Schlafes lag auf der ganzen Stadt, und nichts regte sich in den Hinterhöfen außer den auf Raub ausziehenden Katzen, die im Dschungel des Gerümpels und Abfalls ihre Mäuse jagten.

Auf halbem Wege senkte sich der Bahndamm, bis die Gleise auf dem Niveau der Straße weiterliefen, und die Abenteurer gingen unter einem alten eisernen Steg hindurch, der eine Sackgasse mit einer anderen verband. Er war mit weißer Kreide und Farbe bekrakelt, und die Seiten waren mit Maschendraht verkleidet, damit die Kinder keine Steine auf die durchfahrenden Züge schmissen.

Zwielicht hielt einen Moment inne, um ein paar von den Sprüchen zu lesen, und entdeckte ein »Viva Borribles« mit einem Pfeil, der nach Brixton wies. »Das ist gut«, meinte der Bangladeshi, »das heißt, daß es hier in der Gegend doch ein paar Borribles gibt.«

»Genau«, sagte Bingo, »und hoffen wir, daß sie sanft und freundlich sind, wie die Wendels.«

Es war etwa zwei Uhr morgens, als die Abenteurer endlich am Bahnhof Brixton ankamen; Poch stieg auf einen Mauervorsprung, um in die Leere der Brixton Road hinabzuschauen. »Sieht aus, als ob alles klar wär«, flüsterte er, »gehn wir runter und schauen nach was Eßbarem.«

Nach kurzer Suche fanden die Borribles den Bahnhofseingang und kletterten ohne Mühe über das versperrte Tor. Dann standen sie oben am Beginn von zwei steinernen Treppenfluchten, und als sie hinabgegangen waren, fanden sie sich beim Licht einer einzigen trüben Lampe unter einem niedrigen Brückenbogen, der auf die Straße hinaus führte.

Poch hieß seine Gefährten warten und schlich zum Ende des Tunnels, um hinauszuspähen. Er konnte niemand entdecken – die Straße lag leer da, ohne daß sich irgendwo ein Mensch geregt hätte. Vom Markt des Tages war nur noch der knöcheltiefe Abfall zurückgeblieben, der die Gehsteige übersäte. Poch schaute auf zu den Straßenschildern: Atlantic Road, Electric Avenue. Er winkte den anderen, und sie traten zu ihm an den Rand der verlassenen Straße. Ein Auto fuhr in einiger Entfernung vorüber, aber es war kein Polizeiwagen.

»Wir müssen jetzt«, schlug Poch vor, »rasch mal diesen Schamott hier durchsehen und schauen, ob wir nicht was zu essen finden können, damit wir bei Kräften bleiben.«

Es gab eine Menge Obst auf dem Markt und ein paar halbzerquetschte Brotlaibe. Einige verbeulte Bohnenkonserven waren in einen Pappkarton geworfen worden und liegengeblieben, und eine Kiste überreifer Bananen hatte sich nicht verkaufen lassen. Hier lag ein Festmahl, beinahe mehr, als die zwölf Flüchtlinge tragen konnten.

»Auf geht's«, sagte Bingo, der jetzt Wache stand, »wir haben mehr als genug, rasch, die Straße hier runter.« Leichtfüßig wie stets führte der Borrible aus Battersea seine Freunde in die Electric Lane, vom Markt weg in eine, wie er hoffte, ruhigere Gegend, wo vielleicht ein paar leere Häuser stehen mochten, und wo man einen Borrible oder zwei treffen könnte, die gerade Teewasser aufgesetzt hatten.

Als er sich diesen angenehmen Gedanken überließ, wurden Bingo plötzlich mit einem Tritt die Füße unter dem Leib weggezogen. Er fiel schwer zu Boden, und ein schmutziges Tuch verschloß ihm den Mund. Bingo schlug um sich und kämpfte, aber zu viele hielten ihn nun fest. Ein Knie trat ihn hart in die Nieren, und der Atem verließ ihn, sein Körper wurde schlaff.

»Sei nur schön ruhig, Whitey«, sagte eine Stimme mit westindischem Akzent, »oder ich reiß dir den Kopf ab.«

Bingo gehorchte, es blieb ihm nichts anderes übrig. Er hörte das Trappeln rennender Füße, ein paar Schreie und das Geräusch einiger Schläge, dann herrschte wieder völlige Stille. Die Stimme, die Bingo über sich gehört hatte, sprach wieder.

»Jetzt fessle ich dich, Whitey, und wenn du Zicken machst, dann dreh ich dir den Hals um und häng dich am Seil an den nächsten Bus ... die fahren den ganzen Tag schön ruckweise durch die Stadt.«

Nachdem ihm die Arme fest auf den Rücken gefesselt worden waren, zerrte man Bingo auf die Füße und stieß ihn weiter. Er konnte sehen, daß ihn vier oder fünf Gestalten umringten – ihre Gesichter waren schwarz und gingen in der Nacht auf. Weiter hinten bewegten sich undeutliche Umrisse in der Dunkelheit. Er hörte einen Schrei und dann einen Schlag.

»Warum laßt ihr uns nicht zufrieden«, sagte Bingo, »wir tun niemand was, wir sind bloß auf der Durchreise.«

»So ist es«, sagte dieselbe Stimme. »Ihr werdet hier so rasch durchreisen, daß eure Füße gar nicht den Boden berühren werden, aber alles andere schon.« Bingo bekam einen Schlag zwischen die Schulterblätter. Er fluchte und stolperte. Er hörte wie Napoleon Drohungen schrie. Ein Schlag ertönte, und Napoleon war still.

Die Gefangenen wurden nicht weit weg gebracht. Noch vor dem Ende der Electric Lane bog der Zug ab in die Electric Avenue. Hier betraten sie eine alte viktorianische Ladenpassage mit zierlichen gußeisernen Säulen, und etwa hundert Yards die Passage hinunter, zwischen zwei Schaufenstern einer glasüberdachten Markthalle, lag eine schmale Eingangstür, verschlossen und verriegelt und mit Ketten gesichert. So schien es zumindest: Tatsächlich schwang ein Türchen innerhalb der schweren Tür auf, so daß eine einzelne Person auf Händen und Knien durchkriechen konnte.

»Na denn, Whitey«, sagte Bingos Bewacher, »folge mir nach.«

Es fiel Bingo schwer, durch den schmalen Eingang zu kommen, vor allem, da ihm die Hände auf den Rükken gefesselt waren, aber er schaffte es schließlich und stand in einem engen Korridor. Mehr konnte er nicht herausfinden – es war stockfinster hier drin, und seine Begleiter waren zwar ganz nah, doch völlig unsichtbar.

Einer nach dem andren sammelten sich die Gefangenen hier mit ihren Bewachern, und sobald alle da waren, wurden weitere Befehle erteilt.

»Na denn«, sagte die Stimme wieder, »ihr geht jetzt nach oben. Ich mach eine Taschenlampe an … aber versucht bloß nicht, hier irgendwas abzuziehen.«

Die Abenteurer folgten dem Licht zum Ende des Korridors und begannen, eine kahle Holztreppe hinaufzusteigen. Weiter ging es hinauf und weiter, bis schließlich wohl im obersten Geschoß des Gebäudes die Treppe sich zu einem breiten Flur erweiterte, von dem nach rechts und links Türen abgingen. Hier führte man die Gefangenen in einen Raum und ließ sie sich mit dem Rücken in einer Reihe gegen die Wand auf den Boden hocken.

Der Lichtstrahl der Taschenlampe fuhr hin und her durch die Dunkelheit, während die Borribles warteten; ein ständiges Kommen und Gehen. Bingo hörte Leute in einer Sprache reden, die er nicht verstand. Er prüfte die Stärke seiner Fesseln, aber sie gaben keinen Zoll nach. Dann ging ohne Vorwarnung plötzlich das Licht an.

Nun konnte Bingo die ganze Reihe seiner gefangenen Freunde sehen. Sie waren immer noch beisammen, doch alle trugen Spuren des Kampfes. Napoleon hatte über dem einen Auge eine Platzwunde, und das Blut lief ihm über das Gesicht. Stonkus war mit dem Dreck des Markts beschmiert, da er kämpfend auf dem Boden umhergerollt war, und Scooter hatte ein blaues Auge.

Bingo schaute sich nun die an, die ihnen den Hinterhalt gelegt hatten. Es waren etwa fünfzehn im Zimmer, die Hälfte Mädchen. Draußen auf dem Flur konnte er noch eine Menge anderer sehen, die hereinstarrten. Sie waren alle ohne Ausnahme schwarz, und soweit Bingo sehen konnte, alle Borribles.

Die Abenteurer warteten. Dann entstand Bewegung an der Tür, und der Borrible, der im Dunkeln zu Bingo gesprochen hatte, kam mit einigen seiner Adjutanten ins Zimmer. Er trug eine riesige Mütze wie ein Barett, die ihm auf der einen Seite des Kopfes herabhing; auf der anderen Seite fielen ihm lange, zu einer Rasta-Frisur geflochtene Haare auf die Schulter. Die Mütze war aus schwarzem Samt, doch sonst waren seine Kleider aus hellem, leuchtendbuntem Material: orangefarbene Hosen mit blauen Kniestutzen, ein grünes Plastikjackett und darunter ein mauvefarbener Pullover. Seine Lippen waren voll, ein starker und großzügiger Mund; die kräftigen Zähne standen ein wenig vor. Er sah fröhlich aus, und als er die Gefangenen erblickte, lachte er entzückt und tauschte mit seinen Freunden klatschende Schläge auf die Handflächen. Es waren jetzt etwa dreißig Personen im Zimmer, und die einzigen Weißen fanden sich unter den Abenteurern.

Bingo schaute zu Poch hinüber, und Poch leckte sich unruhig über die Lippen. »Wir wollen keinen Streit«, sagte er. »Wir sind nicht hergekommen, um Schwierigkeiten zu machen.«

Der mit der schwarzen Mütze verlor sein Lächeln und trat Poch hart gegen die Brust. »Ihr könnt uns gar keine machen, Whitey, wir haben euch sauber verpackt. Ihr seid hier in unserem Revier ... *ihr* seid in großen Schwierigkeiten.«

Chaline lachte ihn höhnisch an. »Sei doch nicht so blöd, du Arsch«, sagte sie, »wir sind Borribles, genau wie ihr auch.«

Ehe der Brixtoner Borrible antworten konnte, kämpfte sich Orococco auf die Füße und fing an zu reden, aber nicht so, wie ihn die Abenteurer je zuvor hatten sprechen hören. Er gebrauchte einen westindischen Dialekt, den die Schwarzen nur untereinander redeten, und Schwarze Mütze und seine Freunde hörten ihm genau zu, ohne ihn auch nur einmal zu unterbrechen, obwohl sie sich gelegentlich umwandten und die Gefangenen anstarrten, manchmal mit ernstem Blick, manchmal lächelnd und kopfschüttelnd.

Poch versuchte dem zu folgen, was da geredet wurde, aber es gelang ihm bloß, den einen oder anderen Ausdruck zu erhaschen. Um das Rumbelreich ging es einmal, dann war die Rede von Sam dem Pferd, dann wurden Inspektor Snuffkin und die SBE erwähnt. Orococco erzählte den größten Teil ihrer Geschichte, und es dauerte seine Zeit. Gegen Ende kam er auf seine gewöhnliche Sprache zurück und sagte: »Und das ist die Wahrheit, jede Einzelheit. Und du kannst dir unsere Ohren ansehen, Mann, wenn du willst. Poch Brandhand ist hier. Wenn du die Geschichte nicht glaubst, dann guck dir seine Hände an, die Brandwunden gehen über die Handflächen, und seinen Rücken kannst du dir auch ansehen. Wir brauchen bloß ein paar Tage Ruhe, was zu essen, und dann hauen wir wieder ab. Wir wollen bloß Snuffkin das Pferd wieder abknöpfen, und dann nach Hause. Der Borrible hilft dem Borrible, mein Lieber, vor allem, wenn einer sich gerade abstrampeln muß, und daß wir das im Augenblick tun, kannst du mir glauben.«

Der mit der schwarzen Mütze schaute seine Freunde an, und nach einer ganz kurzen Stille fingen sie an zu lachen, leise zuerst, dann lauter und lauter, und sie schlugen wieder ihre Handflächen gegeneinander. Aus einer gefährlichen Situation war eine höchst amüsante geworden.

»Ich heiße Bisto«, rief die schwarze Mütze laut durch den Lärm und schob mit einem langen Finger sein Haar zur Seite, daß ein spitzes Borribleohr sichtbar wurde, dessen Form große Intelligenz und List erkennen ließ. Dann zog er ein Messer, und nachdem er zuerst die Ohren jedes einzelnen Gefangenen geprüft hatte, zerschnitt er die Fesseln und hieß sie in Brixton willkommen.

Orococco, der sich mit den nun freien Händen die Arme rieb, um die Durchblutung wieder in Gang zu bringen, stellte die einzelnen Abenteurer vor und nannte ihre Namen und die Stadtteile, denen sie entstammten.

»Ich bin ein Totter von Tooting«, erklärte er, »Zwielicht ist aus Spitalfields, Chaline aus Whitechapel, Vulgo aus Stepney, Torri hier aus Hoxton, Sid kommt aus Neasden, das sind Drillich und Scooter vom Zirkus … und wir haben sogar einen Wendel dabei.«

»Ein Wendel!« sagte Bisto, dessen Augen vor Neugier groß geworden waren. »Welcher ist das?«

»Ich«, sagte Napoleon und spannte seine Gesichtsmuskeln, daß sein hartes Gesicht noch härter aussah. Er wirkte klein gegen Bisto.

Bisto schrie vor Lachen auf und zeigte einigen von seinen Freunden den Wendel Napoleon. »He, herhören«, brüllte er, »das da ist ein Wendel. Also ich weiß nicht, immer hab ich gehört, daß das die furchterregendsten Kreaturen der Welt sein sollen, aber du bist ja kaum so hoch wie die Ladentheke. Da hab ich ja schon an der Schürze vom Metzger mehr Fleisch gesehen.«

Napoleon war kein bißchen eingeschüchtert. »Paß bloß auf, Schwarzwurst«, sagte er, das Gesicht wie eh und je kampfbereit-spöttisch verzerrt. »Komm mal mit mir auf eine Kahnpartie den Wandle rauf, über die Schlammbänke, dann wollen wir doch mal sehen, wie stark du bist, Bübchen.«

Bisto lachte wieder. »Schwarzwurst«, krähte er, Lachtränen in den Augen, »so herrlich hat mich noch nie jemand beleidigt, wundervoll«, und er legte den langen Arm um Napoleon und schüttelte ihn freundschaftlich und amüsierte sich so über Napoleons Worte, daß dieser nicht länger ärgerlich sein oder auch nur so tun konnte.

Als sie einmal in Freundschaft aufgenommen worden waren, war der Empfang überaus herzlich – sie fühlten sich, als seien sie nach Hause gekommen. Man verpflegte sie und brachte ihnen Kleider zum Aussuchen. Sie bekamen Regenmäntel, Südwester und Schleudern und Karten – insgesamt die komplette Ausrüstung, die sie für den weiteren langen Marsch nach Neasden brauchen würden.

In Brixton konnten sie sich nun frei bewegen. »Macht euch mal keine Sorgen wegen der alten SBE, Mann«, hatte Bisto mit einem großzügigen Schwenk seines Arms erklärt. »Die kommen nicht so gern hierher, geht nur hin, wo ihr Lust habt – mein Haus ist euer Haus.«

Die Zimmer über der Markthalle waren hoch und geräumig; anscheinend standen sie schon seit Jahren leer, die Fensterscheiben waren dunkel vor Schmutz. Nur die Erdgeschosse wurden als Läden und Lagerräume benutzt. Erwachsene stiegen nur selten die Treppen hinauf, und wenn das doch einmal vorkam, dann zogen die Bumpers von Brixton, wie die westindischen Borribles sich nannten, einfach durch die Öffnungen in den Häusermauern, die sie angelegt hatten, von Haus zu Haus weiter. Die ganzen drei Stockwerke des langen, sich weit hinschwingenden viktorianischen Häuserblocks waren ein Bienenkorb voll Zimmer und Gänge, herrlich zu bewohnen und leicht zu verlassen, wenn es zu fliehen galt. Dutzende, wenn nicht Hunderte von Borribles mußten hier leben, und es war auch alles gemütlich eingerichtet. Die Wände waren mit fröhlichen Bildern bemalt, die Böden waren mit Teppichen belegt, die von den Müllkippen gerettet worden waren, und alte Sofas und Matratzen gab es übergenug. Überall standen Orangenkisten in den Ecken, die vor Büchern und Magazinen überquollen, die aus Mülltonnen und Abfallhaufen gefischt worden waren. Es war ein Borribleparadies.

Bisto und seine Kumpel bewohnten zwei Räume in diesem Block, oben in der Electric Avenue im dritten Stock. Es waren gute Borribles, die Bumpers, und manche der Freundschaften, die zwischen ihnen und den Abenteurern geschlossen wurden, sollten ein ganzes Borribleleben lang dauern. Dort wohnten Sorbet, Tüpfel und Strip, die Mädchen, und Dreirad, Motte, Dusch und Smoky – alle hatten den Abenteurern das Angebot gemacht, mit ihnen ihr Versteck zu teilen, so lange sie nur bleiben wollten.

Zweifellos brauchten die Abenteurer Ruhe. Die meiste Zeit, die sie in Brixton blieben, verbrachten sie im Haus, auf Matratzen ausgestreckt, sich von ihrer Erschöpfung erholend. Im Halbschlaf hörten sie die Geräusche der großen Menschenmenge unten auf der Straße: Tausende, die in den Läden ein- und ausgingen und an den Marktständen umherliefen, und darüber erhoben sich die Rufe der Händler. Dieses Gewirr von Lauten ließ die Abenteurer sich wie zu Hause fühlen, sicher und behaglich.

Sie tauschten natürlich auch Geschichten mit den anderen und erzählten einander, wie sie sich ihre Namen erobert hatten, und gelegentlich gingen sie mit Bisto und seinen Freunden auf die Straßen Brixtons hinaus, wo all die Bewegung und Farbe sie erstaunten und entzückten.

Es war schön, vielleicht zu schön – hätte es nicht das Problem gegeben, was aus Sam werden würde, wären die Abenteurer möglicherweise für immer in Brixton geblieben. Doch das ging nicht. Ein Tag ging vorüber, ein zweiter, dritter. Sydney dachte unruhig an das Schicksal des Pferdes und fing an, die anderen daran zu erinnern. Dank den Bumpers hatten die Abenteurer nun alles, was sie für den Weitermarsch brauchten, und es gab keine Entschuldigung für einen weiteren Aufenthalt. Das einzige, was ihnen fehlte, war ein Plan. War Sam noch im Gefängnis von Wandsworth, oder war er schon tot, wie Snuffkin es verkündet hatte, und lag in einer Reihe blanker Konservendosen in irgendeinem Supermarkt?

Sie diskutierten ihr Problem hin und her, und die Bumpers, denen man alles über die Große Rumbeljagd und die späteren Ereignisse erzählt hatte, wurden um Rat gefragt. Tüpfel hatte unter allen die beste Idee.

»Es gibt da einen Typ«, sagte sie, als sie am dritten Tag des Aufenthalts der Abenteurer beim Essen saßen, »der wohnt da drunten in der Rattray Road. Ist ein Freund von mir. Der ist so einer Familie ausgerückt, wo die Eltern was mit Telephontechnik zu tun hatten oder was – er ist auf jeden Fall total der kleine Praktikus, nur wegen ihm sind wir den Bullen immer 'ne Nase voraus. Er lebt da im Keller und hat sich zum Telephonkabel durchgegraben, hat sich überall eingeklinkt, der hört die ganze Welt ab, der hört alles.«

»Stimmt«, sagte Sorbet, »wenn irgendeiner weiß, was die SBE mit dem Pferd angestellt hat, dann Klingeling.«

»Können wir bei dem vorbeigehen?« fragte Chaline. »Würd's ihm was ausmachen?«

Tüpfel lachte laut auf. Sie war ein breitschultriges Mädchen mit breitem, lebendigem Gesicht. »Nee, dem macht's nichts aus, solange ich mit euch mitkomme.«

Später am Abend nahmen Tüpfel und Sorbet Poch, Chaline und Vulgo mit zur Rattray Road. Die beiden schwarzen Borribles waren offensichtlich im Viertel gut bekannt, und viele Leute sprachen im Vorübergehen mit ihnen. Auch aus den Fenstern der Häuser, wo sie sich eingenistet hatten, winkten viele Borribles ihnen fröhlich zu, sie sollten doch hochkommen. Die beiden Bumper-Mädchen erwiderten lachend und winkend die Begrüßungen. »Seh dich dann auf dem Rückweg, Mann«, riefen sie, »wir gehen grade wohin, wo die Musik voll aufdreht.«

Sie hatten nicht weit zu gehen. An der Ecke Rattray/ Saltoun Road stand ein heruntergekommenes altes Borriblehaus, dem das halbe Dach fehlte und dessen Fenster und Türen zugenagelt waren. Tüpfel führte sie zu einem Hintereingang und klopfte gegen die dicken Planken, die ein Fenster in Bodenhöhe bedeckten.

Die Bretter waren, wie sich nun zeigte, in Angeln beweglich und schwangen sogleich zurück: Ein schwarzes Gesicht erschien mit einer tief über die Ohren hinabgezogenen Borriblemütze. Dieser Borrible hatte schmale, konzentrierte Züge; die Augen standen weit auseinander, sie glitzerten hinter einer Nickelbrille.

»Ach, hallo, Tüpfel«, sagte er. Er lächelte und hörte im selben Augenblick wieder auf zu lächeln. Er schaute die weißen Borribles an. »Was soll das?« fragte er. »Was haben die hier zu suchen?«

»Nur die Ruhe, Klingeling«, sagte Tüpfel, »das sind Borribles, auf der Flucht vor der SBE.«

»Ah ja«, sagte Klingeling und starrte die drei Abenteurer noch einen Moment an. »Ja, jetzt einen Augenblick – das muß Poch sein, da haben wir Sydney, nein: Chaline, und der Kleine da, der's Bein bißchen nachzieht, muß Vulgo sein.«

Poch warf Chaline und Vulgo einen raschen Blick zu, und seine Hand fuhr zur Schleuder. Es war unheimlich – wenn dieser Klingeling so viel wußte, dann konnte hier was nicht stimmen. Er mußte für die Bullen arbeiten.

Sorbet lachte, als sie Poch und seine zwei Gefährten so bleich sah, und dann erschien auch auf Klingelings konzentriertem Gesicht ein Grinsen. »Keine Sorge«, sagte er, »ich hab mich in den letzten Tagen ins SBE-Hauptquartier eingeschaltet, und die haben über gar nichts anderes reden können als über dich und deine Freunde. Ich habe eure Personenbeschreibungen so oft gehört, daß ich euch im Dunkeln erkennen würde, und die anderen alle auch.«

»Können wir reinkommen?« fragte Tüpfel. »Wir wollen mit dir reden.«

Klingeling nickte und trat vom Fenster zurück. Tüpfel kletterte voraus über den Sims und eine hölzerne Leiter hinunter. Schon waren die Borribles von der Straße aus nicht mehr zu sehen, und die Bretterverschalung hatte sich hinter ihnen geschlossen.

Sie standen in einem dunklen Raum, der unter dem Erdgeschoß des verlassenen Hauses ausgeschachtet war. Licht gab es nur von der elektrischen Beleuchtung, und nun sahen die Abenteurer, daß der ganze Raum mit Radiotechnik, Telephonen und Tonbandgeräten vollgepfropft war.

»Wo kommt denn das alles her?« fragte Chaline.

Klingeling knipste einen Wasserkessel an und leerte eine Teekanne in die Spüle aus. »Hab ich Stück für Stück zusammengebaut«, sagte er. »Das meiste ist Kram, den mal irgend jemand rausgeschmissen hat, hier und dort ist natürlich auch mal 'ne Kleinigkeit geklaut, versteht sich.« Er zog ein paar Klappstühle unter seinem Bett hervor und lud alle ein, Platz zu nehmen. »Also, was wollt ihr jetzt?«

So kurz wie möglich erzählte Chaline Klingeling die Geschichte von Sam dem Pferd, und wie sie und die anderen versuchen wollten, ihn nach Neasden in Sicherheit zu bringen. »Mit Glück haben wir's geschafft, aus Clapham-Süd rauszukommen«, sagte sie am Ende. »Die meisten von den Zirkusborribles haben sie gestutzt, aber zwei sind entkommen und sind jetzt bei uns, Drillich und Scooter.«

»Wir wollen jetzt bloß wissen«, sagte Vulgo und drehte nervös den Kopf hin und her, »was Snuffkin mit dem Pferd gemacht hat. Hast du da was mit deiner Maschinerie mitgekriegt?«

Klingeling saß mit lang ausgestreckten Beinen da. Er deutete mit dem Daumen über die Schulter. »Ich habe jetzt eine permanente Schaltung ins SBE-Hauptquartier«, erklärte er, »die sind recht aufgeregt, seid ihr's in Clapham-Süd geschafft habt und abgehauen seid ... recht aufgeregt.« Er schob seinen auf Rollen laufenden Bürostuhl ein wenig vor, so daß er eine

Armatur mit vielen Schaltern erreichen konnte. Als er einen Knopf berührte, fing ein Tonband an, sich zu drehen. »Das hab ich gestern aufgenommen«, sagte er. »Vielleicht grade das, was ihr braucht.«

Das Band kreiste, und die Borribles lauschten. Draußen fuhr ein Wagen vorbei; jemand sprach auf der Straße. Eine Stimme drang aus Klingelings Lautsprecher: Es war die des SPP.

»... einfach hirnverbrannt, Snuffkin. Ich kriege vom Präsidenten die Zigarren kistenweise verpaßt, und ihn hat Downing Street am Wickel. Er will mich über die Klinge springen lassen, und ich warne Sie, Snuffkin, wenn es mich den Kopf kostet, dann sind Sie derjenige, der zu Katzenfutter verarbeitet wird! Sie und dieser widerliche Hanks.«

»Jawohl, Sir«, antwortete Snuffkin, und Poch sah Chaline an. Es war höchst seltsam, den Inspektor so nahe sprechen zu hören, beinahe, als wäre er hier im Raum.

Die Stimme fuhr fort.

»Wir werden die Verbrecher bald gestellt haben, welche sie befreit haben, Sir. Ich weiß schon, wer es war, Sir, Zirkusvagabunden ...«

»Snuffkin!« schrie der SPP, der nun sehr zornig war, »Sie Idiot! Es ist mir egal, wer es war. Entscheidend ist, daß die Borribles entwischt sind und wir beide in der Tinte sitzen. Ich muß zurücktreten, wenn Sie nicht herausfinden, wo sie stecken, ist Ihnen das klar? Und wenn ich zurücktrete, werde ich jedenfalls dafür sorgen, daß Sie zeit Ihres Lebens auf dem Sozialamt Schlange stehen! Also vergessen Sie das, wer sie rausgeholt hat aus dem Bunker, konzentrieren Sie sich voll und ganz mit aller Energie und mit all Ihren Leuten darauf, herauszufinden, wo sie hin sind. Das ist Ihre letzte Chance! Danach kommt Superintendent Birdlime zum Zug. Verstehen Sie mich?«

»O ja, Sir, ja«, sagte Snuffkin. »Ich verstehe, Sir. Ich werde sie finden, ich werde sie wieder in Gewahrsam nehmen. Ich habe für den Anfang bereits die Sache mit dem Pferd geregelt.«

Chaline verbarg ihr Gesicht in den Händen, und Poch wurde blaß. Doch ehe er noch etwas sagen konnte, brüllte der SPP los wie ein Berserker.

»Sie haben was, Sie inkompetente kleine Null? Was haben Sie eigentlich im Schädel, Erbspüree? Was haben Sie da gemacht?«

»Sir, Sie waren doch in Clapham-Süd einverstanden, daß es geschlachtet werden sollte.«

»Sie haben als Hirn eine Banane, Snuffkin. Das war unter vollkommen anderen Umständen. Die Taktik ändert sich natürlich mit der strategischen Lage ... Clausewitz, völlig elementar. Als das Pferd noch am Leben war, hatten wir jedenfalls die Sicherheit, daß die Borribles kommen und nach ihm suchen würden ... das nennt man eine Falle, Snuffkin. Einen Hinterhalt nennt man das.«

»Ach, dann ist es ja in Ordnung, Sir.«

»In Ordnung? Nichts ist in Ordnung!«

»Doch, Sir. Sehen Sie, ich habe das Pferd erst heute nachmittag ins Schlachthaus geschickt, sie werden es erst morgen früh drannehmen. Ich ruf' an und laß' das Pferd sicherstellen, Sir, die haben geräumige Stallungen dort.«

Eine ganze Weile schwieg das Tonband, während der SPP diese Neuigkeit verdaute. Vulgo sprang auf und rief Hurra. Chaline hob ihr Gesicht und lächelte Poch zu.

»Snuffkin«, fuhr der SPP schließlich fort, »Sie hätten

mir beinahe einen Herzinfarkt verpaßt. Wo haben Sie dieses Pferd?«

»Oh, ganz sicher, Sir. In einem Schlachthof in der Baynes Street, das ist in Camden Town, am Kanal.«

»Gut, gut, gut, wenigstens etwas. Lassen Sie es gut bewachen, Snuffkin. Solange wir's noch haben, haben wir auch eine Chance, diese Ihre Borribles zu fangen. Es scheint, als würden die für das Pferd schlechthin alles tun.«

»Ich weiß, Sir. Ich begreif's auch nicht.«

»Gut. Noch etwas, Snuffkin?«

»Nein, Sir. Meine Männer durchsuchen jede Straße in London, schauen in jedes leere Haus. Diese Borribles kommen nicht weit.«

»Das hoffe ich für Sie, Snuffkin. Wenn Sie mich bei dieser Sache im Stich lassen, dann sorge ich dafür, daß man Sie nicht einmal mehr in einem Supermarkt die Einkaufswagen einsammeln läßt. Bedenken Sie's, Snuffkin.«

»Jawohl, Sir! Ständig und immerzu.«

»Nun gut. Und jetzt zu etwas anderem. Wenn diese Borribles nicht wissen, daß das Pferd in Camden Town steckt, wie können sie dann versuchen, es zu befreien, hm? Beantworten Sie mir das bitte. Wenn sie glauben, daß das Pferd nur noch aus einem großen Haufen Fleischbrocken in einer Serie Konservenbüchsen besteht, dann werden sie nicht mehr an seine Rettung denken, oder? Was gedenken Sie in dieser Hinsicht zu unternehmen? Was?«

»Hem«, sagte Snuffkin. »O ja, eine sehr gute Frage, Sir. Ich weiß auch nicht.«

»Wissen Ihre Borribles, daß das Pferd nach Wandsworth ins Gefängnis gebracht worden ist, Snuffkin? Wissen sie das?«

»Das wissen sie in der Tat, Sir. Ich habe es ihnen absichtlich mit aller Deutlichkeit gesagt, daß sie Bescheid wissen.«

»Gut. Dann können wir darauf zählen, daß sie einen Späher dorthin schicken, nur um die Lage auszukundschaften, aber stellen Sie ihnen dort keine Falle, Snuffkin, wir möchten sie alle haben. Hängen Sie einen Anschlag an das Gefängnistor, daß das Pferd nach Camden Town geschickt worden ist und dort seiner Hinrichtung entgegensieht, und hängen Sie solche Anschläge auch an allen Polizeistationen aus. Das sollte reichen. Setzen Sie das Datum für die Exekution auf einen Tag in drei, vier Wochen fest, lassen Sie ihnen Zeit, dort rüberzumarschieren, und dann beobachten Sie alle Brücken über den Fluß ... so müssen Sie sie schnappen.«

»Jawohl, Sir! Eine wundervolle Idee, Sir!«

»Und daß Sie mir das Pferd erst schlachten, wenn ich's Ihnen sage!«

»Jawoll, Sir!«

»Und rufen Sie mich an und halten Sie mich über alles auf dem laufenden, wo ich auch gerade sein mag. Wo ist Ihr Wohnwagen?«

»Bei Camden, Sir. In der Nähe des Schlachthauses, aber nicht zu nah.«

»Ausgezeichnet. Also dann, Snuffkin, los geht's. Organisieren Sie ihren ganzen Kram und keine Fehler mehr. Wiedersehen.«

Die Leitung knackte, und Klingeling schaltete das Band ab. »Wie ist's damit?« fragte er. »Bringt das was?«

Chaline klatschte in die Hände. »Klingeling«, rief sie, »du bist ein Zauberer. Dein Maschinchen hat uns genau das gesagt, was wir wissen wollten. Sam ist in Camden Town, und er lebt. Jetzt haben wir ein Ziel.«

»Hört sich nicht ungefährlich an«, sagte Sorbet. »Du hast sie ja gehört, es ist eine Falle.«

»Ja«, sagte Poch, »aber diesmal wissen wir, daß es eine Falle ist, das ist ein kleiner Vorteil für uns.«

Klingeling blätterte in einem Notizbuch. »Ich schreib mir auch ihre Funksprüche auf«, sagte er. »und ich sag euch, wenn ihr nach Norden über den Fluß wollt, dann habt ihr zu tun. Abgesehen davon, daß sie jede Brücke bewachen, haben die Bullen überall noch sogenannte Späher im Einsatz.«

»Vielleicht«, überlegte Vulgo, »haben sie deshalb gewußt, daß wir beim Zirkus waren, vielleicht haben uns diese ›Späher‹ gesehen, als wir Wandsworth Common verlassen haben.«

Poch schüttelte den Kopf. »Wenn wir die Brücken nicht benützen können, wird es schwierig, über den Fluß zu kommen.« Er goß sich Tee nach und trank seine Tasse aus. Die Besprechung war zu Ende. Die zwei Bumpers und die drei Abenteurer bedankten sich sehr bei Klingeling, wünschten ihm zum Abschied, er solle sich nicht erwischen lassen, und gingen dann langsam zur Electric Avenue zurück. Es gab viel, worüber man nachdenken mußte, viel, was heute abend beim Essen zu besprechen war.

»Das Hauptproblem ist die Themseüberquerung«, sagte Poch, der sich auf einem kaputten Sofa zurücklehnte und weiße Bohnen in Tomatensauce löffelte. »Eine Brücke ist das Blödeste, um sich erwischen zu lassen, kein Ausweg als runter ins Wasser.«

»Wir werden in eine Falle laufen«, sagte Chaline. »Dabei sollten wir leben wie die Bumpers hier. Die machen's richtig, sie leben an ihrem Markt und sind glücklich und zufrieden mit dem, was sie haben. Und schau uns an ... immer unterwegs, im Kampf um die nackte Existenz. Es ist nicht borriblemäßig, und ich weiß es auch ... aber wir können eben Sam nicht im Stich lassen, das ist die andere Seite. Schöner Krampf.«

Poch kratzte seine Bohnenkonserve leer und holte tief Atem. »Ich glaube, ich hab so ein, zwei Sachen drunten in Eisenkopfs Schacht gelernt, haben wir wohl alle, und als wir lebend wieder rauskamen, dachte ich mir, wie dumm diese Schatzgräberei war, und trotzdem war ich, ja, ein besserer Borrible, und ich denke, das hängt irgendwie alles mit Sam zusammen und daß wir ihn befreit haben, daß er nicht mehr bei Tautröpfchen den Karren ziehen mußte. Vorher hatte er gar kein eigenes Leben, oder? Arbeiten, arbeiten, arbeiten, und danach genauso bei den Parkwächtern. Sam muß frei sein, wir müssen ihn vor Snuffkin beschützen, vor der Arbeit.«

Drillich, der auf dem Boden lag, drehte sich um auf den Bauch und sagte: »Haufen Aufregung wegen einem alten Pferd. Hatten wir bessere im Zirkus. Ich hab an dem nichts Besonderes bemerkt.«

Sydney knallte ihren Becher auf den Fußboden. »Nichts Besonderes?« rief sie mit aufsteigendem Zorn. »Er hat uns allen das Leben gerettet, das ist alles. Aber es kommt noch etwas hinzu ... Wie Poch sagt, man kann es nicht genau beschreiben. Wir mögen ihn einfach. Er ist ein Borrible, und er ist schön und ... ach, ich weiß nicht, wie ich's sagen soll! Er ist einer von uns, und wir müssen ihm helfen, weil er sich nicht selbst helfen kann.«

Poch stimmte ihr zu. »Sid hat recht«, sagte er. »Sam muß nach Neasden, es geht jetzt nicht nur darum, ihn dorthinzubringen, es geht darum, Snuffkin zu schlagen. Irgendwie müssen wir jetzt zeigen, daß Borribles

Borribles sind und sich nichts bieten lassen. Für mich hängt es jetzt mit dem Pferd zusammen, ein guter Borrible zu sein, aber nun hat Snuffkin ihn gefangen, und wenn es nach ihm geht, bringt er Sam um und freut sich dabei ... Ich werde das verhindern, wenn ich kann.«

»Bist du hinter einem dritten Namen her?« fragte Tüpfel und kniff ein Auge zu. »Ist es das, wonach du suchst?«

Poch lächelte bitter. »Früher vielleicht mal, jetzt nicht mehr. Ich suche keine großen Abenteuer, wir wollen nur zusammenhalten und uns um einander kümmern. In diesem Fall um Sam. Das würd ich machen wollen, selbst wenn er uns nicht im Rumbelreich das Leben gerettet hätte. Snuffkin ist es, der uns nicht leben lassen will wie Borribles – will uns die Ohren stutzen, reißt unsere Häuser ein. Ich hasse Snuffkin, weil er uns zu etwas zwingen will, was wir nicht sein wollen. Dem wäre es ein Genuß, uns fertigzumachen.«

Es gab eine lange Stille nach diesen Worten. Chaline betrachtete das Teppichmuster vor sich auf dem Boden und dachte daran, wie Poch vor der Großen Rumbeljagd gewesen war. Er hatte sich wirklich sehr verändert. Das einzige, was er damals im Kopf gehabt hatte, war, sich mehr Namen zu erobern als irgendein anderer Borrible. Jetzt war er bei weitem nicht mehr so egoistisch. Es gab offenbar mehr Möglichkeiten, borriblemäßig zu leben, als sie gedacht hatte, und Poch entwickelte sich langsam, aber stetig von einer Stufe zur anderen.

Das Schweigen wurde nun, seltsam genug, von Scooter gebrochen, der mit großer Konzentration jedem Wort Pochs zugehört hatte. Er sprang plötzlich auf und warf mit einem lauten Schrei seine leere Bohnenbüchse gegen die Decke, von wo sie klappernd zum Boden zurückprallte.

»Ein Hoch auf Poch!« schrie er, »und Sam und die Borribles überall.« Dann hielt er inne, wurde sich seines Benehmens bewußt und starrte verlegen auf seine Zehen.

Die Abenteurer und die Bumpers lachten über Scooters rotes Gesicht. Es war selten, daß man einen Borrible erröten sah, und bei seinen Gefährten löste es immer große Heiterkeit aus. Nur Drillich lachte nicht mit.

»Einfach Blödsinn, sage ich«, brummte er, »all dieses Theater mit dem Pferd.«

Diesmal ignorierte ihn Poch. Er lehnte sich auf dem Sofa zurück und machte es sich bequem. »Ich will nur wissen«, sagte er, ob es jemand gibt, der nicht mitmachen möchte ... weil ich nicht weiß, wo ich hingehe ... aber gehen tu ich.«

Vulgo legte den Kopf auf die Seite. »Wir haben's doch schon oft besprochen«, sagte er. »Die Partie darf Snuffkin auf keinen Fall gewinnen, ganz gleich, was kommt.«

Poch schaute zu Chaline hinüber, und sie spürte seinen Blick. »Wer könnte Poch etwas abschlagen?« sagte sie. »Nicht, daß ich's wollte, weil ich glaube, daß er recht hat.«

»Okay, okay«, sagte Bisto plötzlich, und er durchquerte das Zimmer, so daß er alle ansehen konnte. »Ich habe jetzt was zu sagen, ich hab eine Idee. Ich hab jetzt da gesessen und euch zugehört, und die große Frage ist, wie kommt ihr über den Fluß, stimmt doch? Ohne daß man euch sieht, ja? Na, die Antwort liegt doch echt auf der Hand, ihr habt's doch schon mal gebracht auf dem Weg zum Rumbelreich. Man segelt den Fluß runter und landet zwischen zwei Brücken, wo es sicher ist, mitten in der Nacht.«

»Ach ja!« sagte Bingo. »Und wo nehmen wir das Boot her? Ist ein langer Weg bis zum Battersea Park und dem Teich dort.«

»Ich hab das alles bedacht«, sagte Bisto, der breit lächelte: stolz auf seine Idee und beglückt, sie nun mitzuteilen. »Erstmal braucht ihr kein Boot, ihr nehmt stattdessen ein Floß oder noch besser zwei, weil ein Floß, groß genug für euch alle, zu schwer zu tragen wäre.«

»Zu tragen?« fragte Bingo.

»Tragen«, sagte Bisto zufrieden. »Das Floß zu bauen ist kein Problem. Jede Nacht sind die Straßen am Markt übersät mit alten Holzpaletten, Brettern, Draht, Nägeln, mit allem, was wir brauchen, um ein schönes stabiles Floß zu bauen. Das eigentliche Problem ist der Transport zum Fluß, das sind zwei oder drei Meilen.«

»Das ist zu weit«, sagte Poch. »Bis wir dann mit den Flößen angekommen sind, sind wir schon zu schlapp, um zu paddeln, vor allem, wenn die Flut gegen uns ist.«

Bisto klatschte in die Hände. »Genau darum geht's, Mann, ich hab mal mit den Jungs und den Mädels geredet. Ihr tragt sie nicht, wir machen das, ihr trabt einfach nebenher und tragt euer eigenes Gepäck. Das wäre unser Beitrag hier an der Heimatfront.«

»Ihr ...!« sagte Chaline und sah Tüpfel kopfschüttelnd an.

Das westindische Mädchen blickte streng zurück. »Und warum nicht?« fragte sie. »Seid ihr die einzigen, die auf Abenteuer gehn? Wir machen's zu acht, zwei

Flöße, vier Träger pro Floß … und für alle Fälle geht noch ein zweites Achterteam mit, falls wir müde werden. Die können auch gleich als Kundschafter gehen. Wir hier in Brixton rennen alle wie der Güterzug.«

»Rennen?« fragte Poch.

»Wohl«, sagte Bisto. »Wir müssen das rasch durchziehen. Erst nach Mitternacht können wir es wagen, rauszugehen. Wir müssen rüber zur Clapham Road, dann runter zur Wandsworth Road. Hinten am New Covent Garden vorbei und bei Nine Elms über den Fluß. Und ihr braucht noch die Dunkelheit, um überzusetzen, wir, um nach Haus zurückzulaufen. Wir müssen rennen. Na, was meint ihr?«

Die Abenteurer lachten begeistert.

»Bisto«, sagte Chaline, »es ist nicht nur der beste Plan, es ist der einzige, den es für uns gibt.«

»Also«, sagte Sorbet.

»Aber wann?«

Poch zog eine Augenbraue hoch. »Morgen nacht«, sagte er.

»Morgen«, sagte Tüpfel. »Das ist knapp.«

»Wir sind schon drei Tage hier«, sagte Napoleon, »und morgen macht vier.«

»Und mit jedem Tag wird's für Sam gefährlicher«, sagte Sydney.

»Also, morgen nacht steigt die Sache«, sagte Bisto. »Wir holen uns das Material heut nacht und fangen morgen früh an, die Flöße zu bauen.«

Man nannte es später den Großen Floßlauf von Brixton nach Nine Elms – eines der glanzvollsten Kapitel in der Borriblegeschichte. Einige der namenlosen Bumpers gewannen in dieser Nacht ihren Namen – Namen wie Floßmann, Paletti und Schnellfuß. Es war ein richtig traditionelles altmodisches Borribleabenteuer.

Zwei große Paletten waren zum Bau jedes Floßes verwendet worden, wobei jeweils eine kreuzweise auf die andere genagelt und mit Draht festgebunden war; für den nötigen Auftrieb war das Innere mit weißen Styroporplatten vollgepackt worden, die aus alten Marktkisten stammten. Alle waren davon überzeugt, daß sie schwimmen würden, aber ausprobieren ließ es sich in Brixton nicht.

»Alles klar«, sagte Bisto, »nur eine Frage von Schwimmen oder Absaufen.«

Der Floßlauf begann um ein Uhr am nächsten Morgen. Da standen die Abenteurer in neuen warmen Kleidern und Regenmänteln. Sie hatten neue Rucksäcke auf, in denen der nötige Proviant und die ganze Ausrüstung verstaut waren. Die Bumpers hatten sie reichlich versorgt.

Die Bumpers selbst waren nur leicht gekleidet, mit dunklen Klamotten und schwarzen Turnschuhen. »Also, denkt dran«, sagte Bisto, als er den Abenteurern die letzten Instruktionen gab, »ihr geht zur Hälfte vor, immer schön mit Tempo, dann kommt Floß Nummer eins, dann Nummer zwei, dann der Rest von euch. Das Ersatzteam läuft, wenn es nichts zu tragen hat, auf den Flügeln und hält Ausschau. Wenn was schiefgeht, Flöße fallenlassen, verteilen, in die Seitenstraßen und wieder nach Brixton zurück, hier seid ihr sicher, und man kann's immer noch mal versuchen.«

So fing der große Floßlauf an, langsam zuerst, als die Borribles die Stille der Brixton Road in kleinen Gruppen durchquerten und wie Phantome in die dunklen Flecken der Nacht glitten. Als sie aber unter der Eisenbahnbrücke durchgekommen waren und den Anfang der Ferndale Road erreicht hatten, fingen sie an zu rennen, wie sie noch nie gerannt waren. Nicht ein einziges Mal hielten sie an, und das Glück war in dieser Nacht auf ihrer Seite. Niemand sah sie, ihre Herzen schlugen in merkwürdiger Erregung und in dem Vertrauen und der Freundschaft, die sie füreinander fühlten, ein Stamm für den anderen, Schwarz für Weiß, Freund für Freund. Sie triumphierten. Wenn auch nur für ein, zwei Stunden: Sie waren die Beherrscher des riesenhaften Stadt-Tiers, in dem sie lebten.

Von der Ferndale Road rannten sie in die Kimberley Road und weiter in die Clitheroe Road. Sie wurden etwas langsamer, als sie die Clapham Road überquerten, rasten weiter in die Union Road und wandten sich nach rechts in die Larkhall Lane; dann flogen sie den Priory Grove und den Landsdowne Way hinunter, kreuzten Wandsworth Road und tauchten in das Düster von Cowthorpe Road und Crimsworth Road, und da hielten sie in einer Gasse an, deren Häuser aus dunklen, stumpfen Backsteinen errichtet waren, und die im Norden von einer hohen Mauer begrenzt wurde, wo Namen und Schimpfwörter in vielen Farben mit Sprühfarbe oder Kreide angemalt waren. Bisto lehnte sich keuchend an die Mauer. »Da wären wir«, sagte er. »Das ist der Hintereingang zum Covent Garden-Markt, und wenn wir da durch sind, sind wir auf der Nine Elms Road, direkt am Fluß.«

Die Paletten waren so zusammengebaut, daß man sie als Leitern verwenden konnte. Aufrecht gegen die Mauer gelehnt, die eine auf die Seite der anderen gestellt: so wurden die vertikal eingefügten Planken der Flöße zu Stufen, und die Borribles kletterten einer nach dem anderen bis zum Gipfel des steilen Backsteinkliffs. Oben angelangt, setzten sie sich rittlings auf die Mauer und umklammerten sie mit den Beinen, während sie die beiden kostbaren Flöße zu sich empor hievten, mit Stricken, die für diesen Zweck mitgebracht worden waren; auf der anderen Seite seilten sie sie ebenso wieder ab. Dann verschwanden die Borribles von der Mauer und ließen sich lautlos auf allen vieren in den weichen Rasenstreifen am Fuß der Mauer fallen.

Sie waren jetzt in New Covent Garden, einem unüberschaubar weit sich ausdehnenden Raum voll Eile und Geschäftigkeit, vor allem in den Nachtstunden, denn nach Covent Garden kommen die großen Lastwagen aus ganz Europa, bis zum Überquellen mit Gemüse und Obst beladen. Hier brennt die ganze Nacht das Licht, damit die Transporte durch die Tore der Lagerhäuser fahren können; hier wird gekauft und verkauft, abgeladen und aufgeladen.

Für die Borribles war es ein Ort voller Gefahren, aber sie duckten sich, und ihr Glück blieb ihnen treu. Es herrschte hier ein solches Hin und Her und ein solches Gedränge, daß ein paar Kinder, die etwas schleppten, was aussah wie alte Paletten, wohl als Brennholz gedacht, kaum bemerkt wurden – und wenn sie jemand bemerkte, ignorierte er sie völlig. Die Borribles waren froh – sie hielten sich am Rande der Erwachsenengeschäfte und umgingen die grellen Lampen. In weniger als einer Viertelstunde hatten sie den Markt durchquert und traten unbemerkt auf die Nine Elms Road hinaus. Auf der anderen Seite dieser Durchgangsstraße sahen sie ein offenes Tor; dort hindurch, und sie befanden sich in einem Werkhof am Flußufer mit eigenem Pier und – mehr noch – einer eigenen Eisenleiter, die vom Uferrand hinab zur Wasseroberfläche führte.

Die Themse ist in diesem Teil Londons unendlich weit und tückisch. In der Düsternis der frühen Morgenstunden sah sie aus wie ein schwarzer Dämon, der zur Hölle gleitet und auf seinem Rücken hilflose Klumpen Müll dahinträgt wie verdammte Seelen. Der Fluß bewegt sich mit stetiger, muskulöser, drängender Kraft. Nichts kann ihm widerstehen, nichts gegen ihn ankämpfen. Die Themse ist ein Fluß, der Blut will; er sehnt sich, dich hinabzuschlingen.

Die Nacht des Großen Floßlaufs war keine Ausnahme. Es regnete noch immer nicht, aber die Luft war kalt und mörderisch wie eine Axtklinge, und der Mond, der sich hinter tiefen, nassen Wolken dahinstahl, berührte nur hie und da das Wasser mit einem silbernen Aufglitzern. Alles war dunkel wie der Tod. Kein Himmel, kein Horizont, keine Erde unter den Füßen. Es war der Rand der Welt.

Doch die Abenteurer wurden in ihrem Entschluß nicht schwankend; das Vertrauen, das sie während des langen Laufs von Brixton hierher verspürt hatten, trug sie weiter. Zusammen mit ihren Freunden, den Bumpers, ließen sie die Flöße zu Wasser, und der starke Geruch der Themse stieg ihnen in die Nase und verschlug ihnen den Atem. Es war ein alter Geruch, zusammengebraut aus Schimmel, Kot, Öl und Industrieabfällen.

Und jetzt kletterten die Abenteurer die metallene Leiter hinunter, denn es galt keinen Augenblick zu verlieren. Der Fluß warf scharfe kleine Wellen und schnappte nach den Flößen, doch sie schwammen mit starkem Auftrieb und sanken auch nicht ein, als sie mit ihrer Besatzung beladen waren, wenn auch die Gezeitenströmung zog und zerrte, als läge die ganze Macht des sich drehenden Planeten unter der Oberfläche der Themse und wollte den Reisenden übel. Es war Zeit zum Aufbruch.

Die Abenteurer schauten zum Pier hoch, und die Erregung, die sie in jener Nacht vorangetrieben hatte, erstarb wie ein kleines Kerzenflämmchen; an ihre Stelle trat eine melancholische Traurigkeit, tief und verderblich wie der Fluß selbst, und die Abenteurer brachten es nicht über sich, zu paddeln, sie trieben einfach vom Ufer weg, hatten nicht einmal den Mut, Lebewohl zu sagen. Und aus demselben Grund blieben die Bumpers an Land stumm und reglos.

Endlich brach Napoleon das Schweigen. »Auf denn«, sagte er und tauchte sein Paddel in das dunkle Wasser. »Ich fürchte mich vor keinem Wasser. Wenn wir jetzt nicht vorwärts machen, finden uns die Polizeipatrouillen bei Tageslicht.«

So stießen die Abenteurer vom Ufer ab und schauten zu ihren Freunden zurück, bis deren Schwärze im Schwarz der Nacht zerging und das »Lebt wohl!« der Bumpers aus dem Nichts kam.

»Macht's gut, ihr alle«, rief Bisto mit gedämpfter Stimme hinter ihnen her. »Und kommt auf jeden Fall bei uns vorbei, wenn alles gelaufen ist ... und laßt euch gottverdammt noch mal bloß nicht, Scheiße, bloß nicht erwischen! Verstanden?« Mit einem Schluchzen in der Stimme, das er vergeblich zu unterdrücken versuchte, drehte sich Bisto weg und begann den langen Lauf zurück nach Brixton; erst sah er kaum etwas vor Tränen, und seine Freunde liefen hinter ihm, und den ganzen langen Weg sagte niemand auch nur ein Wort.

6

Das mobile Hauptquartier von Inspektor Snuffkin war in einer schmalen Sackgasse zwischen St. Pancras Way und der Camden Road geparkt. Es war eine wenig befahrene, kaum bekannte ruhige Straße. In der Mitte erweiterte sie sich zu einer schäbig-verstaubten Grünanlage, wo ein paar bleiche Halme vertrocknetes Gras in einer geizigen, schalen Erde ums Leben kämpften. Um die Anlage lief ein Eisenzaun, der in alle Himmelsrichtungen zugleich wegsackte, wie ein Betrunkener. Um das Grün herum lief im Halbkreis eine Reihe hoher, dünner Häuser, eng und unordentlich aneinandergequetscht. Einige waren verlassen, in anderen wohnten Rentner, deren Familien ihre Adressen nicht mehr kannten. Die Fenster waren ohne Licht,und die Türen öffneten sich nie einem Besucher.

Snuffkins Wohnwagen stach von seiner armseligen Umgebung deutlich ab. Er war weißlackiert und auf Hochglanz gewienert, und die vier Polizisten, die mit dem Range Rover den Wohnwagen von Ort zu Ort zogen, und über den Inspektor wachten, daß ihm nichts zustieß, hatten strikte Anweisung, den Wohnwagen einmal am Tag zu waschen, manchmal zweimal, wenn Snuffkin der Ansicht war, er sei schmutzig. So glänzte er über und über, und die Radkappen leuchteten wie vier Monde in einer frostigen Nacht.

Es war ein langer Wohnwagen, überaus geräumig und sehr stabil. Er hatte an jedem Ende einen kleinen Balkon, damit Snuffkin Ansprachen an seine Männer halten konnte. Innen war er makellos sauber. Der Teppich wirkte, als habe nie ein Fuß ihn betreten, die Wände, als habe sich nie jemand gegen sie gelehnt, die

Fenster, als hätte nie ein Blick es gewagt, hindurchzusehen und seine vulgäre Spur dabei zu hinterlassen.

Am einen Ende des Wagens stand Snuffkins Schreibtisch, und dahinter war eine Fläche abgeteilt worden, damit man für den Inspektor ein Bad und eine Toilette einbauen konnte – nur für seinen Gebrauch bestimmt. Wie im SBE-Hauptquartier in der Micklethwaite Road sollten diese Installationen vor der Befleckung durch irgendeine andere Gegenwart als die des Inspektors bewahrt bleiben. Kein anderes Hinterteil durfte sich auf den plüschbezogenen Sitz der Toilette niederlassen; keinem anderen Leib war es gestattet, sich in der tiefen rosafarbenen Badewanne zu räkeln. Dies war Snuffkins Sanktum.

In der Mitte des Wohnwagens stand ein komfortables Sofa, das sich zu einem Doppelbett ausziehen ließ, dem kleinen und zierlichen Körper des Inspektors angemessen. Daneben stand auf einem Tischchen ein Computerterminal, von dem aus man in der Zentrale alle Kriminalakten abrufen konnte. Dann, an dem Snuffkins Toilette gegenüberliegenden Ende, kam die Kochnische und dann eine schmale Koje, in welche Sergeant Hanks seinen plumpen Leib zwängen mußte, wenn er sich ausruhen wollte.

In der Kochnische standen ein Herd, eine Spüle und ein Tisch, wo der Sergeant sich seinen Tee machen und die von ihm bevorzugten fettigen Mahlzeiten zubereiten konnte: Frühstücksteller mit gebratenen Brotschnitten, Speck, Spiegeleiern und Blutwurst. Sergeant Hanks liebte es, zu essen, und die Beweise waren nur allzu deutlich: Flecken von goldenem Eigelb und weißem Schmalz paradierten über die breite Brust seines Uniformjacketts wie die Abzeichen von hundert Regimentern. Nächst dem Essen liebte er das Kochen, und der Polizeidienst mußte sich geschickt zwischen diese beiden Aktivitäten einordnen. Eben in dem Moment, in dem die Abenteurer ihr Gefährt auf das gefährliche Wasser der Themse hinaussteuerten, schob Sergeant Hanks eine Scheibe Speck in seiner Bratpfanne hin und her und wartete darauf, daß das Teewasser kochte. Inspektor Snuffkin saß an seinem Schreibtisch – die Finger trommelten, die Füße klackten, er sann seiner mißlichen Lage nach und wartete geduldig auf seinen Tee.

»Das Problem besteht darin«, sagte Snuffkin, »daß wir seit dem Ausbruch dieser Verbrecher aus dem Arrest in Clapham-Süd – wobei sie von diesen fahrenden Gesellen und Zigeunern unterstützt worden sind – jede Spur von ihnen verloren haben und nicht die geringste Ahnung haben, wo sie stecken.«

Das Wasser im Kessel kochte, und Hanks goß den Tee in einer großen braunen Kanne auf.

»Denn, sehen Sie«, fuhr Snuffkin fort, »die einlaufenden Berichte scheinen auf Brixton als ihren wahrscheinlichen und naheliegenden Bestimmungsort hinzudeuten, aber wir können es nicht verifizieren.«

»Schwierig«, sagte Hanks und goß seinem Vorgesetzten einen Becher Tee ein, schwarz und stark, keine Milch, keinen Zucker. »Brixton ist schwierig, ich meine, wir wollen da keine Unruhe reintragen, würde sich am Ende nicht lohnen, da was anzufangen.« Hanks zog sich etwas Saftiges aus der Nase, betrachtete es von allen Seiten und klebte es dann unter die Tischplatte, wo es sich dem Rest seiner Sammlung zugesellte, die bereits säuberlich getrocknet war.

»Ja«, sagte Snuffkin, »in Brixton dürfen wir uns auf nichts einlassen.«

Hanks rülpste. »Wie steht's mit den Zwergen? Haben die was Neues gemeldet?«

Snuffkin stand auf, stolzierte in die Kochnische, ergriff seinen Becher und hüpfte mit zierlichen Tanzschritten zu seinem Schreibtisch zurück, wo er sich setzte. Er nahm einen tiefen Schluck. »Ahh, schwarzer Tee, Hanks, ausgezeichnet. Ja, die Zwerge. Nun, das war eine Idee von mir, die schöne Früchte getragen hat.« Snuffkins Schnurrbart zuckte vor Lust und zitterte wie ein Blatt am Ende eines Zweiges. »Aber in Clapham-Süd haben diese Zirkuszwerge, die sich so gut geschlagen hatten, plötzlich die Lust verloren, sie wollten nicht mehr, sie stiegen aus.«

»Ja«, sagte Hanks. Er placierte zwei Streifen Speck auf eine dick mit Butter bestrichene Scheibe Brot und sah zu, wie die Butter schmolz. »Bis auf die zwei, die wollten doch unbedingt weitermachen.«

Snuffkin nahm wieder einen Schluck Tee. »Völlig richtig, Hanks, und ich begreife einfach nicht, warum wir nichts von ihnen gehört haben. Wir hätten schon lange eine Botschaft, ein Zeichen, eine Nachricht bekommen sollen.«

»Vielleicht hat man ihnen schon die Gurgel durchgeschnitten«, sagte Hanks. Er legte eine Scheibe Brot auf den Speck, so daß ein Sandwich entstand. »Ich meine, wenn die Borribles herausfinden, daß es Spione sind, diese Zwerge, na, dann hätten sie nicht mehr lang zu leben, was?«

Snuffkin trommelte mit den Fingern auf die Schreibtischplatte und sah streng drein. »Nicht lange, stimmt, Hanks, nicht lange. Zwilch und Auto, oder wie sie hießen, liegen vielleicht jetzt schon irgendwo tot im Graben. Aber es war uns von Anfang an klar, was wir da für ein Risiko eingehen. Diese Borribles schrekken vor nichts zurück, wenn es darum geht, ihre sogenannte Unabhängigkeit zu behalten.«

»Vor nichts, Sir, Sie haben vollkommen recht.«

»Und dieses Pferd, das ist ja nun ein definitiver Stein des Zusammenstoßes zwischen mir und dem SPP. Ich würde es am liebsten gleich loswerden, aber der SPP will davon nichts hören, wir müssen es erst mal schonend aufbewahren, bis auf weiteres wenigstens muß so verfahren werden.«

»Geben schmackhafte Steaks ab, die Pferde«, sagte Hanks, und er setzte sich auf den Küchentisch und schob sich die Hälfte seines Sandwichs in den Mund.

Snuffkins Augen umflorten sich, und sein Schnurrbart bebte ekstatisch. »Ich habe einen Traum, Hanks, eine goldene Vision der Zukunft. Ich sehe alles klar vor mir. Ich habe diese Borribles gefangen, bis auf den letzten Mann. Ich hungere sie ein paar Tage lang aus, und dann serviere ich ihnen ein delikates Ragout, wirklich köstlich, unwiderstehlich. Sie schlingen es in sich hinein, und dann, während ich ihnen die Ohren stutze, teile ich ihnen mit, daß sie soeben ihr Lieblingspferd Sam verspeist haben. Ist das nicht wundervoll, Hanks. Ich würde meinen Adelstitel dafür hingeben. Wirklich.«

Hanks röhrte vor Lachen; halbzerkautes Brot und Speckfasern prasselten auf seine Uniform. »Ach, brillant, Sir, brillant! Sie müßten Polizeipräsident sein.«

Snuffkin hob seinen Becher wie zu einem Trinkspruch. »Ich werde es eines Tages sein, Hanks, ich werde es. Aber nur, wenn wir diese Vagabunden zur Strecke bringen und es ihnen ein für alle Mal besorgen. Verdoppeln Sie die Belohnungen, Hanks! Diese Simulanten werden mittlerweile den Aushang am Wandsworth-Gefängnis gelesen haben … Wir dürfen damit rechnen, daß sie jeden Moment aus der Versenkung auftauchen.«

»Wir schnappen sie uns«, sagte Hanks. Er umarmte seinen Bauch, als er das Glücksgefühl der Ankunft des Specksandwichs genußvoll verspürte. Er zündete die Gasflamme an und ließ noch vier Speckstreifen in die Bratpfanne klatschen.

Snuffkin erhob sich und ging durch den Wohnwagen zu einem Spiegel mit vergoldetem Rahmen. Er schob sein Gesicht nahe an das Glas und betrachtete sich selbst, wobei sein Schnurrbart nur ganz sanft ausschlug. »Dieses Mal kriegen wir sie, Hanks, aber wir beeilen uns besser. Sonst laufen wir wieder Streife, und Superintendent Birdlime sagt uns, was wir zu tun haben. Stellen Sie sich vor!«

Hanks schob seinen Speck mit der Gabel umher. »Unvorstellbar, Sir«, sagte er. »Unvorstellbar.«

Die Abenteurer trieben auf einem weiten, stummen Meer. Für sie war die Wasserfläche unermeßlich wie ein Ozean. Als sie in die Mitte des Flusses getragen wurden, floß die Strömung rascher daher, ergriff sie und zerrte sie mit, daß die Flöße sich um sich selbst drehten, daß die Borribles Schwindel empfanden und gezwungen waren, sich mit aller Kraft festzuklammern.

»Ich will weg hier«, sagte Drillich, »das ist gefährlich.«

»Schnauze, paddel lieber«, sagte Napoleon. »Ist nur Wasser.«

Die anderen Borribles sagten kein Wort. Keiner von ihnen hielt besonders viel vom Wasser, vor allem, wenn es kalt war und sie nur ein paar Zoll darüber auf schwachen Holzstücken saßen. Zu ihrem Glück war

Napoleon eine Ausnahme. Er war ein Wendel und war am Unterlauf des Wandle aufgewachsen, er kannte sich aus mit Booten und mit den Gezeiten. Es brauchte mehr als den Fluß, damit ihm Angst wurde.

»Also!« sagte er, die Stimme zu einem Flüstern senkend, »zuerst müßt ihr für jetzt allen meinen Befehlen folgen, und zweitens müßt ihr aufhören zu reden. Die SBE hat vielleicht hier irgendwo ein Boot, nur ein paar Yards entfernt lauscht vielleicht jemand. Dann: Bindet die beiden Flöße aneinander, daß wir nicht getrennt werden, und jeder einzelne von euch muß sein eigenes Seil nehmen und sich selbst am Floß festbinden. Wenn hier einer runterfällt, können wir nicht zurückkommen und ihn auflesen, selbst wenn wir was sehen würden – die Strömung ist viel zu gewaltig.«

Die Borribles verloren keine Zeit und taten, was Napoleon sie geheißen hatte; als sie fertig waren, sprach er weiter. »Also, jetzt denkt daran – ein Floß ist kein Boot. Kein Bug, kein Heck, nur ein Viereck. Haltet es schön ruhig und fangt an zu paddeln. Die Flut hilft uns, und wir fahren rasch … behaltet klaren Kopf … wenn ihr durchdreht, dann haut's das Floß nur immer im Kreis herum. Seid besonders vorsichtig unter den Brücken. Da werden wohl auf jeder die Bullen stehen, nehme ich an, aber in dieser Finsternis sehen sie uns nicht, selbst wenn sie direkt runterschauen … aber wenn sie uns hören, dann wird der Scheinwerfer angeknipst.«

»Es sollte jemand die Brücken zählen«, sagte Poch, »damit wir nicht zu weit fahren. Wer kennt sie am besten?«

»Ich«, sagte Vulgo, »mein Hobby sind Brücken.«

»Wir müssen zwischen Blackfriars und Southwark

raus«, sagte Poch, »am Queenhithe Dock, sagt die Karte.«

»Gut«, sagte Vulgo, »macht sechs Brücken, wenn man die Hungerford Bridge mitzählt. Laßt mich nur machen, die nächste ist die Vauxhall.«

»Also gut jetzt«, sagte Napoleon, »es wird nicht mehr geredet. Von meinen Befehlen und Notfällen abgesehen ist es jetzt die ganze Strecke still!«

So war es auch. Als die beiden Flöße einmal ruhig lagen, das eine hinter dem anderen angebunden, fuhren sie stetig im Griff der Strömung, und die Besatzung, die mit langen regelmäßigen Schlägen paddelte, hielt geraden Kurs. Hier inmitten des Stroms war es ganz dunkel, und die Lichter der Stadt schienen viele Meilen entfernt. Die Abenteurer schwankten vor und zurück, gruben ihre Paddel tief ins Wasser, atmeten mit offenem Mund, starrten ins Nichts. Schaum von den aufkräuselnden Wellen spritzte über sie, und bald waren sie bis auf die Haut durchnäßt, aber kalt war es keinem, dazu mußten sie sich zu sehr anstrengen, und ihr eigener Schweiß hielt sie warm.

Es war dunkler auf dem Fluß als in der Welt eines Blinden, dunkler als am Ende einer unterirdischen Höhle, und doch ragte nach einer halben Stunde eine breite Masse, noch schwärzer als das Wasser, langsam über den Reisenden auf. Der Fluß wand und krümmte sich, und sein Wasser floß zu mächtigen Strudeltauen zusammen und zwängte sich zwischen massiven Steinsäulen hindurch, und die Fluten stiegen an wie ein Sturzbach, der sich aus einer Schleuse ergießt. Eine wuchtige Welle bog sich langsam höher und höher. Sie zauderte eine Sekunde, wurde reglos und brach dann krachend gegen eine gewaltige Säule, die hinauf ins Dunkel wuchs, ins Dach der Nacht hinein.

»Vauxhall Bridge«, sagte Vulgos Stimme.

Nun stürzten die Flöße in bewegungsloses Wasser – sie begannen sich zu drehen und außer Kontrolle zu geraten. »Paddeln, paddeln, ihr Schlappsäcke!« schrie Napoleon, »oder es zieht uns zurück, und ihr ertrinkt! Immer weiter paddeln.«

Und die Borribles paddelten mit Leibeskräften, bis sie endlich – der Schweiß lief ihnen in die Augen – der Gefahr der ersten Brücke entronnen waren und schweigend weiterfahren konnten. Sie holten Atem, ihr Herzschlag wurde langsamer, und sie faßten sich wieder. Napoleon kniete vorne auf dem ersten Floß und paddelte unentwegt, während er in das Dunkel starrte; sein Körper schwang anmutig hin und her, sein Gesicht war schön vor Erregung. Er liebte den Fluß.

Sydney, die dem Wendel zunächst saß, fühlte, wie es sie überlief. Trotz all der gemeinsamen Erlebnisse, aus denen sie Napoleon kannte, ging es ihr immer noch so mit ihm. Er war seltsam; immer, bei jeder Gelegenheit, maß er sich mit sich selbst.

»Wonach schaust du?« fragte sie ihn.

Napoleon wandte den Kopf nicht und paddelte weiter. »Schiffe«, sagte er. »Wenn wir ein paar Lastkähne treffen, dann müssen wir hübsch rasch ausweichen. Bei dieser Temperatur lebt man nicht lang im Wasser, nur ein paar Minuten.«

Weiter ging es den Fluß hinunter. Sie flogen durch die Brücken auf den gischtenden Wellen, immerzu paddelnd, Napoleons Befehlen sofort gehorchend: durch die Lambeth Bridge, durch die Westminster und die Hungerford, bis sie schließlich unter den gespenstisch sich wölbenden Bogen der weißen Waterloo-Brücke tauchten.

»Wir haben's beinahe«, sagte Vulgo, aber als er in Richtung Blackfriars sah, erblickte er ein helles Licht, das grell den Fluß heraufzog, direkt auf die beiden Flöße zu.

»Die Bullen«, sagte Orococco. »Muß 'ne Polizeipatrouille sein.«

»Schlimmer«, sagte Napoleon. »Das ist ein Schlepper mit etwa zwanzig Kähnen dahinter. Kommt so rasch daher wie ein Eisenbahnzug, direkt durch die Mitte. Paddelt wie die Affen zum Nordufer hin, wir müssen aus dem Weg.«

Das war leichter gesagt als getan. Der Fluß hatte sie im Griff seiner Riesenhand und zerrte sie unwiderstehlich auf den sich nähernden Schlepper zu. Die Borribles konnten nun das Geräusch der Maschinen hören, und das helle Licht blendete ihre so lang an das Dunkel gewöhnten Augen. Vor dem Boot, von ihm vorangeschoben, schäumte und kochte die Bugwelle – schmutzig-gelb, grinsend schnitt sie den Fluß entzwei und hob einen tiefen Graben aus, mehr als groß genug, die kleinen Flöße und die, die darauf fuhren, zu verschlingen.

Das Licht kam ragend näher, hoch droben wie ein Signalfeuer auf einem Bergfried. Unter dem Licht war eine Form des Nichts, das schwarze Schiff selbst. Das Klopfen der Maschinen wurde immer noch lauter. Die Bugwelle begann rückwärts dahinzuschießen, gegen die Strömung, über die Wasseroberfläche schneller als das Schiff dahinzischend, das sie geschaffen hatte, als hätten die Naturgesetze keine Gültigkeit mehr.

Die Borribles wollten vor Entsetzen schreien, doch sie konnten nicht. Die Maschinen pochten in ihren Ohren und raubten ihnen die Kraft zu denken. Die Wellen hoben sich, Männerstimmen riefen sich durch den leeren Raum etwas zu, und hinter dem Schlepper kam das Heer der Kähne, eine schwimmende Stadt, halb so breit wie der Fluß.

Mit dem Mut und der Kraft der Verzweiflung arbeiteten die Abenteurer schneller und schneller mit ihren Paddeln, aber eine furchterregende Kraft zog das Wasser unter ihnen fort, und plötzlich paddelten sie Luft. Die Flöße waren himmelwärts geschleudert worden und standen nun vertikal. Jetzt schrien die Borribles und klammerten sich panisch aneinander. Die Flöße schütterten, kippten beinahe hintenüber, dann raste die Bugwelle weiter, und die Flöße fielen, mit einem Krachen, das in dem allgemeinen Lärm kaum zu hören war, tief wie in einen Schacht hinab und bebten und schüttelten sich. Dann hob sich wieder eine Welle schwellend unter ihnen, und wieder trug es die Borribles in die Höhe, wieder schrien sie, doch als sie diesmal stürzten, waren sie an einem ruhigeren Ort. Die Bugwelle hatte sie aus der Hauptströmung hinausgetragen, wenn auch nicht aus der Gefahr: Die Kähne waren noch nicht vorüber.

Napoleon wußte es. »Nicht aufhören«, rief er, »weiterpaddeln! Weitermachen!«

Die Borribles folgten Napoleons Befehl, und jeder Schlag ihrer Paddel trug sie aus der Mitte des Flusses in die Sicherheit. Die Reihe der Schleppkähne lag nun hinter ihnen, und die hellen Lichter blendeten sie nicht länger, doch der Fluß war noch in Aufruhr. Die Wasser fluteten hin und her, mit groben, klatschenden Wogenschlägen. Ein lautes Zischen und Rauschen von sich kreuzenden Strömungen war zu hören, doch das Geräusch des Schleppers wurde nach und nach leiser, bis schließlich die starr dahinziehende Flotille der Kähne – wie ein Monstrum, das in seine Höhle kriecht – unter der Waterloo Bridge verschwand.

»Das war knapp«, sagte Zwielicht, »haben wir grade noch sauber geschafft.«

Napoleon brummte und vermehrte dann das Wasser um sie her, indem er hineinspuckte. »Wenigstens war niemand seekrank«, sagte er, »muß man ja wohl dafür dankbar sein.«

Die allerletzte Brücke war Blackfriars, und die Abenteurer steuerten ohne weitere Gefahr hindurch. Dann lösten sie sich wieder aus der Strömung und lenkten zum Nordufer, wo sie nach Pochs Angaben den alten aufgelassenen Pier zu finden hofften, der als »Queenhithe Dock« bekannt war.

»Wir müssen's ohne Taschenlampen finden«, sagte Napoleon, »für den Fall, daß jemand die Gegend beobachtet.«

Die Borribles trieben nun direkt an der Kaimauer – eine nackte Wand, bedeckt mit grünem Schleim, ohne Treppe oder Leiter. Hier war kein Hinaufkommen.

»Paddelt ruhig noch 'n bißchen weiter«, sagte Napoleon, »hier wird's irgendwo sein.«

Und da war es. Plötzlich wich die wie eine Bergwand aufragende Kaimauer zurück, und ein Streifen schlammiges Ufer verlor sich langsam ansteigend in der Dunkelheit. Die Borribles steuerten die Stelle an, und die beiden Flöße setzten auf Schlamm und Kies auf.

»Haltet es ruhig«, sagte Napoleon. »Ich steig an Land und zieh euch rein.«

Er sprang ans Ufer und versank sofort bis zur Hüfte in dem kalten Schlamm, der ihn weich wie Gelee einsaugte. Er achtete nicht darauf – schließlich war er ein Wendel, und Wendels waren Schlamm gewöhnt. Er packte die Seile, zog kräftig, und langsam glitten die Flöße ans Ufer und blieben dort liegen.

Die anderen Abenteurer standen auf, warfen Napoleon ihre Rucksäcke zu und sprangen dann hinterher. Da sie nicht die Erfahrung des Wendels hatten, stolperten und stürzten sie und bedeckten sich mit dem widerlichen klebrigen Uferschmutz.

»Schlamm«, sagte Vulgo. »Kommt mir bekannt vor. Was ein Gestank!«

Poch schob die Arme durch die Gurte seines Rucksacks und stapfte vorwärts. »Kommt schon«, sagte er, »gehn wir.«

Während Poch voranging, um nach dem Weg zu schauen, zerschnitt Napoleon das Seil, das die beiden Flöße verbunden hatte, und stieß sie in die Strömung zurück. »Wär nicht gut, wenn man sie zu nah hier findet«, erklärte er. »Southend wär nah genug.«

Er schob sein Messer in die Scheide; von oben ertönte Pochs Pfiff. Die Abenteurer luden sich ihr Gepäck auf und begannen den Marsch das Ufer hinauf – der Schlamm quatschte feucht unter ihren Schuhen, es war nicht leicht. Ihre Füße glitten aus und sanken bei jedem Schritt ein. Der Schlamm zertrat sich zu grünem Schleim, und der überall zu verspürende Kloakengestank wurde stärker, stieg als Dampf von unten auf und hing wie heißer Atem in der kalten Luft. Zumindest aber blieb keine Spur von den Borribles zurück. Wie sie die Füße aus dem zähen Gallert zogen, glitt er augenblicklich wieder zurück und füllte die Löcher ihrer Tritte. Nach kürzester Zeit war die ganze Oberfläche des Uferstreifens so still und glatt wie nur irgendwann während des letzten Jahrhunderts.

So wateten die Abenteurer voran, bis sie auf Poch stießen, der am Fuß einer mit Algen überwucherten eisernen Leiter wartete. »Ich hab mir die Karte gut angesehen, ehe wir Brixton verlassen haben«, sagte er, »ich denke, wir schaffen's vor Tag noch bis King's Cross.«

»Warum müssen wir überhaupt nach King's Cross?« Das war Drillichs Stimme in der Dunkelheit.

»Weil«, antwortete Napoleons Stimme für Poch, »King's Cross ein Zentralbahnhof ist, und hinter so einem Bahnhof findet man immer Stücke Ödland, Stapelplätze, leere Eisenbahnwagen, alte Fabriken, lauter Verstecke. Sollte jeder alte Borrible wissen. Deshalb.«

»Was wir jetzt auch anstellen«, unterbrach ihn Scooter, »könnten wir mal aus dem Schlamm hier raus? Geht mir jetzt bald bis unter die Achseln und stinkt wie ein Mülleimer.«

»Gut, los«, sagte Poch, »aber denkt daran, wir rennen rasch, einer hinter dem anderen, und wir halten nicht an. Jetzt sind wir in der City von London, und viele Verstecke gibt es hier gerade nicht.«

Die Nacht war lang und mühselig. Nach der Strecke von Brixton zur Nine Elms Road und nach der Flußfahrt mit ihren Schrecknissen und ihrer Anspannung waren die Abenteurer schon erschöpft, ehe sie noch das Queenhithe Dock hinter sich gelassen hatten. Nun mußten sie wieder rennen, und zwar ebensoweit wie vorher.

Poch führte sie in schnellem Schritt – er führte die Reihe an, nicht, weil dies sein Teil von London gewesen wäre, sondern einfach weil er die Karte studiert und sich eingeprägt hatte und nun wußte, welche Straße wohin führte und welche sie mit den geringsten Schwierigkeiten an ihr Ziel bringen würde.

Sie rannten leise und rasch dahin, aus Sicherheitsgründen in weit auseinandergezogener Reihe, aber sie trafen niemand. Gelegentlich hoppelte ein einsames Auto vorbei, dessen Scheinwerfer den Asphalt mit Gold bemalten, oder ein Lastauto knirschte einem fernen Marktplatz entgegen. Aber die Borribles hielten sich in den Seitenstraßen, wo zwischen den Lampen lange Strecken des Nichts lagen, und wo sich die Teiche der Dunkelheit breit und tief erstreckten.

Hohe Gebäude ragten zu beiden Seiten neben den Dahinrennenden auf, wie steile Kliffs voll verlassener Wohnhöhlen, die Dächer eins mit dem endlosen Dunkel des Himmels. Kein Licht war in den Wolkenkratzern zu sehen oder in den vielgeschossigen Labyrinthen der Parkhäuser. Fast die einzigen Geräusche, welche die Borribles hörten, waren der leise Fall ihrer eigenen Schritte und das Klirren der Schnallen an den Rucksäcken.

Sie überquerten einen offenen Platz im Schatten der St. Paul's-Kathedrale; es ging durch Amen Court, wo der Frost bitterkalt war. Die Newgate Street und die Giltspur Street hinunter rannten sie, am Smithfield-Markt vorbei, wo tausend kalte Rinderviertel in langen Reihen hingen. Cowcross Street, Turnmill Street, die ganze Zeit parallel zur Farringdon Road, in leicht nordwestlicher Richtung, mit den Straßen über die Höhe Londons hinweglaufend.

In der Clerkenwell Road hielt Poch an und die anderen auch, sie kauerten hinter ihm, holten langsam wieder Atem und schauten links und rechts, vorne und hinten nach dem leisesten Anzeichen von Gefahr aus. Endlich waren sie beruhigt und rannten über die ungedeckte Straße hinweg, durch Back Hill und durch die Rosebery Street, huschende schwarze Schatten in einer Stadt, die so schwarz war wie sie.

Im Weiterhasten dachte Poch an Snuffkin, der nun irgendwo schlief, platt auf dem Rücken, den Mund fest geschlossen, der Schnurrbart zuckend wie ein giftiger Falter, der auf die Morgendämmerung wartet, um Gifteier zu legen. Und Hanks auch, der Bauch vom Körper weg überquellend, schnarchend, Speichel aufs Kopfkissen sabbernd, wo er einen sich langsam erweiternden dicken Fleck bildet, im Traum lächelnd, denn er träumt ja von den Frühstücken, die er gegessen hat, und denen, die er noch verzehren wird.

Irgendwo in dieser großen Stadt war auch Sam das Pferd, im Stall eines Schlachthauses eingesperrt, den Geruch des Todes furchtbar in den weichen Nüstern. Mit Schwanz und Halfter an Ringen in der Wand angebunden, daß er sich nicht regen und nicht ausruhen kann, nur noch die Kugel in den Schädel erwarten und das scharfe breite Messer, das seinen Hals aufschlitzen und dann seine Eingeweide auf eine Betonrampe leeren würde, die schon naß und schlüpfrig vom Blut der Millionen war, die schon vorher den Weg in die Katzenfutterdose angetreten hatten.

Diese Gedanken trieben Poch vorwärts, und er beschleunigte seinen Schritt, immer in Richtung Nordwest – Mount Pleasant, Phoenix Street hinunter, am Royal Free Hospital vorbei, und hier schien Licht aus den hohen Fenstern, und Schwestern bewegten sich hinter den Vorhängen und stützten Patienten in ihren Kissen, damit ihnen die letzten Atemzüge leichter würden. »Menschen sterben und haben nie borriblemäßig gelebt.« Der Gedanke erfüllt Poch mit Entsetzen; er lief schneller, seine Beine schmerzten, und das Gewicht seines Rucksacks kniff ihn in die Schultern. Doch der Schmerz ließ ihn nur die Zähne zusammenbeißen, und seine Gefährten rannten auch schneller hinter ihm her und verfluchten Poch von ganzer Seele, bis sie, zum Himmel aufschauend, den grauen Schimmer aufsteigen sahen und wußten, weshalb er so schnell rannte. Vor Tagesanbruch mußten sie schon am King's Cross-Bahnhof gut versteckt sein.

Die Straßen gingen weiter. Frederick Street, Acton, Swinton, Wicklow Street. Schließlich kamen sie auf die Euston Road hinaus, gerade an der Einmündung der Pentonville Road, und liefen jetzt auf die Türme des St. Pancras-Bahnhofs zu, die über den kleinen Gestalten dräuten wie die Türme eines schlimmen Zauberschlosses, wo Riesen wohnen, deren einziges Geschäft es ist, auf der Lauer nach fortgelaufenen Kindern zu liegen, um ihnen die Knochen zu zerschmettern und Brot daraus zu mahlen.

Einer nach dem anderen überquerten die Borribles die Hauptstraße, liefen in die Schweigenszone zwischen den beiden großen Bahnhöfen, in die St. Pancras Road – ihr Ziel das öde Land dahinter. Poch bog um eine Ecke und lehnte sich gegen die Mauer. Die Bögen der Eisenbahnbrücke begannen hier. Die Straße hatte noch Kopfsteinpflaster; weiter drüben lagen das Gaswerk und die Müllhalden, ihr Geruch hing schwer in der Luft.

Poch konnte ein Lächeln nicht unterdrücken, als er seinen Körper gegen die Backsteinwand preßte. Sie hatten's geschafft. Wie gut es war, zu leben und es zu wissen, die eigene Existenz auch als etwas Eigenes, Getrenntes zu empfinden, strahlend und frohlokkend. Jawohl, sie hatten's geschafft. Die Reise von Brixton, über den Fluß und dann von Blackfriars bis nach King's Cross war ohne Verluste gelungen und ohne daß die SBE etwas über ihren Aufenthaltsort erfahren hätte. Es ging aufwärts.

Es war nun Morgen. Poch konnte die Fugen zwischen den Pflastersteinen zu seinen Füßen deutlich sehen. Er konnte die rußrote Farbe der Backsteine erkennen, aus denen die hohen Brückenbögen gebaut waren, welche die Eisenbahngeleise in die Höhe stemmten. Einer nach dem anderen fanden sich seine Gefährten ein. Einer nach dem anderen lehnte sich gegen die Mauer und ruhte sich nach den Anstrengungen der langen Nacht aus.

»Wir folgen diesen Brückenbögen«, sagte Poch. »Vielleicht ist eins von den Gewölben darunter leer, sonst müssen wir uns einen Stapelplatz aussuchen.«

Sie brachen wieder im Gänsemarsch auf, nur diesmal in langsamem Tempo. Beim Eingang jedes Brükkenbogens – und es waren Dutzende – hielt Poch an und prüfte die hohen halbkreisförmigen Tore.

»Abgeschlossen«, sagte er immer wieder. »Meistens Garagen oder Werkstätten.«

Nach hundert Metern oder so führte die Straße nach rechts an einigen Ampeln vorbei. Die Brückenbögen setzten sich weiter in die Ferne fort, einige mit sauber gestrichenen und sorgfältig verriegelten Toren, andere mit zersplitterten Torflügeln, die verquer in den Angeln hingen. Ein paar Autos fuhren vorbei, und Pendlerzüge rumpelten über ihnen dahin, häufiger nun, da der Stoßverkehr sich langsam steigerte. Rasch gingen die Abenteurer weiter; Napoleon, dessen Augen überall waren, kam als Nachhut. Die Borribles mußten von den Straßen runter.

Wie um die Dringlichkeit dieser Überlegung zu unterstreichen, hörte man das Heulen einer Polizeisirene weit weg auf der Euston Road. Dann eine andere, sogleich, wie ein Echo, drüben von der Caledonian Road.

Poch bog wieder nach rechts. Wieder hohe Bögen. Er ging auf einen zu, stolperte über einen losen Pflasterstein. Er hob den Arm, um nicht zu fallen, und stieß dabei gegen das mittlere Brett einer Tür. Es gab nach, drehte sich in einem Gelenk, als ob das so sein müsse. Dahinter lag totale Dunkelheit. Poch drückte stärker auf das drehbare Brett und steckte seinen Kopf in die Tür. Er sah nichts. Er lauschte angestrengt, aber der Lärm der Züge oben machte es unmöglich, irgend etwas anderes hören zu wollen.

Er zog den Kopf wieder ins Freie.

»Es ist so dunkel, daß ich überhaupt nichts sehen kann«, sagte er. »Riecht wie tote Ratten da drin. Ich geh mal rein und schau mich um.«

In diesem Moment hörten sie wieder eine Polizeisirene, näher diesmal. Reifen quietschten auf Pflastersteinen. Ein Streifenwagen war unten in die St. Pancras Road gefahren.

Napoleon spähte um die Wölbung des Bogens. »Der kommt hierher«, sagte er. »Wir müssen uns verstekken, bis er weg ist, was wir sonst auch machen.«

Wieder stieß Poch das Brett beiseite und zwängte sich durch die Lücke, während die anderen folgten, so rasch sie konnten. Napoleon kam als letzter und schob das Brett wieder an seine Stelle. Innen war es dunkel, wie Poch gesagt hatte, und der Lärm der oben vorbeifahrenden Züge war ohrenbetäubend. Das einzige, was die Abenteurer klar unterscheiden konnten, war der Geruch. Er war zu stark, als daß man ihn hätte ignorieren können: eine Verbindung aus schlechtem Atem, getrocknetem Urin und der käsigen Substanz, die zwischen menschlichen Zehen klebt.

»Meine Fresse«, sagte Sydney, »was ein kräftiger Duft.«

Kaum hatte das Mädchen das gesagt, begann Verschiedenes zu geschehen. Starke Körper schoben sich hinter die Borribles, zwischen sie und die hölzernen Türen. Formen preßten sich im Dunkeln gegen sie, und der entsetzliche Geruch kam näher, dick und greifbar, erstickend.

Die Borribles griffen nach ihren Schleudern, aber es gab keine Möglichkeit, sich zu verteidigen. Schwielige Hände hielten ihre Arme fest, so fest, daß es wehtat. Eine rauhe Stimme lachte gackernd und rief dann: »Gut!« Das Licht ging an, eine einzige Glühbirne an langem Kabel, die hoch oben unter der Decke des Bogengewölbes hing und schwankte, wenn die Züge vorbeifuhren.

»Scheiße«, sagte Napoleon und hörte auf, sich zu wehren. Noch nie hatten die Abenteurer je etwas so Furchteinflößendes zu Gesicht bekommen.

Sie waren in einem großen höhlenartigen Raum. Hoch über ihren Köpfen zog sich der große Schwung des Brückenbogens hin; die Backsteine waren dunkel und feucht. Überall tropfte Wasser, lange Streifen und Flecken moderiger Schimmelpilze, und Flechten überzogen die Wände. All dies war schlimm genug, doch das, was die Höhle barg, ließ den Borribles das Herz kalt werden.

Dicht bei ihnen stand ein Dutzend Männer, doch Männer, die diesen Namen kaum mehr verdienten. Sie sahen fast nicht mehr menschlich aus. Die Gesichter waren aufgedunsen, rot, purpurn, blau unterlaufen, geplatzte Adern bedeckten die Oberfläche toter Haut, und diese Haut war voll schwarzer Risse und Löcher, Risse voll weichen Schmutzes und Löcher, die giftiger Alkohol und brennendheißer Schnaps tief eingegraben hatten. Ihre Zähne waren einzelne schwarze

Stummel, die locker in schwammigem Zahnfleisch staken; die Augen tränten rotumrändert; die zerfressenen und umgestülpten Augenlider hingen auf die Wangen hinab, da die Muskeln abgestorben waren. Als Kleider trugen sie die Stücke und Fetzen, die sie aus den Müllkippen und Abfalltonnen gewühlt hatten, wo andere, stolzere Penner ihre Sachen fortgeworfen hatten. Die Hände, welche die Borribles hielten, waren von jahrealtem Schmutz bedeckt, und der Atem ihrer Lungen war warm und stinkend.

»Es sind Methylos«, sagte Poch wie betäubt, »Methylos.«

Die Borribles stöhnten auf. Poch hatte recht. Sie waren unter Menschen geraten, die zu den gefährlichsten Männern und Frauen Londons gehörten – den Trinkern von Methylalkohol und Spiritus. Diese Menschen machten vor nichts halt, ihr Hirn war zerstört, aufgefressen von Schnaps und Drogen. Methylos hatten kein Empfinden, was Gut oder Böse war. Sie würden ohne Bedenken in den Tod gehen, um in den Besitz einer Flasche Gin zu kommen, und ebenso bedenkenlos jemand ermorden, wenn sie so sich das Geld beschaffen konnten, eine zu kaufen.

Napoleon fluchte wieder und wies mit der Hand: Der Horror war nicht zu Ende. Vor den Borribles waren noch mehr Methylos, Männer und Frauen, Dutzende. Einige ruhten unter Zeitungen auf dem Boden, der Wärme wegen so eng aneinander gedrängt, daß kaum mehr Raum war, einen Fuß dazwischen zu setzen, andere saßen auf leeren Bierkästen, die Hände gefaltet, den Kopf gesenkt, andere starrten in die Ferne – ihre Augen blinzelten nicht, als das Licht anging.

Die Borribles starrten in den Hintergrund des

Gewölbes und weiter, wo andere Bögen zu beginnen schienen. So weit sie sehen konnten, lagen, standen, saßen Methylos, tranken, aßen, pißten gegen die Wand. Die meisten schienen lebendig, manche waren vielleicht tot. Sie wirkten wie Zombies, halbbelebte Untote. Das war der gewaltige Geruch, den die Borribles in die Nase bekommen hatten.

Plötzlich gab es an einem Eingang zur Linken der Höhle einen großen Tumult, und ein breitschultriger Mann erschien, eine Flasche in der Faust. »Aha!« brüllte er. Er schwenkte die Flasche über dem Kopf und lachte, den Kopf zurückwerfend, daß man in einer breitklaffenden Wunde von einem Mund zwei oder drei große Zähne sehen konnte. Er kam auf die Gefangenen zu, hin- und herstolpernd, Männer und Frauen mit Tritten aus seinem Weg verscheuchend, hart zutretend.

Die Borribles drängten sich enger aneinander. Jemand schob eine Eisenstange vor und verschloß so die Tür der Höhle. Hände griffen und tasteten an den Abenteurern herum. Ihre Messer und Schleudern wurden fortgenommen und die Rucksäcke von ihren Schultern gerissen.

Der brüllende Mann brüllte lauter und verdoppelte die Wut seiner Tritte. »Laßt die Rucksäcke liegen!« schrie er, und sein Gesicht wurde dunkelrot vor raschem Zorn. »Werft die Rucksäcke hier auf dem Boden auf einen Haufen, ich schneid dem die Kehle durch, der nicht folgt. Gerechter Anteil für alle, hört ihr mich? Da wird was drin sein, was Geld wert ist, und Geld ist Schnaps, und Schnaps ist Leben. Hab ich nicht recht, Freundchen?«

Immer noch um sich tretend und schreiend setzte der Mann seinen Weg fort und stand endlich vor den

Borribles und denjenigen, die sie gefangenhielten. Zögernd warfen die Methylos die Rucksäcke auf den Boden.

»So ist's recht«, sagte der Mann und nahm einen Zug aus seiner Flasche. »Möchte einer von euch Engländern vielleicht mit mir auf die Matte gehen? Einer von euch Engländern sich vielleicht mit Hugh MacMungall anlegen, Mann gegen Mann? Ja? Antwortet! Mann gegen Mann, ja?«

Die Männer traten von einem Fuß auf den anderen und schauten auf die Köpfe ihrer Gefangenen hinunter.

»Dacht ich mir!« schrie MacMungall. Er schwankte wieder. »Wer den Schottenrock beleidigt, kriegt den Schottendolch zu spüren!« und mit diesen Worten zog MacMungall ein Brotmesser aus dem Gürtel und richtete die Spitze auf den nächststehenden Methylo. »Und vergiß es nie, Freundchen«, brüllte er – und das Wort »Freundchen« klang wie die gemeinste Beschimpfung – »ich schneid dir die Gurgel durch, wenn du mich nur schief anguckst, ich schwör's bei Gott.« Er schwankte wieder stolpernd und starrte unstet vor sich hin; er versuchte, den Blick auf die Borribles zu richten.

»Ja, Jungs«, fuhr er mit ein wenig leiserer Stimme fort, »das habt ihr nicht schlecht gemacht. Mir scheint, die Kinder könnten gut und gern ein paar Shilling in der Tasche haben. Wertgegenstände in den Rucksäcken. Gleich und gerecht geteilt, Freundchen. Hälfte für dich, Hälfte für mich, so geht es im Hochland.« MacMungall nahm wieder einen Schluck aus seiner Flasche. »Ahh«, sagte er, als die Flüssigkeit in seinem Magen einschlug, »also, Jungs, durchsucht ihnen die Taschen, stülpt die Beutel um, aber denkt dran, wer versucht, etwas in die eigene Tasche zu schieben, hat's mit mir zu tun.«

Am Ende seiner Ansprache angelangt, schwankte MacMungall rückwärts und brach auf einem Bierkasten zusammen, der zu seinem Glück genau in der richtigen Position auf ihn gewartet hatte. Er schüttelte den Kopf in einem vergeblichen Versuch, wieder klarer zu sehen, trank nochmals aus der Flasche und schob das Messer unter seine Jacke.

Poch betrachtete MacMungall genau und vorsichtig. Er war sicherlich bei weitem nicht so hart, wie er tat, aber trotzdem groß und muskulös, mit breiten Schultern und langen, starken Armen und mit schaufelgroßen Händen. Er war wohl der stärkste Methylo hier in der Höhle, und deshalb gehorchten die anderen ihm so bereitwillig, aber wie sie war MacMungall in schlechter körperlicher Verfassung. Auch seine Augen sahen aus wie ausgefranste Löcher, die man ihm erst diesen Morgen in den Schädel geschossen hatte. Seine Lippen waren schlaff, seine Haut hatte die Textur eines schimmligen Steaks, und trotz all seiner tapferen Worte hatten seine Hände gezittert, als er die Flasche hob, daß die Hälfte jedes Schlucks, den er nahm, ihm über Kinn und Hals lief und unter einem dreckigen alten grün-weißen Fußballschal versickerte.

Poch sah auch, daß die anderen Kleider MacMungalls kein bißchen besser waren als die seiner Kumpane. Er trug einen blauen Anorak voll Ölflecken, an den Taschen ausgefranst, und mehrere Hosen übereinander gegen die Kälte. Er hatte keine Socken, aber zwei verschiedene Schuhe, bei denen das Oberleder vom Sohlenrest abgeplatzt war, so daß man seine schmutzigen Füße in Ruhe betrachten konnte, und auf dem Kopf trug er eine Melone mit Tartan-Muster wie ein schottischer Fußballfan. Alles in allem, dachte Poch, ein schreckenerregender Anblick: ein Feigling ohne Gewissen.

Aber die Pause war vorüber, in welcher er hatte nachdenken können. Ohne Warnung wurden die Borribles vorwärtsgestoßen. Mit erregter Hast wurden die Gefangenen durchsucht, und ihre Rucksäcke wurden ausgeleert. Die meisten der Methylos, die dagelegen hatten, standen nun vom Boden auf und begannen, sich näherzudrängen, stöhnend und einander mit den Ellenbogen zur Seite drückend. Alle waren zerlumpt und schmutzig, Frauen wie Männer, die Kleider zerrissen und zusammengeknotet. Die Augen waren stumpf, in ihnen stand eine leere Verrücktheit, welche nur das Aufglitzern der Gier unterbrach. Vielleicht hatten diese Kinder Geld bei sich, Geld für Alkohol.

Die Methylos kämpften um einen Platz in der Nähe der Borribles, drängten sich an sie, zerrten an ihren Gliedmaßen, betasteten ihre Leiber und fetzten die Kleider auf, um zu sehen, ob Geld in ihnen eingenäht war. Die Rucksäcke wurden wieder kontrolliert, der Inhalt wieder aufgehoben und hingeworfen, und nach und nach wurden die Methylos immer wütender, in dem Maße, in dem ihre Enttäuschung sich vertiefte. Es war kein Geld da.

»Gebt es her«, schrien sie, und die den Borribles zunächst standen, schlugen sie, so fest sie nur konnten, auf die Köpfe. »Gebt es her, ihr Rotzgören, oder wir ziehn euch die Haut ab und fressen euch lebendig.«

Das schiere Gewicht der Überzahl trennte die Borribles voneinander; einer nach dem anderen wurden sie zu Boden gedrückt, und die Methylos fielen auf sie und stießen und kratzten und fauchten und bissen, und wenn auch jeder und jede der Abenteurer kämpfte, so gut es ging, machte es am Ende keinen Unterschied. Es schien, als sollten sie hier alle ihr Ende finden, zerrissen in dem düsteren Brückengewölbe hinter dem King's Cross-Bahnhof. Die Methylos waren nun außer jeder Kontrolle. MacMungall war betrunken und war wie die Borribles zu Boden gestoßen worden, wo er nun unter ein, zwei Tonnen besinnungslosem Fleisch begraben lag.

Plötzlich ertönte ein schrilles Schreien, das sich über den Tumult der Methylos erhob und selbst den Lärm der Züge durchdrang. Die klammernden Hände fielen ab, und der widerliche Geruch wich zurück. Die Borribles rappelten sich auf die Füße, schlossen sich zusammen und wischten sich mit den Handrücken das Blut aus den Augen.

Wieder ertönte der Schrei; es waren Worte. »Hört auf damit!« schrie es, »hört auf!« Die Methylos zogen sich weiter zurück, die Leidenschaft wich ebenso rasch aus ihren Gesichtern, wie sie dort aufgestiegen war. Hastig stolperten sie fort – die einen hockten sich gegen eine Wand, die anderen warfen sich platt auf den Boden, und alle überließen sich dem Schlaf und ihrer gewohnten Verzweiflung.

Mitten im Meer der Leiber stand eine Frau, wie die anderen eine Methyltrinkerin, aber größer und kühner, wenn auch genauso dreckig und wild. Sie trug seltsam altmodischen Prunk – Beute aus einem Koffer, der in einem der Bahnhöfe nebenan gestohlen oder gefunden worden war. Es war ein langes Kleid, das sie trug, Taft mit rosa-silbernen Stufen, ein Kleid, das einst der Sonntagsstaat einer Bronzemedaillengewinnerin bei einem Tanzturnier gewesen sein mochte. Jetzt war es fleckig und zerrissen, das Dekolleté zerfetzt. Unter dem struppigen Rock sahen Khaki-Hosen hervor, und an den Füßen trug die Frau ein Paar abgewetzter einstiger Stöckelschuhe, deren Absätze abgebrochen waren. Die Schuhe waren blau.

Um die Schultern hatte sie zwei, drei schwarzwollene gestrickte Tücher geworfen, die sie mit breiten, starken Händen festhielt. Das Gesicht war flach und gemein, aber nicht schwächlich – die Nase ein Knopf mit offenen Nüstern, die Backen dick, der Mund ein tiefer Schlitz über dem runden Kinn. Das strohfarbene Haar zeigte schwarze und graue Strähnen und stand ihr wie ein gestärkter Nimbus um den Schädel. Sie sah aus wie eine Hexe, die sich in ein Schwein hatte verwandeln wollen und dann auf halbem Weg gezögert hatte. Es war für die Borribles sofort deutlich, daß alle in der Höhle diese Frau fürchteten.

»Bringt die Kinder hier rüber«, sagte sie mit einem befehlenden Kopfrucken. »Ihr Idioten. Vielleicht ist auf die eine Belohnung ausgesetzt, eine große Belohnung, und euch fällt nichts Besseres ein, als sie umzubringen. Bringt sie hierher.«

Sobald er konnte, wuchtete sich Hughie MacMungall auf die Füße, setzte sich seine Melone auf den Kopf und schob die Borribles durch das Gewölbe, eifrig bedacht, den Ruhm für den Fang solch bedeutender Gefangener einzuheimsen. »Möchte wetten, daß die Eltern ein Vermögen zahlen, damit sie die wiederkriegen, was, Madge?« meinte er und spähte schlau unter seinen Augenbrauen hervor, wie eine Wasserratte unter dem Ufergras, um sicherzugehen, daß er auch das Richtige gesagt hatte.

Die Borribles sahen nun, daß bei der Tür, durch

welche MacMungall vorher erschienen war, ein wackliger Tisch mit ein paar plastikbezogenen Lehnsesseln stand. Madge lehnte den Hintern gegen die Tischkante und fuhr sich mit der Hand durch das steife Haar. Sie sah die Borribles einen nach dem andern prüfend an, und währenddessen nahm sie MacMungall die Flasche weg und goß sich einen Teil des Inhalts in ihren geschlitzten Mund.

Drillich machte einen Schritt in ihre Richtung, er zitterte vor Angst und Wut.

»Ihr könnt mich hier nicht festhalten«, schrie er. »Es gibt ein Gesetz gegen Entführung, ich ruf die Polizei. Ich warne euch, ich bin ein …«

Madges Kopf stieß auf ihrem langen gekrümmten Hals vor wie eine Schlange auf ihr Opfer. »Du bist hier überhaupt nichts, mein Sohn«, sagte sie, »aber ich bin Leben und Tod. Wenn ich nicht grad aufgewacht wäre, hätten euch die Tiere in Stücke gerissen und dann verspeist. Die sind gelegentlich schon mal so besoffen, daß sie den Unterschied zwischen Fisch mit Pommes und Menschenfleisch nicht mehr draufhaben. Harte Zeiten, Junge, und Kannibalen sind hinterm King's Cross-Bahnhof nicht mehr unbekannt, kann ich dir sagen … also jetzt, was macht ihr hier? Die Wahrheit, oder ich klopf sie aus dir raus.«

»Wir sind von einem Heim weggelaufen«, sagte Bingo, der schon immer gut gelogen hatte, wenn es um Erwachsene ging, »ein Kinderheim.«

»Seid ein verdammt großer Haufen für ein einziges Heim«, sagte Madge mißtrauisch.

»Es war eine große Anstalt«, sagte Bingo schmeichelnd-wimmernd, »wir wollten zusammen fortlaufen, deshalb haben wir auch kein Geld, wir hatten nie welches, wir würden es Ihnen sonst geben, ehrlich.«

»Ehrlich!« rief Madge und spuckte den Borribles vor die Füße. »Ehrlich ist bloß ein Gerücht.«

»Schmeißt sie raus«, rief eine Stimme aus der Düsternis, »kann ja kein Mensch schlafen.« Eine Flasche klirrte gegen eine Mauer.

»Schnauze!« röhrte MacMungall hin- und herschwankend. »Oder du kriegst meine Faust zu spüren, Freundchen. Ich bin hier der Chef.«

»Du bist wo der was?« Madge wandte sich langsam von den Borribles ab, stemmte die Hände in die Hüften und blickte ihren Partner drohend an. »Du könntest dich ohne Gebrauchsanweisung nicht mal am Arsch kratzen. Wer hat den Platz hier gefunden, hm? Das sag mir mal, Schottenröckchen. Wer schmiert die Bullen, daß sie hübsch weggucken? Hm? Das sag mir mal!« MacMungall wich den Augen der Frau aus und ließ sich in einen Sessel fallen. »Ach komm, Madge«, sagte er, »sei friedlich.«

Als nun MacMungall und Madge sich zu streiten begannen, verloren die Methylos, die bei den Borribles gestanden hatten, jegliches Interesse an ihren Gefangenen und schlurften davon, um sich zu ihren Kumpeln auf den Boden zu legen. Die Abenteurer hatten nun Gelegenheit, sich etwas umzuschauen.

Poch konzentrierte sich auf die großen Türflügel, die den Ausgang versperrten. Eine schwere Eisenstange verschloß sie fest. Das war nicht alles: Zwischen dem Ausgang und dem Punkt, wo sie nun standen, lag eine Reihe von Methylos nach der anderen. Wenn die Borribles auszubrechen versuchten, würden sie an Arm oder Fuß festgehalten werden, ehe sie drei Schritte getan hätten. Zunächst war es am besten, nichts zu unternehmen, vielleicht konnte man Madge überreden, sie freizulassen.

»Könnten wir nicht heimgehen, bitte, Missis«, sagte Bingo. »Wir wollten nicht hier rein, aber die Polizei war hinter uns her. Haben Sie nicht die Sirenen gehört? Wir wollten ja nichts Schlimmes.«

»Das beste, was wir machen können«, sagte Mac Mungall, »ist sie loszuwerden. Wenn die Bullen sie suchen, verfolgen sie vielleicht die Spur hierher. Wir können keine Schwierigkeiten brauchen. Allerdings, der kleine Paki da, der wär ein süßer Braten.«

»Ich bin ein Bangladeshi«, sagte Zwielicht.

MacMungall warf den Kopf zurück und zeigte lachend wieder seinen roten Mund. »Macht nichts!« sagte er. »Ich habe da keine Vorurteile, mir ist es gleich, wen ich verzehre, Freundchen.«

»Du Blödmann«, sagte Madge und wischte sich schniefend mit dem Handrücken die Nase. Sie deutete auf die Rucksäcke und die Schleudern, die auf dem Boden verstreut lagen. »Was ist denn das, hm? Das sind Schleudern, mein Lieber, und Schleudern, das heißt nur eins ... das heißt Borribles, und Borribles heißt Klauen. Schau unter die Mützen, schau dir ihre Ohren an, du Idiot. Wir haben's geschafft, wir können uns zur Ruhe setzen, wir haben zwölf Stück von den kleinen Strolchen, zwölf.«

MacMungall stemmte sich aus dem Stuhl und ergriff den nächsten Gefangenen – es war Torricanyon –, riß ihm die Mütze vom Kopf und befingerte die Ohren. »Aha!« krähte er triumphierend und warf Torricanyons Mütze in die Luft. »Du bist ein Genie, Madge. Du hast recht! Borribles! Ein glattes Dutzend Borribles ... die können den Rest ihres Lebens für uns klauen gehn. Hurra! Gnade des Herrn. Tapferes Schottland!«

Ein Rinnsal Speichel sickerte aus MacMungalls Mund, als seine Geschmacksnerven zu arbeiten begannen. Er starrte vor sich hin und träumte von der Zukunft, spürte mehr Alkohol seinen Schlund hinunterspülen, als er es sich je vorgestellt hatte, fühlte, wie er seinen Bauch wärmte. Er hatte noch nie mit Bewußtsein einen Borrible gesehen, aber er kannte die Geschichten: Borribles waren die Meisterdiebe, die besten Einbrecher der Welt. Wenn man einen Borrible zwingen konnte, für einen zu stehlen, dann hatte man's in der Tat geschafft.

»O nein«, sagte Scooter, die Stimme bebend vor Angst. »Das hätt' ich nicht gedacht, ich habe Angst, ich habe wirklich Angst.« Er schob sich näher an Chaline.

Chaline hatte selber Angst, aber sie legte den Arm um Scooters Schultern und sagte: »Keine Sorge, das sind keine richtigen Borribleräuber, nur Amateure.«

»Amateure, was?« sagte Drillich. »Na, die alte Kuh macht das gar nicht schlecht für 'nen Amateur.«

Madge duckte sich ein wenig, die Muskeln spannend, und mit immenser Kraft ergriff sie Drillichs Haar und zerrte ihn rücklings über den Tisch; wie durch Zauberei erschien ein Messer an seiner Kehle. »Seid jetzt alle schön still«, knurrte sie, »oder sein Blut kleckert den ganzen Boden voll.«

MacMungall lehnte sich her und schaute prüfend in Drillichs Gesicht. »Was für ein verschlagenes kleines Teufelchen«, sagte er, »sieht er nicht schlau aus?«

»Ja«, sagte Madge und preßte das Messer fester gegen Drillichs Nacken. »So sind sie alle. Kannst keinem Borrible trauen. Die bewegen sich rasch, rennen schnell und sind schlüpfrig wie die Aale. Schau nur, wie sie dich ansehen, Hughie, mein Lieber – Augen ganz ruhig, beobachten alles, merken sich alles, warten auf ihre Chance. Sind schon Hunderte von Jahren alt, manche von denen, heißt es. Die wissen Bescheid, weise wie die Nacht, zäh wie alte Stiefel und gerissen wie der Herr Pfarrer.«

Stonkus hob seinen Arm und zeigte auf Drillich.

»Wenn ihr dem was tut«, sagte er, »wenn ihr diesem Borrible was tut, dann warne ich euch, daß wir euch dasselbe tun. Wir haben Schlimmeres als das hier gesehen und haben's überlebt. Gebt acht, oder es wird ein Signal durch die Stadt gehen.«

Madge schüttelte ihr Haar und kauerte sich ein wenig tiefer, aber sie hob das Messer nicht von Drillichs Hals. »Du dreikäsehoher kleiner Arsch«, sagte sie, »mir machst du keine Angst. Siehst du, wieviel von uns hier im Raum sind? Mehr als ihr schafft. Macht nur schön, was man euch sagt, und ihr überlebt's vielleicht. Macht mir Schwierigkeiten, und ihr sterbt auf sehr unangenehme Art und Weise.«

»Borribles!« sagte MacMungall. »Warum verpfeifen wir sie nicht, ist sicher eine Belohnung ausgesetzt.«

Madge lachte. »Du strengst dich dein ganzes Leben lang an, bloß nie was zu denken, wie? Und es gelingt dir immer wieder. Vielleicht liefern wir sie ab, wenn wir fertig sind, aber nicht vorher. Wir müssen sie erst mal schön arbeiten lassen.«

»Arbeiten?«

»Na klar. Von jetzt an müssen wir nicht jeden Tag raus, in den Mülltonnen wühlen, in den Bahnhöfen rumlungern, betteln, schauen, wo wir was klauen können, was sich irgendwo finden läßt. Von jetzt an machen das diese kleinen Hüpfer hier für uns.«

Madge zog Drillich auf die Füße, aber sie ließ das Messer an seiner Kehle. »Hol mal ein Stück Schnur, Hughie, binde dem da die Arme auf den Rücken, und dann kommt er drunten in den Käfig.«

»Das könnt ihr nicht tun«, schrie Scooter und warf sich auf MacMungall, so hart er konnte auf ihn einschlagend. »Das könnt ihr nicht machen, laßt ihn, er ist ja nicht mal …«

MacMungall war durch diesen Angriff überrascht, aber nur ein, zwei Sekunden lang. Er hob die große Faust und hieb sie Scooter ins Gesicht. Er schlug noch einmal zu, und Scooter fiel bewußtlos zu Boden.

»Ich hab euch gewarnt«, brüllte MacMungall. Er stand breitbeinig und geduckt da wie ein Preisboxer und sah die Borribles an. »Ich schlage geschwinde zu, Freundchen. Das Blut uralter Clans fließt in meinen Adern, Tod den Campbells!«

Als Drillich die Hände auf den Rücken gefesselt worden waren, befahl Madge einem halben Dutzend der kräftigsten Methylos, ihn und Scooter fortzuschleppen. »Steckt sie in den Käfig«, sagte sie, »ich mach's euch dann gut, bald gibt's für alle was zu schlucken.«

»Was soll das, Madge?« fragte MacMungall. »Wieso das mit dem Käfig?«

Madge lachte. »Warum wohl, Hughie, mein Lieber? Als Geiseln, damit die anderen machen, was man ihnen sagt, damit sie fleißig für uns stehlen.«

»Aber die werden sofort wegrennen, bei der ersten Gelegenheit.«

»Ha!« rief Madge. »Ich kenn mich aus mit Borribles. Die sind nicht wie wir. Die dürfen ihre Kumpel nicht im Stich lassen, denn sie wissen genau, wenn sie das tun, dann reich ich die an die Bullen weiter und die stutzen ihnen die Ohren, und das ist für sie dann das Ende.«

»Das Ende?«

»Aber immer. Sie würden erwachsen werden, wie

wir, und kein Kind bei Verstand wird das wollen, was? Erwachsen werden wie wir.«

MacMungall lächelte. »Nee, wohl kaum. Was sollen wir dann mit den anderen machen?«

Madge warf sich das Ende eines ihrer Tücher um die Schultern und ließ ihr Messer verschwinden. »Schikken wir raus auf die Straße«, sagte sie. »Jetzt beginnt das wahre Leben, Hughie, mein Lieber. Wenn sie nicht mit Brieftaschen und Handtaschen und Koffern und Schnaps hier wieder anrücken, ja dann wären wir wohl gezwungen, ihre Freunde an die Polizei weiterzugeben.«

Und Madge lachte, und als sie sich selbst zu ihrer Schläue beglückwünschte, kam das halbe Dutzend Methylos zurück, die Drillich und Scooter in ihr Gefängnis gebracht hatten, und reichten ihr einen großen Schlüssel an einer Kette. »Aha! Gut!« rief sie und riß ihn an sich. »Jetzt auf mit der Tür, ich schmeiß' sie raus. Sie wissen, was sie zu tun haben.«

Die große Eisenstange wurde aus ihren Halterungen gehoben und einer der hölzernen Türflügel halb aufgedrückt. »Los, los«, sagte Madge, und sie und Mac Mungall fingen an, die Borribles aus der Höhle hinauszustoßen und zu -treten. »Bringt nur schön das Zeug hierher, Kinderchen, sobald ihr's geklaut habt, und laßt das Auge des Gesetzes nichts sehen. Denkt dran, wenn sie uns finden, liefern wir euch aus. Auf geht's!« Und mit einem letzten Tritt stieß Madge die Abenteurer auf den Gehsteig hinaus und schloß die Tür hinter ihnen.

Die Borribles blinzelten. Es war heller Tag draußen; dichter Verkehr rollte in ununterbrochenem Strom vorbei.

»Als uns so was das letzte Mal passiert ist«, sagte

Poch, nach Steinchen auf dem Pflaster tretend, »war es Tautröpfchen, der Borribleräuber, und den mußten wir töten, um freizukommen.«

»Ich würde es wieder tun«, sagte Napoleon, »wenn es sein muß.«

»Ich würde es tun, um Sam zu retten«, sagte Sydney, »und wir müssen es vielleicht tun, wenn wir rechtzeitig weiterkommen wollen. Es heißt Madges Leben gegen das von Sam, wenn sie uns zu lang hier aufhält.«

»Was soll uns denn überhaupt hier noch halten?« sagte Napoleon. »Drillich und Scooter bedeuten mir gar nichts. Ich hab immer gedacht, daß mit denen was nicht in Ordnung ist. Hier sind wir nun an der frischen Luft, auf halbem Weg nach Camden Town. Laßt uns gehen.«

»Es geht nicht, Nap«, sagte Chaline. »Es geht einfach nicht. Wir müssen einen Weg finden, sie zu befreien.«

»Was machen wir also?« fragte Torricanyon. »Wir müssen uns nämlich was einfallen lassen.«

Orococco zuckte die Achseln. »Was können wir tun?« sagte er. »Zunächst mal können wir bloß machen, was die sagen: in den Bahnhöfen klauen. Und in der Zwischenzeit müssen wir uns einen Plan ausdenken, einen wirklich astreinen Plan.«

»Ja«, sagte Poch, »du hast recht, Coco, aber ich sag's euch, dieser Plan muß wirklich was Besonderes sein, denn wir kriegen bei diesen Methylos nur eine Chance, eine einzige, und wenn wir die versauen, machen die mit unsern Knochen ihre Bierdosen auf.«

7

Die Tage ihrer Gefangenschaft am King's Cross-Bahnhof waren sehr seltsam. Nicht, daß die Borribles besonders Angst vor den Methylos gehabt hätten, sie hatten keine. Es wäre ihnen ein Leichtes gewesen, jederzeit davonzulaufen und Drillich und Scooter einfach ihrem Schicksal zu überlassen. Aber sie konnten es nicht, sie wußten, es wäre unrecht, und wenn es auch als Möglichkeit diskutiert wurde, zogen sie es nie ernsthaft in Betracht. Kein Borrible läßt den anderen hängen.

Die Stehlarbeit war schlicht und einfach und gar nicht gefährlich. Es gab drei Bahnhöfe, unter denen man wählen konnte: King's Cross, St. Pancras und Euston, und jeder war vom frühen Morgen bis spät in die Nacht voll Menschengewühl. Taschendiebstähle waren simpel, und überall standen unbewachte Koffer herum, die einen endlosen Vorrat an Gegenständen enthielten, welche die Methylos verkaufen oder gegen Alkohol eintauschen konnten. Lebensmittel brauchte man sich buchstäblich nur zu nehmen, und während dieser Zeit ernährten sich die Borribles gut und nahmen zu.

Um ihren Job abzusichern, statteten sie sich selbst so weit wie möglich als Fahrgäste aus, mit eigenen Koffern, die sauber ausgefüllte Adreßschildchen trugen. Wenn jemand vom Bahnpersonal Fragen stellte, antworteten sie stets, daß sie auf ihre Eltern warteten, mit welchen sie dann den und den Zug nach Soundso nehmen würden. Diese Strategie funktionierte sehr erfolgreich.

Trotz all dieser Vorteile waren sie natürlich zutiefst unglücklich. So wollten sie nicht leben. Sie stahlen für

Fremde und stahlen um Geld. Schlimmer noch – sie wurden von ihrer Aufgabe abgehalten, Sam zu befreien, und mit jedem Tag, der verging, wuchs ihre Besorgnis. Snuffkin hatte vielleicht den Anweisungen des SPP nicht gehorcht und Sam trotzdem eigenmächtig abschlachten lassen. Sie mußten sich Klarheit verschaffen.

Müßig waren die Borribles jedoch nicht. Sie entdeckten, daß der Käfig, in dem Drillich und Scooter eingesperrt waren, ein alter Keller ganz hinten im Gewölbe war. Ein kleiner unterirdisch ausgemauerter Raum mit einer Falltür aus Eisengitter, der vor vielen Jahren zur Lagerung von wertvollem Wein benutzt worden war, vollkommen sicher.

Madge hatte den Schlüssel für die Tür kurz nach der Inbesitznahme des Gewölbes entdeckt, und sie gebrauchte den Käfig dazu, die Methylos einzusperren, die sich ihr nicht unterordneten. Er war gerade richtig für die zwei Geiseln gewesen, und der einzige Weg, sie dort herauszuholen, war, Madge den Schlüssel zu stehlen. Das würde nicht einfach sein. Madge hatte irgendwo ein geheimes Versteck für alle ihre Kostbarkeiten, und niemand, nicht einmal MacMungall, schien zu wissen, wo es war. Die Borribles beobachteten sie genau, einen Tag um den andern, aber Madge war zu schlau, um einen Fehler zu machen.

Während der meisten Zeit ihrer Gefangenschaft fühlten die Borribles sich nicht als Gefangene. Man schlug sie nicht, solange sie genügend Diebesgut nach Hause brachten, daß ihre Gastgeber betrunken blieben, und sie konnten mehr oder weniger kommen und gehen, wann sie wollten. Nur abends, wenn die Beute abgeliefert und geprüft worden war, überfiel sie eine große Traurigkeit.

Jede Nacht wurden sie in den kleinen Nebenraum gestoßen, der Madge und MacMungall gehörte, und an Händen und Füßen gefesselt. Selbst das war kein Problem. Gleich am ersten Tag hatten die Borribles neue Messer gestohlen und neue Schleudern gebaut – sie konnten sich befreien, wann immer sie wollten. Das war zweifellos ein gutes Gefühl, aber es war nicht genug. Sie mußten immer noch die Geiseln befreien und nach Camden Town weiterziehen, um das Schlachthaus zu finden. Sie brauchten einen Plan, und ein guter Plan war nicht leicht zu finden. Am Ende mußten sie zu dem Schluß kommen, daß ihre Weiterreise und die Befreiung des Pferdes nur möglich wäre, wenn sie MacMungall und Madge töteten, und nur die zufällige Ankunft der Großherzogin rettete sie vor dem Mord.

Eines Abends, als MacMungall und Madge die Tagesbeute inspizierten und die Borribles sich vor der Öffnung zum Nebenraum ausruhten und aßen, gab es einen Tumult am Holztor des Eingangs. Die gewohnten Laute der Höhle, Schnarchen, Husten, Räuspern, Spucken – alles wurde plötzlich still, und eine Welle der Bewegung lief über die Körper am Boden, als die meisten der Methylos den Kopf hoben.

MacMungall klappte den Deckel eines Koffers zu und schob rasch eine Brieftasche in seinen Gürtel. »Was ist?« fragte er und schaute sich mit wildem Blick um. »Sind das die Polizisten? Wir dürfen uns nicht mit dieser Kollektion hier ertappen lassen. Das waren die Kinder, denen gehört das. Ich hab für dieses Land gekämpft, und zwar in einem Hochlandregiment!« Er warf den Koffer zu den Borribles hinüber.

»Schwachkopf«, sagte Madge. »Mach doch mal einer

die Tür auf, ehe jeder Plattfuß in London den Lärm hört! Das ist die Großherzogin, verdammte Schlampe.«

»Die Großherzogin«, sagte MacMungall. Er holte sich den Koffer wieder. »Kommt natürlich gleich hier angeschissen, wenn wir was Hübsches organisiert haben. Wer hat's ihr wohl gesagt?«

Madge lachte höhnisch. »Wer kann schon wissen«, sagte sie, »wo sie als nächstes auftauchen wird? Aber wenigstens bleibt sie nie lang an einem Ort.«

Neugierig gemacht durch dieses Gespräch kamen die Borribles aus den Schatten hervor und näher ins Licht, daß sie die Ankunft dieser neuen Person sehen konnten.

»Die Großherzogin«, sagte Bingo. »Was um alles in der Welt soll das bedeuten?«

Seine Gefährten schüttelten verwundert die Köpfe, doch bald sollte es ihnen klar werden. Einer der Methylos in der Nähe der Tür kroch auf die Beine und gehorchte Madges Befehl, indem er die Holztür öffnete, und aus der Regennacht, einen verbeulten alten Kinderwagen auf quietschenden Rädern vor sich herschiebend, kam eine höchst merkwürdige Gestalt.

Zunächst war von der Großherzogin nicht viel zu sehen. Ihr Kopf war in ein großes Stück durchsichtiger Plastikfolie eingewickelt, mit Regentropfen übersät. Ihr Körper, der eckig-untersetzt sein mochte, war durch einen weiten braunen Regenmantel nur als formloser Umriß zu erkennen; der Mantel hing bis auf die schwarzen Gummistiefel hinab. Ein alter Kartoffelsack war mit Sicherheitsnadeln um die Schultern befestigt, die er schützte und wärmte.

Im Kinderwagen, dessen Verdeck schon lange abgerissen war, stapelten sich hochaufgehäuft ihre Besitztümer – auch sie mit einer Bahn Plastikfolie bedeckt. Die Großherzogin war auf alle Härten des Wanderlebens wohlvorbereitet, und die Höhle war nur einer unter vielen Haltepunkten einer niemals endenden Reise durch ganz London, von Norden nach Süden, von Osten nach Westen und wieder zurück. Es gab in der ganzen Metropole keine Straße, keine Gasse, kein Versteck, das die Großherzogin nicht kannte und nicht als ihr Eigentum betrachtet hätte.

Jedenfalls schob sie sich geradewegs in die Höhle, als wohne sie hier jeden Tag in der Woche, und fuhr mit dem Kinderwagen gegen die auf dem Boden liegenden Körper. Protestierendes Stöhnen erhob sich auf ihrem Weg, doch die Großherzogin beachtete es kaum und schrie nur mit einer Stimme wie eine klanglos-zersprungene Glocke auf ihre Opfer ein, deren Hall durch das Gewölbe dröhnte und von Wand zu Wand zurückgeworfen wurde.

»Los, ihr Penner«, schrie sie, »macht ein wenig Platz für eine arme alte Lady. Macht ein wenig Platz.«

Sie setzte ihren Weg bis in die Mitte der Höhle fort, und dort angekommen, räumte sie sich einen großen Kreis frei, indem sie mit den Füßen nach hinten trat und nach vorn mit ihrem Wagen stieß. Als sie genügend Platz zu haben glaubte, nahm sie den Sack von den Schultern und dann die Plastikfolie vom Kopf. Sie schüttelte von beiden das Wasser ab.

»He, Herzogin, paß doch auf mit dem Regen«, sagte eine Stimme vom Boden.

»Paß du nur auf«, erwiderte die Großherzogin, »lern du lieber ein wenig christliche Nächstenliebe, ehe ich dir das Gesicht eintrete. Und einen Drink brauch ich auch, bei all dieser ungesunden Feuchtigkeit.«

Während dieses Auftritts blieb Madge tief in ihren

Sessel gekauert sitzen, doch MacMungall, der sich mutig fühlte, stand auf und schüttelte seine Faust. »Du staubst hier bei uns nichts zu trinken ab!« brüllte er. »Wir haben genug zu tun, uns selbst durchzubringen, auch ohne daß du noch ankommst und hier rumbettelst.«

Die Großherzogin betrachtete MacMungall mit verzerrtem Grinsen; als sie Madge sah, wurde das Grinsen noch breiter. Die Borribles sahen zum ersten Mal ihr Gesicht.

»Mein lieber Mann«, sagte Orococco, »da kenn ich Gespenster in alten Häusern, die würden aus dem Fenster springen und rasch davonlaufen, wenn sie so was zu sehen kriegen.«

Die Großherzogin hatte eine dünne, eckige Nase wie ein Schraubenzieher, eine mißtrauische Nase, die jeden Verrat roch. Ihre Augen saßen eng beieinander wie die eines Frettchens und waren ebenso scharf; einst waren sie blau gewesen, doch die Farbe war verblaßt, ausgeblichen von der langen Anstrengung, auf dem Straßenpflaster nach Geld zu suchen und in den Mülltonnen nach Wertsachen. Das dunkelbraune Haar war schmutzig und glänzte vor Fett – hinten zu einem dicken Knoten geschlungen, wurde es mit einem festen Gummiband zusammengehalten. Ihr Kinn war spitz und tat sein Bestes, sich nach oben der Nase entgegenzurecken; die Haut war überall voll Falten und Vertiefungen wie ein Pfirsichstein, und in jeder Falte wuchs haarig schimmliges Grün.

Als Kleider trug sie ein Herrenjackett und einen weiten Rock, der aus einer Doppellage löchriger grauer Wolldecken gemacht war. Ihre Hände steckten in fingerlosen wollenen Handschuhen, aus denen knorrige Finger mit schwarzen, gequetschten Nägeln ragten. Die Borribles saßen da und starrten sie an. Die Großherzogin zog nun eine Pfeife aus der Tasche und entzündete sie, und erst nachdem sie ein paar Züge Rauch in die Dunkelheit über ihrem Kopf geblasen hatte, gefiel es ihr, MacMungall zu antworten.

»Aber Hughie, alter Sack«, begann sie, »du kannst doch deine Buddel nehmen und sie dir ins Mauseloch schieben, und ich hoffe, das zaubert ein Lächeln auf dein Gesicht, weil es sonst wohl nicht mehr viel gibt für dich im Leben. Na, wenn nicht deine alte Mutti wäre, die da neben dir sitzt, wärst du doch schon längst verhungert, du weißt doch nicht einmal, wie man an die Wand pißt.«

Madge stand wütend auf; als Hughies Mutter bezeichnet zu werden, erfüllte sie mit langsam glimmendem Zorn. »Du alte Kuh!« sagte sie. »Wir haben das letzte Mal schon genug gehabt von dir, hast uns alles weggesoffen, hast hier rumgetobt, bis die Polente kam. Du bist hier nicht bei der Heilsarmee.«

Die Großherzogin lachte höhnisch und zeigte Madge den aufgestellten Mittelfinger. Dann kramte sie in ihrem Kinderwagen herum und zog eine Flasche Methylalkohol hervor. »Ich hab mehr zum Trinken, als ich brauche«, sagte sie, hob die Flasche an den Mund und gluckte ein paar kräftige Schlucke hinunter. »Ich brauch keine milden Gaben, von dir schon gar nicht«, und mit diesen Worten nahm sie majestätisch auf dem Boden Platz.

Einstweilen schien der Streit vorbei, und die Höhle wurde nach diesem Ausbruch wieder still, doch den Borribles schlug das Herz ein wenig schneller. Sie sahen einander an, und eine Idee formte sich in ihren Blicken. Es bestand zwischen diesen Frauen eine offensichtliche Rivalität, die wohl schon lange Jahre zurückreichte – die, wie es aussah, auf die Verachtung zurückging, welche die Großherzogin für die seßhafte Madge empfand, und auf die Furcht dieser vor der wanderlustigen Großherzogin. Was auch der Grund für diesen Haß sein mochte, die Borribles dachten sich, daß dieser Neuzugang vielleicht eine Alliierte sein könnte.

Ein Hilfsangebot für die Abenteurer kam viel rascher, als sie es erwartet hätten – schon am folgenden Tag. Die Gefangenen hatten sich alle getroffen, um auf einer Bank im Euston-Bahnhof verborgen hinter einem Stapel Transportkisten ihre Mittagsmahlzeit zu verzehren. Sie saßen mürrisch da, ohne zu lächeln. Wie stets beschäftigte sie die Frage, wie sie entkommen und die beiden Geiseln befreien konnten, die immer noch im Weinkeller hinten im Gewölbe eingeschlossen waren.

»Also, ich kann nur sagen«, meinte Napoleon und biß in ein gestohlenes Käsesandwich, »wenn wir in ein paar Tagen immer noch keine Lösung haben, dann zieh ich hier mit Madge und Hughie die Operation Tautröpfchen durch ... die anderen Methylos machen mir keine Sorgen ... denen schwimmt das Hirn in Sprit.«

»Weiß nicht«, sagte Vulgo. »Mir sind sie unheimlich.«

»Aufpassen«, sagte Zwielicht, der als Posten ein Auge offenhielt, »hier kommt wer, den wir kennen.«

In der Tat näherte sich – angekündigt vom Quietschen der Kinderwagenräder – die Großherzogin, wieder in Plastik und Sackleinen gehüllt, geräuschvoll in ihren alten Gummistiefeln einherschlurfend, die Augen starr zu Boden gerichtet, auf der Suche nach verlorenen Münzen.

Langsam kam sie auf die Borribles zu, und sie sahen sie wie hypnotisiert näherkommen. Endlich hielt die Großherzogin vor ihnen und hob die Augen. Sie sagte nichts. In der Ferne pfiffen Züge, und Fahrgäste trappelten eilig vorbei; eine Durchsage drang krachend und knisternd aus dem Lautsprecher. Endlich begann die Frau zu sprechen. »Rutscht mal«, sagte sie mit ihrer metallischen Stimme. »Will mich setzen. Ich hab euch was zu sagen, ja, jawohl, was zu sagen.«

Immer noch schweigend drängten sich die Borribles enger zusammen, daß die Großherzogin Platz zum Sitzen fand. Sie behielt den Kinderwagen in Reichweite, griff dann auch hinein und zog ihre Flasche heraus. Zwischen den einzelnen Sätzen nahm sie immer mal wieder einen Schluck.

»Ich hab heut rausgekriegt, was mit euch armen ausgenutzten kleinen Kindern los ist«, sagte sie, »jawohl, bloß, ihr seid keine armen kleinen ausgenutzten Kinder, nicht wahr? Ihr seid Borribles, gebt's nur zu, arschklar.«

»Na und?« fragte Napoleon. »Willst du's der Polizei stecken?«

»Der Polizei!« lachte die Großherzogin verächtlich. »Ich würde einem Bullen nicht ins Ohr pinkeln, wenn sein Helm in Flammen steht. Nee, ich will wissen, wie das kommt, daß ihr's so gut mit diesem Dreckbesen könnt, dieser Madge, und dem alten Ohrfeigengesicht, mit dem sie immer zusammensteckt, ihrem Freier. Ich weiß nicht viel von den Borribles, aber was ich so höre, dachte ich eigentlich, ihr wollt mit so Figuren nichts zu tun haben.«

»Wir haben auch nichts mit denen«, sagte Poch. »Wir sind neulich da reingerannt, weil die Streife schon um die Ecke kam. Madge hat uns geschnappt.«

»Verstehe«, sagte die Großherzogin. Sie spuckte mit großer Präzision zwischen Bingos Füße. »Na, warum haut ihr nicht einfach ab?«

»Aus dem einfachen Grund«, sagte Stonkus, »weil sie zwei von unseren Kumpeln hinten eingesperrt haben und wir ohne die nicht weiterkönnen.«

Die Großherzogin nickte. »Hmmm«, sagte sie, »ihr habt da noch nicht sehr viel rausgelassen, was? Steckt doch mehr dahinter ... ich bin ja eine alte Stadtstreicherin, von mir aus, aber dumm bin ich nicht. Was macht ihr denn hier unterwegs ... ist doch nicht euer Revier, seh ich doch. Keiner kennt sich in London aus wie ich.«

Sydney sah Chaline an und dann Poch. Poch nickte, und Sydney erzählte die Geschichte von Sam dem Pferd – die Reise zum Rumbelreich, die Flucht, Inspektor Snuffkin und Ben der Penner. Die ganze Saga.

Die Großherzoging zündete sich ihre Pfeife an, während sie zuhörte, und lauschte nachdenklich. Es war eine lange Geschichte, aber am Ende blies sie einen Rauchring und sagte: »Wahnsinn ... ist doch erstaunlich, was hinter deinem Rücken so alles vor sich geht. So was! Habt ihr ja ganz schön auf den Putz gehauen. Der Ben! Mit dem zusammen habe ich mir schon oft einen eingepfiffen, nächtelang, drunten in Feather's Wharf. Der hat nicht schlecht ausgesehen, als er jünger war. Und ich auch nicht. Bin oft Modell gestanden, eh ich auf die Walz bin. Hochgewachsen, gertenschlank und Augen groß wie Untertassen.«

Die Großherzogin klopfte den erloschenen Tabak aus ihrer Pfeife und zog die Lippen zusammen. Sie richtete sich kerzengerade auf und nahm eine würdevolle Haltung ein: Eine Entscheidung war gefallen.

»Im Grunde einfach«, sagte sie. »Heute nachmittag, heute abend, klaut ihnen überhaupt nichts anders als Alkohol … nichts zu Essen. Das stärkste Zeug, das ihr finden könnt, wohlgemerkt, Whisky, Gin, Wodka. Wodka mögen sie, schmeißen sie so rasch in sich rein, daß die Mundhöhle gar nicht feucht wird davon. Das wird sie alle in die Heia werfen, dann könnt ihr eure Freunde holen und euch absetzen.«

»Wir haben schon dran gedacht«, sagte Poch, »schon ewig lang, aber selbst wenn wir sie alle betrunken machen, ist da noch Madge, sie fällt vielleicht nicht darauf rein, und sie hat den Schlüssel, mußt du bedenken – und wir wissen nicht, wo sie ihn versteckt. Nützt nichts, wenn wir nicht den Schlüssel finden.«

Die Großherzogin steckte die Pfeife weg, und ihre Nase krümmte sich begeistert, als drehe sie an einer unsichtbaren Schraube. »Besorgt genügend Stoff«, sagte sie, »und die Methylos pennen zwei oder drei Tage. Gehört zu ihrem Lebensstil. Und was Madge betrifft, die überlaßt ihr mal mir. Mit der hab ich noch ein ganz altes Hühnchen zu rupfen.« Die Großherzogin starrte verträumt zum Dach der Bahnhofshalle hinauf und verfiel, vor sich hinredend, in eine Art Tagtraum. »Würd ihr am liebsten das Kreuz brechen, der Rotztulpe. Der schuld ich noch was. Hat mich mal sechs Monate lang einfahren lassen, hat mir die Bullen auf den Hals gebracht, so war's doch. Als ob ich das je vergessen hätte. Die überlaßt nur mir. Und diese armen kleinen Schweine in dem Käfig. Alles voller Wasser da drunten. Die sterben ja an der Fäule, wenn sie da noch lange bleiben. Muß man erstmal durch die Mangel drehen, damit sie trocknen.«

Plötzlich brach die Großherzogin ab und kam zu sich. »Na!« sagte sie. »Kümmert euch da nicht drum, aber ich meine, was ich sage; der schenk ich nichts.« Sie rückte sich in ihren Kleidern zurecht und schlug flappend die Falten aus der dicken Rock-Decke. »Jetzt muß ich weiter.«

Napoleon stand auf und schaute ihr ganz nahe ins Gesicht, ohne Scheu. »Könntest du mit deinem Kinderwagen zwischen den Bahnhöfen rumstehen?«

»Weshalb zum Teufel?« sagte die Großherzogin. »Was soll das?«

»Na«, sagte Napoleon, »bloß, daß wir dort ein paar von unseren Flaschen deponieren können. Spart uns viel Zeit, und wir können mehr Alkohol in kürzerer Zeit abschleppen.«

Die alte Dame grinste, und ihr Kinn hob sich der Nase entgegen. »Mein Junge«, sagte sie, »du erinnerst mich an mich.«

Die Borribles gingen voll Eifer ans Werk. Endlich gab es einen Plan. Nicht einen detailliert ausgearbeiteten Plan für alle Fälle, aber zumindest taten sie etwas, und sie hatten eine Verbündete im feindlichen Lager.

Sie stahlen an diesem Tag eine riesige Menge scharfe Sachen, in endloser Abwechslung. Alles, was sich in Kiosken, Weinhandlungen und Supermärkten finden ließ, nahmen sie mit: Whisky aus Schottland und Irland, Wodka aus Rußland und Polen, Stierblut aus Ungarn, Weißwein aus Deutschland, roten aus Bordeaux, Advocaat aus Holland und amerikanischen Bourbon und Slivovitz aus Jugoslawien. In wenigen Stunden hatten die Borribles genug Alkohol eingesammelt, um ein Schlachtschiff zum Sinken zu bringen und obendrein die Mannschaft zu ersäufen.

Eine große Zahl dieser Flaschen wurde in den Kinderwagen der Großherzogin geschmuggelt und sollte am Abend von ihr zurücktransportiert werden. Sie wollte auch noch was in Reserve haben, sagte sie, um es zum richtigen Zeitpunkt zu verteilen. Eine gewisse Menge wurde bereits im Laufe des Tages, sobald die Flaschen gestohlen waren, von den Borribles in die Höhle zurückgeschleust, damit sich die Methylos schon tagsüber kräftig einnebelten, doch der Hauptteil wurde auf einem Stück Ödland versteckt und bewacht, bis die Borribles mit ihren Vorräten zufrieden waren und glaubten, nun sei es genug für ihren Zweck.

An diesem Abend nach Ladenschluß zogen die Borribles schwerbeladen in die Höhle zurück; die meisten mußten mehrere Male schleppen, ehe die ganze Beute abgeliefert war. Als sie mit dem Rest ihrer Last das Gewölbe betraten, stieg die Spannung: Schon war viel starker Alkohol geflossen, und die Methylos wollten nun mehr und immer mehr. Ihr einziger Wunsch war es, zu trinken, bis das Vergessen ihnen die Anstrengung des Lebens nahm – war es, der schweren Last der langsamen Zeit zu entgehen. Sie stöhnten und streckten die Hände aus, und die Borribles verteilten die Flaschen, so rasch sie konnten, und die Methylos sabberten und schnatterten vor Glück und Gier. Die aufgeplatzten roten Augenlider glänzten feucht. Noch nie hatten diese Bettelarmen so viel Markenalkohol gesehen.

MacMungall und Madge waren so gierig wie die anderen, und natürlich suchten sie sich das Beste der Beute aus, wie sonst auch immer. Der Tisch, der mit den Sesseln vor dem Nebenraum stand, war mit allen möglichen Flaschen und Gefäßen beladen, die sich Schulter an Schulter drängten. MacMungalls aufgedunsenes Gesicht glühte wie ein Warnlicht von der

Hitze des Gins und des Whiskys, die er mengte, wie es kam. Die kleinen aufgeplatzten Äderchen seiner fleischigen Nase schienen alle aufs neue aufzubrechen, explodierten wie ein Feuerwerk gegen einen purpurdunklen Himmel. Seine Augen glänzten mit neuem Blut.

Die Ekstase des Nichts rückte heran.

Madge war mißtrauisch, aber sie trank. Selbst sie konnte nicht einer leeren Bohnenkonservendose voll Portwein und Drambuie widerstehen, trotzdem schnappte sie Poch am Kragen und schüttelte ihn fest hin und her.

»Das sind ja Fässer voll«, sagte sie, »ganze Fässer. Was soll das Spielchen, hm? Uns betrunken machen? Na, es wird nicht klappen, Sonnenscheinchen. Ihr findet den Schlüssel nie, niemals.« Und Madge kippte nach hinten über ihren Sessel und zeigte ihre Khakihosen unter dem Taftkleid.

MacMungall saß inzwischen in strammer Haltung aufgerichtet da und griff sich eine neue Flasche vom Tisch vor sich. Sein Kopf rollte locker auf den Schultern hin und her, als sei sein Genick gebrochen; er war schon halb betrunken. »Bedenkt«, schrie er, »die Arbeit ist der Fluch der Alkoholklasse«, und er schraubte seine Flasche auf und goß sich auf einen Zug ein Drittel des Inhalts in die Gurgel.

Madge schrie fluchend auf ihn ein, lehnte sich aus ihrem Sessel zu ihm hinüber und hieb ihm mit einer steinharten Faust eins auf den Kopf. »Binde die Kinder, du Schnapsdrossel«, kreischte sie, »fessele sie, hörst du mich? Ich trau ihnen nicht.«

»Ach, Madge«, sagte MacMungall, »das geht schon so.«

Madge beugte sich wieder zu ihm und schlug ihm

mit solcher Gewalt die Flasche aus der Hand, daß sie gegen die Wand fuhr und zerklirrte. »Tu, was ich sage«, flüsterte sie mit vor Wut zitternder Stimme, »oder ich schneid dir im Schlaf die Kehle durch, du Spatzenhirn, du.«

Die Borribles, die in Hörweite auf dem Boden saßen, waren durch dieses Gespräch nicht weiter beunruhigt. Sie hörten es – oder ein ganz ähnliches – jeden Abend. Im Augenblick war es für sie viel interessanter, die Resultate ihrer Arbeit zu betrachten, und ihre Münder blieben ihnen nach und nach ungläubig offen stehen.

Überall wälzten sich trunkene Methylos auf dem Boden, schreiend und kreischend vor Glück. Andere, eine ganze Menge, waren noch aufrecht, warfen die Beine hoch und sangen, sich in seltsamen stolpernden Tanzkreisen des Entzückens voranbewegend, die krächzenden Stimmen in einem wilden Preislied auf den Alkohol erhoben:

»Sauf nur, dann spürst du die Macht und hast Geld,
sauf nur, dann bist du bald Heiland und Held,
sauf, bis das Aug aus dem Schädel dir fällt,
  sauf dir, ja sauf dir die Hucke voll,
  beiz dir das Hirn in Alkohol,
bis du vergißt, was du bist auf der Welt.

Sauf nur, vergiß, wie das Leben hinkt,
sauf und vergiß, daß das Weltall stinkt,
sauf und vergiß, wer dort drüben dir winkt:
  Steht der Tod stumm im Eck,
  sauf – du siehst statt dem Dreck
den Arsch der Welt, herrlich als Clown geschminkt.

Sauf, und du kannst dich mit jedem messen,
sauf, und auch du hast das Glück besessen,
hast du auch drei Tage lang nichts mehr gefressen –
heut kann uns nichts kränken,
bloß nichts mehr denken!
Dann schmeckt uns noch einmal das große
Vergessen.«

Es war eine unwirkliche, furchterregende Szene, ein Totentanz im schwefligtrüben Licht der einzigen Glühbirne, die selbst schwanken und tanzen mußte, wenn die Züge droben vorüberfuhren, einer Glühbirne, die groteske Schatten über die schimmelwuchernden Steinwände der hallenden Höhle ziehen ließ. Es war ein Friedhof, der seine Toten wieder preisgab.

Den Borribles war es nicht verstattet, dieses elende Schauspiel lange zu betrachten. Unter den unaufhörlichen Befehlen Madges schwankte MacMungall endlich aus seinem Sessel, taumelte um ihn herum und fing an, seine Gefangenen mit wuchtigen Tritten auf die Beine zu scheuchen, doch als er sprach, lag ein beinahe bittender Ton in seiner Stimme. Er wollte sichtlich möglichst rasch zu seinem Besäufnis zurück. »Auf geht's, ihr Gören, rein mit euch«, sagte er, »macht keinen Ärger, ihr wißt doch, wie wir aus dem Hochland sind, wenn uns der Zorn erfaßt, das Hochlandblut ist explosiv, das müßt ihr doch wissen, wie Nitroglyzerin.«

Die Borribles taten wie befohlen. Sie hatten nicht die Absicht, in dieser Situation irgend etwas zu tun, was den Plan der Großherzogin hätte stören können. Unterwürfig ließen sie sich in den Nebenraum drängen und blieben still, während MacMungall sich hinkniete, um ihnen die Arme und Beine mit den für diesen Zweck herumliegenden Stricken zu fesseln, wenn er auch jammervoll schlechte Arbeit leistete.

»Ach, ihr seid schon in Ordnung, Kinder«, sagte er immer wieder, und sein Atem stank wie ein Abzugskanal, »Salz der Erde, das sind wir Schotten, ungeschliffene Diamanten. In hundert Jahren ist alles gleich, also können wir ruhig noch einen kleinen Drink ziehen, für den Heimweg!« Und damit wankte er wieder auf die Füße und stolperte zu seinem Sessel zurück, wo er mit schwerem Fall landete und sich im Sturz eine neue Flasche vom Tisch griff. »Schottland soll leben!« schrie er. »So gefällt's mir.«

Sogleich nachdem MacMungall sie verlassen hatte, befreiten sich die Borribles und schlichen zur Türöffnung. Von hier aus konnten sie Madge im Auge behalten und auch die Großherzogin sehen, die mitten in der Höhle neben ihrem Kinderwagen hockte. Nun hieß es nur noch warten.

Weniger Methylos waren jetzt noch auf den Beinen. Die meisten strackten schon auf dem Boden – der Alkohol hatte ihnen die Füße weggezogen. Denen, die noch wach waren, gab die Großherzogin Flaschen aus ihrer eigenen geheimen Reserve. Bald würden sie alle wie überfütterte Schweine schlafen und nur aus ihren Träumen aufschreien, wenn sie versuchten, den Ungeheuern zu entkommen, die sie verfolgten und quälten.

Nach und nach, wie die Stunden verstrichen, wurde die Höhle stumm. Die Züge fuhren nicht länger über die Decke hinweg, als der Fahrplan sich in das Nichts der Morgenstunden vorangearbeitet hatte, und die Stille wurde tief und tiefer. Die Nacht tropfte, eine Sekunde nach der anderen, in die Leere davon, und jetzt, erst jetzt, entschloß sich die Großherzogin zum Angriff. Sie erhob sich, massiv wie ein Gasometer.

MacMungall schnarchte. Die Lider Madges zuckten, und sie hob ihre Flasche an die Lippen und schimpfte im Halbschlaf. Die Großherzogin zog ihr sackleinenes Tuch fester um ihre Schultern und begann vorsichtig, sich einen Weg durch die Leiber der bewußtlosen Methylos zu suchen, lautlos: Doch Madge spürte, wie sich jemand bewegte, setzte sich ruckartig auf und reckte den Kopf mit dem steifen Haarnimbus weit vor auf ihrem langen Hals.

»Was willst du denn, du alte Schlampe?« fragte sie, als die Großherzogin bei ihr angekommen war.

Die Großherzogin sah die Flaschen auf dem Tisch an – die meisten leer, manche noch voll.

»Ich will mir nur eine Flasche nehmen«, sagte sie. »Jeder hat heut nacht eine Flasche gehabt außer mir. Der Gin da, der wird richtig. Tröpfchen Gin tut mir gut.«

»Hört euch die an«, sagte Madge höhnisch wie zu der ganzen Versammlung, obwohl außer den Borribles niemand wach war und sie hören konnte. »Schau dich mal im Spiegel an«, fuhr Madge fort. »Dir geb ich gar nichts, höchstens 'nen Schleier. Laß meinen Schnaps in Ruh, verstanden? Wenn ich dich hier beim Stehlen erwische, dann sorg ich dafür, daß du noch mal sechs Monate in Holloway einfährst.«

Das Gesicht der Großherzogin ließ erkennen, wie zornig sie diese Erinnerung an ihre Schande machte. Sie stemmte die Hände in die Hüften und rollte ihren Oberkörper in kreisenden Bewegungen hin und her, und dabei streckte sie ihr krummes Kinn vor, als wollte sie Madge einladen, ihr doch eins zu versetzen. »Das ist auch so ziemlich alles, was du bringst, die

Leute verpfeifen und deine Kameraden ins Loch bringen.«

»Meine Kameraden«, erwiderte Madge verächtlich. Sie streckte die Beine mit gekreuzten Knöcheln von sich, tief in den Sessel zurückgelehnt, und trank aus ihrer Flasche. »Du gehörst ja kaum zur menschlichen Rasse. Für 'nen Penny brech ich dir das Kreuz wie eine faule Mohrrübe.«

»Ach ja?« sagte die Großherzogin, und sie ballte die Fäuste und machte einen Schritt vorwärts. Ihre Stirn legte sich in Falten, als sie sich neue Beleidigungen überlegte – den gespannt zusehenden Borribles war klar, daß sie versuchte, Madge zu einem Kampf zu provozieren. »Paß bloß auf mit deinem großen Maul, du billige Nummer. Dein Freier hilft dir jetzt nichts, du Zweipennynutte, der ist sogar zum Davonlaufen zu besoffen.«

Madge schaute zu MacMungall hinüber. Er lag mit offenem Mund tief in seinem Sessel, die roten Augen schwammig verklebt, die Nase amethystglühend. Sie wandte den Kopf und starrte in die Höhle. Alles, was sie sah, war ein ungleichmäßig geschichteter Teppich von Menschenleibern, die sich nur leicht regten – enggedrängt, warm, summend-schnarchend, wie dicke Fliegen auf totem Fleisch.

»Ich brauch keine Hilfe«, sagte Madge schließlich. »Nicht bei 'ner Gräte wie dir. Verpiß dich.«

»Das mach ich, das mach ich«, sagte die Großherzogin mit erhobener Stimme, »vielleicht verpiß ich mich direkt auf die Wache und erzähl den Bullen, was sie hier alles an Diebesgut finden können ... und du wärst die, die sechs Monate im schönen Holloway verbringt. Da mußt du dich waschen, Madge. Und nix zu trinken. Das wär meine Rache, dann wär ich entschädigt.«

Nun verlor Madge die Beherrschung. Sie stemmte sich aus dem Sessel, und obwohl sie ein wenig schwankte, ergriff sie eine der leeren Flaschen am Hals und zerschlug sie klirrend an der Tischkante; der Splitterrand war eine tödliche Waffe.

»Du erzählst niemand mehr was«, sagte sie, »du verdammte Hyäne. Ich schneid dir den Hals durch, paß auf.« Madge kam näher und hob die Flasche in ihrer vorgereckten Hand; ihre Augen waren wild, ihr Haar stand wirr um ihr Gesicht.

Die Großherzogin zog sich ein paar Schritte zurück, Madge weiterlockend und sie reizend. »Du versoffene alte Stute, dich machen sie wegen Kindermord fertig, da sorg ich dafür. Wenn die beiden Kleinen in dem Käfig drunten an Lungenentzündung eingehen, dann hab ich den Plattfüßen einiges zu erzählen.«

Madge hielt es nicht mehr aus. Sie kreischte wütend auf, mit der ganzen Kraft ihrer Lungen, und sprang auf ihre Feindin zu, mit aller Gewalt ihres Arms die zerbrochene Flasche nach dem Hals der Großherzogin stoßend. So schnell sie war, die Großherzogin war schneller. Sie glitt auf die andere Seite des Tisches und wich dem Angriff aus, und dann zog sie sich ihr Umschlagtuch, den alten Kartoffelsack, von den Schultern. Als Madge herumfuhr und von neuem zuschlagen wollte, wirbelte die Großherzogin den Sack um ihren Kopf und ließ eine Kante auf Madges Schläfe niedersausen. Madge stolperte; die Flasche entglitt ihrer Hand und zerschellte auf dem Boden. Wieder ließ die Großherzogin den Sack kreisen, zweimal, dreimal über ihrem Kopf, schneller, schneller, dann traf die Ecke Madge klatschend noch einmal an die Schläfe, und es gab einen knackenden Laut, wie wenn eine Kokosnuß platzt. Madge stolperte, fiel mit dem Gesicht nach unten zu Boden und wälzte sich noch einmal herum, und dann starrten ihre Augen blicklos in die Glühbirne. Sie blinzelte ein-, zweimal, Blut troff ihr aus der Nase; der letzte Atemzug dampfte in einem langen rasselnden Keuchen aus ihrer Lunge. Madge war tot.

Langsam wuchs ein Lächeln über das Gesicht der Großherzogin. Sie schlug den Sack wieder um die Schultern und schritt zu dem Leichnam hin. Sie stieß mit dem Fuß dagegen; dann trat sie hart zu, zweimal. »Du Kuh«, sagte sie leise. »Ich hab's dir versprochen, daß ich dir's eines Tages noch besorge, und das hab ich auch. Niemand schickt die Großherzogin ins Gefängnis und kommt einfach so davon, niemand. Jetzt hast du deine letzte Flasche geleert und deinen letzten Kampf gekämpft. Fahr ab.«

Einer nach dem anderen traten die Borribles aus dem Nebenraum und standen nun neben dem Tisch, mit trockenem Mund auf den Boden starrend. MacMungall schnarchte immer noch; eine leere Flasche rollte aus seiner Hand und klackte auf den Boden, zerbrach aber nicht.

»Sie hat sie getötet«, sagte Zwielicht.

»Natürlich«, sagte Napoleon, »was hast du erwartet, drei faire Runden und einen Punktsieg?« Er kniete sich hin und betrachtete die Verfärbung an Madges Schläfe.

»Wie hast du das gemacht, Herzogin?« fragte er. »Wie hast du sie mit einem alten Sack getötet?«

Die Großherzogin schniefte knapp-professionell und sagte: »Dieser alte Sack hat an der einen Ecke einen dicken Klumpen Blei eingenäht. Ich hab schon Männer getötet, die waren doppelt so breit wie die da, mein Junge. Ich muß es manchmal.«

Napoleon stand auf und sah die Großherzogin mit ganz neuem Respekt an. Auch zog er seine Schleuder aus der Tasche, nur zur Sicherheit. »Was glaubst du, wo der Schlüssel ist?«

Die Großherzogin betrachtete der Reihe nach alle Borribles. Jeder hatte eine behelfsmäßig gebastelte Schleuder in der Hand. Sie lächelte. »Heiliger Bimbam«, sagte sie, »ich bin stolz auf euch, ihr traut niemand übern Weg, und so soll's auch sein. Aber ich werd euch nicht aufs Kreuz legen. Kommt hier herüber.«

Sie führte sie zu der Ziegelmauer direkt hinter Madges Sessel und dann, nachdem sie ein Messer aus einer Tasche in ihrem Rock gezogen hatte, fing sie an, den Mörtel aus den Fugen zu kratzen. »Ich hab vor Jahren gesehen, wie sie hier was reingeschoben hat«, erklärte sie, »die alte Madge hat gedacht, ich bin betrunken, aber ganz so betrunken bin ich nie.«

Einer der Steine löste sich und dann noch einer. Die Großherzogin hebelte sie mit der Klinge des Messers heraus: Sie fielen zu Boden, und ein schwarzes Loch erschien. Die Frau lachte grellgackernd und schob ihren Arm bis zum Ellenbogen in das Loch, wo sie einige Augenblicke lang umhertastete. Endlich drehte sie sich triumphierend um und hielt einen großen eisernen Schlüssel. »Da haben wir's«, sagte sie, machte aber keine Anstalten, ihn herzugeben.

»Gib her«, sagte Napoleon, »wir wollen weiter.«

»Ja«, sagte die Großherzogin. Sie schielte schlau auf den Wendel hinunter. »Sicherlich, aber erst will ich, daß ihr mir versprecht, daß ihr nichts sonst aus dem Loch hier wollt ... das ist sozusagen der Lohn, daß ich euch den Schlüssel besorgt hab.«

»Natürlich nicht«, sagte Chaline voll Verachtung.

»Wir wollen nichts von dem, was Madge gehabt hat, gar nichts.«

Die Großherzogin starrte Chaline tief in die Augen, bis sie zufrieden war, dann warf sie den Schlüssel in Napoleons ausgestreckte Hände. »Haben wir Glück, daß Borribles kein Interesse an Geld haben«, sagte sie, »sonst wär's hier nicht so freundlich abgegangen.«

Napoleon ignorierte sie nun und wandte sich an die Abenteurer. »Ein paar von euch sollten besser den alten Hughie in seinem Sessel festbinden«, sagte er, »nur falls er aufwacht und den Tapfren spielen möchte. Ich und Poch gehen hinter und holen Drillich und Scooter.« Ohne eine Antwort abzuwarten, drehte er sich auf dem Absatz um und machte sich, über die immer noch schlafenden Methylos hinwegsteigend, auf den Weg in den hinteren Bereich der Höhle. Poch folgte ihm, und in der dunkelsten Ecke fanden sie beim Licht der Taschenlampe einen Eisenring, mit dem sich ein Holzdeckel hochheben ließ. Den warfen sie beiseite, und darunter entdeckten sie ein Eisengitter mit einem schweren Schloß in der Mitte. Der Schlüssel paßte und ließ sich leicht drehen, und indem sie mit allen Kräften zogen, konnten die beiden Borribles auch diese Tür heben und sie mit hallendem Klingen zur Seite drehen und zu Boden werfen. Die Methylos bewegten sich unruhig im Schlaf, doch sie erwachten nicht.

Poch ging nun voran, grünschleimige Stufen hinunter, und seine Taschenlampe schien schwach durch einen wie Dampf aufsteigenden weißlich-dicken Nebel, der nach Schimmelpilzen roch.

Am Fuß der Treppe standen Poch und Napoleon in einer Zelle – es gab zwei Pritschen übereinander und einen Eimer, und das war alles. Schwarzes Wasser sikkerte durch die Wände herab und sammelte sich in großen Pfützen auf den unebenen Pflastersteinen. Auf jeder Pritsche lag, in eine zerfetzte Decke gehüllt und vor Kälte zitternd, eine zusammengekauerte, leise wimmernde Gestalt. Drillich und Scooter hoben die Köpfe, als sie das Licht sahen; ihre Augen spiegelten voller Entsetzen im Strahl der Taschenlampe.

»Laß uns, Madge.« Es war Drillichs Stimme, gepreßt, dem Brechen nahe. »Wir haben nichts getan.«

»Wir sind es«, sagte Poch, »wir kommen euch rausholen.«

Scooter rollte sich von seiner Pritsche, und seine Füße klatschten auf den Boden. »O Poch, endlich. Ich dachte, ihr würdet am Ende kommen, aber es war so lang, es schien wie Jahre.«

»Es waren sechs Tage«, sagte Napoleon, »schneller ging's nicht.«

Poch ging auf die andere Seite hinüber und half Drillich von der oberen Pritsche. Er war überrascht, wie leicht der Akrobat war – wie ein Sack Reisig, und er zitterte, ohne aufhören zu können.

»Kommt«, sagte Poch, »wir müssen euch nach oben bringen und in trockne Kleider stecken. Wundert mich, daß ihr noch lebt.«

»Mich auch«, sagte Drillich, »mich auch.«

Die beiden Gefangenen wurden aus dem Kerker hinauf halb gestützt, halb getragen und zu den restlichen Abenteurern gebracht, die keine Zeit verlieren wollten und nach ihren Rucksäcken suchten. Drillich und Scooter ließen sich auf den Boden sinken. Man fand warme Kleider für sie und gab ihnen zu essen und zu trinken. Die Großherzogin flößte ihnen ein wenig Kognak ein und fläzte sich dann bequem in Madges Sessel und sah dem sickernden Blut zu, das aus der Nase ihres Opfers schlich, die Wange hinunter und auf den Boden.

»Was ist das?« rief Drillich und zeigte auf die Leiche.

Die Großherzogin lachte und verschränkte zufrieden die Arme. »Das ist Madge«, sagte sie, »beziehungsweise, sie war's. Ungewohnt still, was? Ich mußte ihr eins auf die Omme geben.«

»Das ist Mord«, sagte Drillich.

»Da kannst du was davon halten«, sagte die Großherzogin, »außerdem war es Gerechtigkeit. Es hieß sie oder ihr, Junge. In ein paar Wochen wärt ihr tot gewesen da drunten im Burgverlies. Ihr solltet euch mal sehen.«

Sie hatte recht. Drillich wie Scooter sahen gespenstisch aus mit ihren blassen Gesichtern, eingefallenen Wangen und ihrer Haut, die schon einen Anflug von Schimmel zeigte. Sie zitterten unablässig und waren so schwach, daß sie ohne Hilfe nur kurze Zeit aufrecht stehen konnten. Es war gewiß, daß sie erst nach einer Ruhepause von einigen Tagen größere Strecken würden zurücklegen können.

»Und was ist das?« fragte Drillich wieder. Er zeigte auf eine große Ledertasche, die bequem auf dem Schoß der Großherzogin ruhte.

Sie lachte wieder und löste ihre verschränkten Arme. »Das ist Madges Sündensold«, sagte sie und zog den Reißverschluß der Tasche auf. »Hier hat's mehr Geld als in der Bank von England. Sie muß es über Jahre hinweg beiseitegebracht haben. Die Methylos beklaut, Obdachlose vom Bahnhof weggelockt, ihren Kram gestohlen, wenn sie betrunken oder eingeschlafen waren, sie auch umgelegt, nehm ich an.«

»Was machst du jetzt damit?« fragte Drillich. Er sah über seine Schulter, aber die Abenteurer versuchten immer noch, den Rest ihrer Ausrüstung zusammenzusuchen.

»Was ich damit mache?« wiederholte die Großherzogin. »Das spar ich mir für meine alten Tage, Herzblatt. Schmuck ist auch dabei, genug, daß ich den Rest meines Lebens üppig abwickeln kann.«

»Hm«, sagte Drillich, »genug um zu teilen, oder?«

Die Großherzogin starrte Drillich an, und ihre Nasenspitze zuckte. »Nein«, sagte sie, »nicht genug.« Sie stand auf und ließ die Tasche unten in ihrem Kinderwagen verschwinden, wo sie sie mit einem Stück alter Decke verhüllte. »Ich pack's jetzt besser«, sagte sie, »hier ist die Hölle los, wenn die anderen aufwachen und merken, daß Madge tot ist und ihr Schatz fort. Da möchte ich in möglichst weiter Entfernung sein, etwa in Australien.«

»Wir auch«, sagte Poch. Er kam zu Drillich und Scooter und warf beiden je einen Regenmantel zu. »Zieht die an«, sagte er, »wir müssen wieder auf die Straße. Draußen ist's dunkel.«

Vulgo hinkte zu Poch heran, und hinter ihm kamen die anderen Abenteurer, alle gerüstet, ihre Reise fortzusetzen.

»Wie siehst du's, Poch? Was können wir tun?«

Poch kratzte sich den Kopf. »Keine große Wahl«, sagte er. »Läuft im Grund aufs selbe raus. Wir sind nicht weit von Snuffkins Schlachthof weg, aber wir können für Sam nichts tun, solange Drillich und Scooter in diesem Zustand sind. Am besten wär's, wenn wir in der Nähe hier ein leeres Haus fänden, und während die beiden sich ausruhen, gehen wir auf Kundschaft und versuchen uns umzutun. Das ist wohl das Beste.«

Die Großherzogin sah von ihrem Kinderwagen auf, in dem sie gerade ihr Hab und Gut reisefertig verstaute. Sie hatte schon ihren Regenmantel an, und die Plastikfolie war um ihren Kopf gebunden. »Ich weiß, wo ihr euch verstecken könnt«, sagte sie. »Nicht weit von hier. Ha, keiner kennt London wie ich. Jeden Winkel.«

»Wo?« fragte Napoleon.

»Hier raus nach rechts, unter der Eisenbahn durch, kommt ihr zum York Way, kommt eine hohe nackte Wand. Wieder rechts in die Wharfdale Road, hinten am Kanal, dann in die Balfe Street. Da seht ihr einen alten Häuserblock, Riesending, soll abgerissen werden und steht leer, alles zugenagelt. Hab schon oft dort übernachtet, kommt nie ein Bulle hin ... haben Schiß. Sind wohl ein paar von eurer Sorte drin – Borribles ... sehn komisch aus. Sind aber in Ordnung, haben mich immer zufrieden gelassen.«

Napoleon schwang sich den Rucksack auf die Schultern. »Gut, wir haben jetzt allen Proviant und alles Zeug, was sich hier finden läßt«, sagte er. »Wir können gradesogut gehen.«

Die Abenteurer gingen vorsichtig zur Tür und stiegen leise über die Methylos hinweg, um sie nicht zu wecken. Die große Eisenstange, welche die beiden Türflügel versperrte, ruhte gerade über ihren Köpfen in ihrer Fassung.

»Kein Problem«, sagte Stonkus, »wir stellen uns drunter und schieben auf der einen Seite nach oben, dann geht's auf der anderen Seite nach unten.«

Die Abenteurer folgten seiner Anweisung genau, und mit gemeinsamen Kräften ließ sich die Eisenstange leicht verschieben und die Türflügel öffneten sich. Wie zu erwarten, weckte der dumpfe Hall des Eisens und das Kreischen der rostigen Türangeln ein paar der Methylos aus ihrem trunkenen Schlaf, aber ihre Augenlider zwinkerten nur einen Moment, und wenn sich der Anblick der fliehenden Borribles ihrem müden Hirn überhaupt mitteilte, so löste er dort keine Reaktion aus. Sie stöhnten, drehten sich auf die andere Seite und schliefen wieder ein. Noch tagelang würden sie betrunken sein.

Einer aber erwachte, und er entdeckte, daß er in seinem eigenen Sessel fest gefesselt war. Hughie MacMungalls Kopf hellte sich nach und nach auf, und er entdeckte, daß vor ihm die Großherzogin stand, die Hände am Griff ihres Kinderwagens und ausgehbereit angezogen. Er leckte sich die Lippen und sagte: »Gib mir 'nen Drink, Weib, ich kann mich nicht regen. Mein Körper ist vor Durst gelähmt.« Doch dann sah er an sich hinunter und erkannte, was mit ihm geschehen war, und er bemerkte das triumphierende Lächeln der Großherzogin. Sie lachte jetzt und ging zum Tisch, wo sie eine Rotweinflasche ergriff. Die Borribles zögerten auf der Schwelle der offenen Tür, hinter sich die schwarze Nacht, und sahen zu. MacMungall schüttelte den Kopf hin und her, und seine Augen rollten hilflos, als wären alle ihre Muskeln durchschnitten. »O Madge«, murmelte er mit leiser, fast rührender Stimme, »o Madge, wo bist du, meine Liebe, mein Leben?«

Einen Augenblick lang dachten die Borribles, die Großherzogin könnte den hilflosen Mann mit der Flasche schlagen, doch das war nicht ihre Absicht. Sie schraubte den Verschluß auf, trat dicht zu MacMungall und ließ den Inhalt einfach über seinen Kopf, sein Gesicht strömen, daß die rote Flüssigkeit über ihn klatschte, seine Augen füllte, in seinen Mund und aus seinem Mund rann und ihm über die Brust lief.

MacMungall schrie schwach auf und wollte sich aufrecht hinsetzen, was ihm aber unmöglich war. »O wo ist meine Madge?« winselte er. »Wo ist mein kleines Mädel, wo ist sie? Ich kann nicht leben ohne sie.«

Die Großherzogin schmiß die leere Flasche zu Boden, wo sie zersplitterte. »Mußt du wohl, mein Alter«, sagte sie, trat einen Schritt zurück und wies auf Madges Leichnam, der halb unter dem Tisch lag. Das Blut auf dem Gesicht der Leiche war nun dick geronnen.

MacMungall, immer noch trunken, traute kaum seinen eigenen Augen. Sein Mund blieb offenstehen, er blinzelte einige Male, dann begann er zu weinen und zu seufzen. »O nein«, rief er, »o nein! Herzogin, du warst es, du hast sie getötet, wie soll ich jetzt leben? Wer kümmert sich um mich? Ich kann nicht leben ohne sie, Herzogin. Ich kann's nicht. Der Haufen hier wird sich ohne sie gegenseitig umbringen, und mich auch. O Madge, meine Liebe, meine Liebe, wie soll ich ohne dich leben? Wie leb ich jetzt weiter?«

Die Großherzogin zuckte die Achseln und schob ihren Wagen davon. »Du kommst schon zurecht, Hughie«, sagte sie. »Ich muß jetzt jedenfalls los.«

MacMungall kämpfte gegen die Schnur an, die ihn festhielt. »Verdammt, Großherzogin«, fluchte er, »laß mich nicht so hier sitzen, mit ihr tot unter dem Tisch. Weißt du nicht, was die anderen machen werden, wenn sie zu sich kommen?«

Die Großherzogin hielt an und schaute über die Schulter zurück. »Die reißen dich in Stücke, nehm ich an«, sagte sie, »oder sie lassen dich einfach auf deinem Stuhl verhungern.«

MacMungall spannte sich wieder gegen seine Fesseln. »Das wär noch das beste«, sagte er. »Mach mich los, mach mich los!«

Die Großherzogin schüttelte den Kopf. »Tut mir leid,

Hughie. Mach ich dich los, versuchst du vielleicht einen von deinen kleinen Tricks. Kann ich mir nicht leisten.«

»Herzogin«, schrie MacMungall, »wenn du mich in diesem Sessel läßt, hättest du mir genausogut gleich die Kehle durchschneiden können.«

»Ich weiß«, sagte die Großherzogin, und sie schob ihren Kinderwagen weiter zur Tür, über ein, zwei schlafende Methylos hinweg, die Rufe MacMungalls, der immer weiter um Gnade schrie, nicht beachtend.

An der Tür traten die Borribles beiseite, um die alte Frau durchzulassen, und sie lächelte ihnen mit ihrem krummen Mund zu; Nase und Kinn versuchten immer noch, einander zu erreichen.

»Wo gehst du jetzt hin?« fragte Napoleon.

Die Großherzogin wandte sich hinaus in die Regennacht und sog die Luft durch die Nase, als könne sie witternd entscheiden, in welche Richtung es gehen sollte. »Nach Norden«, sagte sie, »aber ich weiß nicht wie weit.« Sie drehte sich um und schaute auf den Wendel hinab. »Aber keine Sorge, Sonnenschein, ich seh euch schon noch wieder. Ich hab so ein blödes Gefühl im Urin.« Und ohne weiteres Lebewohl schob die Großherzogin ihren Wagen aus der Höhle und latschte in Richtung Mornington Crescent die Straße hinunter.

»Nein, Herzogin, nein!« brüllte MacMungall, als sie verschwand. »Laß mich nicht so sitzen, sie schneiden mich in Stücke, o komm zurück! Komm zurück!« Doch die Großherzogin kam nicht zurück und alles, was man noch von ihr hörte, war das Quietschen ihres Kinderwagens, das langsam in der Ferne leiser wurde.

MacMungall war nun völlig verzweifelt, der Speichel lief ihm aus dem Mund, seine Augen irrten hin und her wie im Wahn; dann richtete er sie auf die Abenteurer, die ihn immer noch vom Eingang her beobachteten. Er flehte sie an: »Laßt mich nicht so, Kinder, nicht so.« Er weinte nun, Tränenfluten liefen die Schluchten seines Gesichts hinab. »Ich hab euch nichts richtig Schlimmes getan, nichts Schlimmes.«

»Wir können nicht die ganze Nacht hier rumstehen«, sagte Zwielicht. »Was machen wir?«

Chaline schaute zu Poch und der nickte.

Napoleon schüttelte den Kopf. »Laßt es«, flüsterte er. »Wer wird den vermissen?« Aber Poch nickte nochmals, und Chaline zog ihr Messer und ging zu Mac Mungalls Sessel zurück.

»Ich laß dich frei«, sagte sie, »wenn du's auch nicht verdienst. Du hättest uns für immer hierbehalten, wenn's nach dir gegangen wäre.«

»Nein, Mädel, nein!« sagte MacMungall, »ich hätt dafür gesorgt, daß ihr gehen könnt, schließlich dann, ehrlich.«

»Ehrlich ist bloß ein Gerücht«, sagte Chaline, Madge zitierend. »Hör zu, Hughie, ich schneid deine Fesseln jetzt durch … wenn du irgendwas im Sinn hast, machen wir dich fertig. Wir sind bewaffnet.«

MacMungall drehte mühsam den Kopf zur Seite und sah, daß die Borribles nun alle geladene Schleudern hielten. »Ich wollt euch nichts Schlimmes«, sagte er, »ich wollt euch nichts Schlimmes. Macht mich nur los. Jemand muß nach der armen Madge schauen, jemand muß nach ihr sehen.«

Chaline beugte sich über den Sessel und zerschnitt die Fesseln, die MacMungall festhielten, um dann mit einem raschen Schritt aus seiner Reichweite zurückzutreten. Doch der elende Mann machte keinen Versuch, sie zu ergreifen; er war gebrochen. Er taumelte aus seinem Sessel und stürzte zu Boden, wo er Madges Körper umfaßte und Kopf und Schultern in seine Arme bettete. Dann hob sich seine Stimme in einem lauten, langen Stöhnen, und auf den Knien langsam hin- und herschwankend, fing er an, weinend eine Totenklage zu singen.

Chaline ging, so schnell sie konnte, zu ihren Gefährten an der Tür zurück. »Er dreht durch«, sagte sie, »wir gehn jetzt besser.«

Es gab nichts mehr zu sagen oder zu tun. Vorsichtig und ohne einen weiteren Blick zurück in die entsetzliche Höhle traten die Borribles in die Nacht hinaus, die nicht mehr lange währen würde. Irgendwo nördlich hörten sie die Räder am Kinderwagen der Großherzogin quietschen, und ihre rauhe Stimme ertönte in einem Lied unabhängigen Trotzes: Einen Augenblick lang lauschten die Abenteurer und versuchten, den Worten zu folgen, die in den Wölbungen der Brückenbögen widerhallten.

»Gebt mir einen dreckigen Wartesaal,
einen Hinterhof, ein Gebüsch am Kanal,
am Bahndamm neben den Schienen ein Plätzchen,
da bin ich schon zufrieden, Schätzchen.
Ich wohne nach eigener Wahl.
Zeigt mir nur ein leeres Herrenklo,
drunten am Hafen irgendwo,
ich zahl keine Miete,
kommt nicht in die Tüte,
ich lebe mein Leben auch so.«

Dann verstummte das Lied, und die Abenteurer wandten sich nach Süden und folgten den geborstenen Gehsteigen in Richtung Caledonian Road, Drillich und Scooter mit sich tragend; rasch vergaßen sie den Klang des Liedes.

Eines aber würden sie nie vergessen. Das war der Laut, mit dem Hughie MacMungall um seine Liebe klagte, die blutigen Schweinszüge im Schoß haltend und seinen Kummer, hin- und herschwankend, mit immer denselben Worten hervorschluchzend, die Stimme schmerzerstickt: »O Madge, wie soll ich leben ohne dich? Wie soll ich leben ohne dich? Wie soll ich leben ohne dich? Sag mir nur, Madge, wie soll ich leben ohne dich?«

Die Borribles versuchten, die furchtbare Klage nicht zu hören, und liefen rasch für immer vom Gewölbe der Methylos davon, so schnell ihre Füße sie trugen.

8

Die Borribles marschierten, so rasch es mit Drillich und Scooter voranging, doch sie wollten diese Nacht keine große Entfernung zurücklegen. Die beiden Akrobaten brauchten vor allem Ruhe und Erholung. Mit diesem Gedanken zogen sie rasch durch ein Labyrinth von Seitensträßchen und dreckigen Durchfahrten und kamen schließlich zu einer breiteren Straße, dem Goods Way, der sie zu einer Hauptstraße brachte, gerade an dem Punkt, wo diese auf der Maiden Lane Bridge den Grand-Union-Kanal überquerte. Hier wandten sie sich, den Anweisungen der Großherzogin folgend, nach rechts und dann nach links. So kamen sie durch die Balfe Road in die New Wharfdale Road, welche hinten an einem langen, nicht mehr benutzten Abschnitt des Battlebridge Basin-Kanals entlangführt. An diesem Kanalbecken stand ein großer, düster-abweisender Häuserblock hinter einem hohen hölzernen Sperrzaun; die einstigen Bewohner waren schon lange an freundlichere und sauberere Orte gezogen. Auf der anderen Straßenseite, keine hundert Meter entfernt, sammelten sich die Borribles im türlosen Eingang einer Fabrikruine und spähten hinein in die dichte Finsternis.

»Kann keine Lichter sehen«, sagte Vulgo, »aber gäbe ja auch keine, wenn da Borribles drin sind.«

»Borribles, was?« sagte eine fremde Stimme hinter ihnen. »Na, dann ist's ja gut, wir sind nämlich auch Borribles.«

Stonkus wirbelte herum und knipste seine Taschenlampe an. In ihrem breiten Lichtstrahl sahen die Abenteurer zwei Gestalten nebeneinander auf einem alten Ölfaß, nur ein paar Meter entfernt. Als das Licht auf sie fiel, sprangen die Fremden auf und kamen her. »Wir haben nach euch Ausschau gehalten«, sagten sie im Herüberkommen. »Eine Menge von uns.«

Die Abenteurer drängten sich aneinander. »Was soll das heißen, nach uns Ausschau gehalten?« fragte Napoleon mißtrauisch. Seine Hand tastete nach der Schleuder.

Immer noch im Lichtkegel von Stonkus' Lampe hielten die Neuankömmlinge an. Sie sahen seltsam genug aus, und die Abenteurer starrten sie an. Beides Mädchen, waren sie viel exotischer gekleidet, als die meisten Borribles es schätzen. Normalerweise legen es Borribles darauf an, möglichst unauffällig zu wirken: Diese beiden waren da anders. Sie trugen Lederjacken – an vielen Stellen zerrissen und dann mit Dutzenden von Sicherheitsnadeln repariert –, weite Khakihosen, Metallgürtel und Gummistiefel mit abgeschnittenen Schäften. Auch hatten beide ihre Haare mit leuchtenden Farben gefärbt, die eine trug sie scharlachrot, die andere hatte ihr Haar blau gesprayt, und breite goldene Streifen liefen durch die Farbe. Das Haar stand starr und stachlig in alle Richtungen, wenn auch noch genügend über die Ohren gekämmt war, um die Spitzen sicher abzudecken.

»Mein Name ist Switch«, sagte das Mädchen mit dem Scharlachhaar, »und das ist meine Freundin, heißt Treld.«

Ein langes Schweigen folgte dieser Erklärung, dann schob sich Chaline in die vordere Reihe der Abenteurer. »Mein Name ist Chaline«, sagte sie, »aus Whitechapel, und das ist Sydney aus Neasden. Eure Namen sind gute Namen, wir hoffen, ihr werdet uns eines Tages ihre Geschichte erzählen.«

Treld nickte, und ihr Haar funkelte goldglitzernd im Lampenlicht. »Und hinter euren Namen stehen sicher auch gute Geschichten ... wie vielleicht die Große Rumbeljagd.«

»Woher hast du davon gehört?« fragte Orococco.

»Wir haben euch auf unseren Bahnhöfen beobachtet«, erklärte Treld. »Wir kennen auch die gute Großherzogin ... hat uns gesagt, daß euch Madge kassiert hat, und wie ihr abhauen würdet. Sie hat auch was von Wandsworth gesagt, von einem Pferd und Ben dem Penner. Wir hören auch dies Gerücht und jene Geschichte, selbst hier in King's Cross ... Wir würden gern die ganze Geschichte hören, wir haben auf euch gewartet.«

»Die könnt ihr gern von uns hören«, sagte Chaline, »und ein paar andre obendrein, aber im Augenblick müssen wir erstmal ein paar Tage untertauchen.«

»Kein Problem«, sagte Treld, »das ist unser Block da drüben, und nur etwa die Hälfte ist bewohnt.«

»Ihr könnt jeder ein eigenes Zimmer haben, wenn ihr wollt«, sagte Switch. »Und zu futtern haben wir genug.«

Switch und Treld gehörten zu einem Borriblestamm, der seinen Namen von der Caledonian Road hatte. Sie nannten sich die Caledonian Conkers, kurz: Conkers. Sie kontrollierten den ganzen Häuserblock, und zur Überraschung der Abenteurer bestand der Stamm ausschließlich aus Mädchen. Die meisten hatten die Haare gefärbt und trugen bizarre Kleidung. Aber wie Chaline sagte: »Was macht's, solang man ihrem Wort trauen kann?« Und das konnte man.

Noch in dieser Nacht quartierten sie die Abenteurer in zwei ineinandergehenden leeren Wohnungen im dritten Stock des Zentralblocks ein, und Drillich und

Scooter wurden bequem auf alte Matratzen gebettet und mit Stapeln alter Decken gewärmt. Das Essen folgte beinahe sofort: Ragouts und Suppen, die auf kleinen Feuern gekocht worden waren, Wurstbrote und soviel Obst, wie sie nur verzehren konnten. Es gab sogar ein paar Dosen Bier.

Während die Abenteurer aßen und sich ausruhten, kam ein Mädchen von den Conkers nach dem anderen in ihre Doppelwohnung, und jede brachte noch mehr mit, daß die Reisenden sich wohl fühlen sollten. Jede hatte ein Geschenk dabei, sei es auch noch so klein. Orangenkisten, alte Kissen und Sessel, noch mehr Matratzen und noch mehr Decken. An diesem freundlichen Ort schien das Licht sicher hinter Verdunklungsgardinen, und als in jedem Kamin ein Feuer brannte, dauerte es nicht lange, bis alle sich warm und glücklich fühlten und die Erinnerung an die schlimme Madge und ihre Methylo-Armee etwas weit Entferntes schien.

Bald war ihr Versteck gedrängt voll, denn die Conkers waren begierig, die Geschichten von der Großen Rumbeljagd und vom Kampf zwischen Zoff und Eisenkopf zu hören. Sie saßen im Schneidersitz auf dem Boden und quetschten sich in jeden Winkel, und sie boten einen exotischen, schönen Anblick, wie Besucher aus einem anderen Land.

Ihr Haar hatte alle möglichen Farben und Formen: Grün, Blau, Gelb, Silber, und es war zu Spitzen gedreht, in hohen Büschen aufgekämmt oder mit regenbogenfarbenem Metallstaub bestreut. Manche trugen polierte Fahrradketten um die Taille oder Sicherheitsnadeln an den Hosen; die Jacken von manchen waren völlig bedeckt mit Buttons, vorn und hinten. Andere waren blaßgeschminkt und hatten sich die

Gesichter mit leuchtenden Farbstreifen auf der Stirn oder über die Wangen gezeichnet.

»Die Geschichten, die Geschichten!« schrien sie, und ehe die Abenteurer schlafen gehen konnten, mußten sie reihum ihre Namensgeschichten und die Geschichten ihrer großen Abenteuer erzählen. Und manche davon waren komisch, manche traurig; manche waren alt, manche noch jung, und alle lachten und weinten und klatschten Beifall, als solche Sagas erzählt wurden.

Und die Abenteurer konnten sich kaum all die neuen Namen merken, die ihnen nun zuwirbelten, sie behielten höchstens die Hälfte. Da kamen Wazo und Spreißel, Igel und Terpentina, Chevrolet und Klinke, Vanille und Keffa, Spinnste, Dalli, Yarmouth, Zwecke, Tram und Vendredi. Aber es kam im Augenblick auch nicht so genau darauf an, sich die Namen einzuprägen, weil alle so beschäftigt waren mit Reden und Lachen, Lauschen und Rufen, wenn auch die Abenteurer melancholisch wurden, als die Rede auf Sam kam, denn seine Geschichte erinnerte sie nur daran, wie viele Hindernisse sie noch überwinden mußten, ehe sie das Pferd vor Snuffkin und Hanks retten und sicher nach Neasden bringen konnten.

Nach ein, zwei Stunden war alles vorbei, und die Conkers standen schließlich auf, um die Abenteurer schlafen zu lassen. »Na«, sagte Switch, die als letzte unter der Tür stehenblieb, »wir freun uns, daß wir euch gefunden haben, und wenn ihr irgendwie Hilfe braucht, um Sam aus diesem Schlachthaus rauszuholen, dann braucht ihr's nur sagen. Das ist genau unser Ressort, Blut und Kaldaunen«, und ihr wildes rotes Haar schwenkend, verließ sie das Zimmer.

Poch folgte dem Mädchen auf den Gang, und vom

Balkon des Treppenhauses sah er, daß die Morgendämmerung eben über der endlosen Stadt aufging und der Verkehr in den Straßen langsam begann. Poch schaute in die Ferne zum Südufer des Flusses und über die scharfgezackten Silhouetten der Häuser und Bürogebäude hinweg bis zum unendlich verschwimmenden Horizont, wo sich Blau und Grau, Nebel und Himmel in Regen und Rauch vermengten. Eine Möwe glitt durch sein Blickfeld und landete unten auf einem leeren Stück Land, wo sie nach Abfall herumzukratzen anfing. Ein Frühzug rollte auf den Bögen der Eisenbahnbrücke entlang in den King's Cross-Bahnhof, gleich hinter den Gaskesseln mit ihren goldenen Dachhülsen.

»Schön, hm?«

Poch sah auf; Chaline stand ein paar Yards entfernt an der Brüstung des Balkons.

»Ja«, sagte er, »die meiste Zeit. Ich hab mich gefragt, gerade eben, wie es in den nächsten Tagen gehen wird ... wenn wir uns nach Snuffkin und seinem Schlachthof umsehen.«

»Es wird gefährlich«, sagte Chaline, »sehr gefährlich.«

»Weiß ich«, sagte Poch, »und ich bin auch nicht besonders scharf drauf ... aber andrerseits fällt mir sonst nichts ein. Dir?«

Chaline starrte über die Stadt. »Nein«, sagte sie. »Nichts ... aber ich wünschte, es fiele mir was anderes ein.«

Als Poch nach langem und erholsamem Schlaf erwachte, war es später Nachmittag und beinahe schon dunkel. Es war ruhig, und alle anderen, außer Napoleon, schliefen. Napoleon lag halb auf Wache, sein Körper war auf der Türschwelle ausgestreckt. Poch lächelte bei sich: Selbst wenn Napoleon jemand vertraute, traute er ihm doch nicht. Poch kroch aus seinen Decken und ging zu dem Wendel hinüber.

»Ich will mich mal ein bißchen mit Switch und Treld besprechen«, sagte er. »Kommst du mit?«

Napoleon nickte.

Eine Treppe tiefer im Zentralblock fanden die beiden Abenteurer die Conkers gerade damit beschäftigt, Tee zu machen.

»Auch 'ne Tasse?« fragte Treld und griff, ohne die Antwort abzuwarten, in eine Orangenkiste, um zwei große Becher rauszuholen.

Poch und Napoleon machten es sich auf dem Boden bequem.

»Ich muß nach Camden Town«, sagte Poch, »ich muß rausfinden, wo Snuffkin ist, und muß das Schlachthaus ausbaldowern. Sehen, wie die Falle aussieht, ohne reinzutreten.«

Treld goß ihnen Tee ein. »Leicht, nach Camden Town zu kommen«, sagte sie. »Der Rest ist nicht so leicht.«

»Wir sind uns ziemlich sicher, wo das Schlachthaus ist«, sagte Napoleon, »in einer Seitengasse der Baynes Street, dicht am Kanal.«

»Und Snuffkins Wohnwagen kann nicht weit von da weg sein«, fügte Poch hinzu, »ihr müßt uns nur auf der Karte zeigen, wo's langgeht.« Er schob die Hand in die Tasche und zog seinen großen Stadtplan hervor: London A–Z.

Treld sah Poch an und lächelte, dann nahm sie seinen Stadtplan, schlug die richtige Seite auf und legte den Finger direkt auf den Punkt.

»Wann wollt ihr gehen?« frage Switch.

Poch trank seinen Tee. »Ich will gehen, sobald ich was gegessen hab. Es dauert noch ein paar Tage, bis Drillich und Scooter wirklich reisefertig sind. Deshalb dachte ich, es wäre eine gute Idee, schon mal ein Spähtruppunternehmen zu organisieren.«

Switch und Treld tranken ihren Becher leer und standen auf. »Auf geht's«, sagte Switch. »Wir schnappen uns schnell noch was und dann ab die Post.«

Poch verschluckte sich an seinem Tee. »Moment noch«, hustete er, »dort droben ist eine Falle für uns, da wird's gefährlich.«

»Kein Problem«, sagte Switch. »Wir folgen dem Kanal. Im Westen haben wir St. Pancras und King's Cross, im Osten einen Stapelplatz und einen Haufen Fabriken. Fast wie Niemandsland. Wir marschieren so schon die ganze Zeit zum Camden Markt, ganz billige Übung.«

Poch und Napoleon grinsten: Es war beschlossen. Sie packten nur noch etwas zum Essen zusammen und bestückten ein paar Gurte mit guten Schleudersteinen, dann brachen die vier Borribles auf. »Ich hab Nachricht hinterlassen«, sagte Switch, als sie den York Way überquerten, »die anderen brauchen sich nicht lange fragen, wo wir sind.«

Der Marsch war so einfach, wie Switch und Treld angekündigt hatten. Als sie einmal über die hohe Backsteinmauer geklettert waren, die an der einen Seite der Hauptstraße entlanglief, befanden sich die Borribles in einem Land, das tausend Meilen von London entfernt schien. Es war dunkel und ruhig, und sie konnten nichts erkennen, wenn sie auch, wie die Mädchen sagten, bei Tage den Kanal zwischen aufgegebenen Fabrikgebäuden auf der einen und eine leere Fläche auf der anderen gesehen hätten. Ein Niemandsland, das niemandem gehörte, und in dem die Borribles sicher waren.

Nachdem sie beinahe eine Stunde gegangen waren, hielt Switch am Fuß einer Steintreppe an. Oben erkannte man ein eisernes Tor und hörte Verkehrslärm.

»Das droben ist Royal College Street«, erklärte sie; sie stieg die Treppe hinauf, bis ihr Kopf auf der Ebene des Straßenpflasters war. Die anderen konnten im Schein einer Straßenlampe sehen, wie sie ihnen winkte, hinaufzukommen.

»Die Luft ist rein«, sagte sie, und die Borribles traten auf die Straße, gingen nach rechts und bogen wieder rechts ab in eine schmale Straße ohne Verkehr und mit wenigen Straßenlaternen.

»Na, wie bin ich als Pfadfinderin?« fragte Treld zufrieden. »Das ist Baynes Street, und hier irgendwo muß das Schlachthaus sein. Folgt uns.«

Ohne Zögern übernahmen die beiden Conkers die Führung, und Poch und Napoleon folgten den Mädchen. Am Ende der Straße, wo sie in den St. Pancras Way mündete, hielt Treld an. »Habt ihr's gesehen?«

»Ja«, sagte Napoleon. »Eine Sackgasse, rechts, scheint zum Kanal runter zu führen. Da war ein großes Gebäude und davor stand ein SBE-Transporter, aber ohne Kennzeichnung.«

»Ganz recht«, sagte Treld, »das muß das Schlachthaus sein. Wir schauen's uns mal auf dem Rückweg an, mal sehen, ob man von der Kanalseite rankommt.«

»Gehen wir weiter«, sagte Poch, »bloß nicht hier rumhängen, hier muß es von Plattfüßen wimmeln, wenn wir auch nur ein klein wenig verdächtig aussehen, ist's passiert.«

Switch stimmte zu. »Wir laufen bloß ein paar von

den Seitenstraßen auf und ab«, sagte sie. »Wenn da das Schlachthaus ist, kann Snuffkins Wohnwagen nicht weit sein.«

»Welche Richtung?« fragte Treld.

Poch kratzte sich am Ohr. »Da drüben, das sieht kurios aus«, sagte er. »Mal angucken.«

Die Borribles gingen über die Straße und zwischen zwei hohen Häusern hindurch, die wie die Pfeiler eines Tors den Eingang zu einer schmalen Straße flankierten. Nachdem sie fünfzig Meter oder so in diese Straße hineingegangen waren, sahen sie, daß sie sich zu einem kleinen Platz erweiterte, in dessen Mitte ein Rondell mit schäbigem Grün lag. Hier stand auch eine matte Straßenlampe, und darunter glänzte weiß und chromstrahlend ein massiver Wohnwagen mit enormen Reifen, aus dessen Fenster helles Licht drang.

»Das ist es«, sagte Poch, »das ist's.«

Napoleon spähte in die dunklen Ecken der Sackgasse. »Hier gefällt's mir gar nicht«, sagte er, »nur ein Weg raus, und der liegt hinter uns.« Er starrte zu den dunklen Häusern hinauf. Sie waren hoch, gesichtslos; freundlich wie Gletscher.

Die Borribles blieben einige Augenblicke bewegungslos stehen, besorgt wegen der unmittelbaren Nähe von Snuffkins Wohnwagen und unruhig wegen ihres Gefühls, daß es ringsherum nach Polizei roch. Als sie sich wieder aufraffen wollten und sich zum Rückzug umdrehten, war es zu spät. Vier Polizisten standen hinter ihnen, ihre Hände streckten sich aus, um die Flüchtlinge beim Kragen zu fassen, und so überrascht waren die Borribles, daß es ihnen nicht einmal einfiel, noch Widerstand zu leisten. Es hätte auch nichts genützt – hinter den vier Polizisten standen nochmals vier, und hinter diesen wer weiß wieviel mehr. Sie waren in der Dunkelheit da gewesen, hatten in den Hauseingängen gelehnt, waren leise auf Gummisohlen umhergegangen. Pochs Herz erstarb, und seine Knie wurden schwach. Sollte es so töricht enden? Sam unerlöst; die Abenteurer ahnungslos, wo er und Napoleon waren, für immer getrennt ohne auch nur ein Lebewohl, ohne Kampf gefangen. Es war fast peinlich.

»Na, wen haben wir denn da«, sagte endlich einer der Polizisten. »Seid ihr auch mal bei uns vorbeigekommen? Das ist schön, schön, sehr nett von euch.«

»Wir wollten nur gucken«, sagte Switch, »nur mal gucken.«

»Natürlich«, sagte der Polizist, »und wir freuen uns, daß ihr euch hier umschaut. Unser Inspektor will so viel wie möglich von euch Liliputanern. Ihr kommt am besten mit und wartet bei den andern. Ich hätt' nie gedacht, daß es so viele gibt.«

Die Borribles wurden zum Wohnwagen geschoben, und der Griff an ihren Kragen ließ keinen Moment nach.

Poch verfluchte dies Mißgeschick. Seine Idee war es gewesen, in einem so dicht von Polizei bewachten Gebiet auf Kundschaft zu gehen. Er hatte gewußt, daß es gefährlich sein würde. »Tut mir leid«, sagte er zu Switch. »Das geht euch nichts mehr an. Wenn ihr die Chance habt, versucht wegzulaufen.«

Wie Poch noch sprach, wurde er mit den anderen am Ende des Wohnwagens vorbeigeschoben und konnte nun sehen, was vorher verborgen geblieben war. Auf der anderen Seite, zwischen dem Wohnwagen und dem Vorderzaun der nächsten Häuser, standen zwei unauffällige Polizeiautos ohne Kennzeichnung, verschiedene uniformierte Polizisten und eine Reihe von etwa zwanzig Borribles, komplett ausgerüstet mit Wollmützen und Schleudern. Im milden Licht der einen Straßenlaterne sah alles ruhig und ordentlich aus.

»Geht rüber und wartet in der Reihe«, sagte einer der Plattfüße, und die vier Gefangenen fühlten sich mit einem Schubs in den Rücken losgelassen. Die vier Polizisten ließen sie stehen und gingen um die Ecke des Wohnwagens zurück zu ihrem Posten am Eingang der Sackgasse.

»Sollen wir jetzt abhauen?« fragte Treld.

»Nein«, sagte Poch. »Wartet mal, bis die vier Bullen weiter weg sind, hier geht irgendwas vor. Wir müssen …«

Doch Poch hatte keine Zeit, mehr zu sagen. In diesem Augenblick näherte sich den vieren ein anderer Polizist mit einem Clipboard in der Hand. »Also«, sagte er, den Kugelschreiber über dem Papier bereithaltend, »habt ihr euch schon einen Borriblenamen ausgedacht, ihr Hübschen? Denn mit dem werdet ihr bei uns geführt, in den Akten und vor allem auch auf dem Lohnstreifen.«

»O ja«, sagte Switch. »Switch nenn ich mich.«

Der Polizist schrieb es auf. »Switch«, sagte er, »na, paßt irgendwie gut zu dem roten Haar. Und die hier, mit ihrer Stachelschweinfrisur?«

»Ich heiße Treld«, sagte Treld, »ich hab mir extra das Haar speziell frisiert.« Sie lächelte und wand sich eine der Stachel-Strähnen um den Finger.

Poch schaute Napoleon an, und sie verstanden einander. Sie konnten es nicht wagen, ihre eigenen Namen zu benutzen – die waren der SBE zu gut bekannt, vielleicht die bekanntesten aller Borriblenamen.

»Na«, sagte der Polizist, wieder den Kugelschreiber gezückt haltend, »was ist dein Name?«

»Rückhand«, sagte Poch.

»Sprazi«, sagte Napoleon.

»Sprazi!« sagte der Polizist, »klingt ausländisch, was soll denn das bedeuten?«

Napoleon legte die Hand an die Schleuder. »Bedeutet 'nen Sixpence«, sagte er, »war wohl vor Ihrer Zeit.«

Der Polizist lächelte. »Wahrscheinlich«, sagte er, »freches Stück. Also, prima. Geht dann mal da rüber und stellt euch bei den anderen Liliputanern an. Gleich kommt ihr rein zum Inspektor, immer vier auf einmal. Er gibt euch die Befehle und erklärt euch alles. Während ihr wartet, bekommt ihr die Plastikohren verpaßt.«

»Plastikohren?« fragte Switch.

Der Polizist stemmte die Fäuste in die Hüften. »Damit ihr ausseht wie Borribles, natürlich. Die würden euch sonst schön langsam umbringen, wenn sie rauskriegten, daß ihr nicht echt seid. Auf geht's, da drüben warten.«

Poch und Napoleon gingen verwirrt in die angegebene Richtung und gehorchten dem Polizisten, obwohl sich ihnen der Kopf drehte.

»Was soll das alles heißen?« fragte Treld. »Ich begreif's nicht. Wer sind die alle? Was machen die mit den Bullen? Und Plastikohren?!«

Napoleon sah Poch an, und Poch gab den Blick zurück; seine Augen waren kalt wie Grabsteine. Vieles wurde jetzt langsam klar. Napoleons Gesicht verzerrte sich böse. »Die sind keine Borribles«, sagte er, »die sind was andres.«

»Aber sie haben die richtige Größe«, sagte Treld.

»Die haben sie«, sagte Napoleon, »und das ist auch

alles, was die haben. Davon abgesehen sind's Erwachsene.«

Poch fluchte vor sich hin. Das war es, weshalb man sie so leicht auf dem Clapham Common gefangen hatte; so hatte man Sam geschnappt. Die Zirkusborribles waren am Ende gar keine gewesen. Das war es. Sie waren Zwerge oder Liliputaner, wie die hier, arbeiteten für die SBE und Snuffkin. Wie hatte er nur drauf reinfallen können! Poch stampfte auf. »Scheiße!« Selbst jetzt hatten sie es nur durch Zufall entdeckt. Hätte er es nur eher gewußt, dann hätte er Drillich und Scooter bei den Methylos am King's Cross zurückgelassen.

»Dir ist wohl klar, was das bedeutet«, sagte Napoleon, der ebenso zornig war wie Poch; er haßte es, wenn man ihn für dumm verkaufte. »Es bedeutet, daß wir uns die ganze Zeit am King's Cross um die Ohren geschlagen haben, um uns Verrätern gegenüber schön loyal und treu zu zeigen. Wir hätten sie einfach dortlassen können.«

»Wen?« fragten Switch und Treld gleichzeitig verwundert.

»Die zwei, die wir mitgebracht haben«, sagte Poch, »die bei den Methylos eingesperrt waren, also, das sind keine Borribles, es sind Zwerge, wie die hier, Spione.«

Napoleon war außer sich vor Unruhe. »Und unsere Kumpel wissen's nicht«, sagte er, »wir müssen in den Block zurück, ehe diese Liliputaner noch mehr Unheil stiften.«

Wieder ein Polizist, der ihnen etwas zurief und nun auf die vier Borribles zugeschlendert kam. Er hatte eine Handvoll kleiner Päckchen bei sich. »Da habt ihr sie«, sagte er, »die werden euch traumhaft stehen. Passen hervorragend, und hier ist Kleber«, und er drehte sich auf dem Absatz um und ging zu den Streifenwagen zurück.

Die Borribles warteten ein paar Sekunden und öffneten dann die Päckchen, die er ihnen ausgehändigt hatte. In jedem lagen säuberlich eingeschlagen zwei Borribleohren aus fleischfarbenem Plastik, perfekte Nachahmungen, innen hohl, damit sie nichts wogen, und mit Einbuchtungen für den Spezialkleber. Sie waren von den echten Ohren nicht zu unterscheiden.

»Mensch«, sagte Napoleon, »wie zum Teufel können wir gleichzeitig zwei Paar Ohren tragen, Scheiße noch mal? Jetzt sind wir verratzt.«

»Es ist ein dickes Risiko«, stimmte ihm Poch bei, »aber ich hab das Gefühl, wenn wir jetzt versuchen, abzuhauen, werden wir geschnappt, aber wenn wir tun, als seien wir Liliputaner, und das hier durchziehen, dann schaffen wir's.«

Der Polizist mit dem Clipboard rief wieder jemand auf, und die Reihe schob sich weiter.

»Es gibt nur eins«, sagte Switch, »wir müssen diese Plastikottos in die Tasche schieben und tun, als ob unsere richtigen Ohren aus Plastik sind.«

»Genau«, sagte Treld, »und während wir hier warten, tun wir so, als kleben wir's uns an.«

»Wenn sie uns nun erkennen, Poch«, sagte Napoleon, »dann fällt der Vorhang, hm?«

Poch schüttelte den Kopf. »Ich glaub's kaum«, sagte er. »Snuffkin hat uns nur ein einziges Mal gesehen, bedenke, als wir auf dem Clapham Common gefangen worden sind, aber da waren wir alle von oben bis unten mit Schmutz bedeckt, die ganzen Kleider, das ganze Gesicht. Du mußt dich bloß ein wenig höflicher geben, Nap.«

»Weiß nicht, ob ich das packe«, antwortete Napoleon, »aber ich weiß, daß wir noch nie so eine Chance gehabt haben, diesen Snuffkin loszuwerden, wie Tautröpfchen damals. Wie wär's, Poch? Dann könnte er Sam nicht töten.«

Wieder schüttelte Poch den Kopf. »Es würde nichts nützen«, sagte er, »es würde nur jemand anders Sam töten, und wir wären gefangen und könnten die andern nicht warnen wegen der Zwerge. Nein, die Hauptsache ist, daß wir lang genug am Leben bleiben, um zu den Conkers zurückzukommen.«

»Und uns mit Drillich und Scooter zu befassen«, sagte der Wendel.

»Ja«, sagte Poch, »das kannst du wohl sagen.«

Als sie dem Wohnwagen langsam näherrückten, fingen die Borribles mit großem theatralischen Aufwand an, sich scheinbar die Ohren anzukleben; es war kaum der Mühe wert, da nicht einer der Polizisten in der Nähe sich im geringsten um sie kümmerte. Die Zwerge andererseits, die vor ihnen warten, zeigten großes Interesse.

»He«, sagte einer zu Switch, »du hast deine ja echt toll montiert, kannst du mir mit meinen helfen?«

»Mir auch«, sagte ein anderer, »das wird 'nen guten Eindruck beim Inspektor machen.«

Switch ließ sich nicht lange bitten – sie war nur allzufroh, ihren nervösen Fingern etwas zu tun zu geben, und Poch dachte sich auch, dies wäre kein schlechter Moment, ein paar Fragen zu stellen. Er schaute den Zwerg an, der ihm zunächst stand, und es gefiel ihm nicht, was er sah: ein Gesicht, weder erwachsen noch kindlich, nicht alt und nicht jung – ein seltsam leeres und neutrales Gesicht, ein wenig wie das von Drillich. Poch zwang sich zu einem Lächeln.

»Wie bist du zu dem Job gekommen«, fragte er, »bist doch nicht bei der Polente, oder?«

»Wohl kaum«, sagte der Zwerg. Er fingerte an seinen frisch angeklebten Ohren, und Poch mußte zugeben, daß sie sein ganzes Aussehen veränderten. »Sie haben in den Schaustellerzeitschriften annonciert, wir machen's nur für's Geld. Rasch kassiert, rasch wieder weiter.«

»Ist es viel Geld?« frage Napoleon, der unauffällig nähertrat.

»Na«, sagte der Zwerg, »das hängt ja ganz davon ab, wieviel Borribles wir fangen, Sonderprämien und so. Aufregend wird's werden, durch die Stadt latschen, bei Nacht spionieren. Das sind Mörder, wißt ihr. Haben einen armen alten Lumpensammler umgebracht und seinen zurückgebliebenen Sohn … in Southfields. Sie haben's uns gesagt.«

»Diese Schufte«, sagte Napoleon.

»Das sind die wirklich«, sagte der Zwerg. »Hast jetzt aber keine Angst, oder?«

Poch lachte. »Ich glaub's beinah, schaut her, er ist ganz bleich geworden.«

Ehe Poch weitere Fragen stellen konnte, hockte sich der Polizist mit dem Clipboard zu ihnen und inspizierte bei allen die Ohren, erst bei den Zwergen, dann bei den Borribles.

»Die sind sehr schön hier«, sagte er, »mit die besten, die ich je gesehen habe. Meine Güte, wenn ich nicht wüßte, ihr seid keine, würde ich schwören, ihr wärt welche, selbst vor Gericht. Ausgezeichnet.« Und damit trieb er die Gruppe der Zwerge in den Wohnwagen, und die Borribles mußten am Eingang zu Snuffkins Wohnwagen warten, allein.

Es dauerte nicht lange. Keine zehn Minuten, und die

vier Zwerge wurden schnell auf ihre Mission geschickt, und nun waren Poch, Napoleon, Switch und Treld an der Reihe, zu Sergeant Hanks hochzusteigen, der an der offenen Tür des Wohnwagens neben den Eingangsstufen stand und sie zu Inspektor Snuffkin hinüberwinkte.

Die vier Borribles traten tapfer vor und mußten sich in einer Reihe dem großen Schreibtisch gegenüber aufstellen. Snuffkin saß dahinter und wirkte winzig, wie er seine Akten durchblätterte. Über ihm an der Wand hingen als neu hinzugekommene Vervollständigung der Einrichtung zwei einander ansehende Photos: eins von Feldmarschall Montgomery, eins von Feldmarschall Rommel. Beide lächelten.

Ein kleines Stück neben den Borribles sprudelte ein Teekessel, gerade vor ihnen lehnte Sergeant Hanks gegen seine Bettkoje, die fetten Arme verschränkt. Das Doppelbett war weggeklappt, und an seiner Stelle saß ein Polizist an einem Behelfsschreibtisch und protokollierte alles, was gesagt wurde.

»Dies sind die letzten heute abend«, sagte er und las die Namen vor: »Switch, Treld, Rückhand und Sprazi.«

Ohne aufzusehen schrie Snuffkin plötzlich: »Und was sagt ihr, wenn ihr einen Borriblenamen hört?«

»Ähm ... was für ein guter Name, ich hoffe, ich werde eines Tages hören, wie du ihn dir gewonnen hast«, sagte Poch mit trockenem Mund.

»Gut«, sagte Snuffkin. »Denkt daran, ihr müßt alle, jetzt und in Zukunft, leben und denken wie ein Borrible. Wenn sie eure wahre Identität auch nur ahnen, ist euer Leben keine gebrauchte Erdnuß mehr wert. Andererseits ... für jeden gewöhnlichen, beziehungsweise gemeinen Borrible, den ihr fangt, zahle ich die Summe von zweihundert Pfund. Wenn per Zufall spätere Untersuchungen und Verhöre dieses eures Gefangenen uns zu einem der Mörder von Southfields führen sollten, erhaltet ihr weitere tausend Pfund. Wenn aber einer von euch selbst für die Ergreifung eines Mitglieds dieser Rotte von Gesetzesbrechern verantwortlich sein sollte, nun, das bedeutet dann eine Belohnung von fünftausend Pfund.« Snuffkin lehnte sich vor, und sein Schnurrbart zitterte. »Überlegt, was das heißt! Ich besitze Informationen, daß in dieser Southfieldsbande gegen zehn Missetäter organisiert sind ... so daß es nicht ganz ausgeschlossen ist, daß ihr euch summa summarum fünfzigtausend Pfund einfangt. Das genügt, um nach Portugal zu ziehen und dort von der Substanz zu leben, mehrfach.«

Poch wußte nicht, wie sich die anderen fühlen mochten, aber er war noch nie im Leben so nervös gewesen. Der Schweiß lief ihm von der Stirn in die Augen. Er schluckte und fuhr sich mit dem Jackenärmel übers Gesicht; dann schob er die Hände auf dem Rücken ineinander, damit sie still waren. Er sah sich aufmerksam im Wohnwagen um. Es war alles so sauber. Das Holz stank nach Politur, die Chrombeschläge waren blankgewienert und der Teppich fleckenlos; wo er mit seinen Gefährten stand, war eine Plastikfolie ausgebreitet, um den Schmutz vom Boden fernzuhalten.

»Also!« fuhr Snuffkin fort und wandte sein zuckendes Gesicht zu Hanks. »Was halten Sie von denen?«

Der Sergeant schob sich in eine stehende Haltung. »Nun, Sir, ich hab sie mir mal angeschaut, wie sie hier reingekommen sind. Die schauen gewiß aus wie Borribles«, sagte er. »Tatsächlich sehen sie mehr wie Borribles aus als manche Borribles.«

»Ausgezeichnet«, sagte der Inspektor, und er sprang auf und wetzte agil um den Schreibtisch herum, wie ein Matador, der dem Stier ausweicht. Er tat kleine, zarte, aber dringliche Schritte; im Walzertakt kam er nun auf die Borribles zu und hielt schwankend vor ihnen an. Dort ballte er die Hände zu Fäusten, reckte die Schultern zur Decke und ließ seinen Schnurrbart von einer Seite auf die andere zucken, als wolle er sich damit an den Ohrläppchen kratzen. All diese Anstrengung ließ seine Augen im hellen Feuer des Wahns strahlen.

»Ich möchte, daß ihr Freiwilligen begreift«, sagte er, »welche Verantwortung ihr habt und in welche Gefahren ihr geht. Borribles sind tückisch, Borribles sind Feinde der Gesellschaft, doch vor allem geht es um diese Mörder von Southfields, und die will ich hier haben, hier vor mir aufgereiht, und ihre Ohren auf dem Teppich verstreut. Ihre Namen sind mir ins Herz gegraben ... Ich kenne sie alle: Poch, Chaline, Napoleon, Orococco, Bingo, Stonkus, Zwielicht, Vulgo, Torricanyon, aber vielleicht am schlimmsten von allen...« Snuffkins Stimme hob sich zu einem Kreischen, er schwang die Faust und hüpfte auf und ab, sein Speichel spritzte wie Säureregen über die vier Borribles: »...ist diese Tierfreundin Sydney. Aber, ha! ich habe das Pferd, und nie wird sie es wieder sehen! Sicher im Schlachthaus untergebracht, mit Schwanz und Kopf an die Wand geschnürt. Und es ist eure Pflicht, ihr meine Zwerge, die Straßen zu durchstreifen und zu sehen, daß kein Borrible sich diesem Pferd nähern kann. Dieses Pferd ist schmutzig und verkommen, und die Borribles lieben es, es ist ihr Stolz und ihre Wonne, und ich habe geschworen, es vom Angesicht der Erde verschwinden zu lassen.«

Snuffkin holte tief Atem und schob sein Gesicht nahe vor das von Poch. »Hab ich dich nicht schon einmal gesehen, Zwerg?«

»Ich glaube nicht, Sir«, erwiderte Poch. Sein Verstand stand still vor Angst.

»Es ist doch nur, weil wir uns so wie Borribles aufgemacht haben«, unterbrach Treld und berührte ihr golden-blaues Haar, »da denken Sie nun, wir seien welche, und das macht Sie jetzt unruhig.«

»Ihr seid genau, was ich meine«, sagte Snuffkin, der seine Aufmerksamkeit nun den Mädchen zuwandte. »Ich meine, ihr seht widerlich und abstoßend genug aus, um die Gesellschaft eigenhändig zu unterminieren. Die Borribles werden euch zu schätzen wissen, sicherlich, und schaut euch nur diese Ohren an. Oh, Hanks, noch nie hab ich so zauberhafte Lauscher gesehen.« Er lehnte sich vor und betrachtete Napoleon genau. »Schauen Sie her, Hanks, wiederum exzellent. Mit solchen Zwergen in den Straßen der Stadt werden mir die Borribles nicht mehr entgehen.« Ein ganz, ganz schwaches Lächeln flackerte eine Millisekunde lang auf Snuffkins Lippen, ehe es wie ein gebrochener Faden in einer Glühbirne erstarb. Er drehte sich zweimal auf den Absätzen herum und gelangte so vor die große Karte von London, die eine Wand bedeckte.

Der Inspektor zeigte auf die Gegend südlich vom Fluß. »Diese Tagediebe«, begann er, »sind zuletzt an einem definitiven Ort zwischen Clapham-Süd und der Brixton High Road gesehen worden. Wir haben gute Gründe dafür, anzunehmen, daß die erwähnten Lumpen sich auf Umwegen einem gewissen Schlachthof nähern, welcher hier liegt.« Snuffkin deutete auf die Baynes Road. »Hier also«, fuhr er fort, »ist der fragliche

Equus eingesperrt, um seine schlußendliche Umwandlung in Katzenfutter zu garantieren. Er wird Tag und Nacht von zwanzig Mann bewacht, mit fünfzig weiteren in Rufweite, und dann noch die Zwerge ... mir nicht ganz klar, wie viele das sind ... ein Haufen jedenfalls.« Snuffkin holte tief Atem, verbeugte sich vor der Karte wie vor einem großen Publikum und pirouettierte in eine Position, in der er den Sergeanten ansah. »Habe ich alles gesagt, Hanks?« fragte er.

Hanks lehnte sich wieder von der Wand weg, und seine mächtigen Hände strichen über den enormen Bauch, und der zitterte vor Vergnügen. »Nur noch wegen der zwei Zwerge, die verschwunden sind, Sir, lohnt eine Erwähnung, Sir, sage ich immer. Wir sollten uns nach den Leichen umsehn.«

»Ganz recht«, sagte Snuffkin. »Ich wollte Sie gerade erinnern, mich doch daran zu erinnern.« Wieder wandte er sich an die Borribles. »Zwei von eurer Sorte haben Spitzeninformationen beigebracht – und jetzt sind sie verschwunden. Haben kein Wörtchen von ihnen gehört, seit sie in Clapham-Süd abgezogen sind ...«

»Aristotle-Road-Regel«, murmelte Napoleon.

»Ganz recht«, sagte Snuffkin, der nicht verstand, was der Wendel gesagt hatte. »Ich fürchte, man hat ihnen die Kehle durchgeschnitten ...«

»Kommt alles noch«, murmelte Napoleon wieder.

»Ja«, sagte Snuffkin, »wenn ihr Dralle und Scotty findet, dann gebt ihnen jegliche Unterstützung, bringt sie zu mir zurück. Sie werden massenhaft Informationen haben, und die brauch ich.«

»Die kriegen Sie bald zurück«, sagte Napoleon. »Ich kümmere mich schon drum.«

»Gut«, sagte Snuffkin, und er schlug mit den Ellenbogen wie ein Hahn mit den Flügeln. »Das war's, Hanks, schicken Sie sie los. Sagen Sie ihnen, sie sollen über Telephon berichten, Geheimleitung«, und mit dieser Bemerkung kreiselte der Inspektor zu seinem Platz zurück, mit dem Bewegungsablauf eines Mannes, der mit allen drei Musketieren auf einmal ficht. Am Schreibtischstuhl angelangt, ließ er sich hineinfallen und schloß erschöpft die Augen. Nun bewegte sich nichts mehr an ihm außer dem kleinen Schnurrbart, der immer noch skeptisch auf seiner Oberlippe zitterte, wie eine Schwalbe, die sich nicht recht entschließen kann, nach Süden zu fliegen.

Der Polizist am Tisch fing an, seine Akten zusammenzuräumen, und Hanks rollte zur Tür des Wohnwagens und öffnete sie.

»Auf, ihr Zwerge«, sagte er, »hinaus. Der Inspektor hat einen sehr arbeitsreichen Tag, er macht nie Pause. Er muß sich jetzt ausruhen, und ich muß was essen. Übrigens geb ich euch besser noch das Paßwort … es lautet ›Wackelpudding‹.«

»Wackelpudding«, wiederholte Poch, »wofür ist das gut?«

»Für uns«, sagte Hanks. »Seht ihr, wir müssen ja unterscheiden können, wer ihr seid, oder wir halten euch noch für richtige Borribles. Das wär euch sicher nicht angenehm. Wenn also ein Polizist denkt, ihr seid Borribles, dann sagt einfach ›Wackelpudding‹ zu ihm, und er sieht ein, daß ihr zu uns gehört, und läßt euch los.«

Napoleon lächelte abgründig-listig. Poch hatte ihn noch nie so breit grinsen sehen. »Sie meinen«, sagte der Wendel, der kaum zu glauben wagte, was Hanks ihm da erzählte, »Sie meinen, wir müssen bloß ›Wakkelpudding‹ sagen, und Ihre Bullen lassen uns laufen?«

»Genau«, sagte Hanks. »Genau das ist der Grundgedanke.«

»Na«, sagte Napoleon, »das ist Spitze. Wirklich, das ist Spitze.«

Hanks nickte abwesend, seine Gedanken kreisten bereits ums Essen. Er schob die Borribles durch die Tür und die Stufen hinunter. »Weiß ich«, sagte er, »ist meine Erfindung«, und mit diesen Worten ging er in den Wohnwagen zurück, um sich das Abendessen zu kochen, nachdem er erst einmal die Tür fest hinter sich geschlossen hatte. Er war sehr, sehr hungrig.

9

Es war nach Mitternacht, als Poch und Napoleon und ihre zwei Conkers-Gefährtinnen den grobgezimmerten Bretterzaun erreichten, der den Häuserblock an der Caledonian umschloß. Zwei Wachen ließen sie mit wenigen Worten durch; sie durchquerten den lichtlosen Hof, stiegen schweigend in den dritten Stock und kamen in die Wohnung, wo die Abenteurer auf sie warteten. Sie hatten besorgte Gesichter; Chaline lächelte erleichtert, als die vier Kundschafter das Zimmer betraten. Das Lächeln verging wieder, als sie Pochs Gesichtsausdruck sah. Er ging zum Tisch, zog die Hand aus der Tasche und warf zwei Plastikohren auf die Platte. Allen im Zimmer entrang sich ein erstauntes Aufstöhnen. Switch und Treld warfen ebenfalls Plastikohren auf den Tisch und gingen dann in die Küche, um sich dort Brot zu holen. Napoleon schloß die Wohnungstür hinter sich und lehnte sich mit verschränkten Armen dagegen. Niemand würde ohne seine Einwilligung hinausgehen. Alles schwieg. Die Abenteurer standen mit großen Augen auf.

»Ohren!« sagte Bingo. »Von welchem armen Schwein sind die denn?«

Poch zeigte mit dem Finger darauf; sein Gesicht war grimmig. »Die sind von niemand«, sagte er, »aber sehn hübsch echt aus, was? Das ist Snuffkins neuester Trick, und wir sind alle drauf reingefallen. Von A bis Z. Ein Wunder, daß wir noch leben.«

»Stimmt«, sagte Napoleon. »Snuffkin hat Liliputaner und Zwerge in ganz London verteilt, überall, alle mit diesen Ohren, und tun, als seien sie Borribles … und das Schlimmste ist, wir haben zwei davon die ganze

Zeit dabeigehabt ... und für sie den Hals riskiert.« Chaline nahm eins von den Ohren in die Hand. »Drillich und Scooter«, sagte sie.

»Ganz recht«, sagte Napoleon, »und was mich betrifft, fliegen die jetzt gleich aus diesem Fenster raus und so rasch nach unten, daß sie glauben, sie seien gußeiserne Tauben. Wo sind sie?«

»Weg«, sagte Stonkus. »Grade waren sie noch da, dann den nächsten Augenblick weg.«

»Wir dachten, sie seien bloß rasch nach was zum Essen gegangen«, sagte Sydney.

Napoleon fluchte und schüttelte die Faust gegen alle im Zimmer. »Ihr Idioten!« rief er, »und was ist mit der Aristotle-Road-Regel? Diese Zwerge sollten doch eben grade nicht allein rumwalzen ... jetzt sitzen wir in der Scheiße, ihr einmaligen Trantüten.«

»Wie konnten wir noch mißtrauisch sein, nachdem sie das alles bei Madge durchgemacht hatten?«

»Ja«, sagte Torricanyon. »Sie sind uns nach der Flucht in Clapham-Süd gefolgt, sie sind mit uns über den Fluß, wenn sie auch Angst hatten.«

»Das war ihr gottverdammter Job«, kreischte Napoleon. »Sie hatten nichts anderes zu tun, als bei uns zu bleiben und Snuffkin zu sagen, wo wir sind und was wir machen.«

Wieder herrschte eine Weile Schweigen. Vulgo ging in die Küche, um Tee zu machen, und Orococco sagte: »Wie war's denn bei euch? Habt ihr was rausgefunden?«

Poch fiel aufseufzend auf einen Stuhl. »Einiges«, sagte er. »Wir haben den Schlachthof gefunden, und wir sind ziemlich sicher, daß Sam dort ist, aber er wird von etwa zwanzig Bullen bewacht, und fünfzig stehen in Reserve. Wir müssen an denen vorbei.«

»Und was ist mit Snuffkin«, fragte Chaline, »wo ist der?«

Poch schaute sie an und lächelte. »Wir sind in einen Haufen von Zwergrekruten reingeraten«, sagte er. »Man hat uns direkt in den Wohnwagen gebracht, und da war er ... so sind wir zu unseren Ohren gekommen.«

»Ihr habt Snuffkin gesehen?« rief Chaline.

Poch nickte. »Und Hanks. Wir waren ewig da drin. Wir mußten uns eine lange Ansprache anhören, wie es ist, wenn wir uns selbst dann gefangen haben. Er wußte alles von uns, die Namen, alles.«

»Es war zum Fürchten«, sagte Switch, die aus der Küche zurückkam. »Sie haben sich sogar unsere Ohren angesehen ... ich dachte, jetzt ist es aus.«

Vulgo ging herum und gab Tee aus; Napoleon riß einen Becher vom Tablett und trat mitten in den Raum. »Wir können nicht hier rumquasseln«, sagte er, »wir müssen packen und auf und davon sein, ehe diese beiden Zwerge mit der halben Polizei von London hier antanzen, denn das machen die, müßt ihr wissen.«

»O nein, das machen sie nicht«, sagte eine Stimme mühsam von der Tür her, und die Borribles sahen Scooter am Eingang lehnen.

Ehe noch jemand anderes sich bewegen konnte, hatte Napoleon seinen Tee fallen lassen, war durchs Zimmer gerannt und hatte Scooter bei der Gurgel ergriffen. Er schüttelte den Zwerg, als wollte er seine Zähne lockern, und warf ihn in einen Sessel. »Ich bring dich um, Sonnenschein«, sagte der Wendel, »ein für allemal.« Er hob die Faust, um seinem Gefangenen einen Schlag zu versetzen, aber Chaline sprang auf und legte die Hand auf Napoleons Arm.

»Warte«, sagte sie, »er ist verwundet.« Als die Borribles genauer hinschauten, sahen sie tatsächlich einen dunklen Blutfleck an Scooters linkem Oberarm, der sich langsam ausbreitete. Chaline zog dem Zwerg die Jacke aus, und dann schnitt sie mit ihrem Messer den Pullover und das Hemd auf – beides war klatschnaß von Blut. Ein tiefer Stoß saß in der Schulter.

»Ich hol Wasser«, sagte Sydney, »wir müssen das Bluten stillen«, und sie ging in die Küche.

Napoleon hohnlachte. »Mach dir keine Mühe«, sagte er. »Wenn ich mit ihm fertig bin, braucht er kein Blut mehr.«

»Laßt uns hören, was er zu sagen hat«, sagte Chaline. »Dann wird entschieden. Zwerg, sag was.«

Scooter sah sich im Kreis um und fand keine Freundschaft in den Gesichtern. Sydney kam mit einem Kessel voll kaltem Wasser aus der Küche zurück und wusch die Wunde. Als sie sauber war, verband sie sie mit Streifen von einem alten weißen Hemd. Der Zwerg verzerrte das Gesicht vor Schmerz, doch dann begann er: »Drillich sagte, wir müssen fortlaufen«, sagte er, »weil er dachte, ihr findet die Wahrheit über uns heraus, wenn ihr zu Snuffkins Wohnwagen kommt...«

»So war es«, sagte Poch, »wir wissen Bescheid.«

»Aber ich wollte warten, bis ihr zurückkämt, also haben wir uns am Kanal versteckt. Wir sahn euch dann auch kommen, und wir hörten genug, um zu wissen, daß ihr uns durchschaut habt...«

»Worauf warten wir eigentlich? Zeitverschwendung«, sagte Torricanyon, »er gibt's ja zu. Nap hat recht ... raus aus dem Fenster.«

Poch hob mahnend die Hand. »Scooter, hast du uns auf dem Clapham Common verpfiffen, habt ihr der

SBE gesagt, wo wir sind, und habt ihr die Bullen Sam fangen lassen?«

Scooter ließ den Kopf auf die Brust sinken und schloß die Augen. »Ja«, sagte er.

Die Borribles wurden ganz, ganz still. Chaline biß sich auf die Lippen und wußte nichts zu sagen. Sydney hörte auf, die Wunde des Liliputaners zu verbinden.

»Er muß weg«, sagte Napoleon; er hob die Arme und ließ sie dann fast hilflos wieder fallen. »Wir können ihm nicht trauen. Er ist ein Spion, und wir wissen alle, was mit Spionen passiert.«

»Hört zu«, sagte Scooter plötzlich, »ich bin zurückgekommen, um euch das zu sagen ... Ich hätt' nicht kommen müssen. Ich könnte schon auf und davon sein.«

»Also, sprich weiter«, sagte Chaline. »Muß jetzt aber echt gut sein.«

Scooter nickte. »Drillich hat uns den Job verschafft. Er hat die Anzeige gesehen, er ist erst zu Snuffkin, und als er uns dann davon erzählt hat, da hat er es sehr aufregend gemacht, könnt's euch schon denken, Spezialausbildung, geflohene Kriminelle fangen. Drillich hat uns auch die Ohren angeklebt, hat uns erzählt, was Snuffkin gesagt hat, und wir Akrobaten haben's alle geglaubt, jedes Wort, woher hätten wir was anderes wissen sollen?«

»Weil man niemals was einfach so glauben soll«, sagte Vulgo bitter, »daher.«

»Ich weiß es jetzt«, sagte Scooter, »aber damals hat Drillich uns alle überzeugt. Er hatte es satt, ein Zirkuszwerg zu sein, wo die Leute über ihn lachen, er hat gesagt, es gibt eine hohe Belohnung, wenn man euch fängt. ›Niemand lacht über dich, wenn du die Taschen voll Geld hast‹, hat er gesagt.«

»Und niemand lacht, wenn du tot und begraben bist«, sagte Napoleon.

Scooter fuhr mit seiner Erzählung fort. »›Das ist die Lösung für mich‹, hat Drillich gesagt. ›Ich lauf nicht mehr lange als Clown durch die Gegend‹, und er hat uns gesagt, was wir tun sollen, wenn ihr auftaucht. Dann hat er Snuffkin angerufen, und während des Kampfs haben wir dem gezeigt, wo das Pferd ist, und dann hat man so getan, als seien wir auch gefangen worden wie ihr anderen ... Snuffkin, wißt ihr, der wollte uns noch einsetzen, euch auszuhorchen, nach den Verhören und so, deshalb hat er uns in die Zelle zurückgesteckt, als wir was zu essen bekommen hatten ... damit ihr uns am Morgen seht ... aber die anderen wollten nach Hause, und als die Buffonis uns freiließen, sind sie auch heim.«

»Ach, Scooter«, sagte Sydney, Tränen in den Augen, »wie konntest du so gemein sein? Was hat dir Sam je getan? Ihn für Geld an Snuffkin zu verraten ... daß er zu Katzenfutter zerhackt wird. Ich begreif's nicht.«

Der Zwerg senkte den Kopf, das Gesicht schamglühend. »Ich dachte, ich arbeite für Gesetz und Ordnung«, murmelte er.

Napoleon schaute sich im Zimmer um. »Ich nehm ihn gerne mit raus, wenn niemand anders Lust hat. Ihr findet den Rest morgen früh im Kanal.«

Scooter hob den Kopf; eine Träne rann über die schmutzige Haut seines Gesichts, Blut sickerte in den halbfertigen Verband. »Ich hab euch damals nicht gekannt. Ich hab nicht gewußt, wieviel euch Sam bedeutet, was Sam war. Ich war damals nicht euer Freund. Jetzt bin ich es.«

»Freund!« sagte Orococco verachtungsvoll. »Schöner Freund.«

»Es ist mein Ernst. Ich bin gern mit euch zusammen gewesen, selbst als wir auf der Flucht waren. Ich hätte Snuffkin nie etwas gesagt, wenn ich euch von Anfang an gekannt hätte, und ich glaube, Drillich auch nicht … nur…«

»Nur was?« fragte Napoleon.

»Er konnte halt an nichts anderes mehr denken als an das Geld, und daß er nicht mehr in der Zirkusbude arbeiten müßte, daß die Leute nicht mehr über ihn lachen würden.«

Chaline trat näher zu dem Zwerg und legte ihm die Bandage an seiner Schulter vollends an. »Wie kommst du zu der Wunde?« fragte sie.

»Drillich und ich haben uns heute nacht gestritten. Es ist immer schlimmer mit ihm geworden, seit Madge uns in dem Keller eingesperrt hat. Es war, als würde er für alles euch verantwortlich machen, die Borribles. Die ganze Zeit da drunten hat er mir immer zitternd und fluchend vorerzählt, wie er euch dafür zahlen lassen würde, wie er den Rest seines Lebens im Luxus leben würde und dabei an euch denken wollte, mit gestutzten Ohren, wie ihr älter werdet und arbeiten müßt – Erwachsene, genau wie wir.«

»Worüber habt ihr euch gestritten?« fragte Poch. »Erzähl uns das.«

»Also ich bin zuerst mit ihm fortgelaufen, weil ich Angst davor hatte, was ihr mit uns machen würdet, wenn ihr alles herausfindet. Ich wollte nur weg, aber Drillich wollte die Sache fortsetzen, euch alle in Gefangenschaft bringen. Ich sagte, ich mach's nicht, wir hätten mit euch zusammen so viel durchgemacht, wir wären jetzt wie ihr … ihr würdet uns vertrauen. Ich war dafür, zurückzugehen und euch zu warnen, da hat er das Messer gezogen und mich gestochen und in den Kanal geworfen. Er hat eine Weile zugesehn, wie ich gezappelt hab, dann hab ich mich sinkenlassen und getan, als ertrinke ich und gehe unter. Dann ist er auf dem Weg am Kanal Richtung Camden Town gerannt.«

»Um Snuffkin zu holen«, sagte Poch. »Wir müssen weg.«

»Nein«, sagte Scooter, »er will es der SBE nicht gleich sagen, er hat mir doch seine Pläne erzählt. Er glaubt, wenn er jetzt Snuffkin sagt, wo ihr seid, schnappen euch die Plattfüße, und Snuffkin steckt alles Verdienst ein. Er will direkt nach Camden und welche von den anderen Zwergen zusammenholen, es gibt noch jede Menge, die Snuffkin nicht jung genug ausgesehen haben, die sind ganz schön zäh. Drillich will euch selber fangen. Auf diese Weise könnte er so viel Geld wie möglich aus Snuffkin herauspressen. Er will den Ruhm und die ganze Belohnung.«

Als er verstummte, flackerten Scooters Augen, und ihr Licht erlosch. Er griff konvulsivisch nach seinem Magen, kippte vorwärts und fiel bewußtlos von seinem Sitz auf den Boden. Frisches Blut färbte seinen Verband dunkel.

Chaline kniete neben ihm. »Er hat wahrscheinlich den Bauch voll Kanalwasser«, sagte sie. »Das bringt einen um. Gebt mal den Tee da rüber.«

»Scheiß auf den Tee«, sagte Napoleon, »seht ihr denn nicht, daß das alles eine einzige große Tüte Stunk ist. Eine Messerwunde, eine Runde im Kanal. Leicht zu machen. Ich wette, das ist alles nur so eingefädelt, daß sie wieder einen Spitzel in unseren Reihen haben.« Das Gesicht des Wendels wurde hart. Er lehnte sich vor, schob Chaline zur Seite und packte die falschen Plastikohren, die Scooter immer noch trug, um sie abzureißen, eins nach dem andern, so wütend daran zerrend, daß der starke Klebstoff die echte Haut mitzog und beide Ohren oben zu bluten begannen. »Seht her«, sagte Napoleon, »er ist ein Erwachsener, ein Liliputaner, ein Spion, ein Verräter.«

Chaline stellte sich breitbeinig über Scooters Körper. »Ich glaube ihm«, sagte sie. Sie stand inmitten ihrer Freunde und schaute in ihre Gesichter. »Diese Wunde in der Schulter, das war kein Spaß, die ist tief und hört nicht auf zu bluten, die ist voll dreckigem Kanalwasser. An ihr könnte er sterben. Seine Temperatur ist sehr niedrig, er zittert. Das läßt sich nicht alles mimen. Er mußte nicht zurückkommen, um uns zu warnen.«

»Was wir auch tun«, sagte Poch, »wir können nicht mehr in seiner Gegenwart reden.«

Bingo schaute auf den blutenden Körper hinab. »Müssen wir nicht«, sagte er. »Bis der wieder zu sich kommt, sind wir meilenweit fort.«

»Vom Grund des Kanals aus könnte er uns auf keinen Fall folgen«, sagte Napoleon.

»Augenblick mal«, sagte Chaline, und in ihrer Stimme lag eine solche schockierte Verblüffung, daß die anderen sofort aufmerksam wurden. Sie kniete wieder und versuchte, das Blut, das aus den Ohren des Zwergs floß, zu stillen. »Seht her! Unter den falschen Ohren sind sie gewachsen, seine Ohren, schaut ... spitz. Sie sind spitzer als die Ohren eines Normalen, aber nicht so spitz wie unsere. Ich hätte es nie für möglich gehalten, ein Erwachsener wird zum Borrible! Vielleicht hat er doch die Wahrheit gesagt.«

Die Abenteurer drängten sich um Scooter und betrachteten prüfend die Indizien. Chaline stand voll Erstaunen auf und fand Pochs verwirrten Blick auf sich gerichtet. »Das ist unmöglich«, sagte er, »Erwachsene können nicht mehr Borribles werden.«

Chaline warf sich das Haar über die Schultern. »Ich weiß«, sagte sie, »aber vielleicht hat kein Erwachsener je so viel Zeit mit den Borribles verbracht wie Scooter. Wer weiß? Ich weiß es nicht.« Sie schaute ihn verwundert an. »Aber denk nur, was das bedeuten könnte.«

»Es könnte eine ganze Menge bedeuten«, sagte Torricanyon, »aber wir können nicht die ganze Nacht hier rumstehn und verhandeln. Was machen wir mit ihm?«

»Wir lassen ihn hier«, sagte Poch, »wie Bingo gesagt hat. Wir sagen's den Conkers, sie sollen auf ihn achten.«

Nach diesem Beschluß liefen alle rasch und entschlossen durch die beiden Wohnungen: Rucksäcke wurden gepackt, Schleudern und Steine kontrolliert,, die wärmste Kleidung ausgewählt. Am Grand-Union-Kanal entlang würde es tödlich kalt sein, und die Borribles würden jedes Bißchen Schutz brauchen können.

Während dieser hektischen Vorbereitungen verschwanden Switch und Treld, die der Auseinandersetzung über das Schicksal Scooters mit großem Interesse gefolgt waren, ein Weilchen, und als sie zurückkamen, trugen sie so viel Nahrung, wie sie nur hatten finden können, von den verschiedenen Mitgliedern des Conkerstammes zusammengeschnorrt.

»Nehmt's nur«, sagten sie, als die Abenteurer Einwände machten. »Versteckt euch in einer der leeren Fabriken am Kanalweg, und wir bringen euch morgen noch mehr.«

»Morgen?« fragte Chaline und stopfte einen Regenmantel oben in ihren Rucksack. »Was meint ihr mit morgen?«

Treld grinste und fuhr sich mit den Fingern durch ihr blaugelbes Stachelhaar. »Wir meinen«, sagte sie, »daß es keinen Weg gibt, wie ihr Sam ohne Hilfe aus dem Schlachthaus rausbringen wollt. Wir haben's gesehen, sind zu viele Bullen.«

Switch lachte, und die Sicherheitsnadeln vorne an ihrer Jacke klingelten. »Seht ihr, wir Conkers wollen euch helfen, das Pferd rauszuholen. Also kommen wir alle hin, sorgen ein bißchen für Ablenkung. Wird mal wieder was los sein.«

»Was los?« sagte Poch. »Ihr könntet gefangen werden. Und wie ist es heute nacht? Was ist, wenn die Bullen hierherkommen?«

»Mach dir mal keine Sorgen, Poch, alter Freund«, sagte Switch. »Das ist nicht der einzige Häuserblock, den wir zum Wohnen haben. Ihr brecht jetzt einfach mal auf, und wir holen euch morgen ein, gleich hinter den Gaskesseln. Sucht einen schönen Platz mit einem Dach drüber, und wir halten ein Festmahl.«

Wenn sie nun auch wieder auf der Flucht waren und sich jede Minute weiter der Gefahr des Schlachthauses näherten, waren die Abenteurer doch erleichtert – die Haltung der Conkers heiterte sie gewaltig auf. Sie schoben die Arme durch die Riemen der Rucksäcke, löschten die Lichter und schlichen langsam die Treppen hinunter, in die Kälte hinaus und ins Dunkel.

Direkt am Rand des Hofs, der zum Zentralblock gehörte, verabschiedeten sich die Conkers, und die Abenteurer, wieder allein, hievten sich über die hohe Mauer am York Way und betraten das Niemandsland, das sich ohne Unterbrechung von King's Cross bis Camden Road hinzieht.

Es war nun schon weit nach Mitternacht in den frühen Morgenstunden. Alles war still, bis auf das leise

Klatschen des Kanalwassers und den Laut des eisigen Winds, der durch die bröckelnden Mauern der toten Fabriken pfiff. Vorsichtig, einen Fuß sorgfältig prüfend vor den anderen setzend, zogen die Abenteurer in das Dunkel am Kanalweg. Sie hatten keine Taschenlampen in den Händen, nur die geladenen Schleudern. Die Borribles waren auf alles gefaßt, weil sie wußten, daß sie das auch sein mußten.

Es war eine harte Nacht, kalt und freudlos, und die Abenteurer verbrachten sie in der hohlen Ruine eines großen Lagerhauses. Sie wußten nicht, wo sie in der Dunkelheit waren, doch sie konnten im Süden das Vakuum eines leeren Docks spüren – sie konnten hören, wie der schwarze Schlamm geräuschvoll an den zerbrochenen Resten halbbedeckter Kähne und Boote lutschte.

Dieser Teil Londons war tot, wie ein Ort, wo die Cholera alles hinweggerafft hatte, nicht nur im Wasser, auch in der Luft und auf dem Erdboden. Selbst das Lagerhaus hatte einen Todesgeruch, und er hielt die Borribles wach, da sie fürchteten, aus einem Schlaf hier nicht mehr aufzustehen. Wachsam saßen sie zusammengedrängt, um sich zu wärmen, Seite an Seite gegen eine Mauer gelehnt, im Dunkeln die Knie aneinanderdrückend und in die Leere starrend, erwarteten sie die Morgendämmerung.

Als es dämmerte, zog der Morgen kälter auf, als die Nacht gewesen war, und schob sich frostknarrend über diesen unbewohnten Teil Londons. Es war eine Morgendämmerung, blaß und blutlos wie ein Leichnam, eine schmutzige und krebszerfressene Leiche. Die Borribles standen auf, reckten sich, gingen zu den Löchern in der Wand, die einst Fenster gewesen waren. Sie rieben sich die Beine und schlugen einander auf den Rücken, um ihre Körper zu wärmen; sie starrten auf die Landschaft hinaus, die sie auf allen Seiten einschloß, und alles, was sie sahen, waren kirchenhohe Fabrikgebäude, deren Träger wie gebrochene Knochen aufragten, und Häuser, die zu schmutzigen Stücken verrotteten und jenen Geruch von sich gaben, der schlimmer war als krankes Fleisch.

Es war, als lebe man auf der fernen Seite eines toten Planeten, unentdeckt und ungeliebt. Keine einzige Kreatur regte sich hier – kein Mensch, keine Katze, kein Hund, kein Vogel. Nur die tiefen grauen Wolken bewegten sich, plump und schwer von ihrer Last schmutzigen Wassers, durch den Himmel torkelnd ohne ein Ziel.

Poch seufzte. »Wir bleiben heute besser hier«, sagte er. »Das Schlachthaus ist nur noch ein, zwei Meilen weiter, und wir können erst heute nacht losschlagen.«

Vulgo fing an, Feuerholz vom Boden aufzulesen, alte Leisten und Bretter, die aus Wänden und Decken gefallen waren. »Kann geradesogut jetzt mal Tee machen«, sagte er. »Niemand hier, der den Rauch bemerken könnte, und 'ne Tasse wird uns allen gut tun.«

Bingo hockte sich auf den Bretterfußboden und malte zur Probe ein paar Kreidezeichen mit einem Stück Gips. »Die SBE findet uns hier nicht«, sagte er, »aber ich mach, glaub ich, besser mal ein paar Borriblezeichen am Kanal entlang, daß die Conkers wissen, wo wir stecken«, und er duckte sich durch einen verfallenen Türrahmen und war fort.

»Ich hoffe, die Conkers kommen«, sagte Chaline, als sie Bingo nachsah. »Wir könnten ihre Hilfe brauchen.

Tatsache ist, daß ich gar nicht sehe, wie wir ohne sie irgendeine Chance haben.«

Stumm stimmten ihr die anderen Abenteurer zu. Sie wandten sich von den Fenstern weg und schauten zu, wie Vulgo einen Topf aus seinem Rucksack zog und ihn an einem alten Wasserhahn, der mitten im Raum auf einem aufragenden Leitungsrohr saß, vollaufen ließ. Dann hockten sie um das Feuer, das er gemacht hatte, und warteten, bis das Wasser kochen würde. Es gab nichts anderes zu tun.

Die Borribles blieben den ganzen Tag in Deckung – es gab nichts, was sie in die öde Landschaft hätte hinauslocken können –, doch gegen Abend, nach Stunden des Dösens und, dank Vulgo, Teetrinkens, brachte sie Bingos Stimme auf die Beine, der vom Kanalweg heraufrief, wo er immer noch Wache hielt.

»Sie kommen«, rief der Borrible aus Battersea, »und sie sehen wunderschön aus, kommt und schaut's euch an.«

Draußen hatten sich die harten Ränder des Himmels auf die Erde herabgedrückt. Aus den Wolken fegte der Regen in schrägen Stößen, scharf wie ätzende Säure, und lange Schattenecken waren über alles gefallen. Die Oberfläche des Kanals war schwarz, die Umrisse der gestrandeten Kähne wieder undeutlich, hinabgesunken in den schwarzen Schlamm, der sie nie mehr loslassen würde.

Doch den Kanalweg entlang, in einer Entfernung von dreihundert Metern, kam eine lange Reihe menschlicher Gestalten hintereinander heranmarschiert, und jede trug eine goldene Taschenlampe, und jede Lampe sengte ein feuerhelles Loch in das Düster der Abenddämmerung. Es waren die Conkers, alle, die den Abenteurern zu Hilfe kamen, die heranmarschierten, um mit ihnen Sam das Pferd zu befreien.

Chaline kam zum Fenster und stellte sich neben Poch, und die anderen auch. »Oh«, seufzte sie, »es ist wirklich wunderbar.«

Näher und näher kamen die Conker-Mädchen, die Taschenlampen hoch erhoben. Jetzt waren sie dicht bei den Abenteurern, stiegen vom Rand des Kanals empor, über die Mauertrümmer und durch das bröckelnde Eingangstor in das Lagerhaus, die Lampen über den Köpfen im Kreis wirbelnd, daß Lichträder in der Luft standen.

Sie waren in den schönsten Klamotten gekleidet, die sie hatten finden können, und das Lampenlicht spiegelte sich in ihren Fahrradketten und ihren barbarischen Broschen und Ohrgehängen. Ihr seltsames Stachelhaar glitzerte in allen Farben des Regenbogens und strahlte von silbernen Sternen. Vorne und hinten auf ihren Lederjacken und auf den Beinen ihrer zerfransten Hosen waren Zeichen und Bilder aufgesprüht. Ihre Gesichter trugen grellfarbene Strichbemalungen. Alle grinsten vor glücklicher Aufregung. Kampfbegierige Kriegerinnen, lachten sie untereinander über die Verwunderung auf den Gesichtern der Abenteurer und zogen aus den Taschen, die sie trugen, riesige Mengen zu essen und trinken hervor. Schließlich, nachdem sie die Fensterhöhlen des Lagerhauses mit alten Säcken zugehängt hatten, setzten sie sich hin und luden ihre Freunde ein, dies auch zu tun.

Die Abenteurer hatten sich seit Brixton nicht mehr so glücklich gefühlt. Es gab reichlich zu essen und trinken, sicher, doch etwas anderes war noch wichtiger: Hier saßen fünfzig oder sechzig Freundinnen, die gekommen waren, ihnen bei ihrem Tagewerk zu helfen, bei dem Befreiungsversuch. Es war eine Feier des Borriblemäßigen.

»Eins ist da allerdings noch«, sagte der ewig vorsichtige Napoleon, »wir sollten nicht allzusehr feiern, Fell des Bären und so – haben wir überhaupt einen Plan?«

Die Abenteurer sahen sich ratlos an. Switch und Treld lauschten dem Schweigen eine Weile, lächelten dann, und Switch sagte: »Wie ich es sehe, ist es das Beste, wenn wir Conkers so viel Krach schlagen und Verwirrung stiften wie möglich, rund um den Schlachthof – haben die Bullen erst mal eine Beschäftigung.«

»Genau«, sagte Treld, »und während sie hinter uns her sind, müßt ihr euch drauf konzentrieren, das Pferd rauszuholen und damit abzuhauen.« Treld hatte ihr Haar heute nacht anders gefärbt: Es war nun leuchtendorange und sah im Schein der Taschenlampen wie eine lodernde Flamme aus. Um die Augen hatte sie sich grüne Kreise gemalt.

Napoleon schüttelte den Kopf. »Ist euch nicht klar«, wandte er ein, »daß Snuffkin abgesehen von seinen Wachen vor Ort noch Wagenladungen voll Reservebullen um die Ecke stehen hat?«

Switch trank eine Bierdose leer und warf sie über die Schulter weg. »Das ist genau das, wo wir euch helfen können«, sagte sie. »Also, der Schlachthof grenzt hinten an den Kanal, wir haben ein Zeichen gemacht, daß ihr seht, wo es ist, aber vorn ist nur ein schmaler Hof. Ihr steigt vom Kanal her über die Mauer, sucht euch das Pferd, raus durch das Schlachthaus durch, die Seitenstraße runter und auf die Hauptstraße raus. Wir sollten euch 'nen Vorsprung von sagen wir zehn Minuten rausholen, Zeit genug, daß ihr bis Camden Town kommt und nach Chalk Farm. Da gibt's ein paar gute Borribles droben, in einem Schrottlager, die wissen, daß ihr kommt, weil wir 'ne Botin rübergeschickt haben. Sie werden euch ein paar Tage verstecken, und inzwischen sorgen wir dafür, daß die Bullen hinter *uns* her sind.«

»Es wird nicht so leicht gehen«, beklagte sich Sydney. »Wir werden bemerkt werden, lange ehe wir an Sam rankommen.«

»Nee, eben nicht!« rief Poch und schlug sich auf den Schenkel. »Ich hab's ganz vergessen, euch zu sagen ... wir kennen das Paßwort, bei dem die Bullen denken, wir sind Zwerge.«

»Jippiiii!« schrie Vulgo. »Wie heißt es?«

»Wackelpudding«, sagte Poch. »Wackelpudding heißt die Parole.«

»Wackelpudding! So werden die Plattfüße auch aussehen!« rief Orococco und hob seine Bierdose hoch, um dann einen tiefen Zug zu nehmen.

Da sprangen alle Borribles mit lauten Rufen auf und hielten ihre Flaschen und Dosen hoch, die Gesichter freudestrahlend.

»Sam, das Pferd!« riefen sie. »Lang lebe Sam das Pferd!« Und der Ruf hallte von den kahlen Backsteinwänden des verlassenen Lagerhauses wider und machte sie glücklich. Nichts konnte sie nun aufhalten.

Um halb vier war es an diesem Nachmittag schon tief dunkel, und die Borribles machten sich an ihre letzten Vorbereitungen für den Angriff auf das Schlachthaus. Ganz zum Schluß, als alles andere erledigt war, wurden die Schleudern und die Munition kontrolliert und die Lampen gelöscht, doch eben, als Treld die Abenteurer nach draußen führen wollte, glitt leise Chevrolet, eine von den Wachtposten der Conkers, ins Lagerhaus und befahl flüsternd, alle sollten sich sofort zu Boden werfen und so still wie nur möglich liegenbleiben. Auf keinen Fall sollte einer sprechen oder auch nur husten.

So dringlich klang diese Anweisung, daß es glücklicherweise keinem auch nur einen Augenblick lang einfiel, nicht zu gehorchen. Die Abenteurer und die Conkers warteten unbeweglich, mit dem Gesicht nach unten auf den schmutzigen Brettern liegend. Fünf Minuten vergingen, zehn Minuten, dann hörten sie das Stapfen marschierender Füße, direkt unten auf dem Kanalweg, und lauter als das Getrappel ertönte die Stimme von Drillich, dem Zwerg, der Kommandos brüllte.

»Auf geht's«, brüllte er. »Links, rechts, links, rechts. Kommt doch, sie sind vielleicht noch dort. Wir müssen herausfinden, wo sie sind, und hinterher. Denkt an die Belohnung. Auf geht's, links, rechts.«

Nach und nach verklang der Lärm in der Ferne, doch die Borribles bewegten sich nicht und sprachen nicht, bis Chevrolet, mit einem geflüsterten Befehl, sie sollten bleiben, wie sie waren, durch ein Fenster verschwand. Nach zwei, drei Minuten kam sie zurück und ging zu Switch.

»Ich war ein Stück den Kanal hoch«, erklärte sie. »Glück gehabt, daß ich aufgepaßt und gelauscht hab, und Glück, daß die so einen Heidenlärm machen. Die waren etwa so groß wie wir, aber ich dachte, das können keine Borribles sein bei diesem Krach, oder?«

»Nein«, sagte Switch.

»Zwerge«, sagte Napoleon. »Ekelhafte kleine Spitzel

und Verräter.« Im Dunkeln streckte er sich zu seiner vollen Größe.

»Es müssen etwa zwanzig oder dreißig gewesen sein«, fuhr Chevrolet fort. »Der eine, der mit euch in unsrem Block war, der weggelaufen ist, der hat sie angeführt. Ich hab seine Stimme erkannt.«

»Ich auch«, sagte Napoleon. »Wo sind sie hin, wieder zurück?«

»Ja«, sagte Chevrolet, »zur Caledonian Road.«

Poch sah zu Chaline hinüber. »Ich mag gar nicht denken, was Drillich mit Scooter anstellt, wenn er ihn findet.«

»Die werden ihn eben nicht finden«, sagte Switch, »die Wachen haben ihn mittlerweile schon woanders hingebracht.«

Napoleon zog sich den Rucksack bequemer auf die Schultern hoch. »Mir egal, was sie mit dem anstellen«, sagte er. »Wenn es die Zwerge vierundzwanzig Stunden anderswo beschäftigt, dann können sie den kleinen Arsch von mir aus durch den Wolf drehen ... um so besser.«

Wie Poch gesagt hatte, war es vom Versteck bis zu dem Schlachthaus nicht mehr weit, und nachdem sie dem Kanalweg etwa eine halbe Stunde gefolgt waren, sahen die Abenteurer das Kreidezeichen der Conkers zu ihrer Rechten an einer verfallenen Ziegelmauer leuchten. Die Mauer war einst hoch und fest gewesen und hatte den Hinterhof des Schlachthauses vom Kanalufer getrennt, doch das Wetter und die Kinder hatten sie im Lauf der Jahre abgeschliffen, und sie ging nun einem Erwachsenen nur noch ein wenig über die Knie, und der Zugang – durch einen Streifen Ödland hindurch – zu den Hallen des Schlachthauses und den Straßen dahinter war kein Problem. Die Abenteurer hielten an und kauerten sich hinter den Trümmerstumpf der Mauer, um ihre Umgebung auszuspähen. Endlich waren sie am Schlachthaus angelangt, endlich sahen sie es – und rochen es.

Wenn auch das Winterdunkel sich schon lange auf London gesenkt hatte, war es doch erst früher Abend, und die Männer im Schlachthaus waren noch an der Arbeit. Grelles elektrisches Licht strömte aus zwei riesigen Toren, die in der Mitte eines langen, niedrigen, fensterlosen Gebäudes auf der anderen Seite des gepflasterten Hofes offenstanden. Ein Mann, gegen das Licht nur ein Schattenriß, spülte Blut mit einem Schlauch über das Pflaster fort, mit Wasser, das dicker schien als Leim und dunkler als die schwarze Dunkelheit. Es floß ins Maul eines Abflußrohrs. Er pfiff bei der Arbeit eine tonlose Melodie, und der Laut wurde von der feuchten, todesgesättigten Luft zu den Borribles getragen.

Irgendwo wieherte ein Pferd, und aus dem Wiehern wurde ein kreischender Schrei, und der Schrei endete, als ein Metallbolzen durch die lebende Schädeldecke geschossen wurde und in das warme, weiche Hirn drang. Ein Leib fiel, Beine schlugen. Der Mann im Hof bediente pfeifend weiter seinen Schlauch, als wieder dampfendes Blut durch das Tor floß; er spülte es weg. Seine breite Lederschürze glänzte feucht, seine Gummistiefel quatschten. Die Borribles starrten über die Mauer, schluckten trocken und knirschten mit den Zähnen. Sydney fluchte.

»Dafür besorg ich's ihnen«, sagte sie. »Junge, werd ich's denen dafür zeigen.«

Die Borribles beobachteten den Hof. Links parkten dicht beieinander in einer Reihe drei riesige Laster.

Aus dem ersten drang das Blöken von Schafen, verrückt vor Angst, aus dem zweiten das panische Grunzen von Schweinen, die der Blutgeruch schreckte, und aus dem dritten rollte das tiefe Muhen von Kühen, die wußten, daß ihr Leben zu Ende war. Hinten troff aus jedem Wagen stetig scharf stinkender Urin auf den Boden. Neben den Führerhäusern standen wartend und sich suchend umsehend zwei Polizisten. Drei andere standen rechts am Eingang der Gasse, die zur Baynes Street führte und zur Vorderseite des Gebäudes. Hinter den Lastwagenriesen zog sich quer über den Hof eine Reihe von Stalltüren, etwa fünfzehn, alle von außen verriegelt.

Sydney kroch in der Deckung der Trümmermauer zu Poch und Chaline. Sie deutete hinüber: »Diese Stalltüren«, flüsterte sie, »ich wette, da haben sie Sam.«

Poch nickte und schaute auf die Uhr. »Wir fangen am besten an«, sagte er. »Chaline und Nap und ich gehn rüber und reden mit den Bullen. Stonkus, Torri, Vulgo und Coco können hier hinter der Mauer in Reserve bleiben, die anderen sollen mal hinter diesen Lastwagen rumschleichen und schauen, ob Sam in den Ställen steckt. Wenn ihr ihn findet, ruhigbleiben bis die Conkers vorne ihre Schau abziehen, und dann gehen wir durchs Schlachthaus raus. Haltet euch zusammen und laßt euch nicht erwischen.«

Mit einem letzten nervösen Lächeln für seine Freunde stand Poch auf und stieg über die niedrige Mauer. Napoleon und Chaline schlossen sich an; ihre Herzen schienen wie Preßlufthämmer zu schlagen. Als die Borribles ins Licht traten, hörten die Polizisten sie und drehten sich, zusammenfahrend, herum.

»Na, was haben wir denn da?« sagte Polizist Nummer Eins, sich von seiner Überraschung erholend, und kreuzte die Arme mit unübertrefflicher Selbstgefälligkeit.

»In der Tat«, sagte Polizist Nummer Zwei, »und wo kommt ihr so plötzlich her?« Auch er verschränkte die Arme und nahm eine Pose unübertrefflicher Überlegenheit ein, dazu noch mit einer besonderen Note à la ›Das ist eine ernste Angelegenheit, und ich verbitte mir alle Frechheiten‹. Beide Männer starrten aus großer Höhe herab.

»Liliputaner«, sagte Napoleon.

»Zwerge«, sagte Poch.

»Wackelpudding«, fügte Chaline hinzu.

Die beiden Polizisten nickten weise. »Wackelpudding«, wiederholten sie.

»Wir sind gestern rekrutiert worden«, erklärte Poch, »von Inspektor Snuffkin, in seinem Wohnwagen in Rochester Gardens.«

»Alles schön und gut«, sagte Nummer Eins. Er fing an, sich langsam auf den Absätzen vor und zurück zu schaukeln wie ein pompöser Polizist in einer Variété-Pantomime. »Aber wir haben hier alles unter Kontrolle. Es werden keine Zwerge gebraucht.«

Aus dem Schlachthaus drang ein Schrei, ein Ausbruch von Flüchen und Gelächter, das Blöken von Schafen und dann das Geräusch kleiner Hufe, die nervös über Beton tanzten. Wieder strömte Blut aus dem großen Tor, und der Mann pfiff und spritzte mit seinem Wasserschlauch.

Poch wischte sich mit dem Handballen den kalten Schweiß von der Stirn. Hoffentlich würde ihm nicht schlecht. Der Geruch war entsetzlich, und die Winternacht schien plötzlich heiß und klebrig. Er schaute zu den Polizisten hoch und lud seine Stimme mit einer vollen Dosis Ehrlichkeit auf.

»Man hat uns befohlen, den Kanal zu kontrollieren. Wir sollten oben in Camden Town anfangen und uns nach King's Cross rüberarbeiten. Der Inspektor meinte, die Borribles würden vielleicht vom Kanalweg kommen und Sie überraschen.«

»Uns überraschen?« sagte Nummer Eins. Er hörte auf, sich vor und zurück zu schaukeln, verblüfft von der Dreistigkeit der Bemerkung. »Braucht's mehr als ein paar Borribles, Kleiner, um die SBE zu überraschen. Ich hab da drüben drei Mann und noch etwa zwanzig an der Vorderseite, und wenn das nicht reicht, haben wir noch vierzig in Reserve.«

Nummer Zwei löste seine Arme und stemmte die Hände in die Hüften. »Wenn diese Borribles versuchen, an das Pferd ranzukommen«, grinste er, »dann werden die selbst Katzenfutter. Sind ja bloß zehn. Wenn sie es wagen, sich hier blicken zu lassen, häng ich sie alle wie sie da sind in einer Reihe am Kinn an die Fleischerhaken.«

»Recht so«, sagte Chaline und schluckte schwer.

In diesem Moment drang erneut Lärm aus dem Schlachthaus. Die Schafe blökten wieder um ihr Leben. Der Gestank des Todes saß ihnen in den Nüstern, und der Instinkt sagte ihnen, daß sie bald gar nichts mehr riechen würden – sie würden selbst Teil des Geruchs geworden sein. Poch kontrollierte wieder seine Uhr. Die zehn Minuten waren beinahe vorbei. Die Conkers mußten jetzt jeden Moment angreifen.

»Na gut«, sagte er, »dann gehn wir weiter unsere Strecke. Wenn wir zwischen hier und King's Cross was sehen, sagen wir Bescheid.«

»Mach das, Steppke«, sagte Nummer Eins und sog den Atem durch die Zähne ein, »aber ihr werdet nichts sehen. Möchte wetten, daß die Borribles meilenweit weg sind und sich in einer anderen Stadt verkriechen.«

Als Poch und seine zwei Gefährten sich abwandten, hörte man schwach in der Ferne das Geräusch von zersplitterndem Glas. Dann ertönten Schreie, und das Funkgerät, das Nummer Eins am Revers seiner Uniformjacke stecken hatte, begann zu knistern und zu sprechen. »Achtung! Bereithalten!« sagte eine Stimme. »Haben hier ein paar Punkzwerge, die durchdrehen. Paßt auf eurer Seite auf! Wir rufen die Verstärkung. Kein Grund zur Beunruhigung.«

In eben diesem Moment sprangen mit hervorragendem Timing Torricanyon und Stonkus auf die Kanalmauer und schossen mit ihren Schleudern auf die Polizisten, mit denen Poch gesprochen hatte, wobei sie vorbeizielten.

Napoleon streckte geduckt, halb umgewandt, den Arm vor: »Da!« rief er. »Borribles! Sehen Sie doch! Hinterher!«

Die beiden Polizisten, wütend, auf solche Weise angegriffen zu werden, rannten zur Kanalmauer und riefen gleichzeitig ihren drei Kollegen zu, sie sollten an der Ecke zur Gasse auf Posten bleiben. Torricanyon und Stonkus schossen jeder noch einmal und sprangen dann hinab und rannten nach Osten in Richtung King's Cross, wo sie aus dem Licht in die Dunkelheit verschwanden. Ohne zu zögern sprangen die beiden SBE-Männer über die Mauer und setzten ihnen nach, dichtauf hinterherrennend und ihnen zurufend, sie sollten sich ergeben und sie seien unter Arrest.

Sie kamen nicht weit. Ein Stück alter Draht, unsichtbar von Vulgo und Orococco straff über den Kanalweg gespannt, ließ beide stolpern. Polizist Nummer Eins, der voranlief und ein eindrucksvolles Tempo vorlegte, spürte, wie seine Füße unter ihm weggezogen wurden, während der Rest seines Körpers sich immer noch mit alarmierender Geschwindigkeit voranbewegte. Nicht in der Lage, seine Balance wiederzugewinnen, segelte er in elegantem Bogen über den Rand des Kanals und klatschte mit einem Ruf der Überraschung in die dreckigen Fluten des Grand-Union-Kanal. Der Ruf wurde in einem Sekundenbruchteil abgeschnitten, als sein Mund unter der Wasseroberfläche verschwand und etwa zwei Liter ungeklärtes Abwasser aufnahm.

Polizist Nummer Zwei, der dicht hinterherkam, unternahm eine beträchtliche Anstrengung, dem Schicksal seines Kollegen zu entgehen, und hatte auch beinahe Erfolg. Er sah seinen Freund gegen den Draht prallen und versuchte, in die Höhe zu springen und gleichzeitig auszuweichen, doch auf dem schmalen Weg gab es keinen Raum, in den er hätte ausweichen können. Links war die Fabrikmauer, rechts der Kanal.

Er stieß sich mit den Füßen am Boden ab, um in die Höhe zu fliegen, doch da er den Körper mitten in seiner Bahn krümmte, schlug er gegen die Mauer, prallte ab und schwankte dann recht lange Zeit am äußersten Rand des Weges, die Arme ausgebreitet, auf Zehenspitzen wie ein Tänzer. Vulgo tauchte aus seinem Versteck auf und schob mit einer Hand den stocksteif balancierenden Polizisten in den Kanal, in eben dem Augenblick, als Kollege Nummer Eins wieder auftauchte und große Mengen Wasser wie eine Fontäne in die Luft spie. Vulgo schrie triumphierend, und Orococco stellte sich mit breitem Lächeln neben ihn.

Die beiden Polizisten schwammen nun, mit Armen und Beinen ausholend, auf das Ufer zu, das sie gerade verlassen hatten. Da zog Vulgo seine Schleuder; Orococco auch. Vulgo schoß einen Stein ins Wasser, und er klatschte dicht beim Gesicht von Nummer Eins auf.

»Schwimmt auf die andere Seite«, schrie Vulgo, »oder wir zielen richtig, und dann kommt ihr da nicht lebend raus.«

Zu Vulgo und Orococco gesellten sich nun Stonkus und Torricanyon, die von ihrer gespielten Flucht zurückkamen, und alle vier beobachteten, wie die Polizisten davonschwammen, um auf den gegenüberliegenden Uferweg zu klettern, wo sie ihre Fäuste schüttelten und zu ihren Feinden hinüberfluchten. Doch dieser Mut konnte nicht von langer Dauer sein. Das Wasser des Kanals, dem Gefrierpunkt nahe, hatte den beiden Beamten den größten Teil der Lebenswärme geraubt, und heftig zitternd verließen sie die Szene, um ein geheiztes Refugium und trockene Kleider zu suchen.

Sobald sie verschwunden waren, rief Stonkus seine Gefährten, ihm zum Schlachthof zu folgen. »Denn dort«, sagte er, »wird dieser Kampf entschieden.«

Am Schlachthof hatte sich die Situation völlig geändert, und es herrschte totales Chaos. In der rechten Ecke des Hofes, an dem Punkt, wo die schmale Gasse von der Front des Gebäudes her einmündete, standen in dichten Reihen die Conkers, deren grelle Haarschöpfe nach da und dort schwankten, während sie etwa ein Dutzend Polizisten abwehrten. Sie schrien und brüllten und schossen ihre Schleudern ab, so schnell sie konnten. »Conkers vor! Conkers vor!« hob sich ihr Schlachtruf, und sie rannten vorwärts und wichen zurück, immer dicht zusammen, mindestens vierzig, immer unter lautem Geschrei.

Stonkus überblickte das Schlachtfeld, als er mit seinen drei Kumpanen über die Mauer kletterte. Die Polizisten, welche die Ecke bewacht hatten, die nun die Conkers verteidigten, hatten dicht hinter dem großen Tor des Schlachthauses eine neue Position bezogen. Sie waren dort festgenagelt – und für den Augenblick hilflos unter dem stetigen und präzisen Beschuß von den Schleudern Pochs, Napoleons und Chalines. Stonkus rief Vulgo, Orococco und Torricanyon etwas zu, und sie rannten alle über den Hof und verstärkten das Feuer ihrer Gefährten.

Ohne sich umzudrehen, fragte Poch: »Was treiben die beiden Bullen?«

»Sind naßgeworden«, antwortete Stonkus. »Was kommt jetzt?«

Poch wies mit einem Kopfrucken hinüber: Hinter den drei Lastwagen standen die Stalltüren weit offen, von Sydney, Bingo und Zwielicht entriegelt. Neunzehn, zwanzig Pferde stampften und sprangen nun frei, ihre Hufe klangen auf den Pflastersteinen. Sie wieherten laut in verrückter Erregung, hysterisch durch die Nähe des Blutgeruchs.

Eines davon war tatsächlich Sam, und während Sydney ihn beruhigte, hielten Bingo und Zwielicht ihre Schleudern auf die Lastwagenfahrer gerichtet, die in ihren Kabinen geschnarcht hatten und nun blaß-verschlafen und verblüfft durch die Windschutzscheiben starrten: Eine unbegreifliche Schlacht tobte um sie her, und sie hatten keine Lust, sich da einzumischen.

»Mach die Lastwagen hinten auf, Stonkus!« sagte Poch. »Die Verriegelung war zu fest für uns, aber du bist stark. Laß die Tiere frei.«

Stonkus nickte und rief seinen Freund Torricanyon, damit er mitginge. »Ich muß mich auf deine Schultern stellen, Torri«, erklärte er, »daß ich an die Riegel komme.«

Poch sah sie zum Ende des ersten Lastwagens rennen. Er stand auf. »Paß mir auf die Bullen da auf«, rief er Chaline zu, »ich geh zu Switch. Wird Zeit, daß wir hier abhauen.«

Poch rannte zur Ecke des Hofes und stieß sich mit den Ellenbogen durch die Horde der Punks. Er fand Switch mitten in der kämpfenden Menge, schreiend, singend, die Schlacht mit Anweisungen dirigierend; sie schoß ihre Schleuder ab, so rasch sie sie wieder geladen hatte. »Wackelpudding!« schrie sie. »Kommt und holt euch euren Wackelpudding ab!« Dann sah sie Poch. Ihre Augen leuchteten hell auf, und sie lächelte sogar. »Bester Rabatz meines Lebens«, sagte sie.

Poch spähte über die Köpfe des Conkertumultes hinweg. Halbwegs die Gasse hinunter sah er eine dichte Linie von etwa zwanzig Polizisten unter dem Feuer der Schleudern zurücktaumeln, aber er konnte auch sehen, daß hinter ihnen Verstärkung anrückte und Schutzschilde und Helme ausgegeben wurden. Das würde die ganze Lage ändern.

Der Kampf ließ einen Augenblick nach. Poch zog Switch zur Seite; sie hatte eine Platzwunde am Kopf, und das Blut lief ihr übers Gesicht, aber sie lachte noch immer.

»Switch«, sagte Poch, »was jetzt?«

Switch lachte gutmütig-spöttisch. »Keine Angst«, sagte sie, »ich habe Treld und zwanzig andere vorne ins Schlachthaus reingeschickt. Sie haben die Tiere freigelassen und die Arbeiter rausgejagt ... Barrikaden gebaut und alles, und das ist der Weg, den ihr gehen werdet, da hindurch.«

»Da hindurch!« rief Poch durch den Lärm, »und wie?«

»Mit den Tieren«, erklärte Switch. »Wir ziehen auch soviel wie möglich hier in der Straße zusammen und jagen sie in einer Stampede auf die Plattfüße zu, klassischer Western. Wir rennen hinterher, ihr macht drüben dasselbe.«

Poch schaute über die Schulter. Stonkus hatte zwei der Lastwagen geöffnet, und Schafe und Schweine rasten die Klapprampen hinunter, hüpfend, quiekend und blökend, wahnsinnig vor Furcht. Mit Torricanyon zusammen attackierte er nun den dritten Laster, in dem die Kühe warteten – große, schwere Tiere wie Panzer, mit tödlichen spitzen Hörnern. Poch wandte sich wieder zu Switch. »Wie lange haltet ihr noch durch?« fragte er. »Stonkus hat gleich den letzten Laster auf.«

Switch wischte sich das Blut aus dem Gesicht. Ihr Scharlachhaar triefte selbst in dieser kalten Nacht vor Schweiß. »Solang die Munition reicht«, sagte sie, »und bis sie mit den Schilden anrücken.«

»Also gut«, sagte Poch, »wenn alle Tiere frei und wir bereit sind, dann schieß ich diese Lampe aus.« Er deutete mit einer raschen Bewegung auf die Leuchte über seinem Kopf. »Dann jag' deine Stampede die Straße runter, und wir gehen durchs Schlachthaus raus, okay?«

Ein Gebrüll erhob sich in der Gasse. Switch und Poch schauten hinaus. Eine neue Einheit SBE-Beamter rückte vor. Nun trugen sie ihre Schutzschilde, und die Köpfe waren unter glänzendschwarzen Helmen geborgen; in den Händen hielten sie Knüppel.

»Schießen«, schrie Switch, »weiterschießen!« Sie stieß Poch an. »Euer Pferd schon gefunden?«

»Ja«, sagte Poch, und er verließ sie, um zu den andern zurückzugehen, aber das war jetzt nicht mehr so einfach.

Während Poch sich mit Switch besprochen hatte, war es Stonkus gelungen, die Tür des letzten Lasters zu öffnen, und Dutzende von Kühen waren aus dem Wagen hervorgebrochen, um ihr Gewicht in die Masse der Schafe, Schweine und Pferde zu werfen, die schon in alle Richtungen durcheinanderrannten, verzweifelt einen Ausweg suchend, irgendeinen, der sie aus diesem Tumult und dem Gestank des Massakers fortführen würde.

Poch mußte sich jeden Zoll des Weges erkämpfen und trat, stieß und schob sich durch den Hof. Es war eine schreckliche Mühsal. Noch nie hatte er sich so ohnmächtig gefühlt, noch nie so sehr um sein Leben gebangt. Er stolperte, stürzte halb, packte eine Handvoll Vlies und zog sich wieder auf die Füße, schwankte und wäre beinahe von neuem gefallen. Endlich war er, halb reitend auf einem massiven Mutterschaf, bei seinen Freunden angelangt, die sich an der Seite eines Lastwagens schutzsuchend drängten und kämpfen mußten, um nicht auf dem Boden zertrampelt zu werden.

Der Lärm war furchterregend. Die Schweine grunzten und stießen mit den Köpfen die Schafe brutal zur Seite; ihre heißen Augen brannten, und dicker Speichel troff aus ihren Mäulern. Die Schafe waren vor Angst von Sinnen – sie rammten ihre Köpfe gegen alles, was ihnen in den Weg kam, sie kletterten übereinander, schlegelten mit ihren Beinen durch die Luft und blökten wie Wahnsinnige. Die Pferde wieherten und stiegen wie wilde Hengste, und die Kühe, von allen die gefährlichsten, senkten das Gehörn und rannten schräg hüpfend daher wie Kampfstiere, die in der Arena verzweifeln. Ein kochender rollender Strudel aus Fleisch und Lärm umgab die Borribles, erbarmungslos und nur mit einem Ziel. Wer unter diese scharfen Hufe stürzte, fand sein Ende – einen qualvollen Tod, schrecklich verstümmelt.

Poch konnte nun sehen, daß Sam dicht bei dem Laster Schutz suchte; Sydney ritt auf ihm, und Chaline saß hinter ihr. Das Pferd bebte vor Angst, und die beiden Mädchen versuchten, das Tier mit ihren Händen zu besänftigen. Poch deutete auf die Lampe in der Ecke des Hofes und brüllte ihnen seinen Plan zu; seine Stimme drang schwach durch den ganzen Krach.

»Ich schieß' das Licht aus, das ist das Zeichen für Switch und für uns. Treibt so viele Tiere, wie ihr könnt, durch das große Tor! Die Conkers brettern gleichzeitig die Gasse runter, und wir treffen uns am Vordereingang. Bleibt eng zusammen, und wir brechen alle durch und dann durch die Straßen. Chalk Farm ist der Sammelpunkt.«

Chaline, hoch droben auf dem Pferd, lud ihre Schleuder. Sie blinzelte Poch zu, Kampfesfreude erfüllte sie; ihr Ziel kaum ins Auge fassend – sie war eine vorzügliche Schützin – schoß das Mädchen aus Whitechapel einen Stein ab, aus der Hüfte feuernd, und mit einer krachenden Gasexplosion und dem Klirren von Glas erlosch das Licht an der Ecke.

Als das Signal gegeben wurde, zogen sich die Conkers sogleich zurück und teilten sich in zwei Gruppen, die sich in den Hof zurückzwängten. Als es ihnen weit genug schien, drehten sie sich auf einen Ruf von Switch hin um und faßten sich an den Händen, in einer langen Linie, die Hunderte von Tieren einschloß. Dann fingen sie an zu schreien und zu rufen, zu treten und langsam vorwärtsgehend eine große und gefährliche Herde vor sich her zu treiben.

Die Reihen der SBE, die durch die schmale Gasse vorrückten, waren durch den plötzlichen Rückzug der Conkers ermutigt und gingen rascher vorwärts, siegesgewiß ihre Knüppel schwenkend. Doch so schnell hatten die Conkers ihr Manöver durchgeführt, daß die Polizisten, ehe sie noch die Ecke erreicht hatten, wo die Gasse in den Hof mündete, sich einer soliden Wand aus Fleisch und Knochen gegenübersahen, die im Amoktempo auf sie zukam. Endlich, endlich hatten die armen Tiere des Schlachthauses einen Ausweg aus dem furchtbaren Ort vor sich, wo sie über alles Maß der Verzweiflung gefangengehalten und gequält worden waren. Mit lautem Brüllen und Schreien und Quieken rasten sie heran, von den Conkers getrieben, die hinter ihnen dreinliefen und aus Leibeskräften immer noch »Wackelpudding, Wakkelpudding!« schrien.

Die vorderste Linie des SBE-Einsatzkommandos bestand nicht aus Supermännern. Als diese Gesetzeshüter erkannten, daß Dutzende von Tieren ihnen entgegendonnerten, unaufhaltsam und voll Wut, angeführt von zornigen, tückisch starrenden Kühen mit sichelförmigen Hörnern und gefolgt von vierzig Borriblepunks, die ihre Steine schossen, da drehten sie um und rannten weg.

Unglücklicherweise konnten die Polizisten in den Reihen dahinter nicht sehen, was vor sich ging. Sie waren überzeugt, daß das erste rasche Vorrücken den bevorstehenden Sieg bedeutete. »Wir haben sie«, röhrten sie und stürmten die Gasse mit geschwungenen Knüppeln hinunter, triumphierend auf ihre Schilde trommelnd.

Die zwei Gruppen von Männern prallten, in Gegenrichtung rennend, aufeinander. Im Dunkel, im allgemeinen Lärm und bei der durch die Plastikschirme der Helme verringerten Sicht kam es zu Hieben und lauten Flüchen. Es reichte nicht zu einer Verständigung: Keine Kugeln, kein Feuer würden die näherkommenden Tiere auch nur eine Sekunde aufhalten. Von den Conkers vorangetrieben, brauchten sie doch keine Treiber, nur diesen Weg ins Freie.

Die zweite Reihe der Konstabler stürzte unter die rennenden Füße ihrer fliehenden Kameraden. Chaos. Eine dritte Reihe lief zu Hilfe, nur um über die schon auf dem Boden zappelnden Männer zu fallen. Und ehe sie sich aufrappeln konnten, wurden sie von den genagelten Stiefeln der ersten Reihe auf die Pflastersteine getreten und getrampelt, die für niemand, Freund oder Feind, innehielten. Aber selbst jene verloren das Gleichgewicht, als sie versuchten, über die Arme und Beine zu springen, die ihnen im Weg waren, und nun ergoß sich die Stampede über den ganzen strampelnden Menschenklumpen, unwiderstehlich wie ein Lavastrom und mörderisch wie eine Lawine. Nichts lag mehr zwischen den Tieren und der Front des Schlachthauses, beziehungsweise dem Eingang zur Baynes Street. Aus der schmalen Mündung der Gasse dröhnten sie hervor, kreischend und tobend, der Hölle entfahrene Dämonen.

Vor dem Schlachthof standen noch mehr Polizisten, mindestens zwanzig, um ihre Streifenwagen und Transporter herumlungernd, die sie unbekümmert halb auf den Gehsteig geparkt hatten. Hier waren auch Snuffkin und Hanks zu finden, die diese Operation kommandierten, mit welcher, wie sie glaubten, die endgültige Zerschlagung der seit Monaten verfolgten Borriblebande besiegelt sein würde. Der Inspektor und der Sergeant waren zufrieden. Sie hatten soeben zugesehen, wie drei Reihen SBE-Elitetruppen um die Ecke verschwunden waren, um eine Rotte Borriblepunks zu verfolgen. Die Punks hatten es ohnehin nur geschafft, in die Nähe des Schlachthauses zu kommen, weil sie das Paßwort kannten, doch nun gab es auf keinen Fall mehr ein Entkommen. Reserven warteten in der Royal College Street, und weitere Einheiten näherten sich den Kanal entlang aus beiden Richtungen. Snuffkin schlug seine Handschuhe zusammen und schaute auf seine Männer. »Bald haben wir ihre Ohren«, sang er vergnügt, »bald haben wir ihre Ohren.«

In diesem Moment hörten er, Hanks und die Männer, die bei ihnen standen, ein Geräusch, das sie noch nie zuvor vernommen hatten – den Lärm von über hundert daherrasenden Tieren. Das war nicht alles: Man hörte nun die Schmerzensschreie von Männern, die zu Boden geschleudert wurden und auf deren Körper scharfe, schwere Hufe traten. Dann brach ins Gesichtsfeld des erstaunten Snuffkin, schräg in die Kurve gelegt daherfegend, eine Herde von Schweinen und Schafen und Pferden und Kühen, Augen und Hörner drohend glitzernd, und dem Inspektor wurden die Eingeweide zu Wasser: Die Stampede zielte genau auf ihn.

Snuffkin war klein und agil, und Snuffkin verschwendete nie seine Zeit. Ohne auch nur eine Sekunde zu überlegen, drängte er sich an seinem Sergeanten vorbei und krabbelte wie ein Eichhörnchen blitzschnell auf das Dach seines Wagens und rettete sich aus der Gefahr.

Hanks selbst war trotz seines riesenhaften Umfangs

gar nicht langsam, wenn es darum ging, seinen Leib vor möglichen Verletzungen zu schützen. Er konnte nicht klettern wie der Inspektor, doch er riß die Wagentür auf und warf sich quer über den Rücksitz, den Kopf mit den Armen schützend und vor Entsetzen zitternd. Die anderen Polizisten waren keine Feiglinge, aber mit einer Stampede läßt sich nicht diskutieren. Man kann sie nicht einmal verhaften oder mit dem Knüppel auf den Kopf hauen. Bewundernswert einsichtsvoll rannten die meisten der Sicherheit der breiteren Straßen zu.

Snuffkin tanzte auf dem Metalldach des Wagens umher und versetzte vor Wut der Luft Fausthiebe; sein Schnurrbart zog sich wie schmerzlich verletzt in sich zusammen. Er traute seinen Augen nicht. Die Crème der Polizei floh vor einem Haufen Vieh.

»Kommt sofort zurück!« kreischte er. »Kommt zurück. Verhaftet diese Vagabunden, fordert Verstärkung an.« Gerade da erreichte die Flutwelle Snuffkins Wagen und schoß an beiden Seiten daran vorbei, ließ das Auto wild hin- und herschwanken, stieß mit den Köpfen krachend gegen die Türen, kickte mit Hufen gegen den Lack.

»Helft mir, Männer«, röhrte der Inspektor, doch niemand hörte ihn in dem Lärm, und er schwankte nun gefährlich oben auf dem Wagen, fiel schließlich auf Hände und Knie, um nicht ganz abgeworfen zu werden, wo er auf dem Boden unter den wirbelnden Hufen den Tod gefunden hätte. Doch auch der Wagen hüpfte und ruckte wie eine leere Konservendose auf hoher See. Snuffkins Hände kratzten über die Lackoberfläche, doch es gab nichts, woran er sich hätte festhalten können. Langsam glitt er auf den Rand des Daches zu. Er hob sein schmales, verzerrtes Gesicht voll Angst zum Himmel, hilfesuchend, doch nur ein rußiger Wassertropfen fiel in sein Auge. Es wollte wieder regnen.

Sobald Chaline die Lampe an der Ecke des Hofes zur Gasse zerschmettert hatte, stieß sie Sam die Absätze in die Seiten, und sie und Sydney versuchten, das Pferd in die Richtung des großen Tors zum Schlachthaus zu lenken. Sam leistete zunächst Widerstand, erschreckt bei der Vorstellung, ein solches Haus des Bluts betreten zu sollen, doch Sydney lehnte sich auf den Hals des Pferdes vor und sprach beruhigende Worte zu ihm, und da er seinen Borriblefreunden mehr als sonst irgend jemand auf der Welt vertraute, ging er schließlich mit sicherem Schritt vorwärts. Auf beiden Seiten des Pferdes rannten in weitem Bogen die anderen Abenteurer, schreiend und mit schrillen Rufen und geschwenkten Armen die rasende Herde vorantreibend, die vielen Tiere durch das Tor zwingend, das nun eng schien und in dem sich die Fliehenden quetschten.

Als alle Tiere einmal in das Schlachthaus gejagt waren, zog Poch die großen Torflügel zu und legte die Riegel vor. Dann sprang er hoch auf einen Hackklotz und betrachtete, die Hände in die Hüften gestemmt, die Verwirrung um sich herum. Nie hatte er etwas Vergleichbares gesehen, es war wie ein Fiebertraum, ein grelles Gemälde des Wahnsinns.

Das Schlachthaus war mit Lebenden und Toten gefüllt, die sich eng aneinander drängten. An langen Haken eines Fließbands an der Decke hingen die gehäuteten und rotglänzenden Kadaver von Kühen und Schweinen, Schafen und Pferden, dampfend noch von der sich verströmenden Wärme ihres

Lebensblutes, jeder Leichnam nur noch ein verkrüppelter Torso seiner einstigen Form, ohne Kopf, ohne Füße, ohne Eingeweidde, ohne Haut – Katzenfutter.

Am selben Fließband hingen – an ihren eigenen Handschellen aufgehängt – Seite an Seite mit den furchtbaren Leichnamen kopfunter die drei SBE-Beamten, die hier Zuflucht gesucht hatten, als Switchs Conkers zuerst die Gasse an der Seite des Gebäudes herabgestürmt waren. Hier, wo sie sich sicher gefühlt hatten, waren sie zum zweiten Mal überrascht worden, als Treld und ihre Bande durch den Vordereingang des Schlachthofs eingedrungen waren. Das Gewicht der Überzahl hatte die Polizisten zu Boden geworfen, und sie waren überwältigt, mit Schlägen betäubt und wie Truthähne gebunden und hochgehängt worden.

Nun wanden sie sich hin und her, sich im Kreis drehend, mit roten Gesichtern und dem Erbrechen nahe, dem plötzlichen Ansturm der Tiere ausgeliefert; den Tieren, die, in diesem Raum mit seinem Gestank nach Innereien, seinem Todesversprechen, wie wahnsinnig waren. Als die Stampede an ihnen vorbeiwirbelte, wurden die Körper der Polizisten von harten Knochen getroffen und von den Hörnern gestreift. Ihre Gesichter und Uniformen glänzten vor Speichelstreifen und Klumpen von Rotz – wie aufblühende Blumen explodierte es aus den Mäulern und Nüstern der verzweifelten Tiere über sie hin.

Poch schaute weg, suchte nach Treld. Endlich sah er sie und den Rest ihrer Gruppe. Die Conkers hatten sich hoch droben in den kreuz- und querlaufenden Eisenträgern und -sprossen unter dem Dach postiert und hingen nun rufend und winkend dort oben. Treld selbst ließ sich, sobald sie Poch sah, auf einen Laufgang hinunterfallen und glitt dann ein Lüftungsrohr hinunter, um geschickt nur ein paar Meter von Pochs Standort entfernt auf einer Eisenstrebe zu landen. Sie sah ihn an und grinste durch das sie trennende Chaos hinüber – ein Grinsen vollständigen Triumphes. »Gut hier!« schrie sie durch den Tumult. Poch starrte sie an. Treld war bedeckt mit Schmutz und Öl. Ihre schönen Punkklamotten hingen in Fetzen, und es war unmöglich, zu sehen, welche Farbe ihr Haar einmal gehabt hatte – all die Spitzen hingen ihr nun schlaff am Kopf herab. Die Schminke war auch aus ihrem Gesicht verschwunden, durch Dreck ersetzt, und eine Wange trug einen tiefen Schnitt, aber ihre Augen glühten lebendig und freudig, und ihr ganzer Körper schien energiegeladen. Sie schüttelte sich, und ihre Anhänger und Buttons klimperten.

»Wo sind die Metzger?« brüllte Poch.

Treld wies mit einem Ruck ihres Daumens über die Schulter. »Als wir reingekommen sind, haben sie sich in den großen Eisschränken da drüben verkrochen ... Wir mußten bloß noch die Tür zu machen. Feiglinge. Na ja, der Anblick, wie zwanzig Punkmädels direkt auf sie zu watzen, schien ihnen wohl nicht vertrauenerweckend. Müssen halt cool bleiben.« Sie lachte über ihren Witz.

Poch schaute hinunter. Er konnte sehen, daß Chaline und Sydney immer noch auf Sam saßen, aber Schwierigkeiten hatten, ihn ruhig zu halten. Die anderen Abenteurer hatten sich wie Poch Plätze gesucht, die ein Stück vom Fußboden entfernt waren, und klammerten sich an Metallträger, Ketten und Haken, voll Angst, in das Chaos drunten hinabzufallen. Kein einziger Quadratzoll des Schlachthausbodens war sichtbar. Die Kühe drangen auf die Pferde ein, die sich wild aufrichteten; die Schweine schnappten nach den Schafen, die in engen Kreisen umherrasten oder die Wände hochzugehen versuchten.

Treld schrie Poch wieder etwas zu. »Gehn wir jetzt. Wir müssen bloß das Seil da drüben runterklettern und die Tür öffnen. Kein Bulle der Welt hält die Tiere auf, wenn sie mal in Bewegung sind.«

»Los, aufs Fahrrad!« schrie Poch, und Treld grinste wieder und gab ihren Freundinnen unter dem Dach ein Zeichen; dann rannte sie, vollkommen furchtlos, eine Metallstrebe entlang und glitt an dem Seil, das sie vorher gezeigt hatte, hinunter, bis sie auf der Höhe eines großen Riegels war. Vom Seil aus sich hinüberlehnend, zog sie ihn zurück und stieß mit dem Fuß gegen die Tür.

Die Schafe fanden den Spalt sofort und preßten sich hinein. Die Schweine fühlten den Druck in dieser Richtung nachlassen und liefen los. Die Pferde folgten, ihnen folgten die Kühe, und die Conkers jubelten und schrien, die Tiere ermunternd. Der Sturzbach war wieder auf seinem Weg, und sobald es sicher war, ließen sich die Borribles von ihren Kletterplätzen herab auf den Boden fallen. Sie sammelten sich um Sam, das Pferd, und luden ihre Schleudern zum Kampf. Die nächsten fünf Minuten würden entscheiden, ob sie entkommen würden oder nicht – sie mußten nur hinter ihrer unaufhaltsamen Kriegsmaschine herziehen und das Beste hoffen.

Eben, als die zweite Stampede aus dem Schlachthaus hervorrollte, fiel Snuffkin vom Dach seines Wagens und schrammte sich die Knie, als er ungeschickt auf den Pflastersteinen aufschlug. Der Inspektor rappelte sich, so rasch er konnte, auf die Füße, doch sofort rammte ihn ein wütendes Schwein in die Leistengegend, und der Schmerz verschlug ihm den Atem. Er fiel wieder zu Boden, und diesmal spürte er unter seinem Körper etwas Weiches und Wäßriges, auch unter seinen Händen und – das Schlimmste – unter seinem Gesicht.

Was es auch war, es stank unerhört. Dann wurde es Snuffkin schlagartig klar. Natürlich! Mit Hunderten von Tieren im Zustande höchster Aufregung mußte die ganze Straße damit bedeckt sein – eine ganz spezielle Exkrementenmischung: von Kühen, Schweinen, Schafen und Pferden.

Der Haß des Inspektors auf jeglichen Schmutz ließ ihn seine Pein vergessen, und wieder sprang er auf. Das war ein Fehler. Wenn auch die letzten Tiere der ersten Stampede nun um die Ecke in die Baynes Road verschwunden waren, war nun die zweite aus dem Schlachthof hervorgebrochen und schien wie die erste – so sah es Snuffkin – in jedem einzelnen Tier direkt auf ihn zu zielen. Schlimmer noch – vierzig Punkmädchen, aus der Gasse herausrennend, hatten seine Uniform entdeckt und schossen ihre Schleudern ab, so rasch sie konnten. Steine pfiffen an seinem Kopf vorbei, ein Wagenfenster zersprang, ein Scheinwerfer zerklirrte.

Es gab keine Wahl. Trotz des Drecks, der das Pflaster überzog, ließ Snuffkin sich wieder zu Boden fallen. Er preßte sein Gesicht dichter hinein und zwängte seinen Körper unter den Wagen. Der wilde Geruch ließ ihn würgen. Er hörte sein Jackett an einer Muffe zerreißen. Der Auspuff des Wagens brannte ein Loch durch seine Hose und versengte ihm das Bein. Snuffkin wimmerte. Er konnte nicht glauben, daß das ihm geschah. Wo waren seine Männer, seine stolzen Bataillone? Tränen stiegen ihm in die Augen, Tränen frustrierter Wut. Er wollte sie abwischen und schmierte sich Schmutz ins Auge. Er schluchzte laut und trommelte mit den Füßen auf die Straße wie ein kleines Kind, das sich in einem Wutanfall auf dem Teppich wälzt. »Dafür werden sie mir büßen«, heulte er, »diese Wilden und ihr Pferd.«

Doch in all dem Aufruhr hörte – außer Hanks – niemand den Inspektor oder wußte auch nur, wo er war. Die Tiere donnerten gegen den Wagen und beschädigten ihn gründlich. Die Borribles schrieen triumphierend und riefen, und alles was Snuffkin aus seiner Perspektive sehen konnte, waren Füße und Hufe, die um ihn tanzten und ihm immer noch mehr Kot ins Gesicht warfen, wohin er es auch drehte.

Hanks hörte die Stimme seines Inspektors deutlich, doch Hanks bewegte sich nicht. Er glaubte sich in Sicherheit und duckte sich auf dem Rücksitz in sich zusammen, mit den Händen die fest zugekniffenen Augen bedeckend, den Himmel anflehend, nun sei er doch sicher außer Gefahr – doch er war es nicht.

Wie die Tiere an beiden Seiten des Autos vorbeifegten, wurde die Karosserie durch den wilden Ansturm verbeult und eingeschlagen. So brutal waren die Erschütterungen, daß das Chassis an irgendeinem Punkt plötzlich riß oder sich verzog: Die beiden hinteren Türen flogen ohne Vorwarnung auf und ließen Sergeant Hanks völlig ungeschützt.

Noch im selben Moment erblickte das erste der fliehenden Schafe die Lücke und sprang blitzschnell in die eine Tür und zur anderen wieder hinaus. Sofort folgten andere Schafe und auch Schweine, die alle mit ihren scharfen Hufen auf Hanks einstießen und -stachen.

Der Sergeant schrie um Erbarmen, doch es half nichts. Immer mehr Tiere wählten diesen Weg, sabbernd und niesend und keuchend und rotzend, so daß Hanks am Ende einem alten runden Felsblock glich, über den die ganze Nacht ein Heer von Schnekken hinweggekrochen ist, daß er nun im Morgenlicht über und über silbern erglänzt.

Treld schwang an ihrem Seil, als das letzte der Tiere das Schlachthaus verließ, und sah zu, wie ihre Genossen sich um Sydney und Chaline und Sam das Pferd sammelten. »Auf dann!« rief sie. »Rasch raus jetzt!«

Die Borribles waren durchaus bereit, in diesem Sinne zu handeln, doch als sie sich vorwärts bewegten, fanden sie ihren Weg von einer Reihe aus etwa zwanzig Polizisten blockiert, Schilde und Sichtschirme in Position, Knüppel bereit. Diese Männer waren den Verletzungen der anderen entgangen, indem sie sich draußen hinter den großen zurückschwenkenden Torflügeln versteckt hatten, wohin sie die Gewalt der Stampede gefegt hatte. Sie waren unversehrt, frisch, und zur Rache entschlossen.

»Ach du Scheiße!« rief Sydney.

»Schleudern raus!« schrie Chaline.

Treld, unbemerkt oben im Eisengerüst, schwang an ihrem Seil in eine andere Richtung, neigte sich im Flug vor und löste die Sperre an einem riesigen Metallbehälter, der über dem Eingang hing. Es war ihr vorher schon klar geworden, was das war, als sie den Riegel der Tür weggeschoben hatte.

Es war ein Zylinder, etwa doppelt so hoch wie ein Mann und sechs Fuß breit. Das Öffnen der Sperre ließ die Unterseite herabfallen, daß sich der Inhalt auf die Ladefläche eines wartenden Lastwagens entleeren konnte – nur stand dieses eine Mal kein Wagen bereit, und die schwere Last fiel herab und verschüttete vollkommen die gerade zum Angriff losspringenden Polizisten. Es waren etwa anderthalb Tonnen klebriger Innereien und Abfälle: zinnoberrote Lungen und purpurne Leber, grellfarbene Kutteln und dunkelblaue Gedärme, alle verflochten mit Herzen und Nieren, Schwänzen und Zungen, Schweinsfüßen und Haut, Mägen und Augen, Zähnen, Knochen und Hirn, und alles insgesamt schlüpfrig von rasch gerinnendem Blut.

Die Borribles wichen überrascht und angewidert zurück. Eine weiche rote Explosion hatte die Polizisten verschlungen, sie waren weg. An ihrer Stelle lag ein sich windender, wogender Treibsand aus schwammigem Rot. Große Tropfen Blut prasselten warm und schwer wie ein Tropenregen herab. Selbst die Conkers hielten die Arme übers Gesicht, um sich zu schützen, und einige schrien. Auch Treld schrie, doch vor Freude.

Poch sah hinauf und begriff, woher diese schreckliche Rettung gekommen war, und er sah, wie das Mädchen ihr Seil verließ, ein Rohr entlangrannte, einen Eisenträger hinunterrutschte und in seiner Nähe landete. Sie wies mit einem Kopfrucken auf den sich bewegenden Haufen dampfender Klumpen und rieb sich die Hände.

»Das sollte sie einen Augenblick lang beruhigen«, sagte sie. »Jetzt gehen wir aber besser, ehe sie ärgerlich werden.«

Niemand lachte, und einen Augenblick lang hörte man nur das Geräusch, wie Chaline würgte; sie saß schwankend auf dem Pferd, das Gesicht wie eine flekkige, löchrige Maske.

Doch was sie auch fühlen mochten, hier konnten sie nicht bleiben. Mit einem lauten Schrei voll Genugtuung klatschte Treld Sam auf den Hintern, und sich vorsichtig den Weg um die Masse Abfallfleisch suchend, schritt das Pferd, die Nüstern beim Gedanken an die Freiheit freudig gebläht, ins Freie hinaus. Die Conkers folgten, die Abenteurer auch, und draußen – so rasch folgten die Ereignisse – kamen sie gerade rechtzeitig, um sich mit den ersten Mädchen aus Switchs Abteilung zu treffen, die hinter der anderen Stampede her gerannt waren.

Unter jubelnden Rufen begrüßten sich Freundinnen und Freunde. Poch trat beiseite und musterte die Szene. Vor dem Schlachthaus waren, soweit er sehen konnte, keine Polizisten zu erblicken. Es standen drei Streifenwagen da, doch das waren zerbeulte Wracks mit platten Reifen, zerschmetterten Windschutzscheiben und Scheinwerfern, lose hängenden Türen. Dahinter liefen die allerletzten von den Tieren durch den Eingang zum Hof und galoppierten in die Baynes Road.

Treld zeigte hinüber. »Wir müssen ihnen folgen und uns so dicht bei ihnen halten wie möglich«, sagte sie, »es ist unsere einzige Chance.«

Poch nickte und rief die Abenteurer. »Versucht, eng bei Sam zu bleiben«, sagte er, »folgt ihm nach Chalk Farm.«

»Wackelpudding!« rief Treld.

»Wackelpudding!« schrie Switch.

»Wackelpudding!« riefen alle Conkers, und Sydney sprach noch einmal zu Sam, und das Pferd wieherte wie ein Schlachtroß aus alten Heldenkämpfen, warf den Kopf hin und her und zeigte die Zähne. Zu allem bereit, setzte er sich zur Straße hinüber in Bewegung, und Sydney klammerte sich grimmig entschlossen an seiner Mähne fest. Hinter ihr schlang Chaline die Arme um Sydneys Hüften und preßte den Kopf gegen die Schulter ihrer Freundin. »Ich hoffe, ich fall nicht runter«, sagte sie.

Es war nun keine Zeit mehr, sich Sorgen zu machen. Sam wurde schneller, und die Borribles, alle siebzig, bildeten einen Schutzwall um ihn und schwärmten voraus in die Baynes Road und dann in die Royal College Street, ihr Tempo zum Galopp steigernd.

Die Attacke war unaufhaltsam, und kein Polizeikordon hätte ihr standgehalten, doch es war nicht das geringste Zeichen von Gesetz und Ordnung zu sehen. Die SBE hatte ihre Anstrengungen auf das Innere und die unmittelbare Umgebung des Schlachthofes konzentriert und kaum an die Möglichkeit gedacht, daß die Abenteurer ihre Verteidigung durchbrechen könnten – und nicht im Traum wäre es ihnen eingefallen, daß sie, selbst bei einem erfolgreichen ersten Angriff, nochmals würden ausbrechen können. Vor allem hatte Inspektor Snuffkin weder die Conkers noch die Tiere des Schlachthauses in seine Pläne miteinkalkuliert. Unter solch einem unerwartet gewaltigen Angriff waren seine Truppen schutzsuchend geflohen. So eilten nun die Borribles den fliehenden Viehherden nach, ohne daß irgend jemand sie gehindert hätte, auf die hohen Eisenbahnbrücken von Royal College Street und Camden Road zu – und welch ein Anblick bot sich ihnen da!

Es war der Höhepunkt der Stoßzeit, und Tausende von Menschen waren mit dem Bus, dem Auto oder zu Fuß auf dem Heimweg. Züge ratterten auf den Brükken durch den Himmel, und es war so dunkel, daß das Licht der Straßenlampen kaum durch die überall entlangfegenden Regenwände drang. Durch diesen geschäftigen Verkehr war die Stampede gerast, und nun war alles in völliger Unordnung.

Lastwagen, Autos und Busse waren, zu raschem Ausweichen gezwungen, von der Straße gegen Laternenpfähle gekracht oder auf den Gehsteigen gelandet. Die Fahrer begannen eben, sich von ihrem Schock zu erholen, aus ihren Wagen zu klettern, und sie schrien und brüllten sich gegenseitig an. Fußgänger standen wie betäubt herum und hatten den Regen vergessen, starrten nur den Tieren nach, wie sie um die Ecke rannten und die Camden Road hinab Richtung Camden Town zogen – die Schweine quiekten lauter denn je, die Schafe blökten, die Pferde wieherten, und die Kühe schüttelten noch immer ihre gefährlichen Hörner.

Die Leute, die die Camden Road hinaufgingen, konnten ihren eigenen Augen nicht trauen. Sie waren gerade aus der Untergrundbahn heraufgestiegen und eilten dem Tee zuhause entgegen, den Kopf gegen den Regen und das blendende Licht der Autoscheinwerfer gesenkt, als plötzlich aus dem Dunkel der Nacht eine Woge von Lärm und Panik über sie hinwegzugehen drohte.

Alle Passanten auf der menschenwimmelnden Straße rannten in die nächste Einfahrt, zwängten sich in einen Ladeneingang oder liefen die nächste Nebenstraße hinunter, oder sie stiegen über eine Mauer in Reichweite. Der Verkehr brach sofort vollständig zusammen und blieb stehen, und die Fahrer schätzten sich glücklich, in ihren Gefährten sicher zu sitzen, egal, wie schwer die Karre beschädigt wurde. Auch sie trauten ihren Augen nicht. Im Auto sitzend, mitten auf einer der Hauptstraßen Londons, sah man ringsum, soweit die Blicke reichten, nichts als Tiere – ein Meer von Tieren. Der ganze Verkehr stoppte bis nach Kentish Town und staute sich noch weiter zurück, bis zum Regent's Park und zur Albany Street und bis zum Mornington Crescent. Und die Fahrer weiter hinten konnten nicht begreifen, warum es nicht mehr voranging, und hupten und stiegen aus und riefen die Polizei und die Feuerwehr an, doch dies machte die Sache nur noch schlimmer, da nun weitere Fahrzeuge versuchten, ins Zentrum der Stockung zu fahren, und der Stau total und unbeweglich wurde.

Die Conkers waren entzückt. Sie rannten die Gehsteige entlang, als Wache Sam und die Abenteurer vor den Blicken schützend, ihre Schleudern schwenkend, bereit, jedem Erwachsenen eine deutliche Warnung zu verpassen, der die Flucht hindern wollte. Doch kein Erwachsener wagte einzugreifen – sie waren viel zu verwirrt und geschockt, um sich hier stark zu machen. In ihren eigenen Straßen hatten sie eine Stampede gesehen und dann, nur Sekunden später, war eine Horde verrückter Kinder erschienen, alle anscheinend Mädchen, die Gesichter dreckverschmiert und blutbespritzt, die Kleider zerfetzt und besudelt.

Weiter rannten die Borribles mit drohend-herausforderndem Geschrei, und sie liefen, wohin die Tiere sie führten, und die Tiere führten sie nach Camden Town, wo fünf breite Straßen in einer sternförmigen Kreuzung zusammenlaufen. Auch hier stand der Verkehr dichtgedrängt, Autos und Busse Stoßstange an Stoßstange, glänzend im Regen, der im Lichtschein der Lampen aufglitzerte. Pendler, die aus der Untergrundbahnstation kamen, rannten, um sich in Ladeneingängen unterzustellen. Sie glotzten verwundert, daß so viele Scheinwerfer strahlten, die sich nicht weiterbewegten.

Wie sie da standen, hörten sie etwas: ein fernes Schreien und Rufen, ein Donnern von Füßen, ein Blöken, Quieken und Heulen. Sie sahen einander nervös an. War dies das oft verheißene Ende der Welt? Ehe sie die Frage beantworten konnten, beantwortete sie sich selbst, denn die Stampede kam in Sicht, die abschüssige Camden Road herunterrasend, direkt auf die Untergrundbahnstation zu.

Es waren nun nicht mehr so viele Tiere. Einige waren in Nebenstraßen abgewandert, andere waren in Restaurants gerannt oder hatten sich in Hinterhöfen gefangen, aber es waren immer noch genug, den meisten Zuschauern den Schreck ihres Lebens einzujagen, mit ihrem verrückten Tempo und dem Geschrei, das sie vollführten. Doch dies war nicht alles. Hinter der Herde, unerbittlich einhergaloppierend wie die Geister der Nacht, kamen zwei blutbespritzte Mädchen auf einem feueräugigen Hengst, die Haare im Wind flatternd, und um sie herum rannte eine zerlumpte Horde barbarischer Kinder.

Die Pferde wieherten und galoppierten weiter, daß sich die Pendler tiefer in die Eingänge der Läden drückten, und sie führten die Flucht in die Station Camden Town an, und ohne Zögern folgten ihnen die Schafe und Schweine und Kühe. In den Eingang der Untergrundstation liefen sie, schlugen eine Bresche in die abendlichen Passagiere, warfen Telephonzellen um und demolierten die Bude des Kartenkontrolleurs. Dann drehten sie ab und schlitterten wie in einem Wagenrennen wieder aus dem Ausgang heraus, die Richtung wechselnd und nach Norden die Chalk Farm Road hinunterlaufend, am Markt vorbei.

Die Marktstände hatten Glück. Die meisten waren auf einer Seite der Straße, und nur drei oder vier wurden umgeworfen. Nichts hätte den Borribles besser passen können, und im Vorbeirennen bückten sie sich und hoben Händevoll Obst auf, genügend Nahrung, daß sie eine Woche davon leben konnten.

»Obst vom Karren!« schrie Poch.

»Obst vom Karren!« schrien die Conkers.

Schließlich lag der Markt hinter ihnen, und die Borribles verlangsamten ihr Tempo etwas und versuchten sich über ihre Lage klar zu werden. Die Richtung, der sie nun folgten, würde sie bald über die Kanalbrücke führen und weiter auf das alte LMR-Depot zu, das westlich hinter dem alten Lokomotivschuppen lag, den man das Roundhouse nannte. Im Osten waren die Nebenstraßen dunkel und leer, wenn auch die Hauptstraße selbst, Chalk Farm Road, immer noch mit Autos vollgepfropft stand, die sich wegen des großen Staus auf der Kreuzung von Camden Town keinen Zoll bewegen konnten.

Endlich war der Tumult der Stampede leiser geworden, und es war ganz still, als die Tiere die Borribles weit hinter sich gelassen hatten und begannen, den Haverstock Hill hinauf nach Hampstead Heath zu ziehen. So zügelte Sydney nun Sam das Pferd, und der verlangsamte sein Tempo zum Schritt und blieb dann stehen. Die Abenteurer und die Conkers sammelten sich, kamen wieder zu Atem und begannen ihre prekäre Lage rasch und nervös zu besprechen. Sie mußten zu einem Ergebnis kommen. Wenn einmal der Weg wieder frei war, würde ihnen die SBE auf den Fersen sein, daran bestand kein Zweifel.

Chaline sah die Straße hinauf und hinunter. »Wir können nicht lange hierbleiben«, sagte sie zu Bingo, der am Kopf des Pferds stand. »Ist zu offen hier. Zu viele Leute.«

Der ganze Borriblehaufen war nun an der Ecke der Ferdinand Street versammelt, in die Schatten gelehnt; sie versuchten, möglichst unauffällig zu wirken, aber das war unmöglich – sie waren zu zahlreich. Erwachsene hielten auf der anderen Straßenseite an und sahen verwundert herüber; Leute starrten aus Geschäften. Sie würden nur zu bereitwillig der SBE alles berichten, was sie gesehen hatten.

Poch schob sich in die Mitte der Gruppe. Switch und Treld waren an seiner Seite; der Regen hatte ihnen die Haare an den Kopf geklebt, die hellen Farben waren verlaufen und fleckten ihnen die Gesichter.

»Wenn wir hierbleiben«, sagte Poch, »werden wir geschnappt, so sicher, wie die Katze Junge kriegt.«

Switch hob die Hand. »Keine Panik«, sagte sie. »Ich hab's mir alles überlegt. Wir Conkers gehn noch weiter bis nach Hampstead. Ich nehm an, die meisten Pferde sind da raufgaloppt, wir werden uns bald wieder anhängen können. Und dann teilen wir uns in Gruppen auf, und jede Gruppe schnappt sich ein Pferd und haut in einer anderen Richtung ab. Auf diese Weise kriegt die SBE so viele Berichte über Kinder und Pferde, daß der alte Snuffkin nicht mehr weiß, was sein Arsch ist und was sein Ellbogen.«

Chaline hob ihr Bein über Sams Rücken und ließ sich zu Boden gleiten. »Großartig, aber was ist mit uns?« fragte sie. »Wir sind entkommen und alles, aber jetzt müssen wir von der Straße runter, und zwar bißchen plötzlich.«

Treld wischte sich mit dem Handrücken die Nase. Sie sah mit dem Blut im Gesicht wie eine Wilde aus. »Wir haben auch daran gedacht«, sagte sie. »Wir gehn jetzt die Straße rauf bis zum Roundhouse. Dahinter ist ein Depot und ein großes Stück Ödland. Ein Teil davon ist ein enormer Schrottplatz, riesig. Da leben ein paar Borribles, die Schrotter. Bei denen könnt ihr untertauchen.«

»Warum hauen wir nicht einfach ab«, schlug Zwielicht vor, »und legen so viel Strecke wie möglich zurück?«

»Weil«, sagte Switch, »wir erstmal für euch abhauen müssen. Ist dir nicht klar, Snuffkin wird jeden Bullen in London heut nacht und die ganze nächste Woche auf eure Spur setzen. Das beste ist, wenn er verschiedene Pferde durch die ganze Stadt verfolgt. Das gibt euch die Chance, euch nach Neasden durchzuschleichen. Ist jetzt nicht mehr weit ... Swiss Cottage, Kilburn, Dollis Hill, das wär's schon.«

»Wir haben's *beinahe* geschafft«, rief Sydney, und sie lehnte sich über Sams Nacken und tätschelte ihn fest.

»Wenn ›beinahe‹ schon ›alles‹ wäre, dann könnte man das Obst vom Laternenpfahl pflücken«, zitierte Napoleon das Buch der Borriblesprichwörter und spuckte auf den Boden.

»Ja«, sagte Poch, »und: Ein Borrible, der lange zögert, kriegt kurze Ohren.«

Dem war nichts hinzuzufügen, und unter den Augen neugieriger Passanten setzten die Borribles ihren Eilmarsch nach Chalk Farm fort, und Sam galoppierte mit. Als sie vor dem Roundhouse angekommen waren, bildeten die Conkers eine dichte Sperre quer über den Gehsteig, den sie ganz blockierten, daß die Erwachsenen gezwungen waren, auf die andere Straßenseite zu gehen. Im Schutz dieser Blockade hebelten die Abenteurer ein Eisentor auf, das in der Mauer neben dem Gebäude hing, und verschwanden. Im letzten Augenblick, als das Tor sich wieder schloß, fiel Chaline etwas ein. Sie hielt an und umklammerte die Eisenstäbe mit beiden Händen und schob ihr Gesicht dicht in den Zwischenraum. Switch und Treld warteten draußen, traurig, aber lächelnd, und dahinter standen dichtgedrängt Dutzende ihrer Gefährtinnen, sich wachsam umsehend.

»Augenblick noch«, sagte Chaline, »wir sehn euch ja nicht mehr.«

Switch schaute rasch zu Boden, seltsam verlegen. »Ach, eine Weile nicht«, sagte sie, »aber wenn all die Aufregung vorbei ist, kommt ihr auf dem Heimweg wieder hier durch, und wir sehn euch. Wehe, wenn nicht.«

Treld legte ihre Hand auf die von Chaline. »Switch hat recht«, sagte sie, »sei nicht traurig. Bringt Sam sicher nach Neasden und laßt euch nicht erwischen. Denk dran, wie wir jetzt mit hundert Pferden durch London jucken, und der arme alte Snuffkin weiß nicht mehr, ob er eigentlich Bulle oder Cowboy studiert hat. Das wird dich aufheitern.«

Chaline nickte niedergeschlagen. Stunden voll Aufregung, Freudenstimmung und Gefahr, und nun nichts als Ernüchterung und Enttäuschung und die Leere eines wie endgültigen Abschieds von neuen, aber treuen Freundinnen. Sie versuchte, tapfer zu sein, und zitierte seufzend ein Borriblesprichwort: »›Kein Kennenlernen ohne Abschiednehmen.‹« Ein Pfiff ertönte hinter ihr.

»Lauf zu«, sagte Treld. »Denk dran, das geht in die Borriblegeschichte ein, was? ›Die Große Schlachthausbefreiung des Pferdes Sam‹. Ich sag's dir, so was hat Camden Town noch nie erlebt.«

»Ich auch noch nicht!« sagte Chaline, und mit einem

melancholischen Lächeln drehte sie sich um und ging ihren Freunden nach. »Ach Switch und Treld und all ihr Conkers«, rief sie im Weggehen, »laßt euch bloß nie erwischen, niemals.«

10

Nach dem Kampf im Schlachthof und der raschen Flucht die Camden Road hinunter, war es seltsam ruhig hinter dem Roundhouse. Kein einziger Laut drang von den Straßen herüber, kein Licht war zu sehen, ein fernes Glühen an irgendwelchen Eisenbahngeleisen nach Primrose Hill ausgenommen. Auch kam es den Abenteurern merkwürdig vor, plötzlich ohne die Gesellschaft der Conkers dazustehen. Es waren gute Freundinnen gewesen, gute Borribles.

Doch sie konnten es sich nicht leisten, über Vergangenes lange nachzudenken, und entschlossen gingen sie über den unebenen, ungepflasterten Boden weiter, den die schweren Winterregen glitschig durchnäßt hatten. Orococco und Zwielicht pirschten voran und versuchten, den hohen Wellblechzaun zu finden, der, wie Switch ihnen gesagt hatte, die Grenze zum Schrottplatz markierte, und Sydney führte Sam dicht an der sich langsam rundenden Ziegelmauer des Roundhouse entlang, während Stonkus mit einer halbverdeckten Taschenlampe den Weg zeigte. Die anderen Abenteurer folgten.

Es war für die Flüchtlinge beinahe unmöglich, zu glauben, daß sie sich noch in London befanden. In der schwarzen Nacht fühlten sie sich gewichtslos, von allem abgeschnitten. Es gab nichts, wonach man die Hand hätte ausstrecken können, nichts zu sehen.

»Ist fast unheimlich, hm?« sagte Torricanyon, »wie durch die Luft zu schweben.«

»Es wird auf der anderen Seite schlimmer sein«, sagte Poch. »Zwischen hier und Swiss Cottage werden die Straßen verdammt vornehm, kann man sich nirgends verkriechen. Wir müssen ganz rüber nach Kilburn, da wird's besser.«

Als sich die Marschlinie den Eisenbahnschienen näherte, schwebte von der anderen Seite ein Borriblepfiff herüber. Zwielicht sprang plötzlich vor ihnen auf.

»Das war Coco«, sagte er. »Er hat mich rübergeschickt, damit ich euch sage, daß wir über die Schienen müssen: Der Schrottplatz ist zwischen dem Gleis hier und einem weiter hinten. Ist wie ein großes Quadrat hier im Ödland. Er sagt, es ist kein Schwanz zu sehn.«

Einer nach dem anderen und mit äußerster Vorsicht stiegen die Borribles über das Gleis. Als sie sicher waren, daß drüben alles in Ordnung war, führte Sydney das Pferd herüber, und sie marschierten weiter. Auf dieser Seite war der Boden noch morastiger, beinahe ein Sumpf, es war unmöglich, sich leise zu bewegen. Jeder Schritt macht ein lautes, schmatzendes Geräusch, und das Pferd machte mehr Lärm als alle Borribles zusammen. Poch fluchte über ihren geräuschvollen Anmarsch, doch es war nichts zu machen.

Nach hundert Metern oder so sahen sie – fühlten ihn eher in der Dunkelheit – einen hohen Zaun, der sich vor ihnen erhob; man erriet ihn nur, weil er ein wenig dunkler als die Nacht gegen den Himmel stand. Ein Zug fuhr auf einer weitabliegenden Strecke vorbei, Türen schlugen in einer Station westlich von ihnen, und Orococco kam grinsend aus dem Dunkel.

»Der Schrottplatz hier geht meilenweit«, sagte er. »Ich hab niemand gesehen, aber das will nicht heißen, daß sie nicht da sind.«

»Gewiß nicht«, sagte eine unbekannte Stimme, und

die Abenteurer duckten sich am Boden zusammen und zogen ihre Schleudern.

»Schleudern, was?« sagte dieselbe fremde Stimme. »Macht euch nicht die Mühe. Erstens seid ihr umzingelt; zweitens wußten wir, daß ihr kommen wolltet, diese Conkers haben's uns gesteckt.«

»Wir sind Borribles«, sagte Chaline, »auf der Flucht. Seid ihr die Schrotter?«

»Jawohl, wir sind die Schrotter«, sagte die Stimme, »und wir wissen auch, wer ihr seid. Weiß jetzt wohl langsam bald jeder Borrible in London.

»Wir brauchen ein Versteck«, sagte Poch, »nur ein paar Stunden, dann ziehen wir weiter.«

Zwei Schatten bewegten sich oben am Zaun. Poch glaubte, Köpfe und Schultern zu erkennen. Man hörte das Geräusch, wie jemand zu Boden sprang, dann, wie eine große Wellblechbahn angehoben wurde und zurückfiel. Poch spürte jemand nahe bei sich, jemand, den er nicht kannte. Er spannte sich wachsam.

»Ganz ruhig«, sagte die bekannte Stimme. »Folgt uns jetzt einfach ein Stück den Zaun entlang. Da kommt eine größere Lücke, da können wir das Pferd durchholen, und kommt auf keine dummen Ideen mit den Schleudern. Ihr könnt uns nicht sehen, aber wir sind alle da.«

Die Abenteurer gehorchten und folgten dem Geräusch, das der dahinstapfende Sam machte, bis über die Fußgelenke im Schlamm.

»Warum ist's hier so dreckig?« fragte Stonkus. »Mir geht's fast bis zum Hals.«

»Warte, bis du drinnen bist«, sagte der Schrotter. »Schlamm gehört zum Leben hier. Die Maschinen und Lastwagen wühlen ihn immer wieder auf, kannst drin schwimmen.«

Das Geräusch der Schritte stockte, und wieder wurde ein großes Wellblech zurückgeschoben, das sich in Angeln drehte; Sam wurde in den Schrottplatz geführt.

Die Abenteurer blieben dicht bei ihm.

»Willkommen«, sagte der Schrotter, »auf dem größten Schrottplatz der Welt.«

Die Abenteurer merkten gleich, daß ihr neuer Gefährte nicht übertrieben hatte, was den Schlamm anging. Innerhalb des Zauns war es in der Tat viel schlimmer – das Gehen war mehr ein Waten, und das Waten ließ einen lang verschlossenen Geruch in die Luft aufsteigen, einen schalen, alten Geruch nach Schmieröl und Müll, gewürzt mit einem Mief nach schimmligem Teppich.

Orococco pfiff leise durch die Zähne. »Das muß einer der großen Gerüche Londons sein«, sagte er, »na, wenigstens regnet's nicht.«

Die Abenteurer trotteten weiter. Sie waren nun elend müde und konnten die Füße nur mit großer Anstrengung heben. Erst vor ein paar Stunden hatten sie das Lagerhaus verlassen, um den Schlachthof anzugreifen, doch es schien viel länger – Tage, Wochen. Wie weit entfernt Battersea war! Wie weit Brixton! Ein Leben lang.

Obwohl sie nun sehr müde waren, waren sie doch glücklich. Sie hatten Sam zurückgeholt, sie waren immer noch alle zusammen und konnten nun endlich sehen, wo's hinging. An strategischen Punkten waren Lampen installiert, hoch oben an den Kabeln von den Mechanikern aufgehängt, die tagsüber auf dem Schrottplatz arbeiteten, und jetzt von der Abenddämmerung bis zum Morgen für den Nachtwächter eingeschaltet – einen Nachtwächter, der die ganze

Nacht mit einer Wärmflasche in seinem Schuppen verbrachte.

»Macht uns nie Schwierigkeiten«, sagte der Schrotter, »noch kein einziges Mal.« Er schwenkte einen Arm über sein weites Reich hin. »Es ist hier wie unsere eigene Stadt«, fuhr er fort, und seine Stimme war stolz. Die Abenteurer mußten ihm rechtgeben. Der Schrottplatz war schon ein höchst ungewöhnlicher Ort – mit dem Grundriß einer Stadt angelegt, doch erbaut aus den Wracks von Personen- und Lastwagen.

Die Autos – Hunderte und Aberhunderte – waren, zerfetzt und verbeult, fünf oder sechs übereinander aufgehäuft; die Stapel stützten sich gegenseitig ab. Es war ein sauber aufgeräumter Schrottplatz, der sich unendlich weit zu erstrecken schien. Die Abenteurer, die nun durch das Innere wanderten, konnten nicht erkennen oder auch nur erahnen, wo seine Grenzen lagen. Es war jedoch klar, daß der Schrotter sich in diesem Labyrinth auskannte, wie ein gewöhnlicher Borrible sich in seinem Heimatviertel zurechtfinden würde, trotz der Anzahl der Straßen und aus Autos geschichteten Hochhäuser, die oben im Regendunkel verschwanden.

Die am besten erhaltenen der Autowracks waren zu Borriblehäusern ausgebaut, und an den Fenstern hingen Säcke oder Teppiche, um den Regen draußen, die Wärme drinzuhalten. In den höchsten Wagen saßen die Späher, und wie die Kolonne der Abenteurer vorbeistampfte, erklangen warnende Pfiffe durch die Dunkelheit, die wie Katzenmaunzen über die metallenen Dächer widerhallten.

Endlich hatte der Schrotter die Abenteurer in eine Sackgasse geführt, die sie zu dem Wellblechzaun zurückbrachte. Diese Straße war so hoch und schmal, daß sich im fünften oder sechsten Stock die Autos, zur Mitte gesackt, berührten, und ein bedrohlich aussehender Tunnel entstanden war.

Napoleon hielt an und packte den Schrotter am Arm. »Das gefällt mir nicht!« sagte er. »Das ist 'ne Sackgasse, und dort kriegt man am Ende eins auf den Sack. Das ist sprichwörtlich.«

Der Schotter grinste spöttisch und deutete in die Dunkelheit. »Das hier ist der sicherste Fleck im ganzen Schrottplatz«, sagte er, »deshalb kriegt ihr ihn ja zum Schlafen. Glaubt's mir nur, wir wollen nicht, daß euch die Bullen finden ... würde uns gar nicht guttun.«

Napoleon starrte in die Richtung, in welche der Schrotter zeigte, und sah im trüben Halbdunkel – denn die nächste Lampe war ein gutes Stück entfernt –, daß am Ende des Tunnels quergeparkt die Überreste eines Londoner Doppeldeckerbusses standen.

»Von draußen«, fuhr der Schrotter fort, »sieht's echt hart aus, aber innendrin haben wir's schön gemütlich eingerichtet, und wenn ihr rasch rausmüßt, dann habt ihr hinten ein Schlupfloch, das direkt vor einer Öffnung im Zaun rauskommt. Ihr könntet beim ersten Anzeichen von Gefahr abhauen.«

Napoleon befingerte seine Schleuder. »Na gut«, sagte er, doch es klang nicht sehr überzeugt.

Poch war auch nervös. Er schaute nach oben und sah, daß über ihnen etwa ein Dutzend Schrotter Wache standen, mit schußbereiten Schleudern.

Der Schrotter lächelte. »Wir gehn immer durch die Wagen«, erklärte er, »von einer Straße in die andre, oben über die Dächer ... fangt hier besser nix an.«

Poch nickte. »Wollen wir gar nicht«, sagte er. »Wir

möchten bloß ins Trockene und ein paar Stunden schlafen. Ich fühl' mich so durch und durch naß wie eine tote Katze im Kanal.«

Der Schrotter lachte und führte sie zum hinteren Eck des Busses, wo er einen Schalter berührte. Mit einem Preßluftzischen faltete sich eine Tür auf. »Ist groß genug, daß ihr das Pferd reinkriegt«, sagte er. »Unsre Jungs mögen Pferde und haben ihm was in einer Tierhandlung in Chalk Farm geklaut. Wir haben auch was zu essen für euch.« Der Schrotter ging ein paar Schritte weiter und tastete im Dunkel, dann ging schwach ein Licht an, das langsam stärker zu glühen begann.

Sydney nahm Sam am Zügel und half ihm, die hohe Stufe in den alten Autobus zu ersteigen. Das Pferd stolperte vor Erschöpfung, und Chaline mußte von hinten schieben. »Armer Kerl«, sagte sie. »Hat sicher jeden Moment gedacht, das ist sein letzter, die ganze Zeit, wo er im Schlachthof war. Muß jetzt wirklich am Ende sein.« Dann hörte sie zu reden auf und schaute nur noch mit großen Augen. Die anderen folgten und blieben neben ihr stehen, froh, endlich dem Wind und der Nässe entkommen zu sein.

»Schaut euch das an«, sagte Bingo, »wer hätt's gedacht?«

Das Innere des Doppeldeckers war völlig verändert. Alle Sitze waren vom Boden abgeschraubt und dann an den Wänden aufgereiht worden; in der Mitte stand ein Küchentisch mit ein, zwei Stühlen. Auf dem Tisch lagen Plastiktüten, aus denen Lebensmittel hervorquollen. Die Schritte versanken in dicken Lagen von Teppichen, und hier und dort standen Stühle und kleine Sessel, von Müllhalden abgeschleppt. Was Sydney mehr als alles andere freute, war der Anblick des großen Haufens sauberen Strohs und des Sacks mit Hafer, die man hinten am Ende des Fahrersitzes erkennen konnte.

»Nun komm, Sam«, sagte sie und führte das Pferd vorwärts, »hier hast du's gut getroffen, hier geht es dir prima.«

Der Schrotter stemmte die Hände in die Hüften und strahlte alle zufrieden an. »Die Conkers haben uns neulich eine Botin geschickt«, sagte er, »da haben wir gedacht, wir machen's euch so bequem wie möglich. Oben findet ihr Matratzen für alle … bald habt ihr's warm und trocken.«

Die Abenteurer ließen sich, stöhnend vor Ermüdung, auf die langen Polstersitze des Busses fallen. Nun konnten sie im Licht der Zwölf-Volt-Lampen einander sehen.

»Mein lieber Alter«, sagte Torricanyon, »wir sehen vielleicht aus.«

Es stimmte: Ausnahmslos waren die Abenteurer bis zu den Hüften mit einer dicken Schmutzschicht bedeckt, und der Rest ihrer Körper war reichlich damit bespritzt, auch ihre Gesichter und selbst ihre Wollmützen. Unter dem Schlamm saß das Blut aus dem Schlachthaus, und darunter der alte fettige Dreck aus dem Gewölbe am King's Cross und vom Kanalweg. Die Kleider waren voller Risse, und ihre Stiefel und Schuhe waren dem nichtendenwollenden Regen zum Opfer gefallen: Das Oberleder klaffte von den Sohlen weg.

Chaline zog ihren Regenmantel aus und berührte den Schrotter, der sie geführt hatte, an der Schulter. »Wir wissen, wie euer Stamm heißt, ihr seid die Schrotter«, sagte sie, »aber was hast du für einen Namen?«

Der Borrible grinste. »Zündholz«, sagte er.

Chaline nickte. »Also, Zündholz, du hast einen sehr schönen Namen, und ich hoffe, du hast die Zeit, solang wir hier sind, uns zu erzählen, wie du dazu gekommen bist … mein Name ist Chaline, und der hier …«

»Du bist Chaline«, sagte Zündholz, »hab ich mir beinahe gedacht. Ich hab schon von dir gehört. Die Große Rumbeljagd, was? Wir haben die Geschichten gehört. Das ist dann also Sam das Pferd, das ist Poch, und der kleine Mißtrauische da, das muß der Wendel sein, Napoleon.«

Während Zündholz sprach, kamen zwei seiner Freunde mit Plastikcontainern in den Bus gestiegen, in denen schwer Flüssigkeit schwappte. »'Ne heiße Brühe«, sagten sie. »Wir haben sie mit Gemüse vom Camden-Markt gemacht«, und sie gossen große Becher voll, welche sie gleich mitgebracht hatten. Die Abenteurer wärmten sich die Hände an den heißen Gefäßen und betrachteten die Fremden, die das Essen austeilten, mit prüfenden Blicken. So ist es Brauch, wenn Borribles andere Borribles treffen.

Eigentlich glichen die Schrotter den Mitgliedern jedes anderen Stammes, wenn sich auch aus ihrer seltsamen Lebensweise gewisse Unterschiede ergaben. Sie waren, soweit das möglich war, noch schmutziger als die meisten anderen Borribles, denen die Abenteurer begegnet waren, aber das kam eben vom Leben in alten, ölverschmierten Autowracks, und aus demselben Grund war ihre Kleidung abgerissener. Nicht, daß von der im Winter viel zu sehen gewesen wäre – denn dann trugen die Schrotter immer gelbes Ölzeug über den Kleidern, mit Südwestern und Gummistiefeln. Da, wo sie lebten, waren Schlamm und Wasser allgegenwärtig.

Doch diese merkwürdigen Borribles waren äußerst findig. Wie zu erwarten, waren sie höchst geschickte Mechaniker und konnten aus Metall nahezu alles herstellen, Dieselgeneratoren eingeschlossen. Manche der Autos, in denen sie wohnten, waren kleine Wunder behaglicher Einrichtung, mit Radios und sogar mit Fernsehgeräten. Fast alles, was sie benötigten, fertigten sie aus dem Schrott, nur mit ihren geschickten Händen.

Unglücklicherweise war nur sehr wenig von dem, was sie schufen, von längerer Dauer – dafür sorgte ihre sich ständig verändernde Heimat. Der Schrottplatz war dazu da, aufgegebene Autos zu sammeln, alles auszubauen, was an ihnen noch wertvoll sein mochte, es am Eingang zu verkaufen und den Rest auf die Schrotthalden zu stapeln. Man brauchte nur drei, vier Arbeiter für dieses Geschäft, doch die machten ihre Arbeit gründlich und drangen systematisch durch den Schrottplatz vor, wo sie alles zerlegten, bis nur noch leere Stahlkarosserien übrigblieben, die schließlich in die Presse kamen, wo sie am Ende zu einem massiven Metallklumpen zusammengequetscht wurden, nicht größer als eine Orangenkiste.

Jeden Tag kamen die Arbeiter, und jeden Tag hielten die Schrotter wachsam Ausschau und verlegten nur, wenn es nötig war, ihre Verstecke von einer Seite des Platzes auf die andere. Das war glücklicherweise nicht so unbequem, wie es zunächst scheinen mochte – der Schrottplatz war so groß, daß ein Schrotter im Lauf von zwei, drei Monaten sein Heim nur ein- oder zweimal verlegen mußte. Die Arbeiter ignorierten die Schrotter, so lange sie ihnen nicht im Weg waren, und das Beste an der Sache war, daß die SBE keine Ahnung hatte, daß jemand auf dem Platz wohnte. Unter normalen Bedingungen, mit normalem Glück, würde man die Schrotter nie entdecken.

Das bedeutete natürlich auch, daß die Abenteurer sicher waren, bis die hektische Suche nach und nach einschlafen würde. Kabrio und Jaguar, die Schrotter, welche die Suppe gebracht hatten, erklärten ihnen das alles, und die Anspannung der Abenteurer ließ langsam nach. Allmählich wurde der seltsame lange Raum wärmer, unter dem Summen des batteriebetriebenen Heizgerätes. Den Abenteurern kam dieser bizarre Bus, verirrt in London zwischen zwei Eisenbahngeleisen, wie ein Palast vor. Bald hatten sie ihre Überkleider ausgezogen und zum Trocknen aufgehängt, und nur einen Augenblick später lagen sie alle in tiefem Schlaf, verrenkt in den unbequemsten Stellungen, zu müde, um auch nur nach oben zu den Matratzen zu gehen, die für sie bereitlagen. Napoleon, der letzte, der abfiel, versuchte sich noch einmal aufzurichten, ehe ihn das Bewußtsein verließ. Er rieb sich die Augen und schüttelte den Kopf.

»Es muß jemand auf Wache«, murmelte er.

Zündholz, der gerade dabei war, eine Decke über Stonkus zu breiten, schaute den Wendel an. »Keine Sorge«, sagte er, »wir drei halten Wache ... ihr braucht jetzt bloß zu pofen. Auf geht's, schlaf du nur.«

Beruhigt folgte Napoleon seiner Aufforderung, und bald war alles still und friedlich, so daß Zündholz und seine Gefährten die Beleuchtung ausknipsten und auf das obere Deck des Autobusses stiegen, um dort abwechselnd zu ruhen und zu wachen – mit scharfen Augen über die schweigende, groteske Schrottlandschaft hinausspähend. Die ganze Nacht lösten sie sich ab; die Wachen starrten durch einen Regen, der schnurgerade herabnagelte. Ein Regen, der das Blut von den Pflastersteinen vor dem Schlachthof in der Baynes Road wusch und das schwarze Wasser des Grand-Union-Kanals kräuselte.

Und auf dem Schrottplatz selbst rasselte derselbe Regen auf die Blechdächer von Tausenden von ausgeräumten Autoleichen und drang halb in den Schlaf der Schrotter, die fest zusammengerollt unter den Dächern lagen. Und weiter drunten rührte der Regen die Schlammoberfläche auf, ließ sie picklig und blasig erscheinen, und strich doch die Erde glatt, schlug sie fest und löschte die Fußspuren von allen, die durch die Stadt der Autowracks gezogen waren, bis schließlich an keinem Zeichen mehr zu erkennen war, daß ein Borrible oder ein Pferd vorbeigegangen war in dieser Nacht, oder in irgendeiner anderen.

Am Morgen drang das müde Licht der Dämmerung nur zögerlich in jene Ecke des Schrottplatzes, die den kaputten Autobus barg. Der Regen strömte immer noch aus dem tiefhängenden Himmel, doch nun war er dünner und ließ sich von unruhigen Windstößen hierhin und dorthin wehen. Die Abenteurer schliefen und schliefen; ihre Körper mußten sich von den Anstrengungen der letzten vierundzwanzig Stunden erholen.

Sie hätten gut und gern noch vierundzwanzig Stunden schlafen können, wenn man sie gelassen hätte, aber schließlich unterbrach das Zischen des Türmechanismus die tiefe Stille im Bus, und Zündholz erschien mit einem großen Krug voll kaltem Wasser. Er ging zu Chaline hinüber und schüttelte sie wach.

Das Mädchen aus Whitechapel setzte sich sofort blinzelnd auf. »Scheiße«, stöhnte sie, »mir tut alles weh.«

»Du weckst jetzt besser mal die andern«, sagte der Schrotter. »Jetzt dauert's nicht mehr lang, bis die Arbeiter anrücken, und dann müssen deine Kumpel bereit sein, sich abzusetzen. Man weiß nie.«

»Ja«, sagte Chaline. »Alles klar. Regnet's noch?«

Zündholz antwortete seinerseits mit: »Scheiße! Natürlich tut's das. Und die Vorhersage meint, das bleibt auch so für die nächsten zwanzig Jahre.«

Chaline lächelte und fing an, ihre Freunde zu wekken, während Zündholz einen Teekessel mit dem Wasser aus seinem Krug füllte und anschaltete. »Ich mach' mal Tee«, sagte er zu niemand im besonderen.

Sobald Sydney erwachte, setzte sie sich im Stroh auf, wo sie die Nacht verbracht hatte, und schaute nach Sam, der neben ihr lag. Das Pferd schlief immer noch fest, die Beine von sich gestreckt, seine Nervosität verflogen. Sydney lächelte und streichelte das Tier; sie streifte mit der Hand den getrockneten Schlamm von seiner Flanke. »Ruh dich aus, Sam«, sagte sie, »ist jetzt nicht mehr weit nach Neasden.«

Das Teewasser kochte, und Zündholz goß den Tee in einer großen Metallkanne auf. Es gab vom Vorabend noch reichlich Obst und anderes Essen, und die Borribles frühstückten ausgiebig. Während sie aßen, kam immer wieder ein Ausguck von den Schrottern in den Bus und berichtete Zündholz, was draußen vor sich ging. Offensichtlich, sagten sie, arbeiteten die Männer heute am anderen Ende des Schrottplatzes, und die Flüchtlinge konnten sich ausruhen. Zündholz war hochzufrieden: »Seht ihr«, sagte er, »hier ist's schön ruhig und friedlich, wenn man ein bißchen die Augen offenhält.«

Die Abenteurer verbrachten den Rest des Tages damit, sich auszuruhen und zu essen, denn es war ihnen klar, daß sie für die letzten Meilen nach Neasden den letzten Rest der ihnen verbliebenen Kräfte brauchen würden. Sie dösten vor sich hin, schwatzten, knöchelten (was eins ihrer Lieblingsspiele ist). Und sie fragten sich, wie es wohl ihren Freundinnen, den Conkers, ging.

»Kam ein wenig heut' morgen im Radio«, erzählte Zündholz, »aber Borribles erwähnen die ja nie – wahrscheinlich soll die Erwachsenenwelt nicht beunruhigt werden. Jedenfalls hat's nur geheißen, daß eine Menge Tiere aus Lastwagen in Camden Town entkommen sind und daß man die meisten in der Nacht wieder eingefangen hat, außer ein paar Pferden, die noch in Hampstead Heath und noch weiter entfernt rumtoben.«

»Aha«, sagte Orococco, »das werden Treld und Switch und die anderen sein. Das sind schon welche! Ich hoffe bloß, sie schaffen's, sauber abzuhauen.« Und dieser Hoffnung schlossen sich alle Anwesenden an.

So verstrichen die Stunden faul, und am Abend brachten Zündholz, Jaguar und Kabrio den Abenteurern sogar noch mehr zu Essen vom Markt in Camden Town, und viele ihrer Schrottergenossen kamen und brachten Vorräte mit, bereit, an einem ausgedehnten und lauten Festmahl teilzunehmen.

»Versteht ihr, die haben immer einen harten Tag«, erklärte Kabrio, »dauernd rumrennen und Vorräte ranschaffen. Und nachts, da lassen sie sich's gern mal gutgehen.« Und das taten sie dann auch. Sie streckten sich auf den Sitzen im Autobus aus, drehten die Heizung hoch und langten gründlich zu. Sie waren alle gekommen, um während des Essens Geschichten zu hören: erst die Namensgeschichten und dann die Geschichte, wie die Abenteurer in diesen Teil von London gereist waren – vor allem aber wollten sie die Geschichte von der Großen Rumbeljagd hören und alles, was sich seitdem begeben hatte.

Angesichts der Gastfreundschaft, die ihnen zuteilgeworden war, war es nur recht und billig, daß die Abenteurer ihre Geschichte erzählten, vor allem, da es die berühmteste Borriblegeschichte überhaupt war. So begann Poch – »Weil«, erklärte er und lächelte Chaline ein wenig verlegen zu, »ich auf dieser ersten Fahrt ja eigentlich der Geschichtsschreiber sein sollte, weißt du noch?« Und er räusperte sich und nahm einen Schluck Bier.

Er begann die Saga, indem er erzählte, wie die Rumbels sich in den Battersea-Park gewagt hatten, und wie die große Expedition aufgebrochen war. Er erzählte von der Reise den Fluß hinauf, und wie sie auf Adolf gestoßen waren, und die anderen führten Stück um Stück die Geschichte fort, und Vulgo erzählte, wie er das Oberhaupt der Rumbels getötet hatte, und Bingo berichtete von seinem großen Kampf in der Bibliothek. Weiter ging es und weiter, jeder Teilnehmer an der Großen Rumbeljagd erzählte sein Kapitel so, wie es ihm oder ihr gefiel, und die Schrotter saßen dabei, nickten und stellten Fragen, denn es ließ sich viel lernen aus dieser Geschichte, und sie wollten kein bißchen davon versäumen.

So erzählten sie weiter, wie sie Sam in King George's Park zurücklassen mußten, erzählten von der Expedition, ihn wieder zu retten, und von der Befreiung der Gefangenen aus Eisenkopfs Schacht und von dem Kampf auf Leben und Tod zwischen Eisenkopf und Zoff, und wie schließlich Sam nach Battersea gebracht worden war, mit der Hilfe von Ben, dem Penner, und seinem Freund Knibbs.

Als alles erzählt war, alle Fragen gestellt worden waren, war es spät in der Nacht, doch die Schrotter lehnten sich in ihren Sitzen zurück, klatschten Beifall, pfiffen durch die Zähne und sahen einander kopfschüttelnd an. »Was für Geschichten«, sagte Zündholz, »ich hätt' nie gedacht, daß ich einmal solche Geschichten zu hören kriege. Ihr habt Glück, daß ihr noch am Leben seid.«

»Da hast du recht«, sagte Chaline. Ihr Gesicht war traurig. »Aber Adolf ist nicht mehr am Leben, und das ist nicht borriblemäßig. Es ist ein großes Abenteuer, klar, aber es ist eins, auf das wir uns gar nicht hätten einlassen dürfen. Wir müßten nun nicht ständig unsere Ohren riskieren, wir würden verstohlen leben, listig, in aller Ruhe, wie die Bumpers in Brixton, die Conkers von der Caledonian Road, wie die Schrotter vom Schrottplatz, daheim auf unseren eigenen Märkten, hübsch im Trockenen. Aber jetzt ist es, was wir auch tun, immer das Abenteuer, das uns weiterzerrt, das uns hinter sich herschleppt.«

»Wir können Sam jetzt nicht zurücklassen«, sagte Zwielicht, »jetzt nicht mehr.«

Chaline nickte dem Bangladeshi zu. »Du hast völlig recht. Das ist das Paradox. Um borriblemäßig zu leben, müssen wir Sam retten; um Sam zu retten, müssen wir immer wieder Sachen machen, die nicht borriblemäßig sind.«

Vulgo wiegte den Kopf mit dem ihm eigenen Ausdruck von schlauer Erfahrung. »Eins sag' ich euch, sobald Sam in Neasden ist, sicher vor Snuffkin, dann mach ich sofort nach Shoreditch rüber, ich schwör's euch, so schnell, daß ihr euren Augen nicht traut. Und dann beginnt wieder das schöne runde Borribleleben. Alles schön ruhig und unauffällig, paar Geschichten,

gerade so viel Klauen, wie man zum Leben braucht.«
»Wunderbar«, sagte Napoleon, »aber wie lebt man als netter ruhiger Borrible, wenn einem ständig Snuffkin und Hanks auf die Hacken treten?«

Orococco seufzte. »Borribles haben's immer schwer gehabt, sind immer auf der Flucht gewesen«, sagte er, »soweit man zurückdenken kann. Und ich seh auch nicht, daß sich das jemals ändert, außer wir machen alle zu Borribles.« Er lachte. »Und das braucht wohl ein paar Borribleleben lang.«

Chaline warf ihr Haar zurück, und ihre Augen glänzten. »Woher wollen wir das wissen?« fragte sie in kriegerischem Ton. »Vielleicht werden ständig mehr und mehr zu Borribles. Wahrscheinlich sogar. Wir können uns nur darum kümmern, daß wir borriblemäßig leben und Borribles bleiben, daß man uns nicht fängt und zu Erwachsenen macht. In Deckung bleiben und einer dem anderen helfen. So einfach ist's im Grunde.«

Alle schwiegen eine Weile und hingen ihren eigenen Gedanken nach, die Schrotter auch. Die Stille dauerte lange, bis Chaline sagte: »Nur so geht's, glaubt's mir.«

Sydney hob den Kopf. Sie saß neben Sam, der langausgestreckt auf seinem Stroh ruhte. »Nur so, stimmt«, sagte sie, »und deshalb müssen wir auch Sam helfen. Er ist ein Borrible und hat uns mal geholfen, jetzt müssen wir ihm geben, was wir haben, und alles, was wir haben, ist die Chance, ihn vor Snuffkin und vor der jahrelangen Sklaverei zu retten … oder davor, zu Katzenfutter verarbeitet zu werden, im Grund das gleiche. Wir schulden es Sam, daß wir dafür sorgen, daß er sein Leben lang gut behandelt wird. Es ist egal, was Snuffkin für Lügen über uns erzählt, daß wir Mörder sind und so. Wir wissen, es stimmt nicht, was er sagt, der würde über jeden, der nicht seiner Meinung ist, alles mögliche erzählen.«

Sydney holte tief Atem, als sie geendet hatte. Es war die längste Rede, die sie im Leben gehalten hatte. Sie errötete.

»Richtig!« sagte Stonkus und wurde auch rot.

»Und deshalb«, sagte Poch, »müssen wir überall, wo wir hinkommen, unsere Geschichte erzählen, damit die Leute merken, wie wichtig das ist.«

Kabrio lehnte sich in seinen Bussitz zurück und stieß den Atem durch die geschlossenen Zähne aus. »Junge!« sagte er dann, »das ist alles zu hoch für mich. Ich leb' halt wie ein Borrible, weil ich ein Borrible bin.«

»Das ist es«, sagte Zündholz. »Stell dir mal vor, wie ein Erwachsener zu leben! Arbeiten, arbeiten, arbeiten, und dann sterben, sterben, sterben. Die müssen doch völlig bescheuert sein.«

Beifälliges Gemurmel folgte; die Diskussion hätte sich sicherlich fortgesetzt, wenn nicht ein plötzliches Geräusch von der Tür herübergedrungen wäre: Das Zischen des sich öffnenden Mechanismus. Die Tür faltete sich auf, und ein regennasser Windstoß fegte in das warme Innere des Borribleverstecks und brachte zwei schlammverschmierte Schrotter in Ölzeug mit. Zwischen sich trugen sie etwas, das wie ein nasses, dreckiges Lumpenbündel aussah. Die beiden Schrotter ließen es zu Boden fallen, und einer stieß mit dem Fuß dagegen, während der andere in das Windgebrüll hinausging und in die Dunkelheit zurückkehrte.

»Was ist, Klinker?« fragte Kabrio, »gibt's Ärger?«

Klinker zog sich den Südwester vom Kopf, daß man ein listiges, von jahrealtem Schmutz dunkles Gesicht sah. Er schniefte und goß sich einen Becher Tee aus der großen braunen Kanne ein, die auf dem Boden stand. Wieder trat er gegen das Bündel, ohne sich mit seiner Antwort besonders zu beeilen.

»Das da haben wir in der Nähe vom Roundhouse rumschleichen sehen«, sagte er schließlich. »Die Sache hat uns nicht gefallen, also haben wir's bißchen abgebürstet und hergebracht, um's euch zu zeigen. Er stöhnt oft, muß verletzt sein.«

Zwielicht, der zunächst saß, kniete sich neben den bewußtlosen Gefangenen und betrachtete ihn genau. »Erkenn' den Burschen nicht«, sagte er. »Geb' mir mal einer ein feuchtes Tuch, dann kann ich ihm ein wenig den Dreck aus der Visage wischen.«

Bingo stand auf und tauchte einen Baumwollfetzen in einen Eimer Wasser, um ihn Zwielicht zu reichen, der sanft das schlammbedeckte Gesicht abzuwischen begann. Poch und Napoleon kamen herüber und stellten sich hinter den Bangladeshi, um zuzusehen.

Plötzlich fluchte Napoleon. »Verdammte Scheiße«, sagte er, »es ist Scooter, Menschenskind! Das könnte heißen, daß alle Liliputaner Europas hinter uns her sind ... und die SBE ihnen auf dem Fuße folgt. Ich hab's euch gesagt, wir hätten ihn töten sollen.«

Alle im Raum griffen unruhig und überrascht nach ihren Schleudern. Ein oder zwei der Borribles zogen sich sogar die Regenmäntel an, zur Flucht bereit.

Chaline ließ sich nicht aus der Ruhe bringen. Sie schob Napoleon beiseite und beugte sich über den verwundeten Zwerg. »Laß mal, Napoleon«, sagte sie, »schau dir nur seine Ohren an. Die aus Plastik sind weg, weißt du noch? Du hast sie abgerissen, und die anderen haben jetzt zu bluten aufgehört, und sie sind sogar noch spitzer als vorgestern.«

Selbst das tiefe Mißtrauen des Wendels schwand

angesichts dieses Beweises ein wenig, doch er sagte nichts.

Vulgo dagegen rief: »Schaut euch das an! Seine Ohren sind fast so spitz wie unsere.«

»Schaut mir wie ein Borrible aus«, sagte Kabrio, der vom Rande des Kreises, der nun den Gefangenen umgab, herüberspähte.

Poch starrte Chaline an. »Er hat recht«, sagte er, »wenn er auch noch nicht ganz ein Borrible ist, er wird auf jeden Fall grade einer, und wie wir alle wissen, ist das unmöglich.«

Napoleon schob sich nach vorn. »Gesichtschirurgie!« sagte er. »Ihr wißt doch, daß Snuffkin vor nichts halt machen würde, um wieder einen Spion bei uns einzuschmuggeln.« Er kniete sich hin und befühlte die Ohren des Zwergs. »Ich weiß auch nicht«, fuhr er nach einer Pause fort, »wie sollen wir's denn wissen, wir sind keine medizinischen Sachverständigen. Die können die tollsten Sachen bringen heutzutage. Herzverpflanzungen, Nieren, Lungen, sogar Arme ... alles. Warum nicht auch Ohren?«

»Red' keinen Quatsch«, sagte Chaline. »Es wär' so kurz nach einer Operation auf jeden Fall eine Narbe zu sehen. Diese Ohren verändern sich, weil aus ihm ein Borrible wird, da bin ich sicher.«

»So war's bei uns allen mal, vor langer Zeit«, sagte Stonkus.

»Ja doch!« sagte Napoleon, »natürlich, aber wir waren Kinder, es passiert nur bei Kindern. Diese Nulpe hier ist ein Zwerg, ein Liliputaner, klein wie wir, aber erwachsen, ein Normaler.«

»Ich weiß auch nicht«, sagte Poch, angestrengt nachdenkend und mit tief gefurchter Stirn. »Vielleicht ist das, was Coco vorher im Scherz gesagt hat, doch möglich? Vielleicht können sogar normale Menschen, wenn sie es sich stark genug wünschen, Borribles werden. Wer weiß? Viele Sachen, wo wir denken, die sind unmöglich, sind vielleicht doch möglich, da möchte ich wetten.«

»Und was ist dann mit Drillich?« fragte Napoleon, das Gesicht hart und scharf. »Er war lang genug bei uns, und es hat ihn nicht zu einem netten Spielkameraden gemacht. So weit ich sehe.«

»Das kommt, weil er hinter dem Geld her ist«, sagte Chaline. »Das macht den Unterschied.«

Ein Stöhnen kam von der Gestalt, die auf dem Boden lag, dann ein zweites, längeres, tieferes Aufseufzen. Scooters Augenlider zuckten in der Schlammaske, die sein Gesicht überzog, und seine Zungenspitze versuchte, die Lippen sauberzulecken. Er hustete, wieder flatterten seine Lider, und nun blieben die Augen offen. Er lächelte zu Chaline hoch.

»Hallo«, sagte er. »Ich wußte, daß ich euch finden würde. Habt ihr meine Ohren gesehen? Ich bin jetzt einer von euch.«

Chaline nickte. »Wir haben's gesehen«, antwortete sie. »Ich muß sagen, eigentlich haben wir so was überhaupt noch nie gesehen.«

»Einen Moment mal!« unterbrach sie Napoleon.»Du solltest drüben auf der anderen Seite von King's Cross sein. Wir haben den Conkers gesagt, sie sollen dich mitnehmen oder unter Bewachung stellen. Was ist da passiert?«

Scooter stützte sich auf einen Ellenbogen und schaute zu dem Kreis von Gesichtern hinauf. »Sie haben mich bewacht«, sagte er, »haben mich in einen anderen Häuserblock gebracht, gleich nachdem ihr weg seid, aber sie haben gesehen, wie sich meine

Ohren verändern, und haben gesagt, das sei nicht ihr Job, einen Borrible zu bewachen, der nichts getan hat, da haben sie mich laufen lassen.«

»Na bitte«, sagte Bingo, »das ist doch auch ein Beweis.«

»Klar«, erwiderte Napoleon höhnisch, »ein Beweis, daß die Wachen bei den Conkers mehr Vertrauen haben als Verstand. Vertrau' nie jemand, wenn du nicht mußt, und auch dann nicht sehr, so heißt das Sprichwort.«

»Wie geht's deiner Schulter?« fragte Chaline.

»Steif«, sagte Scooter, »ziemlich steif, aber es wird besser. Es geht mir jetzt so gut, daß ich mit euch kommen kann, ehrlich. Laßt mich nicht mehr ...« und wie er noch sprach, erloschen die Augen des Liliputaners wieder, und sein Kopf sank auf den Boden zurück.

Poch beugte sich hinunter und ergriff Scooter unter den Armen. »Nimm die Füße, Bingo«, sagte er, »und wir machen's ihm warm und trocken. Er ist gar nicht gut dran, was er auch sagt.«

Scooter wurde auf eine der langen Sitzbänke des Busses gelegt, und man machte es ihm möglichst bequem. Anstatt der nassen Kleider bekam er trokkene, und Chaline besah sich die Wunde des Zwergs. Sie war rot und stark entzündet. Mit einem Blick zu Zündholz sagte sie: »Wir brauchen was zum Desinfizieren.«

Jaguar stand in Hörweite, den Regenmantel schon angezogen. »Ich hol' euch, was ihr braucht«, sagte er, »in der Hütte von den Arbeitern steht ein Erste-Hilfe-Kasten, das bringt's genau.« Er nickte ihnen kurz zu und verschwand.

»Gut«, sagte Chaline, »jetzt trichtern wir dem Typ hier am besten mal was zu essen ein. Soll mal jemand die Suppe warmmachen, ich säubere solang diesen Stich hier in seiner Schulter.«

Scooter schlug wieder die Augen auf. »Was zu essen wär' gut«, sagte er. »Laßt mich nicht zurück. Ich versprech's euch, ich bin wirklich gesund genug, mitzukommen.«

»Ach ja?« sagte Napoleon, der, seit der Zwerg in den Bus gebracht worden war, immer in seiner Nähe geblieben war. »Und was ist mit deinen Zwergkumpanen und der Belohnung? Bist du sicher, daß dir niemand gefolgt ist?«

Scooter schaute Napoleon starr an und antwortete sofort; seine Augen waren fiebrig, aber die Aufrichtigkeit glühte durch den Schmutz auf seinem Gesicht: »Mir ist niemand gefolgt«, sagte er. »Da hab' ich verdammt gut aufgepaßt. Ich bin jetzt ein Borrible.« Und damit schloß der Zwerg die Augen und fiel in den tiefen Schlaf der Erschöpfung.

Poch nahm Chaline beim Ellenbogen und führte sie ein Stück von Scooters Lager beiseite. »Was meinst du?« fragte er.

Das Mädchen zuckte die Schultern. »Wir wissen auch nicht alles, nicht einmal über Borribles«, sagte sie. »Zunächst mal glaub' ich seine Geschichte.«

»So!« knurrte Napoleon. »Also gut, ich gebe zu, die Ohren sehen koscher aus, aber Aristotle-Road-Regel ab jetzt, ja? Er muß überwacht und beobachtet werden, bis wir uns völlig sicher sind.«

In diesem Augenblick sprang die Tür auf, und der Regensturm fegte Jaguar wieder in den Bus. Unter dem Arm trug er einen kleinen weißen Erste-Hilfe-Kasten, den er nun Chaline reichte, doch abwesend, mit einer automatischen Bewegung. Er sah besorgt drein.

»Ich hab' mit ein paar von den Posten gesprochen«, sagte er. »Sie sagen, es geht da was Schräges vor. Sie sind sich nicht ganz sicher, was genau, aber es gehen Meldungen ein, daß ein paar kleine Typen in den Schrottplatz reinkommen ... zwei Dutzend vielleicht. Borriblegroß, schätzen sie, wahrscheinlich die Zwerge, von denen ihr erzählt habt. Die müssen nach euch und nach dem Pferd suchen.«

»Die Zwerge«, sagte Napoleon. »Ich hab's doch gesagt, dieses Schwein Scooter hat uns verraten! Erste Hilfe? Was der braucht, hab' ich hier.« Der Wendel ballte die Fäuste.

»Dazu ist jetzt keine Zeit«, sagte Zündholz, »können wir nachher machen. Wir ziehen uns am besten an, suchen uns diese Zwerge und befördern sie mit einem Arschtritt aus unserem Revier.«

»Es geht nicht so sehr um die Zwerge«, sagte Napoleon, »sondern darum, ob nicht dicht hinter ihnen die SBE anrückt.«

Von Scooters Bett her kam ein Geräusch; er setzte sich auf. Er starrte direkt vor sich hin. Seine Lippen waren trocken.

»Er fiebert«, sagte Chaline.

Der Zwerg beachtete sie nicht. »Nein«, sagte er. »Nicht die SBE, nur Drillich. Er will die Belohnung ganz alleine haben, er sagt der Polizei nichts, weil er glaubt, daß er sich alles selber holen kann. Keine SBE diesmal ... das nächste Mal dann wieder mit der SBE.«

Chaline rannte zu dem Zwerg hinüber und zwang ihn wieder auf sein Bett. Dann holte sie das Desinfektionsmittel aus dem Erste-Hilfe-Kasten und goß etwas davon über seine Wunde. »Hoffentlich ist das nicht zu spät«, sagte sie. »Er schaut mir sehr krank aus, wir müßten einen Arzt haben, der ihn sich ansieht.«

Napoleon streifte einen Regenmantel über und machte seine Schleuder schußfertig. Er wies mit dem Daumen auf Scooter. »Aristotle-Road-Regel!« sagte er. »Wer bleibt bei ihm?«

»Ich«, sagte Chaline. »Muß ohnehin jemand nach ihm schauen.«

»Und ich bleib bei dir«, sagte Sydney. »Zwei ist besser, wenn hier ein Angriff kommt. Ich kann auch gleich das Pferd bereitmachen, vielleicht müssen wir uns rasch durchschlagen.«

»Gut«, sagte Napoleon. Er drehte sich zu Zündholz. »Ihr seid hier zu Haus«, sagte er. »Wie machen wir's?«

Der Schrotter kalkulierte die Stärke seiner Truppen. »Acht von euch und etwa dreißig von uns, die noch nicht Posten stehen. Ihr teilt euch in drei Gruppen, und dann kommen bei jeder zehn von uns mit. Wir verteilen uns, die Wachen lenken uns in die richtige Richtung.«

Kabrio knöpfte seinen Mantel zu und zog sich den Südwester ins Gesicht. »Die schnappen wir uns«, sagte er. »Ist ein ganz eigener Ort hier, in der Nacht.«

Torricanyon zog sich ein geliehenes Paar Gummistiefel an. »Weißt du was?« sagte er. »Das glaub' ich dir aufs Wort.«

Draußen lasteten die dichten Regenwirbel schwer auf der Erde, als lägen hundert Faden Ozean über ihren Köpfen. Eine zerfranste Wolke rollte tief über die schiefen Autostapel dahin und füllte die schwach beleuchteten Straßen und Gassen des Schrottplatzes mit Nebelfetzen. Der Wind stieß und knuffte nach allen Richtungen um sich wie ein streitsüchtiger Raufbold. Die hohen Türme aus Altmetall schwankten und stöhnten wie die Türme einer im Meer versunkenen Stadt. Schwarze Gestalten glitten durch die Schatten, die Gliedmaßen regten sich wie in Zeitlupe. Bleiche Fischgesichter schwebten an den Fenstern der kaputten Autos und verschwanden wieder. Es würde in dieser Nacht nicht einfach sein, Freund und Feind voneinander zu unterscheiden.

Napoleon zwinkerte sich den Regen aus den Augen; der Schlamm schlürfte saugend um seine Füße. Hinter ihm kam Poch, der im Düster nach rechts und links spähte, dahinter marschierten Zündholz und Kabrio und zwei, drei andere Schrotter. Der Rest der Abenteurer und die anderen Schrottertrupps waren anderswo, ohne Verbindung, abgeschnitten.

Napoleon fluchte vor sich hin. »Wo sind diese Liliputaner?« sagte er. »Wo sind sie?«

Seine Frage beantwortete sich, als er um eine Ecke bog und von Angesicht zu Angesicht vor fünf Zwergen stand, die sich im selben Moment umdrehten und davonrannten, als der Wendel erschien. »Mir nach«, rief Napoleon ohne das geringste Zögern und lief dem Feind nach, ohne auch nur auf Poch zu warten. Napoleon wollte Drillich haben.

Poch wurde durch den plötzlichen Vorstoß seines Freundes völlig überrascht, doch rannte er rasch hinterher, im Lauf eine Warnung rufend. »Paß auf!« brüllte er. »Das kann eine Falle sein!«

Und es war eine Falle.

Napoleon, der mit der Geschicklichkeit eines Wendels durch den klebrigen Schlamm lief, holte rasch gegenüber den Zwergen auf, doch gleichzeitig ließ er Poch hinter sich, und Zündholz, Kabrio und die anderen Schrotter waren ein großes Stück zurück. Nach kürzester Zeit war Napoleon allein weit voraus, und seine Gefährten sahen ihn nur schwach von ferne.

Als die Zwerge überzeugt waren, daß Napoleon nun isoliert war, hielten sie in ihrer Flucht an, wandten sich um und blieben stehen, bereit, den Verfolger anzugreifen. Sie machten einen schlimmen Fehler. Wer den Wendel gut kannte und etwas über seine Lebensgeschichte wußte, hätte ihnen sagen können, daß er ein Verhältnis von eins zu fünf gerade für fair und angemessen hielt oder sogar die Chancen ein wenig zu seinen Gunsten einschätzte.

Napoleon verringerte sein Tempo nicht; im Lauf schoß er seine Schleuder ab. Zuerst stürzte ein Zwerg, dem ein Stein gegen den Solarplexus geprallt war, dann fiel einer mit einem zerschmetterten Backenknochen. Immer noch rannte Napoleon weiter und erhob seine Stimme zu einem furchtbaren Wendelkampfruf, der durch die leeren Autos klang und hallte. Am Ende sprang er durch die Luft, horizontal daherfliegend, und stieß einen der Zwerge mit dem Kopf bewußtlos, während er im Flug einem anderen gegen die Kehle hieb. Der letzte übriggebliebene Zwerg verlor nun die Nerven und machte keine Anstalten, seinen Kameraden zu helfen, sondern rannte pfeilgeschwind davon. Er kam nur zehn Meter weit. Dann war Napoleon auf die Füße gekommen und hatte den Fliehenden mit einem wohlgezielten Stein zwischen die Schulterblätter gefällt. Als Poch ankam, lehnte Napoleon an einem Auto und kratzte sich mit dem Griff seiner Schleuder den Schlamm von den Kleidern.

»Alles klar?« fragte Poch keuchend.

»Kein Problem«, sagte Napoleon. Er lächelte wie ein Block Zement. »Bin froh, daß du nicht früher hier warst, es wären nicht genug für uns beide dagewesen.«

Poch zählte die fünf Opfer. »Freut mich, daß du auf meiner Seite bist«, sagte er.

In diesem Augenblick schnappte die Falle zu; die fünf Zwerge hatten ihre Aufgabe geschickt gelöst. Ihre Rolle war es gewesen, Napoleon und Poch an diese Stelle zu locken, und das war ihnen gelungen. Während die beiden Borribles sich noch überlegten, was es als nächstes zu tun galt, kam von oben, über ihren Köpfen, ein Ruf, und von überall um sie her erschienen Zwerge.

Poch lud seine Schleuder, Napoleon folgte ihm. »Jetzt wird's richtig«, sagte er.

»Ist nicht mehr komisch«, erwiderte Poch, »die haben auf uns gewartet, da oben sitzt noch jede Menge.«

»Ruf nach den anderen«, schlug Napoleon vor. »Dieses Pack hier wird nicht mehr so tapfer sein, wenn noch ein paar Borribles mitmischen.«

Poch warf den Kopf zurück und schrie laut, doch die Hilfe ließ auf sich warten, und Napoleon und Poch fanden sich in höchster Gefahr. Das Schlimmste war, daß sie kaum ein Ziel für ihre Steine fanden – in der Dunkelheit erhaschten sie immer nur hier und da eine Bewegung, und doch hörten sie ringsum das Scharren und Stapfen von Händen und Füßen, als die Zwerge durch die Autos herbei und an ihnen herunter näher und näher krochen.

»Rücken an Rücken«, sagte Poch.

Nun zerrten und zogen Hände an den Borribles, versuchten, sie zu trennen, sie in die Gefangenschaft fortzuholen.

»Borribles vor!« schrie Poch und schoß, ohne zu zielen, einen Stein ab; er hörte einen Schmerzensschrei. Er griff nach seiner Taschenlampe und knipste sie an:

nahe vor sich sah er ein Gesicht, doch dann ging ein Schlag mit einer Metallstange auf seinen Arm nieder, und er hörte die Lampe in den Schlamm klatschen. Poch hieb mit seiner Faust ins Leere. Dann streifte ihn ein harter Schlag an der Stirn.

»Sie schmeißen Zeug von oben runter«, sagte er und stolperte ein Stück vorwärts, so daß er den Kontakt mit Napoleon verlor, doch der packte ihn am Kragen und zog ihn wieder auf die Füße.

Weitere Gegenstände fielen herab, mehr und mehr, ein Regen von Altmetall, der durch den wirklichen Regen klirrte – Schrauben und Muttern, Lenkräder, Pedale, Türgriffe, Autositze, sogar Scheinwerfer, die wie Granaten barsten.

Wieder stolperte Poch, dem aus der Stirnwunde Blut über das Gesicht sickerte. Napoleon hielt ihn mit dem Arm aufrecht. Auch ihm schlug nun etwas hart und scharf auf die Schulter. »Wir müssen in einen Wagen rein«, sagte der Wendel, einen Schmerzensschrei unterdrückend. »Die steigen hier wirklich recht massiv in die Sache ein.«

Die beiden Borribles sprangen in das nächste Autowrack. Napoleon hieb im Dunkeln nach rechts, links und vor sich in die Mitte; man hörte, wie Leiber aus den Fenstern krochen. Er knipste seine Taschenlampe an und schwenkte sie in einem weiten Kreis: Die Borribles sahen ringsum in den Wagen Gesichter, so weit der Schein der Lampe reichte.

Napoleon machte das Licht aus. »Am besten, man sieht sie nicht alle«, sagte er philosophisch. »Nimm du die Seite, ich nehm' die andere. Wenn sich was bewegt, brenn' ihm was drauf.«

In diesem Moment begann eine von allen Seiten koordinierte Attacke auf das Auto der Borribles, und wieder klapperten Geschosse herab. Ein großer Bolzen flog im Dunkeln durch ein Fenster herein und traf Napoleon unten am Rücken. Er ertastete ihn, hob ihn rasch auf und benutzte ihn als Waffe, indem er mit großer Wirkung in die Dunkelheit hieb. »Wendels vor! Wendels vor!« brüllte er bei jedem Schlag.

Endlich fand ihr Hilferuf eine Antwort. Taschenlampen blinkten draußen auf der Straße auf; die Zwerge zogen sich zurück. Sie kletterten unter Rufen hin und her nach oben und formierten sich wieder auf den obersten Wagendächern. Ein Lichtstrahl blendete Poch und Napoleon. »Stimmt alles mit euch?« fragte eine Stimme. Es war Stonkus.

»Wo habt ihr denn gesteckt?« fragte Napoleon. »Wir durften den ganzen Kampf alleine durchziehen.«

»Tatsache?« sagte Stonkus und senkte die Taschenlampe. »Na, da muß ich wohl bei einem ganz anderen Kampf dabeigewesen sein.«

Poch kauerte auf dem Boden des Autos und wischte sich das Blut vom Kopf. »Wieviel hast du mitgebracht?« fragte er. »Sind mehr Zwerge hier, als wir dachten.«

Stonkus schniefte, als ein großer Klumpen Metall von der Seite des Autos abprallte. »'ne ganze Menge, ja«, sagte er, »aber die sind nicht besonders gut. Ich meine, laufen immer weg, wenn man nahe ran kommt ... Ich hab' Torri dabei und draußen noch Zündholz und ein paar Schrotter.«

»Hat jemand Drillich gesehen?« fragte Napoleon. »Wenn du ihn sehen solltest – den will ich haben.«

Wie als Antwort auf Napoleons Frage brüllte eine Stimme von einem Autostapel auf der anderen Straßenseite herunter. Es war die Stimme von Drillich. Napoleon und Poch krochen aus ihrem Wagen und schauten empor, die Augen mit der Hand gegen den Regen schirmend. Zwei oder drei der Taschenlampen, die die Schrotter dabei hatten, kreuzten ihre Strahlen durch den Himmel und suchten nach dem Anführer der Zwerge. Nicht sehr weit entfernt, vielleicht hundert Meter, ertönte Kampfgeräusch; mindestens zwei, drei verschiedene Schlachten.

Drillichs Stimme brüllte wieder: »Ihr könnt jetzt gradesogut aufgeben, ihr da drunten! Ich hab' euch mit meinen Leuten umzingelt. Hier kommt ihr nicht raus.«

Poch spürte, wie Napoleon vor Zorn bebte. Der Wendel schritt ins Freie hinaus und verließ den Schutz der überhängenden Autowracks. Er schüttelte die Faust über dem Kopf und schrie dem Zwerg zu, obwohl er ihn nicht sehen konnte: »Komm runter, Drillich! Komm runter, du Winzling, du abgebrochener Pygmäe. Komm runter, und ich nehm' dich auseinander!«

»Ich hab's nicht nötig, mit dir zu kämpfen, mein kleiner Grießbrei«, brüllte Drillich, »ich brauch' dich bloß einsammeln und zu Snuffkin bringen, und das werd' ich auch tun, so oder so.«

Dann hörte man von hoch oben eine andere Stimme, schwach und vom Wind verzerrt. »Nein, tust du nicht, Drillich, das wäre nicht recht. Du hast dich immer beklagt, daß man dich anders behandelt, weil du so klein gewachsen bist, warum behandelst du sie jetzt anders, weil sie Borribles sind? Warum läßt du sie nicht in Ruhe?«

Napoleon leuchtete mit seiner Taschenlampe nach oben. »Was zum Teufel!« sagte er. »Das hört sich an wie Scooter.«

Nach und nach leuchteten immer mehr Taschenlampen in den strömenden Regen hinauf, als mehr und mehr Schrotter herbeikamen, die ihre Kämpfe gewonnen hatten. Es kamen jetzt auch mehr von ihnen über die Autodächer herbeigeeilt, und bald würden die Borribles nicht mehr in der Minderzahl sein. Orococco, Zwielicht und Vulgo kamen und stellten sich zu Poch und Napoleon; auch sie starrten nach oben in den Himmel.

Drillich gab einen Moment lang keine Antwort. Er hatte geglaubt, sein einstiger Zirkuskollege läge auf dem Grund des Kanals, doch er blieb nicht lange stumm und überwand sein Erstaunen. Er kam ins Licht, gerade eben erkennbar am Rand eines schwankend aufragenden Stapels von Autoruinen. »Ach!« höhnte der Zwerg, »du lebst also noch, du Borriblefreund! Na, dann muß ich dich wohl auch an Snuffkin weiterreichen, was? Du Idiot!«

Als Drillich aufhörte, bewegte sich etwas in einem Wagen zuoberst auf einem Turm, der etwas weiter unten an der Straße stand. Einige Lichtkegel schwangen hinüber und zeigten, wie Scooter unter großen Schwierigkeiten mühsam aus einem Fenster stieg und auf das Dach des obersten Wagens hinaufkletterte. Dort richtete er sich auf und stand nun im prasselnden Regen, im Wind schwankend und die Hand auf seine Schulterwunde gepreßt. Jemand hatte ihm einen Regenmantel gegeben, der einige Nummern zu groß war, und der hartnäckige Wind hatte ihn ihm fast vom Leib gerissen, denn er flatterte nun wie ein zerfranstes Banner von seinem Rücken.

»Hört mir zu«, rief Scooter, gegen den Wind anschreiend, »hört mich an, Zwerge, hört auf mit dem, was ihr da tut. Die Borribles haben euch nichts getan und wollen nichts Böses. Es sind keine Mörder, wie Snuffkin behauptet. Wenn ihr nur ...«

Drillich unterbrach seine Rede mit einem kreischenden Wutschrei. »Unsinn«, schrie er. »Quatsch! Glaubt ihm kein Wort. Die Borribles sind Diebe und Mörder, die auf sie ausgesetzte Belohnung ist enorm! Scooter ist ein Überläufer, ein Verräter. Glaubt ihm nichts!«

Weitere Taschenlampen waren nun auf Drillich gerichtet, und in ihrem Licht sah man, wie er über den Zwischenraum hinwegsprang, der ihn vom nächsten Autostapel trennte, und über den nächsten, und die Lichtkegel folgten ihm, und Poch und die anderen sahen ihn dicht bei Scooter aufsetzen, und die Autos schwankten und zitterten von der Wucht seiner Landung.

»Haltet ihn auf«, rief eine Stimme, »Drillich wird ihn umbringen.« Poch sah nach rechts: Da kam Chaline, ohne Regenmantel, das Haar naß am Kopf klebend, die Kleider durchweicht, das Gesicht vor ängstlicher Besorgnis verzerrt.

Sobald er in Reichweite war, begann Drillich, mit aller Kraft Scooter auf den Kopf zu schlagen und brachte ihn so prügelnd zum Verstummen. Scooter war zu schwach, um sich zu verteidigen. Er hob seinen gesunden Arm, um die Schläge abzuwehren, und stolperte rückwärts. Er glitt aus, fiel beinahe, und doch gelang es ihm irgendwie, von Drillich fort auf einen benachbarten Stapel Autos zu fliehen. Doch Drillich folgte ihm entschlossen, versessen darauf, Scooter zu Tode zu bringen, seinen einstigen Freund in die Tiefe hinab zu schleudern, in den Schlamm drunten.

Chaline zog ihre Schleuder. »Tut doch was!« rief sie und schoß und schoß wieder, und Poch und Napoleon und alle anderen unten auf dem Erdboden taten es ihr nach – doch das Ziel war, wenn auch nicht weit entfernt, schwierig: Das unsichere Taschenlampenlicht und der starke Wind und der Regen waren hinderlich. Die Steine, die den Zwerg erreichten, hatten nur noch schwache Kraft, und Drillich bemerkte sie nicht.

Endlich kletterte ein Trupp Schrotter in die höchsten Stockwerke auf der Drillich gegenüberliegenden Straßenseite und nahm ihn aus dieser geringen Entfernung mit den Schleudern unter Beschuß; so wurde er ein-, zweimal stärker getroffen.

Drillich erkannte die Bedrohung und sprang aus der Gefahrenzone. Scooter, zu keiner Gegenwehr mehr fähig, brach bewußtlos zusammen. Dann rief Drillich seine Zwerge zu sich und ließ sie einen wilden Hagel aus Schrott hinabschleudern, während er und ein paar andere gegen den Wagen, auf dessen Dach Scooter lag, traten und stießen.

Dieser Wagen, nur leicht auf den ganzen Stapel aufgesetzt, schwankte und begann zu rutschen. Noch mehr Zwerge halfen nun, und der ganze Bau geriet in gleitende Bewegung. Da begannen die Abenteurer, die Wurfgeschosse, die ihnen um die Köpfe und Schultern regneten, ignorierend, den Aufstieg durch einen anderen Autostapel, Hand über Hand. Sie schossen ihre Schleudern ab, wann immer sie die Gelegenheit hatten, doch die Zwerge blieben in Dekkung, und der Turm, auf dem hoch droben der schutzlose Scooter lag, wackelte und schwankte immer stärker.

»Verdammt, verdammt, verdammt«, zischte Napoleon, als er hinaufkletterte, sich die Hände ritzte, die Knie zerkratzte. »Dieses Schwein Drillich!«

Doch als Napoleon und die andern den Gipfel erreicht hatten, trennte sie noch immer eine breite Schlucht von den Feinden, und selbst die Schrotter, die auf der richtigen Straßenseite vorrückten, hatten große Schwierigkeiten, näher an Drillich heranzukommen, da ihn so viele Zwerge schützten.

Die Abenteurer traten an den Rand der Schlucht und starrten durch die im Sturm zuckenden Regenwirbel. Sie konnten erkennen, wo Scooter lag, auf dem Rücken hingestreckt; der Regen prasselte ihm in das blutleere Gesicht. Napoleon schoß seine Schleuder auf Drillich ab, doch der Wind verwehte den Stein. »Du!« brüllte der Wendel. »Wenn du dem Scooter dort etwas tust, ich schwör' dir's, dann bring ich dich um, wenn es auch das Letzte ist, was ich tue.«

Drillich hörte die Drohung nicht – nicht nur wegen des Windeslärms, sondern auch deshalb, weil genau in diesem Augenblick der Wagen, gegen den er trat und stieß, von seinem Turm rutschte und mit furchtbarem Krachen und Knirschen und dem Klirren von Metall gegen Metall hinab zu Boden stürzte und Scooter mit sich riß.

Chaline konnte nicht glauben, was sie gesehen hatte. Sie senkte den Kopf in die Hände, und ein Klageschrei stieg ihr tief aus der Kehle empor. »O der Wahnsinn«, stöhnte sie, »all der Wahnsinn.«

Es kam noch schlimmer. Nachdem nun das Gewicht des einen Fahrzeugs fehlte, verlor der Stapel, auf dem es gelegen hatte, das Gleichgewicht und verschob sich in der Mitte, um schließlich wie eine Lawine aus verbogenem Walzstahl umzufallen. Die Autos in den Türmen zur Rechten und zur Linken, nicht länger abgestützt, glitten seitlich weg und brachen mit lautem Klirren und Dröhnen wie Hochhäuser bei einem Erdbeben in sich zusammen. Windschutzscheiben barsten und sprühten diamantenglitzernde Glasteilchen wie in Fontänen durch die Luft; Auspuffrohre krümmten sich und brachen, Türen sprangen auf. Eine breite Front des ganzen Schrottplatzes war umgekippt und hatte sich in den Schlamm gegraben.

Die Zwerge schrien und jubelten in lautem Triumph. Drillich reckte die Arme empor und verschränkte wie ein Schwergewichtschampion die Hände über dem Kopf. »Da!« brüllte er in den Sturm, »Tod euch allen. Ich gehe jetzt ... aber ich komm' zurück, und das nächste Mal fangen wir euch!« Und mit dieser Herausforderung begann Drillich, über die nassen Dächer weg zu klettern, und unter ihm, in der Burg aus Autokadavern, krochen seine Soldaten von Wagen zu Wagen und folgten ihm.

Die Schockwellen des Sturzes liefen überallhin, und die Abenteurer spürten, wie der Turm unter ihren Füßen zu beben und zu schwanken begann. Sie bewegten sich rasch und flohen von den gefährlichen Gipfeln hinab zur Sicherheit des Erdbodens, wo es viel zu tun gab, wie sie wußten, wollte man Scooter retten. Es herrschte überall Chaos und Verwirrung; viele Autos lagen auf dem Dach oder auf der Seite – ein gefährlicher Schrottsalat, wo jede Metallkante rasiermesserscharfe Zacken hatte.

Die Borribles zögerten nicht; es war keine Zeit. Zündholz organisierte sofort seine Schrotter und schickte die meisten auf die Verfolgung der Zwerge, um sicherzugehen, daß sie den Platz verließen, aber auch, um es noch einigen von ihnen zu besorgen, wenn das möglich war. Der Rest des Stammes fing zusammen mit den Abenteurern an, nach Scooter zu suchen, oder, wie Napoleon sagte, nach dem, was vielleicht von ihm noch übrig war.

Es war eine mühevolle Unternehmung. Sie rutschten und strauchelten auf den herabgestürzten Fahrzeugen, die unter ihrem Gewicht schaukelten und schwankten. Die Taschenlampen stachen in die Dunkelheit. Sie steckten die Köpfe durch zersplitterte Fenster und zerschmetterte Windschutzscheiben; sie zerschnitten sich die Hände an rostigen Kanten und tasteten unter der Oberfläche des zähen Schlamms, wo Scooter liegen und ertrinken mochte. Die Suche setzte sich von Minute zu Minute verzweifelter fort, bis Chaline ihn endlich fand, wo seine Beine unter einem Autowrack hervorragten, rührend-hilflos wie die Beine eines zerquetschten Frosches.

»Hierher!« rief Chaline, und die Strahlen der Taschenlampen vereinigten sich bei ihr. »Ich hoffe, das ist er. Ich bin nicht sicher.«

Stonkus blickte hinunter. »Wenn er unter dem Wagen liegt«, sagte er, »dann ist er erstickt.«

»Ich erkenn' seine Schuhe wieder«, sagte Bingo, »rasch!«

»Alle an der Seite vom Auto entlang aufstellen«, befahl Stonkus, der die Führung übernahm. »Jetzt schnappt euch was zum Festhalten, wir versuchen, das Ding hochzuheben. Wenn sich was tut, Chaline, ziehst du ihn raus.«

Stonkus ging in die Knie und ertastete sich einen festen Griff am Dach des auf dem Rücken liegenden Autos. Seine Gefährten folgten ihm, und auf das Kommando zerrten sie ihre Arme nach oben und stießen sich mit den Beinen nach unten ab. Die Last war entsetzlich schwer, und die Gesichter aller Borribles verzerrten sich vor Anstrengung und liefen rot an.

»Rauf damit, verdammt, macht doch, rauf!« schrie Stonkus, und der stärkste aller Borribles zerrte und stieß und fluchte, und jeder Abenteurer und Schrotter tat dasselbe. Endlich, als es schon schien, als wolle der

Wagen sich niemals regen, bewegte er sich, sparsam, nur ein, zwei Zoll, mit einem langsamen Schlürfen, als er sich vom Schlamm löste. Chaline kauerte daneben und zog den Körper vorsichtig ins Freie; eine große Luftblase quoll mit hervor.

»Wir sind draußen«, schrie sie, als sie mit Scooter unter dem Auto hervorgekrochen war, und nach einer weiteren Sekunde gab Stonkus wieder das Kommando, und der Wagen glitt wieder in die alte Lage zurück.

Chaline kniete auf der Erde; sie hielt Scooters Kopf mit der einen Hand und versuchte mit der anderen, ihm den Schlamm aus dem Gesicht zu kratzen. »Atmet er noch?« fragte sie.

Stonkus beugte sich nieder und schob einen Arm um die Schultern des Liliputaners. »Nehm mal einer die Füße«, sagte er, »bringen wir ihn aus dem Regen raus.«

Der schlaff hängende Körper wurde zum nächsten soliden Auto halb getragen, halb gezogen, wo man ihn sanft auf den Rücksitz legte. Chaline zwängte sich auf den schmalen Platz, der noch freiblieb, und fuhr fort, das zerschlagene Gesicht mit dem Tuchfetzen zu säubern, den Stonkus gefunden hatte. Die anderen Abenteurer steckten die Köpfe durch die Fensteröffnungen. Die Schrotter hielten Wache.

»Ist er's?« fragte Poch.

»Ja«, sagte Chaline, »er ist es, aber ich glaub', er ist tot.« Sie wischte Scooters Ohren mit dem Fetzen ab. »Der einzige Erwachsene, der je zum Borrible geworden ist, und der muß sterben. Scheißspiel.«

»Snuffkins Spielregeln«, sagte Poch.

Chaline schob Scooters Kopf zurück und legte ihren Mund auf den seinen; sie atmete aus, und Scooters Brust hob und senkte sich abrupt. Seine Augenlider zuckten. »Er lebt noch«, sagte Stonkus.

Scooter schlug die Augen auf und sah Chaline an. Der Regen ratterte auf das Autodach. »Tut mir leid«, sagte er, die Stimme ein gebrochenes Flüstern. »Ich dachte, ich krieg' ihn dazu, aufzuhören, daß er die andre Seite verläßt und zu uns kommt ... aber es ist die Belohnung ... hat ihn wahnsinnig gemacht.«

»Sprich jetzt nicht«, sagte Chaline. »Wir müssen dich hier rausbringen, nach dir schauen, dich an einen sichern Ort schaffen.«

Scooters Augen schlossen sich vor Schmerz, Blut floß blasig über seine Lippen. »Es tut weh, Chaline«, sagte er, »drinnen. Mir geht's nicht gut.«

Chaline senkte den Kopf auf die Brust, damit Scooter ihre Tränen nicht sehen konnte. Napoleon wandte sich ab und starrte in den Regen. »Was können wir tun?« fragte er Poch. »Ich taug' hier zu nichts.«

Poch schüttelte bleich den Kopf. »Weiß nicht«, sagte er. »Weiß nicht.«

Scooters Augen öffneten sich wieder. Er sah in die Runde, in die Gesichter der Abenteurer an den Wagenfenstern, ernst im gelben Licht ihrer eigenen Taschenlampen, das von unten ihre Züge scharf hervortreten ließ. »Na, wie sind meine Ohren?« fragte er, und ein blasses Lächeln erschien auf seinen Lippen. Ein Regentropfen fiel vom Dach und klatschte auf sein Gesicht; Chaline lehnte sich weiter vor, um die Tropfen mit dem Rücken abzufangen. Sie berührte sanft seine Ohren.

»Die sind schön«, sagte sie. »Du hast zwei von den schönsten Ohren, die ich je gesehen hab' ... besser als die von Poch, sogar besser als die von Napoleon.« Sie wollte sehr weinen, aber sie hielt es zurück.

Scooters Gesicht glänzte nun in einem breiten Lächeln. »Das ist gut«, sagte er, »das ist dann ja gut.« Sein Atem ging rasselnd. »Ich hätte nie mit Drillich mitgemacht, wißt ihr, am Anfang, wenn ich über Borribles Bescheid gewußt hätte.«

Plötzlich stieß Scooter einen Schmerzensschrei aus und setzte sich kerzengerade auf, die Augen weit aufgerissen, ohne etwas zu sehen. »Bin froh, daß ich ein Borrible bin!« rief er mit einer Stimme, die hundert Meilen weit herzukommen schien. »Jetzt werd' ich nie alt, niemals!« Dann brach blasig ein Schwall Blut über seine Lippen und färbte seine Zähne mit hellem Rot, und er fiel in Chalines Arme wie ein alter schlaffer Sack halb voll Sand.

Chaline barg seinen Kopf in den Armen und wischte das Blut aus dem Gesicht. »Macht die Lampen aus«, sagte sie, »ich will's nicht sehen.« Dann begann sie wirklich zu weinen; ohne viel Geräusch, aber mit vielen Tränen.

Nach einander erloschen die Taschenlampen, und die Abenteurer standen reglos, die Arme an den Seiten herabhängend. Sie sagten nichts, bis schließlich Poch das Weinen nicht mehr ertragen konnte, und es war nicht nur Chaline, die weinte. Poch spürte die Tränen auf dem eigenen Gesicht; Stonkus schüttelte den Kopf, sein Gesicht war feucht, nicht nur vom Regen. Napoleon, Orococco, Zwielicht, Bingo, Vulgo und Torricanyon. Ein großer Kummer war über alle gekommen. Ein neuer Borrible war sofort wieder gestorben.

So holte Poch tief Luft und versuchte, mit fester Stimme zu reden. »Der Drillich«, sagte er. »Dieser Drillich. Ich versprech's euch mit jedem Borribleschwur, den es je gegeben hat, bei jedem Abenteuer, das wir erlebt haben, den seh' ich noch tot.«

»Ich auch«, sagte Napoleon.
»Ich auch«, sagte Stonkus.
»Ich mit«, sagte Zwielicht.

Chaline stöhnte und hob den Kopf. »Nein«, sagte sie. »Begreift ihr nicht? Es ist, wie ich vorher gesagt hab'. Die Abenteuer, da tun wir immer mehr, was nicht borriblemäßig ist. Wenn es keine Rumbeljagd gegeben hätte, gäb's keine SBE, sie hätten Sam nicht versklavt, und wir wären jetzt nicht hier. Ich will nach Hause. Wir alle wollen nach Hause.«

Poch duckte sich ins Innere des Autos und zog Scooters Körper aus Chalines Griff, und Stonkus lehnte sich hinein und half ihm, die Leiche durchs Fenster zu schieben. Dann verschränkten die Abenteurer paarweise die Hände, und Stonkus legte den Leib auf ihre Arme, und so trugen sie ihn fort. Poch blieb neben Chaline auf dem Rücksitz, er berührte ihre Schulter.

»Komm«, sagte er, »laß uns diesen verdammten Ort verlassen. Wir sind bald daheim. Versuch', an die guten Dinge zu denken. Scooter ist ein Borrible geworden, er hat uns etwas gezeigt, was wir nicht geglaubt hätten, wenn wir's nicht mit eigenen Augen gesehen hätten ... das ist wichtig, sehr wichtig. Wer weiß, was es bedeuten kann.«

Chaline schüttelte den Kopf. »Es hätte nicht sein müssen«, sagte sie, »es war meine Schuld. Wenn ich vernünftig gewesen wäre, wär' Scooter nie aus dem Bus rausgekommmen. Ich meine, nachdem ihr gegangen seid, hinter den Zwergen her. Er wachte nämlich plötzlich auf, fieberte nicht mehr. Ich hab' ihm erzählt, was passiert ist, und er schien wieder gut beieinander. Hat sich einen Regenmantel angezogen und gesagt, er könnte mit Drillich reden. Ihm sagen, was recht ist, was falsch ist. Daß es besser wär', ein Borrible zu sein, als für Snuffkin zu arbeiten, oder für irgend jemand andren.«

»Es war nicht deine Schuld«, sagte Poch, »unter Freunden gibt es so was wie Schuld nicht. Du konntest nicht wissen, was geschehen würde.«

Chaline schüttelte wieder den Kopf. Ihre Augen waren geschwollen, aber nun trocken. »Ich wußte, daß er eigentlich nicht gesund genug war, es war nur, weil ich dachte, wenn er den Kampf beenden könnte, wenn wir Drillich dazu kriegen könnten, daß er das Ganze anders sieht, ihn vielleicht zu einem Borrible machen, also, ich dachte eben, es ist einen Versuch wert ... alles, nur diesem Unsinn ein Ende machen.«

»Es *war* den Versuch wert«, sagte Poch. »Scooter war ganz offensichtlich der Meinung.«

»Und als er die Rufe gehört hat – ›Borribles vor! Borribles vor!‹ – da war er nicht zu halten. ›Ich bin jetzt ein Borrible‹, sagt er, ›Ich bin ein Borrible, und kein Borrible soll zögern, wenn ein anderer Borrible ruft‹, er wollte uns alle retten, ist dir das klar?«

Chalines Stimme stockte hier, sie konnte nicht weiter. Gleichzeitig kam Napoleon zurück und schob seinen Kopf abrupt durch ein Fenster herein.

»Wir haben ihn begraben«, sagte er, wobei seine nassen Augen dem rauhen, knappen Tonfall widersprachen. Er zog den Kopf zurück und wollte wieder gehen, doch dann hielt er inne und schaute Chaline an.

Man hatte Napoleon sich noch nie bei irgend jemand entschuldigen hören, doch er tat es in dieser Nacht, zum ersten und einzigen Mal. »Der Scooter«, sagte er, »bei dem hab' ich mich getäuscht. War ein echter Borrible, einer von den besten«, und dann wurde Napoleon rot und zog seinen Kopf aus dem Auto.

Poch kratzte sich am Kinn. »Hätt' nie gedacht, daß ich den Tag erlebe, wo Nap so was sagt«, meinte er. »Es beweist wohl, daß du recht hast damit, daß Scooter etwas verändert hat, meine ich.«

Dieser Gedanke rührte Chaline, und sie lächelte. »Ja, Poch, wir haben uns alle geändert. Du sicherlich«, sagte sie; dann: »Wir können hier nicht bleiben, oder? Wir packen's jetzt besser.« Sie stand halb auf und fing an, sich vorsichtig ins Freie zu zwängen.

Napoleon wartete draußen. Er deutete mit dem Daumen über die Schulter. »Die anderen holen unseren Kram. Die Schrotter gehn sicher, daß Drillich und seine Horde wirklich Leine ziehen, aber eins ist ganz klar, jetzt holt sich Drillich die SBE. Je schneller wir wieder auf dem Marsch sind, desto besser würde mir die Chose gefallen.«

Chaline leuchtete mit ihrer Taschenlampe umher und sah sich um: die Schrottautos, der zertrampelte Schlamm, das Strömen des Regens. »Den Ort vergeß' ich nie«, sagte sie. »Es ist mir, als hätten sich alle Straßen Londons verschworen, uns hierherzuführen.« Sie knipste die Lampe aus und schaute Napoleon an. »Wo habt ihr ihn begraben?«

Napoleon blinzelte. Er sah müde aus, als hätte er eine Woche lang nicht geschlafen. »Wir haben halt ein Loch in den Boden hinter dem Bus gegraben, eine Sitzbank aus dem Bus reingelegt, daß wir ihn draufbetten konnten, dann haben wir eine alte Plane drüber, die wir gefunden haben, und den Schlamm zugeschaufelt. Mehr konnten wir nicht tun.«

Chaline holte tief Atem. »Ja«, sagte sie, »ich weiß.«

11

Die anderen warteten am westlichsten Ausgang des Schrottplatzes. Das war nicht das Haupttor, das die Schrottplatzarbeiter benutzten – das lag weiter südlich unter einer Eisenbahnbrücke, dies war ein Borribleausschlupf, gerade groß genug, um Sam hindurchzuführen.

Die Abenteurer standen zusammengedrängt mit dem Pferd neben dem Durchlaß. Der Zusammenstoß mit den Zwergen und der Tod Scooters hatten sie niedergeschlagen und unruhig gemacht. Gerade, als sie sich auf eine lange Nacht des Ausruhens gefreut hatten, waren sie wieder zum Kampf hinaus in Wind und Regen gerufen worden, und um einen sterben zu sehen. Und jetzt war ihre Sicherheit wieder zu Ende: Sie mußten weitermarschieren, fort durch die Nacht, ohne zu wissen, wohin. Als Poch, Napoleon und Chaline sich näherten, schauten sie auf. Jedes Geräusch ließ sie zusammenfahren, bei jedem Windstoß sahen sie über die Schulter.

Zündholz kauerte mit Kabrio und Jaguar im Schutz eines Wageninneren. Er pfiff Poch und den beiden anderen ein Zeichen, und sie gingen zu ihm hinüber.

»Ich hab' eure Rucksäcke«, sagte er und hielt sie hoch.

»Euer Zeug ist komplett.«

»Was macht ihr denn jetzt?« fragte Poch. »Angenommen, die SBE rückt hier an, und das wird sie wohl auch, seid euch drüber im klaren.«

Zündholz zuckte die Schultern. »Ist höchst kompliziert, einen Schrottplatz zu durchsuchen«, sagte er. »Ich meine, wir könnten euch mit Leichtigkeit verstecken, wenn das Pferd nicht wär'. Wir haben Rückzugslager für den Notfall unter der Erde. Wenn's das auch nicht bringt, dann gehn wir einfach ein paar Tage woanders hin. Zurückkommen können wir dann immer wieder.«

»Wo sind all die andern?« fragte Chaline. »Ich seh' gar niemand sonst.«

»Sind alle auf Wache«, sagte Zündholz, »nur für den Fall, daß die Plattfüße sich heimlich anschleichen wollen. Wenn sie sich auch nur auf zwei Meilen nähern, weiß ich's sofort.«

»Wir machen uns wegen uns keine Sorgen«, unterbrach ihn Kabrio, »um euch und das Pferd geht's, das ist das Problem.«

»Ja«, sagte Poch und schaute zu seinen Freunden, die mit Sam warteten, hinüber. »Und wenn wir mal vom Eisenbahngelände runter sind, fängt's nach Westen hin an, scheißvornehm zu werden, nicht viel leere Häuser oder Schulen. Ich weiß nicht, was wir anfangen sollen.«

»Ich hab' so was wie einen Plan«, sagte Zündholz. »Wenn ihr hier aus dem Schrottplatz rauskommt, habt ihr die Bahnlinie von der Liverpool Street her zur Rechten. Folgt den Geleisen durch den Primrose-Hill-Bahnhof durch ...« (er sah auf die Uhr) »... da wird jetzt um vier Uhr früh niemand sein. Noch eine halbe Meile weiter, und die Bahnlinie geht in einen Tunnel, und wenn sie drüben wieder rauskommt, führt sie unter 'ner anderen durch, die läuft nach Norden, von Marylebone her. Der folgt ihr weiter, und nach einer Weile geht die auch in einen Tunnel, dann schwenkt sie genau nach Westen, den Metropolitan- und Bakerloo-Linien parallel ... und wißt ihr, wo sie rauskommt?«

»Wandsworth Bridge«, sagte Napoleon.

»Keine Witze jetzt. Nein. Sie führt durch West

Hampstead, Kilburn, Willesden Green, Dollis Hill und dann nach ...«

»Ja!« sagte Poch.

»Neasden«, sagte Zündholz. »Ganz einfache Kiste. Könntet bis zum Morgen wahrscheinlich bis nach Kilburn kommen und euch dort verstecken, ist nicht vornehm da.«

Chaline sah Poch an. »Ich seh keine andere Chance für uns«, sagte sie. »Snuffkin kann nicht neben allen Straßen auch noch die Bahnlinien überwachen lassen. Vor allem, wenn er immer noch all die Conkers mit ihren Pferden durch Hampstead Heath jagen muß.«

»Ich glaub', ihr schafft's«, sagte Zündholz, und er stand auf und kam aus dem Wagen heraus. Kabrio und Jaguar folgten. Draußen zog Zündholz seinen gelben Südwester vom Kopf und gab ihn Chaline. »Ist nicht viel«, sagte er, »aber da kannst du dran denken, daß ihr wieder mal hierher kommt ... aber wenn ich euch nicht mehr sehn sollte, also, ein gutes Leben.«

Chaline zerrte sich die eigene Wollmütze vom Kopf und gab sie ihrerseits Zündholz. »Und du kriegst meine«, sagte sie. »Das soll euch an uns erinnern, und an das, was heute nacht geschehen ist. Wir sehn euch dann.«

Dann war es Zeit zu gehen. Man schüttelte sich die Hände, tauschte Versprechen, wünschte einander, daß man sich nicht erwischen lassen würde. Eher, als ihnen lieb war, fanden sich die Abenteurer wieder allein auf der Straße – einer Straße, die sie, wie es schien, schon ewig entlanggelatscht waren. Sie waren es im Innersten müde, vor Snuffkin davonzulaufen, und es war ihnen zweifelhaft, wie weit sie noch gehen konnten. Die Angst vor der SBE und die Treue zu Sam waren die einzigen Antriebe, welche sie stetig weiterziehen ließen.

Jenseits des Schrottplatzes war es düster, und sie schritten über unebenen Boden, doch wenigstens hatte der Regen kurz aufgehört. Die Marschordnung wurde festgelegt, und Stonkus und Torricanyon gingen als Späher voraus, während Napoleon und Bingo die Nachhut machten. An den Flanken gingen Orococco und Zwielicht, und Sydney führte das Pferd, während die anderen sich um sie scharten.

Als sie vorrückten, kamen auf jeder Seite Eisenbahngeleise heran und flossen zu einer Bahnlinie zusammen; die Borribles bildeten nun eine dichtere Gruppe und folgten dem Gleis bis zum Bahnhof Primrose Hill.

Der war, als sie ankamen, völlig verlassen, wie Zündholz gesagt hatte. Die Signale hingen reglos, die Wartesäle waren abgeschlossen, und nirgendwo brannte ein Licht. Die Borribles stahlen sich vorbei, die Bahnsteige über ihren Köpfen, und Sam trat zierlich zwischen die hölzernen Schwellen.

Ein wenig weiter, vielleicht nach etwa hundert Metern, lief die Bahnlinie durch einen tiefen Einschnitt hinter den blinden Rückwänden zweier hoher, distinguierter Häuserreihen. Fenster ragten hoch über den Borribles auf, aber keine Lichter gingen an, niemand schrie von den Gartenmauern herab, und kein Auto bewegte sich auf dem Asphalt der nahen Straßen.

Nun war die Dunkelheit dicht und entsetzlich, wie etwas Boshaftes, das Hunderte von Jahren lang ungestört angeschwollen war. Sie wurde noch stärker, als die Abenteurer sich dem Tunnel näherten, der hier hinter Primrose Hill in die Erde einfuhr, und sie überflutete ihre Augen und Gehirne, als wollte sie die Borribles für immer blenden. »Wir gehn da doch nicht rein, oder?« fragte Zwielicht; er nahm die Mütze ab und fuhr sich nervös durch das strähnige Haar. »Schaut her, selbst Sam gefällt's nicht.«

Es stimmte. Sams Beine waren steif, und er zerrte rückwärts gegen den Zügel in Sydneys Hand. Er schnaubte und wieherte vor Furcht, und die Abenteurer mußten stehenbleiben.

Glücklicherweise scherte sich Napoleon nicht um das Dunkel eines Tunnels, und bald hatte er seine Freunde wieder weitergetrieben, sich aus seiner Nachhutposition nach vorne drängend. »Meine Fresse«, höhnte er, »was ist denn mit euch los? Seid ihr noch die gleichen, mit denen ich über den Wandle bin? Auf geht's, ihr Schlappsäcke.« Und der Wendel spuckte in hohem Bogen in die Luft und marschierte, ohne sich umzusehen, ob jemand folgte, in den Tunnel, wo ihn augenblicklich die Dunkelheit umschloß.

Poch ruckte sich das Gepäck auf seinen Schultern zurecht. »Also«, sagte er, »es gibt keine Wahl«, und mit einem ermunternden Wort zu Sam folgte er den Schritten Napoleons, und der Rest der Abenteurer kam hinterher, Sydney als letzte, und die zog das widerstrebende Pferd nach.

Es war ein langer Marsch, und die Abenteurer tasteten sich im Schneckentempo voran. Nun, da sie sich vor unmittelbarer Bedrohung geschützt fühlten, ließ ihre innere Anspannung nach, und sie merkten erst, wie müde sie waren, wie arg sie sich an den scharfen Metallkanten der Schrottplatzautos zerkratzt und geschnitten hatten, wie steif und zerschlagen sie sich nach der Schlacht gegen Drillichs Zwerge fühlten. Sie ruhten häufig aus; die Rucksäcke wurden ihnen immer schwerer. Sie stolperten auf den Geleisen daher, strauchelten über die Schwellen.

Ihre Geschwindigkeit war Poch nicht gut genug, und er versuchte, sie voranzudrängen. Immer besorgter sah er alle Augenblicke wieder auf die Uhr.

»Wir müssen uns beeilen«, wiederholte er. »Wenn wir's bis zum Morgenanbruch nach Kilburn schaffen, finden wir vielleicht dort Borribles, die uns verstekken. Der ganze Rest in der Nähe hier ist eher rumbelmäßig.«

Sein Schimpfen und Locken half wenig. Nur Napoleon schien noch etwas Energie übrig zu haben – er lief voran und kehrte immer wieder zu seinen Gefährten zurück, um zu melden, daß der Weg frei war, aber schließlich kam er mit einer anderen Botschaft. »Macht die Lampen aus«, sagte er. »Da in der Ferne ist was Seltsames, und ich weiß nicht, was. Geht besser so leis', wie ihr könnt.«

Als die Taschenlampen ausgeschaltet waren, konnte man erkennen, was Napoleon gesehen hatte. Weit, weit in der Ferne glomm ein Lichtschein, ein goldenes Licht. Keine elektrische Beleuchtung, sondern eher wie das Licht eines offenen Feuers.

»Werd' ich nicht schlau draus«, sagte der Wendel. »Was hat ein Feuer in einem Tunnel verloren, hm? Das sag mir mal einer.«

Vorsichtig schlichen die Borribles weiter, und das Feuer wurde größer und heller, als sie sich näherten. Es gab schließlich keinen Zweifel mehr daran, daß es wirklich ein Feuer war, doch in anderer Hinsicht hatte Napoleon sich geirrt: Es war nicht im Tunnel, es lag weiter draußen.

Sobald er die freie Luft erreicht hatte, blieb Napoleon stehen und wartete auf die andren Abenteurer, und er schaute solange in den Himmel empor und merkte, wie die dichte Dunkelheit sich langsam löste. Was schwarz gewesen war, war nun nur noch ein tiefdunkles Blau. Es war noch nicht die Morgendämmerung, doch ein neuer Tag rollte von der anderen Seite der Welt herbei und würde hier in Swiss Cottage nicht mehr lange auf sich warten lassen.

Einer nach dem anderen sammelten sich die Borribles. Direkt vor ihnen, beinahe über ihren Köpfen, stand die riesenhafte Brücke, die den Bahnverkehr von Marylebone nach Norden trug. Das war die Linie, welcher zu folgen ihnen Zündholz geraten hatte. Die Geleise, die aus dem Tunnel der Borribles herausliefen, führten unter der Brücke durch und verloren sich nach der Helle des Feuers in den tiefen Schatten Richtung South Hampstead-Bahnhof. Das Feuer selbst war nicht besonders groß, ein kleines Lagerfeuer, das energisch unter der Brücke flackerte, etwas abseits am Rand einer kleinen Nische. In dieser saß jemand und wärmte sich die Hände.

»Da hockt irgendwas Unangenehmes«, sagte Napoleon und lud seine Schleuder. »Gleich hinter dem Feuer, in der Dunkelheit.«

»Kann nichts sehen«, sagte Zwielicht.

»Wendelaugen«, meinte Sydney. »Ist es eine Falle?«

Ein rauhes, gackerndes Gelächter brach durch die Nacht und hallte durch den Tunneleingang. Dann hob sich eine Stimme, die die Borribles wiedererkannten, in einem Lied aus der Finsternis:

»Der dicke Bankier drückt den Hintern platt,
der feine Pinkel prahlt mit dem Geld,
und sie glauben, ihnen gehört die Stadt,

weil denen die dümmste Kacke gefällt.
Mensch, ist dieses reiche Pack ahnungslos,
ich laß ihnen ihre Komfortbüros,
ihre Konten und Aktien und die vornehmen Kreise,
denn das ist nicht London – das ist bloß Scheiße!
Mir gehört die richtige Welt!«

Und am Ende des Gesangs gackerte das Lachen wieder, noch länger. »Na bitte«, sagte die Stimme, »ich hab' euch ja gesagt, wir sehn uns wieder, und hab' ich nicht recht? Ich seid ja echt schwer unterwegs, kommt 'ne Menge rum, fast so gut drauf wie ich, was? Tunnel und Bahnlinien, lernt all die Tricks. Seid zu schlau für die Plattfüße, viel zu gerissen.«

Chaline stöhnte überrascht auf. »Die Großherzogin!« sagte sie. »Die würd' ich überall wiedererkennen.«

Ein wenig beruhigt gingen die Borribles auf den Lichtschein zu und stellten sich im Halbkreis um das Feuer. Auf dessen anderer Seite ruhte, fröhlichbetrunken, die Großherzogin mit all der majestätischen Würde ihres Titels auf dem Boden, den Rücken gegen einen Metallpfeiler gestützt und den Kinderwagen bei der Hand, und in den Augen der entsetzlichen Vagabundin spiegelte sich das Gold der Flammen mit amüsierter Bosheit.

»Na, prost Neujahr«, sagte sie, »ich dacht' mir's schon, daß ihr noch mal auftaucht. Gibt nicht so viele Wege durch London, wenn man nicht gesehen werden will, was?« Sie schwenkte die Flasche in ihrer Rechten und kippte sich dann etwas aus ihrem Inhalt in den Schlund. »Aah«, sagte sie, »gut für die alten Knochen.« Sie schniefte und wedelte wieder mit ihrer Flasche.

»He, jetzt bin ich aber geplättet«, fuhr sie fort, »ist das nun ein Pferd, was ich da vor mir sehe, oder fällt das schon unter die weißen Mäuse? Damit kommt ihr nicht besonders weit, oder? Ich meine, der erste Bulle, der euch mit dem Roß hinterdrein die Straße runterkommen sieht, wird ein wenig mißtrauisch reagieren, wenn er noch so ein Flachkopf ist. Oder ihr tut so, als sei es ein irischer Wolfshund oder wie. Kann euer Pferd zufällig bellen? Das wär' dann doch 'ne große Hilfe.«

Die Borribles ignorierten das und setzten sich in die Nähe des warmen Feuers, um von ihrem Proviant zu essen.

»Was treibst du hier, Großherzogin?« fragte Napoleon und sah die alte Frau mit zusammengekniffenen Augen mißtrauisch an, die nun wieder einen Zug aus ihrer Flasche nahm.

»Ich?« sagte die Großherzogin mit würdevoll-herablassender Miene. »Ich! Warum soll ich nicht hier sein? Das ist eins von meinen Stammplätzchen. Sieht man nix von der Straße, vorm Regen geschützt. Bin schon ewig hier. Tagsüber muß man in dem Loch hier hokken, sonst wird man allerdings vom Zug aus gesehen.« Ihre flinken Augen waren plötzlich mißtrauisch. »Einen Moment mal, hier könnt ihr nicht bleiben, der Gaul auch nicht. Kein Platz hier in der Nische ... He, sagt mal, bei euch fehlen ja zwei, oder? Haben sie denen die Ohren gestutzt?

»Einer ist für immer fort«, sagte Chaline.

»Und der andere ist fort zu den Bullen«, sagte Stonkus.

»Jesses«, sagte die Großherzogin. »Wenn die Sache so ist, dann mach' ich mich am besten selber fort. Die können einem keine Fragen stellen, wenn man nicht da ist, hm? Das sag' ich immer. Na, jetzt wär' 'ne gute Zeit, um mal bei meinen Verwandten in Yorkshire reinzuschauen, meinen Wagen mit Fressalien und was zu Gurgeln vollzuladen ... und ihr ... was habt ihr vor?«

»Wir müssen nach Neasden«, sagte Poch. »Wir müssen nur noch einen Tag untertauchen, morgen nacht schaffen wir's dann, die Bahnlinie lang.«

»Stimmt«, sagte die Großherzogin, kratzte sich ihr krummes Kinn und kaute mit ihren zahnlosen Kiefern auf und ab, »nur noch fünf, sechs Meilen von hier, mehr nicht.«

»Könnte wie fünfhundert sein«, sagte Orococco, »wenn man die Plattfüße hinter sich hört.«

»Ist schon immer dasselbe«, bestätigte die Großherzogin, »sollte sich mal jemand ein schönes Hobby für die Bullen ausdenken, daß die endlich von der Straße runterkommen.«

Sie schob die Hand unter ihren braunen Regenmantel und zog eine große runde Taschenuhr hervor. »Leuchtzifferblatt«, sagte sie. »Hat mal Madge gehört. Na, die braucht sie jetzt nicht mehr, die hat jetzt die Ewigkeit vor sich, da wo sie ist.« Die Großherzogin lachte kurz auf und verstaute ihre Uhr. »Nein ...«, sagte sie und hörte abrupt auf zu lachen, »ihr habt die Zeit nicht mehr heut' nacht, rüberzukommen. Ihr habt gerade noch Zeit, abzutauchen. Das Pferd ist das Problem.« Sie hob die Flasche an den Mund, und die Borribles rochen den Sprit. Unruhig traten sie von einem Fuß auf den anderen. Die Dunkelheit unter der Brücke war nicht mehr so sehr dunkel. Sie konnten nun die Großherzogin deutlich sehen, und nicht nur wegen des Feuerscheins. Sie sollten aufbrechen, gewiß. Aber wohin?

»Wir verschwenden Zeit«, sagte Poch. »Wir müssen uns verstecken.«

Die Flasche gluckte und verschwand dann im Wagen. Die Großherzogin drohte Poch mit einem langen Finger. »Nicht so hastig, Schlauberger«, sagte sie, »und wohin wollt ihr denn gehn?« Sie erhob sich und ordnete die Tuch- und Plastikfetzen, die ihr als Bedekkung dienten, bequemer um ihren Leib, zerrte den Rock zurecht und zog sich die Unterkleider aus dem Schritt. »So ist's schon besser«, verkündete sie und schwenkte die Hüften. »Immer locker, so bin ich nun mal.«

»Kommt«, sagte Napoleon, »das hat keinen Sinn hier.«

»Da droben«, fuhr die Großherzogin fort, die diese Unterbrechung nicht beachtete und in die Höhe zeigte, »läuft ein Fußweg am Rand der Marylebone-Linie, für die Streckenwärter, und der geht direkt in den anderen Tunnel.«

Chaline nickte. »Das hat uns Zündholz gesagt.«

»Leck mich mit Zündholz«, sagte die Großherzogin, »hört mir zu. Der Tunnel geht bis zum Bahnhof Finchley Road und läuft am Metropolitan/Bakerloo-Tunnel entlang, von Swiss Cottage bis runter zu St. John's Wood …«

»Was bringt das alles!« sagte Napoleon. Er wies mit einem Ruck des Daumens auf den sich stetig aufhellenden Himmel. »Wir können uns nicht in einem Tunnel verstecken. Wir würden überfahren, oder einen Schlag kriegen.«

»Himmelarsch«, sagte die Großherzogin, »kannst du nicht die Schnauze halten, du schriller kleiner Furz? Ihr würdet überfahren, wenn ihr im Haupttunnel bleibt … aber es gibt noch einen, kapiert, der eine

Linie mit der anderen verbindet, daß sie die Züge umleiten können, wenn es einen Unfall oder einen Defekt gibt. Also.«

»Also was?« fragte Napoleon.

»Der Tunnel wird nie benutzt«, sagte die Großherzogin ungeduldig, »und wenn du mich jetzt fragst, Spatzenhirn, wieso ich das weiß, dann sag' ich's dir. Ist auch ein Stammplatz von mir. Da hab' ich den Winter einundachtzig verbracht, den ganzen Winter, der war verdammt hart, zwanzig minus, und niemand hat mich gestört und nie hab' ich gefroren. Wie der Mops im Paletot.«

»Na gut«, sagte Poch; jetzt war er an der Reihe, mißtrauisch zu reagieren. »Warum erzählst du uns das alles? Du schuldest uns keinen Gefallen, und du bist erwachsen.«

»Einfache Sache«, sagte die alte Frau, »weil ich nicht will, daß euch die Bullen abkassieren, versteht ihr? Ihr wollt nach Neasden, und, zum Teufel, dann will ich auch, daß ihr's nach Neasden schafft, in einem Stück, ohne daß euch irgendwelche Fragen gestellt werden von denen, die so gern Fragen stellen. Ich meine, ihr wißt doch genügend von mir, damit ich ein, zwei Jahre in den Bau gehe, oder? Schnieke Zelle und kein Tropfen zu trinken.«

Sydney trat unter der Brücke hervor und schaute zum Himmel hinauf, der nun von blasserem Blau war. »Wir haben keine Wahl«, sagte sie, »laßt sie's erzählen.«

»War gerade dabei«, sagte die Großherzogin und fing an, ihre Habseligkeiten zusammenzusuchen. »Geht 'ne halbe Meile rein in den Tunnel. Dann seht ihr einen zweiten, der rechts abzweigt. Der ist es. Folgt ihm ein Stückchen, und er verbreitert sich zu 'nem Doppelgleis, und ihr seht ein altes Stellwerk. Sie haben auch für alle Fälle ein paar Ersatzzüge da drin stehen. Hinter dem Stellwerk ist 'ne große, viereckige Ausbuchtung in der Mauer, war mal 'ne Werkstatt oder was, ist warm da drin. Groß genug für alle und euer Pferd dazu.«

»Was ist, wenn man nach dem Stellwerk weitergeht?« fragte Napoleon.

»Würd' ich nicht machen«, sagte die Großherzogin, »da stolpert ihr in die Untergrundbahnstation Swiss Cottage, sieht man euch auf jeden Fall. Nee, ihr bleibt schön hinter dem Stellwerk, versteckt euch tagsüber, und morgen nacht folgt ihr einfach den Schienen nach Neasden. Nur fünf Meilen.«

»Nur fünf Meilen«, sagte Sydney und streichelte den Hals des Pferdes. »Hörst du, Sam? Morgen früh um diese Zeit sind wir da.«

»Also«, sagte Poch, an alle gewandt, »was machen wir?«

»Was können wir schon machen«, sagte Stonkus, »als das mal auszuprobieren. Noch eine halbe Stunde, und es ist heller Tag.«

»Von den Zügen ganz abgesehen«, sagte die Großherzogin, »bald hobeln die über euch weg«, und sie packte den Griff ihres Kinderwagens und fing an, ihn einen steilen Pfad hochzuziehen, der an der Seite der Brücke zur Marylebone-Linie aufstieg. »Kommt mit, ich zeig euch die richtige Route.«

Die Borribles ließen sich nicht länger bitten und folgten der alten Vagabundin dichtauf; eilig vor dem drohend aufziehenden Morgen fliehend, schoben sie den Wagen von hinten. Oben holte die Großherzogin ein paarmal tief Atem, keuchend und hustend, wobei ein Geräusch entstand, als riebe man zwei Ziegelsteine gegeneinander. »Meine Lunge!« erklärte sie zwischen den Keuchlauten, »hab' nicht mehr die Puste wie früher.« Sie preßte eine Hand gegen die Brust, während sie mit der anderen deutete – die Borribles sahen dem Fingerzeig nach.

Keine hundert Meter entfernt begann der neue Tunnel; darüber erhoben sich hohe Häuserblocks, in deren Fenster jetzt die ersten Lichter erschienen. Sonst lag alles im Dunkel.

»Da habt ihr's«, sagte die Großherzogin, »und könnt euch glücklich schätzen, daß ich's euch gesteckt hab'. Niemand wird euch da finden.« Sie wandte sich ab und fing an, ihren Kinderwagen den Weg in der anderen Richtung entlangzuschieben, entgegengesetzt der, welche die Borribles nun einschlagen mußten.

»He!« sagte Napoleon. »Mir wär' wohler, wenn du mitkommen würdest.«

Die Großherzogin hielt an und grinste über die Schulter zurück. »Aber mir nicht«, sagte sie. »Ich will so weit entfernt von eurem Haufen sein, wie's nur geht. Keine Ahnung, wieviel die Bullen wissen, aber wenn sie euch auf die Schliche kommen, dann haben sie bald die ganze Wahrheit. Andrerseits, finden sie mich alleine, dann bin ich im reinen, nur eine versoffene alte Pennerin auf dem Weg nach Yorkshire ... und so will ich's haben.« Sie blinzelte ihnen zu und ging weiter.

Die Borribles sahen ihr nach, bis sie verschwand, und dann drehten sie sich weg und gingen auf den Tunnel zu. Sie hatten die ganze Nacht nicht geschlafen und waren nun verzweifelt müde; ihre Köpfe dröhnten. Die Zeit lief ihnen weg. Sie mußten den Seitentunnel finden, den ihnen die Großherzogin verraten hatte, ehe die ersten Züge kamen und sie überfuhren und sie alle und Sam dazu zerschmetterten.

Sie gingen ins Dunkel, diesmal ohne Zögern. Jeder der Abenteurer wußte, daß ihr Leben von den nächsten paar Minuten abhing. Sie marschierten, so schnell sie nur konnten, angestrengt lauschend, ob das Nahen eines Zuges zu hören war, das ihr Verderben bedeutet hätte.

Das Geräusch blieb aus, und es war alles, wie die Vagabundin gesagt hatte. Sie fanden den zu ihrer Rechten abzweigenden unbenutzten Tunnel, und wie sie einmal dort eingetreten waren, fühlten sie sich außer Gefahr. Doch es war ein trübseliger Ort, der ihre Stimmung niederdrückte. Niemand außer der Großherzogin war hier seit Jahren gegangen.

Die Taschenlampen zeigten ihnen lange Girlanden aus schwarzem Schmutz, die von der Wölbung der Decke baumelten. Ihre Füße gingen durch zolltiefen Staub, der weich wie Ruß und fein wie Graphit war. Er bedeckte die rostigen Schienen, die unter ihm unsichtbar geworden waren; er hob sich in die Luft, als die Borribles vorbeimarschierten, und machte sie niesen und husten.

Bald wurde der Tunnel breiter, und die Borribles kamen, wie versprochen, zum Stellwerk. Dahinter lag ein tief in die Mauer reichendes Viereck – auch dick mit Staub bedeckt –, das einst als Werkstatt gedient hatte. Nichts war abgebaut worden: Werkbänke standen herum, eine Menge rostiger Werkzeuge lagen da, wo man sie hatte fallen lassen, neben Stapeln von Backsteinen und Zementsäcken. Die Lampen und Lichtschalter reagierten nicht mehr, da es keinen Strom mehr gab, doch – das war das Beste – ein Wasserhahn funktionierte noch.

Das Stellwerk war eine massive, rechteckige Bude, aus demselben schmutzigen Ziegelstein aufgemauert wie die Tunnelwände, und hinter ihm wurde die Tunnelwölbung weiter und wirkte weniger verkommen. Das war der Abschnitt, den die Londoner U-Bahn noch benutzte, und hier standen jetzt auf zwei parallelen Gleisen zwei alte Untergrundbahnzüge nebeneinander auf Rente, jeder sechs Wagen lang. Von weiter hinten hörte man in der Ferne das hallende Grollen der frühmorgendlichen Pendlerzüge, die auf dem Weg ins Innere Londons auf der Stanmore-Linie durch Swiss Cottage kamen.

Einst war dieser Verbindungstunnel für den Notfall, in dem die Borribles nun Zuflucht gesucht hatten, sehr wichtig gewesen und hatte lebhaften Verkehr gesehen. Das Stellwerk war die Kommandozentrale eines ganzen Streckenabschnitts gewesen. Noch jetzt waren seine Innenwände mit Reihen über Reihen großer, altmodischer Schalthebel bedeckt, die man mit beiden Händen bediente. Ein Diagramm des Schienensystems der Bakerloo-Linie hing an der Wand und auf Telephonen und Alarmknöpfen, einem Tisch und einem Dutzend Stühlen lag der dicke schwarze Staub, der alles erstickte und unbrauchbar machte.

Die Borribles schälten sich aus den Riemen der Rucksäcke und aus den Regenmänteln, und begannen, es sich hinter dem Stellwerk so bequem wie möglich zu machen – außer Sicht für den unwahrscheinlichen Fall, daß ein Trupp Arbeiter vorbeikommen sollte. Die meisten waren so erschöpft, daß sie sich nur noch auf den dreckigen Boden werfen und die Augen schließen konnten; aber einige konnten noch die Stühle ausfindig machen und stellten sie neben die Werkbänke, damit man wenigstens irgendwo sitzen und den Rest des Proviants essen konnte.

Poch, ausgepumpt, mit schmerzenden Füßen und

Beinen, ließ sich auf seinen Rucksack fallen und hockte mit dem Rücken gegen die Wand gelehnt da, die Ellbogen auf die Knie gestützt und das Gesicht in den Händen. Er starrte zu Boden und hing seinen eigenen Gedanken nach; als eine Hand seine Schulter berührte, wurde er beinahe ohnmächtig vor Angst, so gespannt waren seine Nerven. Er schaute auf und sah, wie Chaline zu ihm herabsah.

»Was hast du, Poch?« fragte sie.

»Schwer zu sagen«, antwortete er. »Ich hab' das Gefühl, daß da draußen in den Tunneln etwas wartet, daß in der Nähe etwas ist, das sein Bestes tut, daß wir alle gefangen und zu Katzenfutter verarbeitet werden, und ich kann nichts dagegen tun... Ein Alptraum. Es muß der Tod von Scooter sein, daß er so gestorben ist, wir fühlen uns alle beschissen.«

Chaline erschauerte und sah sich um; es war nichts zu sehen. Sie hob die Hand von Pochs Schulter und berührte sein Haar. »Ich hoffe, du irrst dich«, sagte sie. »Nach allem, was wir durchgemacht haben, hoff' ich nun wirklich, daß du dich irrst.«

Nach dem großen Kampf um den Schlachthof war Snuffkins Wohnwagen zu einem neuen Posten in Hampstead gebracht worden, auf den Parkplatz des Verteilerpostamts in Rosslyn Hill.

Die Stampede hatte bei dem Inspektor und seinem Sergeanten einen nachhaltigen Eindruck hinterlassen. Nicht nur ihre Körper hatten verschiedene Quetsch- und Schürfwunden davongetragen, auch ihr Stolz war schwer verletzt worden. Nach dem, was sie erlitten hatten, waren beide Männer sehr wütend und nun entschlossener denn je, den Borribles ihre Kühnheit heimzuzahlen.

Als man ihn unter seinem Streifenwagen hervorgezogen hatte, war Inspektor Snuffkin verrückt vor Zorn. Noch nie in seinem Leben war so viel Schmutz ihm so nahegekommen. Er zitterte vor Wut; seine Hände bebten, ohne daß er sie unter Kontrolle hätte bringen können, und seine Füße trommelten wie zwei Preßlufthämmer auf die Pflastersteine. Seine Männer standen mit gesenkten Köpfen vor ihm, als er sie anschrie. Er war nicht wiederzuerkennen: Sein verzerrtes Gesicht verzerrte sich vor wahnsinniger Wut zu geraden Zügen. Er kreischte, tanzte, versuchte wie ein von Dämonen Besessener sich die besudelten Kleider vom Leibe zu reißen. Sein ganzes Wesen ging in einem ungeheuerlichen Anfall infernalisch tobender Wut auf. Er schäumte vor Ekel.

Tatsächlich gab es für ihn Grund genug zu schäumen. Seine Kleider waren von den scharfen Kanten an der Unterseite des Wagens zerschlitzt. Er hatte im Getümmel seine Mütze verloren, und seine Haare und Hände und sein Gesicht waren mit dem festen und flüssigen Unrat beschmutzt, den die fliehenden Tiere überall verspritzt hatten. Snuffkin war zerkratzt, geknufft und zu Tode erschreckt worden.

Doch schlimmer noch als all dies: Er hatte eine totale Niederlage erlitten. Man hatte ihn lächerlich gemacht, er war zum Gespött geworden. Seine Streifenwagen waren zertrümmert, mit verbeulten Seiten und zerschlagenen Fenstern und Windschutzscheiben. Die Ledersitze seines eigenen Wagens, auf denen Hanks Zuflucht gesucht hatte, waren von den scharfen Hufen der Schafe und Schweine zu dreckigen Lumpen zerfetzt worden. Der Gestank des Misthaufens schwebte über allem. Er hing in seiner Uniform, in seinen Ärmeln, seiner Hose. Es war mehr, als er ertragen konnte, und er wußte auch, daß der SPP ihn bei der Nachricht von diesem Debakel von seinem Posten ablösen, und daß das Kommando der SBE an Superintendent Birdlime übergehen würde.

Im Gedanken an Birdlime erhob der Inspektor qualvoll seine Stimme und röhrte die Männer an: »Schafft mich hier weg, ihr Idioten, bringt mich fort. Ich muß aus diesen Kleidern. Ihr Blödiane! Ich bring' euch alle wieder aufs Fahrrad, zurückgestuft, entlassen! Auf den Korridoren des Arbeitsamts werdet ihr hocken! Ich halt's nicht mehr aus. Ich brauch' ein Bad, eine Dusche. Wasser!«

Hanks, der in keinem besseren Zustand als sein Herr und Meister war, kroch aus seinem Versteck, bebend, als befände er sich im letzten Stadium einer lethalen Nervenkrankheit. Er konnte sich kaum aufrecht halten, so hatten ihn die Tiere durchgerüttelt; er spürte einen Schmerz in jedem Quadratzoll seines umfangreichen Leibes, er war ein Kontinent des Wehs.

Snuffkin schwankte und verlor fast die Besinnung, als er einen Hauch des Geruchs erhaschte, der von seinem Adjutanten aufstieg, denn Hanks hatte lange Zeit auf dem Wege von Dutzenden geängstigter Tiere gelegen. Der Sergeant sah aus wie eine gründlich zertrampelte, matschige Ecke einer schmutzigen Wiese, auf der schon seit undenklichen Zeiten Rinder mit chronischem Durchfall weiden. Er roch wie die letzte Schaufel voll verrottetem Mist vom Grunde eines alten und gut abgelagerten Komposthaufens.

Snuffkin taumelte unter der Attacke dieses Geruchs, doch seine Männer stützten ihn und geleiteten ihn zu einem Krankenwagen. Drinnen entfernte man seine Kleider; er wurde direkt zu seinem Wohnwagen gefahren. Hier nahm er stundenlang ein Bad nach dem anderen, wobei er das Wasser mindestens dreimal wechselte und sich in der Wanne ausruhte. Man hatte ihm frische Wäsche gebracht, und jetzt, zwei Tage später, saß er an seinem Schreibtisch – in einer steifgestärkt knisternden brandneuen Uniform und, abgesehen von einem blauen Fleck an der rechten Wange, ohne Spuren des Kampfes. Er hatte den Telephonhörer in der Hand und gab Befehle an seine neuen Polizeiwagen, die durch den ganzen Norden von London patrouillierten. Neben dem Schreibtisch stand, voll Bewunderung wie stets und dies eine Mal so sauber wie sein Chef (denn er hatte auf einem Polizeirevier auch ein Bad abbekommen), Sergeant Hanks.

»Na, dann fahnden Sie weiter!« sagte Snuffkin eben. »Ich will jedes Pferd, das ihr finden könnt, vorgeführt bekommen. Es ist mir gleich, was es für eine Farbe hat, diese Borribles sind imstande und färben es grün. Und irgendwelche Kinder, die aufgegriffen werden, auch zu mir. Und traut keinen Zwergen ... es könnten Borribles sein, die so tun, als seien es Zwerge, die so tun, als seien sie Borribles, die in Wirklichkeit Zwerge sind ... Was? Ich begreife es schon, Sie Schwachkopf.« Der Inspektor knurrte böse und schmiß den Hörer mit solcher Gewalt auf die Gabel, daß der Krach Hanks abrupt Haltung annehmen und salutieren ließ. Als er merkte, daß ihm da ein Fehler unterlaufen war, schritt er zum Wasserkessel hinüber und goß den sprudelnden Inhalt in die Teekanne.

»Wie wär's mit einer schönen Tasse Tee, Herr Inspektor?« fragte er. »Tut Ihren Nerven gut.«

Snuffkin fuhr aus seinem Stuhl auf wie eine Sprungfeder, die durch den Sofabezug birst. »Ja, Hanks, ja«, sagte er und schüttelte sich selbst hinter seinem Rükken die Hand, während er im Stechschritt auf dem Teppich auf und ab rannte. »Das Problem ist«, fuhr er fort, »der SPP ist mit dieser Schlachthofgeschichte überhaupt nicht zufrieden, und er hat ganz recht ... aber wie hätten wir wissen sollen, daß uns so viele Borribles atttackieren würden, was, Hanks? Wie hätten wir es ahnen können?«

»Es war massenhafte Gewalttätigkeit und Nötigung«, sagte Hanks, und er watschelte durch den Wohnwagen und stellte Snuffkins Becher auf den Schreibtisch. Dann kehrte er in die Kochnische zurück, wo er eine schmierige Papiertüte hervorzog; er holte ein ausgereiftes Schinkensandwich heraus und schob es sich zur Hälfte in den Mund.

Snuffkin hörte auf zu marschieren und nippte geziert an seinem Tee. »Der SPP hat uns eine letzte Chance gegeben, Hanks. Er hat die größten Schwierigkeiten mit Downing Street, sehr tief in der Tinte ... Er hat mir gesagt, wenn ich nicht innerhalb von zwei Tagen alles säuberlich abschließe, restlos aufgelöst, geklärt und bewältigt, mit den zehn Rädelsführern hinter Schloß und Riegel, dann kann ich mir gleich eine Stelle bei einem Sicherheitsbüro suchen, wo ich Lohntüten auf die Baustellen bringen darf. Dem SPP ist es gleich, Hanks, wie wir es anstellen, solange wir's nur rasch abwickeln.«

Snuffkin hielt einen Augenblick inne und schnippte ein Staub-Atom von seinem Ärmel; dann schritt er wieder durch den Wohnwagen auf und ab. »Wie stehe ich vor meinen Vorgesetzten da, wenn meine Eliteeinheiten mit Kutteln und Gedärm bedeckt sind?« Der Inspektor hörte zu marschieren auf und blickte anbetungsvoll auf die Bilder der beiden Generäle an der

Wand hinter seinem Schreibtisch. »Hat Rommel solche Probleme mit dem Afrikakorps gehabt? Oder Montgomery mit seinen Wüstenratten? Natürlich nicht.« Er ging zu seinem Tee zurück, nahm ein Schlückchen, und sein Schnurrbart flatterte über der Oberfläche des Getränks, wie ein Wasserkäfer über den Teich huscht. »Und die vielen Beschwerden aus den Restaurants in Camden, Hanks ... überall Tiere eingedrungen, haben Tische umgeworfen, Geschirr zerschlagen, mit den Hörnern Damen in den ... nun ja.«

»Ich habe stark den Eindruck«, unterbrach ihn Hanks und leckte sich die Lippen, »daß eine Menge von den Schafen, die in die türkischen und griechischen Restaurants gelaufen sind, schon Kebab mit Rosmarin waren, ehe sie noch den Hinterausgang erreichen konnten.«

Snuffkin seufzte. »Ist denn in dieser bejammernswerten Gesellschaft jedermann unehrlich?« fragte er und stellte seinen Teebecher wieder auf den Schreibtisch. »Man könnte daran verzweifeln, diese Welt reformieren zu wollen.«

Snuffkin wäre vielleicht mit höchst moralischen Betrachtungen fortgefahren, doch Unruhe vor dem Wohnwagen ließ ihn abbrechen. Man hörte ein dumpfes Aufschlagen, das Geräusch eines Hiebes und dann einen Wasserfall von Flüchen, zuerst von einem Mann, dann von einer Frau. Hanks stellte nun ebenfalls seinen Tee beiseite und bewegte sich, wie auf Rollen laufend, zur Tür. Dort angelangt, riß er sie auf.

»Was geht hier eigentlich vor?« fragte er würdevoll. »Der Inspektor ist mit aufreibenden Forschungen beschäftigt.«

»Verzeihung, Sir«, sagte eine keuchende Stimme,

»aber diese Person ist in Arrest genommen worden, und der Inspektor hat gesagt, er will alles sehen, was irgendwie verdächtig ist, Kind oder Zwerg, Schaf oder Pferd, Fisch oder Vogel ... obwohl, was man hierzu sagen würde ... ich weiß auch nicht.«

Snuffkin lehnte seinen Hintern gegen die Schreibtischkante und verschränkte seine Arme so fest, daß sie wie zwei Schnüre eines einzigen Taus ineinandergeflochten waren. »Herein damit«, rief er. »Ist es sauber?«

»Es ist nicht sauber, weit davon entfernt«, sagte Hanks, der von der Tür zurücktrat, »aber es hat Handschellen an.«

Die Arrestantin wurde vorwärtsgeschoben, und es gab einen aufquietschenden Schmerzensschrei, als sie gegen die Stufen des Wohnwagens stolperte und hinfiel. »Au!« schrie eine rauhe weibliche Stimme, »laßt mich doch zufrieden! Ich bin eine freie Bürgerin und geh' meinen legalen Geschäften nach, oder?«

»Keineswegs«, sagte Snuffkin und ging hinter seinen Schreibtisch. Er griff sich ein dickes juristisches Werk und legte es auf seinen Stuhl, wodurch er selbst, als er Platz nahm, fünf Zoll größer wirkte. Danach nahm er seine Mütze vom Haken und setzte sie präzise und gerade auf den Kopf; er legte sein Gesicht in eine undurchdringliche Miene und schaute drein wie die Wand. »Ich bin bereit«, rief er, und die abgerissene und schmutzige Gestalt der Großherzogin wurde in den Raum gestoßen; die Plastikfetzen hingen ihr kaum noch am Leibe. Da sie Handschellen trug, konnte sie das Gleichgewicht nicht mehr halten und plumpste auf den Teppich zwischen der Tür und dem Schreibtisch.

»Ooooh«, rief Snuffkin mit schwacher Stimme,

einen Augenblick lang seine überlegene Haltung vergessend. »Heben Sie sie auf, Hanks, und holen Sie ihr eine alte Zeitung zum Draufstehen.«

Man zerrte die Großherzogin auf die Füße und folgte der Anweisung des Inspektors, was die Unterlage anging. Der Polizeibeamte, der die Verhaftung vorgenommen hatte, betrat den Wohnwagen und stellte sich neben den Computer, bereit, Fragen zu beantworten. Der Inspektor nickte ihm zu: »Sie dürfen anfangen, Konstabler Blume, erzählen Sie mir, was soweit bekannt ist.«

Der Polizist schaltete den Bildschirm ein und rief die entsprechende Akte ab. »Vivienne Shooster«, las er laut vor, »alias Die Großherzogin oder Die Herzogin, heute auf der Finchley Road aufgegriffen, betrunken einen Kinderwagen lenkend. Frühere Verurteilungen u. a. wegen obszöner Äußerungen, die öffentliche Ordnung gefährdenden Benehmens (z. B. des Ausziehens ihrer Unterhose, welche sie vor dem Gesicht unschuldiger Passanten schwenkte) …«

»Gibt es auf der Welt kein Schamgefühl?« sagte Snuffkin leise. Er öffnete eine Schublade seines Schreibtisches und holte etwas Riechsalz hervor. Er öffnete das Fläschchen. »Die riecht wie Camembert«, fügte er hinzu.

Hanks schnüffelte kennerisch. »Jawohl«, meinte er, »ich wette, sie hat Preiselbeeren in den Achselhöhlen.«

Polizist Blume hustete und fuhr fort: »… groben Unfugs und Beunruhigung der Öffentlichkeit auf offener Straße durch Singen und Tanzen auf dem Trafalgar Square, schwerer Körperverletzung, Beschädigung von Polizeieigentum, indem Flaschen durch die Windschutzscheibe von Streifenwagen geschleudert wurden, sowie wegen ungebührlichen Hinabfegens der Fleet Street mit dem Kinderwagen während des Umzugs des Bürgermeisters von London, wobei es zu der Äußerung kam: ›Ich bin von altem Adel.‹«

Polizist Blume führte eine Hand zum Munde und hustete wieder. »Die Gefangene ist weiterhin allen Polizeirevieren von London als Vagabundin und Störenfriedin bekannt, geistig instabil und wurde oft in der Gesellschaft von Methyltrinkern in der Gegend um King's Cross angetroffen, obwohl sie auch im Norden lange ...«

»Halt!« sagte Snuffkin plötzlich, und er lehnte sich vor und setzte die Ellenbogen auf den Schreibtisch, flocht seine Finger ineinander und legte sein spitzes Kinn auf die solcherart geformte Brücke. Er hatte eine winzige Regung von Schuldbewußtsein über das Gesicht der Großherzogin huschen sehen.

»King's Cross«, sagte Snuffkin. Er lächelte zärtlich, wie ein tödliches Nachtschattengewächs, das als Veilchenstrauß geht. »Ich glaube, Abteilung C hat einen ungelösten Mordfall in dieser Gegend«, sagte er. »Geben Sie's ein, Blume, ist vielleicht interessant.«

Blume drückte einen Knopf seines Geräts, und der Bildschirm leuchtete auf. Seine Stimme hob sich wieder. »Richtig, Sir. Mord ... Opfer eine Methyltrinkerin, bekannt unter dem Namen Madge. Keine Zeugen, oder besser gesagt alle Zeugen bewußtlos und mit Alkohol betäubt. Ein gewisser Hugh MacMungall als Tatverdächtiger sistiert, später auf freien Fuß gesetzt. Motiv vermutlich Raub, da verschiedene Wertgegenstände, wahrscheinlich Diebesgut, vermißt werden. Allgemeiner Suchruf: Vivienne Shooster, alias Die Großherzogin, alias Die Herzogin, als Zeugin zu vernehmen, vermutlich beteiligt. Jedenfalls von Mac

Mungall während seiner Vernehmung der Tat bezichtigt … und sehen Sie hier, Sir … MacMungall redet auch davon, daß Kinder oder Borribles in der Nacht des Mordes anwesend waren. Schaut so aus, als hingen sie alle zusammen drin!«

Blume war fertig mit seinem Vortrag, und ein tiefes, lastendes Schweigen senkte sich über den Wohnwagen. Die Großherzogin begann zu weinen, und Snuffkin stand langsam von seinem Stuhl auf, und sein deutend vorstechender Finger glühte wie ein Schneidbrenner, der sich durch Metall frißt.

»Ich hab' dich in der Hand, Großherzogin«, sagte er, »und du wirst mir alles erzählen, was ich wissen will … und eins steht fest, wenn du nicht mithilfst, dann sorg' ich dafür, daß du doppelt so lange ins Gefängnis wanderst, wie du noch zu leben hast.«

»Ich weiß doch nix«, sagte die alte Frau, »ich weiß doch nix. Der Hughie MacMungall hat 'nen Pik auf mich, das ist alles, der würde sich alles mögliche ausdenken, um's mir zu besorgen.«

Snuffkin kroch hinter seinem Schreibtisch hervor und verzerrte sein Gesicht seitwärts. »Es gibt etwas, was du unbedingt wissen mußt, Großherzogin«, sagte er. »Ich hasse Borribles. Das einzige, was ich noch mehr hasse, sind Erwachsene, die Borribles helfen. Doch andererseits, Großherzogin, kann sich jeder, der mich in meinem nicht nachlassenden Kampf gegen diese kleinen Feinde der Menschheit unterstützt, in der Sonne meines Wohlwollens wärmen.«

»Ich hab' nichts damit zu tun gehabt«, sagte die Großherzogin. Sie faltete die Hände, fiel vor Snuffkin auf die Knie und sah auf in sein Gesicht. »Ich hab da 'n paar Kinder gesehen, jawohl, aber ich hab nie gewußt, daß das Borribles sind oder was. Und ich bin gar nicht mehr lang bei Madge geblieben, weil sie und Hughie betrunken waren und zum Streit aufgelegt … bin ich gegangen.«

»Schau, Großherzogin«, fuhr der Inspektor fort, »es ist mir gleich, ob du diesen Mord begangen hast oder nicht. Ich will nur eins: Informationen über die Borribles. Ich esse, trinke und atme Borribles, und ich kann sie eine Meile weit riechen, und ich rieche sie an dir. Du hast was mit ihnen gehabt, Großherzogin, versuch nicht erst, das abzustreiten.«

Die Großherzogin rang die Hände und wimmerte.

Snuffkin schaukelte auf den Absätzen vor und zurück. »Erzähl mir, was du weißt«, sagte er, »und du gehst als freie Frau aus diesem Wohnwagen, aber wenn du störrisch an deinen schlimmen Verhaltensweisen festhältst, Großherzogin, dann bist du dran. Ich schick dich in eine Anstalt für die gefährlichen Gestörten, Herzogin, mit einer gemütlichen Gummizelle und jeder Menge Tropfen und Pillen, die man dir eintrichtern wird, um sicher zu gehen, daß du ruhiggestellt wirst. Wie ein Gemüse. Du wirst nicht mehr die Großherzogin sein, die Geißel Londons, nur noch ein Kohlkopf.«

»Jawohl«, stimmte Hanks zu. »Nur noch ein Blumenkohl.«

»Sicherlich«, sagte Polizist Blume. »Blumenkohl.« Er seufzte. »Man stelle sich vor, wenn alle Blumenkohl wären – die Welt ein einziger Garten.«

Die Großherzogin hob flehend die Hände. Ihr wirres graues Haar fiel ihr in das runzlige Gesicht, und ihre faltigen, knorpeligen Lippen schoben sich in schrecklicher Qual über den Zähnen hin und her.

»Ach, Inspektor«, schrie sie klagend, »ich weiß doch nichts von diesem Mord, ich versprech's Ihnen, bei meinem Leben. Aber ich weiß, Sie haben die Macht, das zu tun, was Sie gesagt haben, und ich würde schon im Leben sterben, wenn man mir die Straßen wegnimmt … ich liebe die Straßen, Sir, mehr wie mein Leben, ja.«

Snuffkin grinste vor Genugtuung und stieß seine Hände hinter den Rücken, wo sie sich wie lang getrennte Freunde umklammerten. Er schaute Hanks triumphierend an, machte zackig kehrt und gelangte wieder zu seinem Schreibtisch zurück, wo er Platz nahm und sich vorbeugte, um die kniende Gefangene zu fixieren. Sein Schnurrbart krümmte sich lustvoll. »Hast du irgendwelche Kontakte oder Beziehungen irgendeiner Art oder Weise mit Borribles oder irgendwelchen ihrer Verbündeten oder Komplizen gehabt? Antworte, oder es geht für immer ins Gefängnis.«

Die Großherzogin stand furchtsam auf. »Ich bin eine schwache alte Dame«, begann sie, »kann in meinem Alter nicht mehr arbeiten und kann keine Sozialhilfe bekommen, weil ich keinen festen Wohnsitz habe. Mich können leicht jüngere und stärkere Leute, Euer Ehren, zu etwas zwingen. Ich hab' die Borribles in King's Cross getroffen, und sie haben mich bedroht und mich arg geschlagen, Inspektor, gemeine kleine Schweine, und sie haben auch fortgenommen, was ich an Geld hatte, obwohl sie ja sagen, damit haben sie nie was am Hut … aber meines haben sie sich rasch genug gegriffen, zack, und weg war es.«

»Ja«, sagte Snuffkin, der nickte wie ein gelangweiltes Kind zu einer oft wiederholten Geschichte.

»Weiter.«

»… und deshalb bin ich, sobald ich nur konnte, aus dem Brückengewölbe rausgerannt. Ich hab' meinen Wagen genommen und bin auf und davon, und danach hab' ich sie nie mehr gesehen, ehrlich. Bei meinem Leben, nicht mehr, seither.«

Hanks trat hier einen Schritt vor und versetzte der Großherzogin mit dem ganzen Gewicht seines mächtigen Armes einen Schlag auf den Hinterkopf, daß sie auf ihre Hände und Knie fiel. Einer ihrer wenigen Zähne biß auf ihre Unterlippe, und Blut lief ihr über das Kinn.

Snuffkin lehnte sich in seinem Stuhl zurück. »Es taugt nichts«, sagte er ruhig. »Glaubst du, wir Polizisten sind so unintelligent, wie es im Volke in törichten Geschichten herumerzählt wird? Der Geruch der Borribles hängt dir an, sage ich – er ist in die Lumpen eingewoben, die du trägst, du Rinnsteinhexe. Hör zu, du alte Vettel, sag mir die Wahrheit oder du fliegst schnurstracks in die Klapsmühle! Ein Leben lang Karbol und Putzmittel, ein Leben ohne Gin und Vino. Sag mir's schön laut und deutlich, Herzogin, oder ich sperr' dich mit Lichtgeschwindigkeit ein.«

»Ja«, sagte Hanks, »schnell.«

Die Großherzogin blieb auf Händen und Knien und starrte auf den Teppich; Tränen liefen ihr über die Wangen und vermischten sich mit dem Blut am Kinn. »Ach, helf mir doch einer«, stöhnte sie, »ich will es nicht, es ist nicht das, was ich will. Ich hab' nie der Polente was erzählt, nie im Leben. Warum muß ich jetzt anfangen damit?«

Snuffkin betrachtete prüfend seine Fingernägel. »Du mußt das anders sehen«, sagte er. »Schau, denk dir einfach, es sind Kinder, arme kleine Waisen, und wir wollen nur ihr Bestes. Wir sind sozusagen die von der Gesellschaft beauftragten Vertreter, wir übergeben sie den kompetenten Instanzen, Großherzogin, genau wie wir dich vielleicht weiterleiten müssen.«

Die Großherzogin hob ihr beflecktes Gesicht, aus dem jede Hoffnung gewichen war. »Sie verstecken sich im alten Verbindungstunnel zwischen der Marylebone-Linie und der Bakerloo-Linie bei Swiss Cottage«, sagte sie, »nur heute, dann gehen sie nach …«

Snuffkin kreischte vor Entzücken auf und kletterte über seinen Schreibtisch hinweg. Er sprang auf dem Boden auf und ab, die Beine steif gestreckt, die Fäuste geballt.

»Diesmal! Diesmal«, schrie er, »hab' ich sie, Hanks. Wir stutzen ihnen die Ohren.«

»Das ist eine großartige Nachricht«, sagte Polizist Blume und salutierte.

Hanks zog sich zur Feier der großen Stunde etwas aus einem Nasenloch und hielt es prüfend vors Auge, um es mit den Hunderten anderer Exemplare weicher kleiner Objekte zu vergleichen, die er dort in der Vergangenheit gefunden hatte. Abwesend wischte er sich den Finger an den Fetzen ab, die den Rücken der Großherzogin bedeckten. »Kein schlechtes Stück«, sagte der Sergeant. »Erstaunlich, wo die alle herkommen.« Dann packte er die alte Vagabundin am Haar und zerrte sie auf die Beine. »Was soll ich mit der Gefangenen tun, Sir?« fragte er.

Snuffkin hörte auf, seine Absätze gegen den Fußboden klacken zu lassen, und starrte die Großherzogin ein paar Sekunden lang an, während er überlegte. »Nun«, sagte er schließlich, »die muß natürlich rüber zu Abteilung C, sie ist des Mordes verdächtig.«

Ein lauter Schrei ertönte, und die Großherzogin war ohnmächtig geworden und aus Hanks Umklammerung geglitten. Sie lag auf dem Boden, das alte Gesicht ein massiver Totenschädel mit tiefen schwarzen Höhlen.

Polizist Blume salutierte wieder. »Verzeihung, Sir«, sagte er. »Abteilung C? Abteilung C ist Birdlimes Abteilung, Sir. Nun, also, warum sollten wir dem irgendeinen Gefallen tun? Für ihn sieht das hervorragend aus, wenn er den Mord von King's Cross aufklärt ... aber wenn wir die Borribles fangen, sind wir unschlagbar, Sir.« Der Polizist senkte die Stimme, damit ihn die Großherzogin nicht hören konnte, obwohl sie auch so fast bewußtlos wirkte und nichts mehr aufzunehmen schien. »Wir behalten die alte Schnalle hier, während wir ihre Geschichte überprüfen, und wenn sich herausstellt, daß es stimmt, dann können wir sie laufen lassen, für eine Woche oder zwei, und dann wieder einsammeln. Auf die Weise schnappen wir die Borribles, und nach einer angemessenen Pause lösen wir Birdlimes Mordfall, den er nicht schafft. Wir stehen frischgebügelt da, und er wirkt wie ein ungemachtes Bett.«

Snuffkin hörte auf, seinen Körper hoch- und niederzuschnellen und stemmte die Hände in die Hüften. Er näherte sich langsam dem Polizisten.

»Blume«, sagte er, das Gesicht starr vor Staunen, »Sie sind ein Gedankenleser von hohen Graden. Ich muß zugeben, daß Sie in hervorragender Darlegung auseinandergesetzt haben, was mir soeben und gerade durch meinen Kopf gegangen ist. Mein Vorschlag war nur ein Test Ihrer gedanklichen Fähigkeiten, eine Erprobung Ihrer Loyalität gegen die SBE und Ihres Esprit de corpus. Denken Sie an meine Worte, wenn all das vorbei ist, dann sind Sie Sergeant Blume. Hanks kann einen Assistenten brauchen.«

»Danke, Sir!«

Der Inspektor feierte seine jüngste Leistung mit einem Tangoschritt und trabte dann zu seiner Karte von London hinüber. »Hören Sie gut zu«, sagte er, »die Befehle sind wie folgt. Ich möchte die Stationen vor und hinter Swiss Cottage abgeriegelt haben, und den Eingang und Ausgang zum Tunnel der Marylebone-Linie auch. Rufen Sie die U-Bahn an und sagen Sie, daß eine Bande Übeltäter sich in Swiss Cottage eingeigelt hat und daß in diesem Abschnitt der Strom von der Stecke muß, bis wir sie haben. Schicken Sie Beamte zu jeder einzelnen Station auf der Bakerloo-Linie und halten Sie die Pendler aus den Zügen draußen. Lassen Sie Verstärkung von Scotland Yard kommen und, Hanks, trommeln Sie alle Zwerge zusammen, die Sie kurzfristig finden können. Schaffen Sie mir diesen Droll her.«

»Die Zwerge, Sir?«

»Ja, Hanks – warum sollen unsere Männer das ganze Risiko auf sich nehmen? Ich schick' die Zwerge als Sturmtruppen voraus, so hätte das Rommel auch gemacht ... rausfinden, wo die Borribles stecken, sie ins Freie locken. Wenn unsere Jungs nachrücken, haben die Zwerge schon die halbe Arbeit gemacht. Diesmal will ich keine Fehler. Meine größte Stunde.«

»Natürlich, Sir! Brillanter Gedanke. Soll ich den SPP informieren?«

»Nein, nein, nein! Auf keinen Fall, Hanks. Der SPP will nicht wissen, wie es vor sich geht, er will bloß wissen, daß es vor sich gegangen ist. Vor allem will er nichts von den Zwergen wissen ... sehen Sie zu, daß den Männern das klar ist, was auch geschieht. Er will am Ende des Tages vollendete Tatsachen sehen. Klar? Klar. Gibt's noch Fragen?«

»Jawohl, Sir«, sagte Hanks. »Was sollen wir mit der Gefangenen tun?« Er wies auf die reglose Gestalt auf dem Boden.

»Ha! Ja«, sagte Snuffkin. In seiner Erregung hatte er die Großherzogin vollkommen vergessen. »Behaltet sie in Gewahrsam, bis wir sicher sind, daß die Borribles auch dort stecken, wo sie gesagt hat, dann schmeißt sie wieder raus auf die Straße. Es gibt jetzt grade Wichtigeres zu tun.« Der Inspektor griente und blickte zu den Photographien von Rommel und Montgomery auf. »Diesmal braten wir ihnen eins über«, sagte er und schlüpfte rasch in seinen langen Mantel, und er verließ den Wohnwagen, um seine Männer zu versammeln und seine Streifenwagen und Mannschaftstransporter zu organisieren.

Sobald der Inspektor verschwunden war, packte Polizist Blume die Großherzogin am Kragen, zerrte sie auf die Füße und schob sie auf die offene Tür zu. Sergeant Hanks nahm das Telephon und fing an, mit Scotland Yard zu sprechen, den eifrigen Finger dabei in einem weitgeblähten Nasenloch. Die Abenteurer wußten es nicht, doch die größte Gefahr, der sie je gegenüber gestanden hatten, kam näher und immer näher.

12

Dieselbe Dunkelheit wie zuvor erfüllte den gesperrten Tunnel, und die Abenteurer fühlten sich unruhig in diesem Dunkel. Es war schwierig, in dieser erdrückend-weichen Finsternis warten zu müssen, doch die Flüchtlinge versuchten, sich damit abzufinden. Sie hatten keine Wahl und keinen anderen Ausweg. Jetzt war es hell, und auf den Straßen droben würde sich kein Versteck für sie oder für das Pferd finden. Nun konnten sie nur noch den Rest ihrer Vorräte essen, das metallisch schmeckende Wasser aus dem alten Hahn trinken, und Hölzchen ziehen, wer schlafen und wer Wache stehen sollte.

Lange Zeit war es still in dem vergessenen Raum hinter dem alten Stellwerk, eine seltsame prickelnde Stille, die nur der ferne Donner der Züge auf der Bakerloo-Linie brach; und nur hie und da ließ dieses Donnern ein Rinnsal feinen Staubs aus den lockeren Steinen der Deckenwölbung strömen, das sich mit dem tiefen Teppich aus Schmutz und Steinmehl auf dem Boden vermengte.

Schließlich gingen ein paar der Abenteurer zu den zwei verlassenen Zügen hinüber, die auf den Abstellgeleisen vor sich hin rosteten, und untersuchten sie. Sie hatten bald entdeckt, daß die geschlossenen Türen sich gewaltsam öffnen ließen und daß in den Wagen die langen, breiten Sitze bequeme Betten abgaben, die ihnen den besten Schlaf seit dem Aufbruch in Battersea boten.

Die Wachenden saßen an den grob-schmutzigen Werkbänken, die Köpfe in die Hände gestützt, und sprachen leise miteinander; sie ließen ihre Taschenlampen ausgeschaltet und wagten nicht einmal daran zu denken, daß Neasden nur noch einen Nachtmarsch entfernt lag.

Zwei der Borribles gingen auf Patrouille, Napoleon auf der anderen Seite der Züge, wo er um eine Kurve zu den Lichtern der Untergrundbahnstation Swiss Cottage hinüberstarrte, und Bingo, der die Hintertür bewachte und in die Schwärze des Tunnels spähte, wo in dem Tunnel, den sie hergekommen waren, die Bahnlinie von der Marylebone Road nach West Hampstead verlief. Jetzt galt es, jede Unachtsamkeit zu vermeiden – sie wollten nicht so kurz vor dem Ziel überrascht werden, und wenn sie diesen Tag hinter sich gebracht haben würden, gab es nur noch die letzte Strecke. Unglücklicherweise sollte es nicht so leicht sein, nicht so einfach.

Gegen elf Uhr morgens an diesem Tag hob Poch den Kopf: Er hatte einen Borriblepfiff aus Napoleons Richtung gehört. Auch hörte er jemand in der Dunkelheit fluchen, und nun kam der Wendel rasch um das Stellwerk gerannt. Poch drehte sich auf seinem Stuhl zum Eingang, wie auch die anderen, die bei ihm saßen: Chaline, Vulgo und Zwielicht.

Napoleon knipste seine Lampe an und rasch wieder aus, nur um sein Gesicht sehen zu lassen. Es war wütend.

»Habt ihr's gemerkt?« fragte er.

»Was bemerkt?« fragte Poch.

»Die Züge«, sagte Napoleon. »Sie fahren nicht mehr. Ich hab' seit einer halben Stunde keinen mehr gehört.«

»Du hast recht!« sagte Sydney. Sie saß an die Wand gelehnt auf dem Boden, neben dem Pferd.

»Ich bin bis dicht an die Station ran, als mir das klar geworden ist«, fuhr Napoleon fort, »ganz dicht … da stehn eine Menge Typen auf dem Bahnsteig, welche in Uniform, Hunderte.«

»Man hat uns verpfiffen«, sagte Chaline.

»Da hast du nur allzuverdammt recht«, stimmte Napoleon ihr zu. »Die Großherzogin! Wer sonst? Ich hab' gleich gesagt, wir hätten sie mitnehmen sollen. Oder ihr die Gurgel durchschneiden.«

»Vielleicht können wir auf dem Weg raus, den wir reingekommen sind«, sagte Chaline, »ehe sie den Tunnel dort abriegeln.«

Es war ihre einzige Chance, doch die wurde ihnen durch die Ankunft Bingos in diesem Augenblick genommen, der so schnell er konnte herbeirannte; der Lichtkegel der Taschenlampe stach durch die Dunkelheit. »Ich bin den Tunnel hoch«, keuchte er, »mich umsehen … hab' Geräusche gehört, und dahinten, wo der Tunnel in den von Marylebone geht, da stehen Scheinwerfer, eine Barrikade, Typen in Uniform. Bullen. Was ist auf der anderen Seite los?«

»Wir sitzen wie Ratten in der Falle«, sagte Napoleon. »Es gibt nur diesen Tunnel, und wir sind mittendrin, und an beiden Enden die Bullen. Endstation.«

»O nein!« rief Sydney, »nicht jetzt, nicht, wo wir's schon beinahe geschafft haben. Jetzt kriegen sie Sam. Wegen mir selbst ist es mir gleich …«

»Mir nicht«, sagte Napoleon. »Ich lege großen Wert auf mich selbst.«

Vulgo schlug mit der Faust auf die Bank. »So weit gelaufen und so hart gekämpft, um jetzt hier zu enden … in diesem Dreckloch unter der Erde, nur, um hier in der Scheiße zu sterben.«

»Na«, sagte Zwielicht, »wenigstens haben wir Sam rausgeholt und Snuffkin geprellt. Sam hat ein wenig Freiheit gehabt, wenn auch nur kurze Zeit.«

Poch stand auf und nahm seine Munitionsgurte mit den Steinen vom Tisch, um sie über die Schultern zu streifen. »Das ist nicht genug«, sagte er. »Wir sollten nicht sterben müssen, nicht unsere Ohren verlieren müssen, und Sam sollte nicht zu Katzenfutter werden, aus keinem Grund auf der Welt. Es ist nicht recht.«

»Eins ist hier unser Vorteil«, sagte Napoleon, »sie müssen im Dunkeln gegen uns kämpfen, das wird ihnen gar nicht leicht fallen.« Und wie Napoleon das sagte, ging ein schnarrendes Sausen durch das Dekkengewölbe, und ein blasses, kränkliches Licht flakkerte über die Borribles hin, verschwand, kam zögernd wieder und wurde dann zu einem bleichen Schein, der keinen Schatten warf. Die Abenteurer sahen empor. Droben an der Decke leuchteten lange Neonröhren, die, soweit das Auge reichte, im Tunnel weiterliefen, wie Leuchtspurmunition.

Die Abenteurer schauten einander an; das Blut war ihnen aus den Gesichtern gewichen in diesem Licht, das mitleidlos war. Nun konnten sie sehen, wie wüstverwahrlost der Ort war, an den sie ihr Schicksal geführt hatte, sahen den Schmutz und den Staub, die zerbrochenen und weggeworfenen Werkzeuge, die Schutthaufen und die alten Zementsäcke.

Es kam noch schlimmer: wieder ein Geräusch, diesmal ein metallenes, winselndes Heulen, welches das weiße Licht zerteilte. Die Borribles sprangen auf, und wieder kam der Lärm, es summte und knisterte laut, ehe er schließlich mit einem klagenden Pfeifen verstummte. Dann klopfte jemand gegen ein Mikrophon, blies hinein, klopfte wieder. Eine Stimme hallte durch ferne Lautsprecher, sie zählte: »Eins, zwei, drei, vier. Achtung. Kontrolle. Könnt ihr mich hören?« Es war Snuffkins Stimme, und sie strich an den Tunnelwänden entlang, heulte und hallte und überschlug sich, um schließlich kreischend den Borribles gegen die Trommelfelle zu knallen, die vor Angst und Erstaunen reglos erstarrt waren.

»Könnt ihr uns hören, Borribles!« dröhnte Snuffkins Stimme, »wir wissen nämlich genau, daß ihr da drin steckt, eure Freundin, die Großherzogin, hat es uns erzählt. Man kann sich eben auf niemand verlassen, wie?« Ein Prusten brach durch Snuffkins Worte; er lachte, und es war ein seltsames, dünnes Gelächter, das durch die Luft peitschte wie sich aufwickelnder Stacheldraht.

»Jetzt hört her«, fuhr Snuffkin fort, nachdem er sich erholt hatte, »diesmal ist kein Entkommen möglich. Ich habe Männer an diesem Ende und Männer hinter euch, Hunderte, und alle Reserven, die ich brauche. Legt die Schleudern nieder und marschiert ordentlich direkt hierher zur Station Swiss Cottage und ergebt euch. Ihr werdet gut versorgt werden, und es wird euch nichts geschehen … abgesehen natürlich von der vorschriftsmäßigen Entfernung des unvorschriftsmäßigen Geöhrs, aber das versteht sich ja von selbst.« Snuffkin schwieg einen Moment, als erwarte er eine Antwort durch das Mikrophon. Als er keine erhielt, sprach er weiter.

»Ihr habt fünf Minuten, um euch zu ergeben«, sagte er. »Kommt hier in die Station, die Hände hinter dem Kopf verschränkt. Wenn ihr euch dieser Aufforderung fügt, wird euer Pferd verschont und in ein spezielles Pferdeheim gebracht werden, wo es bis ans Ende seiner Tage in Ruhe grasen kann. Glückliches Pferd!«

»Quatsch«, sagte Napoleon.

»Jedoch«, fuhr die Stimme fort, »wenn diese fünf

Minuten verstreichen sollten, ohne daß ihr euch ergeben habt, ziehe ich mein Angebot in Bezug auf das Pferd zurück, und dann kennt ihr sein Schicksal so gut wie ich. Er wird wie versprochen als Katzenfutter enden, in Dosen, die – wie aus der Werbung bekannt ist – zwischen zweihundert Gramm und fünfzig Gramm wiegen. Noch fünf Minuten, und ich schicke die erste Welle Sturmtruppen vor, um euch aus euren Rattenlöchern zu teiben. Dralle und seine Zwerge stehen voll Eifer bereit, euch zu suchen ... doch, Freunde, laßt es nicht soweit kommen. Ergebt euch und vermeidet Blutvergießen.«

Ein Schweigen, dem ein Klicken folgte: Die Lautsprecher waren tot.

Poch zog seine Schleuder aus der hinteren Hosentasche; die anderen taten es ihm nach. »Das ist unser letzter Kampf«, sagte er. »Hat jemand einen Plan, ich nämlich nicht. Ich weiß nicht, was wir tun sollen. Ich hab' mich noch nie im Leben so total beschissen gefühlt.«

Schritte näherten sich dem Stellwerk, und Stonkus, Torricanyon und Orococco kamen. Sie hatten in den Zügen geschlafen, aber die Lichter hatten sie geweckt. Auch sie hatten Snuffkins Rede gehört und wußten, in welcher Gefahr sie sich befanden.

»Nichts zu machen«, sagte Stonkus, »nur noch kämpfen und sicherstellen, daß diese stinkenden Zwerge sich nicht allzu toll vorkommen.«

»Ich kann es nicht glauben, daß das jetzt passiert«, sagte Chaline in einem klagenden Aufschrei. »Ich kann es nicht glauben. Wie ist das alles gekommen?«

»Gekommen? Einfach so«, sagte Napoleon bitter. »Ich bin dafür, wie gehen nach vorn zu den Zügen und warten auf Drillich und seine Freunde. Sydney kann hier mit Sam bleiben, da kann sie uns pfeifen, wenn jemand was von hinten will.«

»Müßte den Versuch wert sein, Mann«, sagte Orococco.

»Einen Versuch, und mehr kriegen wir nicht«, sagte Poch. Seine Stimme klang leer, ohne Hoffnung. »Die Zwerge sind bloß da, um uns auszupowern. Wenn dann die Bullen kommen, haben sie Helme und Plastikschilde und alles. Unsere Schleudern richten da nichts mehr aus.«

»Versteckspiel bis zum Tod«, sagte Napoleon.

»Und Sam«, sagte Sydney, »ist das auch für ihn das Ende?«

Chaline seufzte. »Heute kommen eine Menge Dinge an ihr Ende, Sid«, sagte sie, »wir alle und Sam. Alles, was du tun kannst, ist ihn da drüben an der Wand verstekken, hinter dem großen Schutthaufen ... dann bewach den Tunnel für uns. So bist du wenigstens bis zum Ende bei Sam.«

»Auf geht's«, sagte Stonkus, »ziehen wir's durch.«

»Wenn's schlimm wird«, sagte Poch, »ziehen wir uns vors Stellwerk zurück, so sehen wir sie aus beiden Richtungen kommen, und wir haben eine Mauer im Rücken.«

Es gab keinen besseren Plan, alle stimmten sofort zu. Stumm nahmen die Borribles ihre Positionen ein und gingen auf den Tunnel nach Süden zu, woher der erste Angriff kommen mußte. Wie sie auf das Schlachtfeld zugingen, beschlossen die drei Freunde, sich wie auf dem Schrottplatz in drei Gruppen aufzuteilen: Orococco, Zwielicht und Bingo in der ersten Gruppe, Torricanyon, Stonkus und Vulgo in der zweiten, Chaline, Poch und Napoleon in der dritten Gruppe.

»So sind wir sicher«, erklärte der Wendel, »daß diese Zwerge nicht genau wissen, wo wir hocken.« Er schaute an den anderen vorbei auf das Dach eines Zugwagens, das Gesicht voll List. »Und wir drei könnten uns da oben verstecken«, sagte er.

Nun, da die Lichter angeschaltet worden waren, hatte man tatsächlich von der Dächern der Züge aus ein gutes Sichtfeld. Die beiden Abstellgleise lagen an einer Stelle, wo der Tunnel breiter wurde, und vor den Wagen lag eine freie Fläche, etwa siebzig Meter im Quadrat, hinter der sich das Tunnelgewölbe wieder zu einem einzigen Schienenstrang verengte, der zu Swiss Cottage und der Bakerloo-Hauptlinie führte.

Allerdings konnten die Abenteurer nicht sehr weit in den Swiss-Cottage-Tunnel sehen. Zwar war er wie der Streckenabschnitt am Stellwerk mit Neonröhren beleuchtet, aber auf dem Weg zur Station machte der Tunnel eine relativ scharfe Kurve. Wenn der Feind anrückte, würde man ihn erst etwa zweihundert Schritte von dem Punkt entfernt, an dem die Borribles warteten, um die Ecke kommen sehen.

Poch und Chaline folgten Napoleon auf das Dach des Bahnwagens, den er ausgewählt hatte, und alle drei legten sich auf den Bauch. Unter sich konnten sie auf der einen Seite sehen, wie Zwielicht, Orococco und Bingo hinter zwei großen Kisten in Deckung gingen, die achtlos gegen die Tunnelwand gestellt worden waren. Links irgendwo verbargen sich Torricanyon, Stonkus und Vulgo hinter den Rädern des zweiten Zuges.

»Laßt sie erst schön weit raus kommen, ehe wir schießen«, rief Poch, »wollen die kleinen Ärsche nicht verschrecken.« Dann legte er sich hin und wartete, und mit ihm warteten seine Gefährten.

Snuffkins fünf Minuten waren rasch verstrichen, und die Zwerge ließen nicht lange auf sich warten. Als sie kamen, geschah es lautlos: Vorsichtig bewegten sie sich die Schienen entlang, und die dicke Schicht aus Steinstaub verschluckte ihren Tritt. Sie gingen von Schwelle zu Schwelle, durchsuchten jede Nische in den Wänden und spähten in jeden Schatten. In den Händen hielten sie lange Holzknüppel, und grüne Jakken aus leuchtendem Plastik sollten verhindern, daß die Polizisten im Eifer des Gefechts sie für Borribles hielten.

Die Zwerge – es schienen an die zwanzig – wurden von Drillich selbst ans Ende des Tunnels geführt. Als er am Rand der freien Fläche ankam, hielt er an, hob die Hand und starrte mißtrauisch auf die beiden Züge, die vor ihm standen.

»Wir wissen, ihr seid da drin, Borribles«, schrie er, »ihr könnt ebensogut aufgeben, ihr seid umzingelt und in der Minderzahl!«

Es kam keine Antwort. Jeder Borrible lag bewegungslos, Gesicht nach unten, Schleuder und Stein bereit, an dem Ort, wo er sich versteckt hatte. Drillich wartete. Dann schrie er wieder:

»Ihr könnt nicht gegen uns alle kämpfen, wir sind stärker als ihr! Gebt's auf!«

Immer noch kam keine Antwort, und da hob Drillich wieder die Hand, und die Zwerge kamen aus dem Tunnel hervor, drangen nach rechts und links vor und näherten sich in einer Reihe den Zügen, wobei sie beim Übersteigen der sich kreuzenden Geleise die Füße hoch über die stromführende Schiene hoben, obwohl sie alle wußten, daß der Strom abgestellt war. Die Knüppel hielten sie bereit, ihre Augen fuhren dahin und dorthin.

Sie kamen endlich bis auf die Höhe der großen Kisten, und immer noch blieb alles ruhig. Etwa zehn Meter vor den ersten Bahnwagen gab Drillich noch einmal laute Befehle.

»Denkt dran, Leute. Rückt ihnen zu Leibe. Laßt sie nicht ihre Schleudern einsetzen!«

»Ach nein?« schrie Bingo und fuhr plötzlich aus seinem Versteck auf, die Schleuder bereit. »Dann laß dir das mal schmecken!« Und damit schoß er auf Drillich, und ein Stein schlug dem Anführer der Zwerge vor die Brust, daß er zurücktaumelte. Als Bingo schoß, tauchten auch Zwielicht und Orococco auf, und ihre Geschosse trafen je einen Zwerg und ließen denen die Kühnheit vergehen.

Ehe die Zwerge sich in Deckung flüchten oder sich auch nur auf den Boden werfen konnten, kamen Vulgo, Torricanyon und Stonkus unter den Zügen hervor und feuerten ebenfalls, und andere Zwerge stolperten unter dem scharfen Aufprall spitzer Steine. Gleichzeitig standen Poch, Chaline und Napoleon auf und nahmen den Feind von oben unter Beschuß, und es fielen noch mehr von den Zwergen, betäubt, sich stöhnend die Köpfe haltend.

»Für Scooter!« schrie Chaline und lud und schoß, so rasch sie konnte.

Die Zwerge fielen verwirrt zurück, und wäre Drillich nicht gewesen, hätten sie vielleicht in diesem Augenblick die Flucht ergriffen, doch der war, was immer er sonst sein mochte, kein Feigling. Er kommandierte seine Truppen selbst im vollen Feuer des Borribleangriffs.

»Zu den Zügen rüber!« brüllte er, »unter die Züge, da stecken sie! Sie können im Nahkampf nicht gegen uns an, denkt an die Belohnung!« Und Drillich rannte tief geduckt los und brachte sich mit einem Sprung hinter den großen Rädern eines Eisenbahnwagens in Sicherheit. Seine Männer folgten ihm, doch Bingo, Zwielicht und Orococco schossen hinter ihnen her, und noch zwei Zwerge strauchelten und fielen mit zerschmetterten Kniescheiben.

Auch die anderen Borribles waren nicht müßig gewesen. Vulgo, Torricanyon und Stonkus feuerten auf den Deckung suchenden Feind, und die Zwerge waren nun voll blauer Flecke und Schürfwunden. Poch und seine beiden Gefährten schossen von oben; ein weiterer Zwerg brach zusammen. Drillichs Truppen, denen man versichert hatte, das mit den Borribles sei eine einfache Sache, wußten nun, daß ihnen ein Kampf bevorstand.

Poch stand auf. »Wir müssen sie uns vom Leib halten«, sagte er. »Denkt daran, es sind Erwachsene, stärker als wir.«

Napoleon grinste wie einst sein schlaues Wendelgrinsen. Er kniff ein Auge zu, und das andere glänzte vor Kampfeslust. »Bin ich gar nicht so sicher«, sagte er. »Ich rutsch' jetzt mal da runter und versuche, an die Zwerge ranzukommen, vielleicht so tun, als wollte ich mich ergeben, mich an Drillich ranmachen. Wenn der weg ist, laufen die anderen wie die Hasen«, und Napoleon öffnete sein Auge wieder und kletterte über den Rand des Wagendaches. Dann ließ er sich, die Schleuder zwischen den Zähnen, lautlos zu Boden fallen.

Poch erschrak. Er ging zum Dachrand und schaute hinab. »Komm zurück, Nap«, flüsterte er, »es sind zu viele hier an diesem Ende.«

Der Wendel antwortete nicht, er winkte nur, grinste und verschwand, unter einen Wagen schlüpfend.

Poch fluchte. »Verdammt«, sagte er, »wir können ihn

nicht allein gehen lassen.« Er stand ratlos am Rand des Daches, Chaline neben ihm.

»Nein«, sagte sie, »können wir nicht.«

In diesem Augenblick erschien Napoleon wieder und kam unter dem Zug hervorgegangen, langsam sich rückwärts bewegend, die Hände in einer Geste der Unterwerfung hochhaltend; ihm folgten zwei Zwerge. Drillich war nicht dabei.

»Ich ergebe mich«, sagte Napoleon, »ehrlich. Seht her, da ist meine Schleuder«, und er warf die Waffe zu Boden. »Ich hab' genug, wirklich, bringt mich zu Snuffkin. Ich will ein normales Leben führen, tut mir nichts, tut mir bitte nicht weh.«

Die Zwerge kamen näher, wachsam die Knüppel erhoben, bereit, Napoleon eins über den Kopf zu ziehen, sobald sie ihm nahe genug gekommen wären. Der Wendel faltete die Hände, fiel auf die Knie und hob den Blick zum Himmel; er blinzelte, als er Poch und Chaline sprungbereit auf dem Dach stehen sah. »O tut mir doch bitte nichts«, sagte er, »ich ertrag's nicht.«

»Auf geht's«, sagte Poch, und er nahm Chaline beim Arm und sprang vorwärts, das Mädchen mitziehend. Wie die beiden Zwerge ihre Waffen über den knienden Napoleon hoben, wurden sie plötzlich von der Wucht des Gewichtes der beiden heranfliegenden Borribles zu Boden geschleudert, die mit den Füßen voran auf ihren Nacken landeten. Sie brachen vollkommen in sich zusammen, wie alte Gebäude, die mit einer Dynamitladung zerlegt werden.

Chaline und Poch rollten sich im Staub ab und sprangen sogleich auf die Füße. Auch Napoleon richtete sich auf, zu allem bereit, doch die Zwerge lagen übereinander zu Boden gestreckt da, der eine mit dem

Gesicht nach unten, der andere mit leerem Blick ins Neonlicht starrend.

»Rückgrat gebrochen«, sagte Napoleon, und er beugte sich hinab und nahm die Knüppel der Zwerge, um einen davon Poch zu geben. »Man verwendet das, um jemand zu hauen«, erklärte er mit einem theatralischen Augenzwinkern. »Ich will diesen Drillich«, fuhr er fort, »mehr als irgendwas sonst auf der Welt«, und ihnen noch einmal zublinzelnd, rannte er den Zug entlang bis zum Ende des ersten Wagens. Auch dort hielt er nicht an, sondern lief weiter in den freien Raum vor dem Tunneleingang hinaus. Poch und Chaline folgten dem Wendel bis zum Zugende, doch hier machten sie halt und duckten sich in den Schatten des letzten Rades.

»Er dreht durch«, sagte Chaline.

Es sah in der Tat so aus. Napoleon rannte auf und ab, und immer wieder beugte er sich hinunter und hieb mit seinem Knüppel, so hart er konnte, auf eine Schiene; der Klang dröhnte meilenweit die Krümmungen der vibrierenden Geleise entlang. Und er schrie: Eine provozierende Herausforderung an den Erzverräter Drillich.

»Komm raus, Drillich«, brüllte der furchtlose Borrible, »dich will ich haben, Drillich, zier dich nicht … komm mal ran und kämpf mit einem Wendel.«

Und so kam Drillich endlich. Er rannte nicht, er schrie auch nicht, er erschien einfach auf der anderen Seite der Züge, und zwei seiner Kumpel waren neben ihm.

Napoleon hörte sofort auf, herumzuspringen und ließ entzückt seinen Knüppel wirbeln. »Hallo, Drillich«, sagte er, und sein Gesicht sah aus wie ein Stein mit einem breiten Sprung.

Chaline flüsterte Poch ins Ohr: »Er ist verrückt! Es sind drei.«

»Schon in Ordnung«, sagte Poch, »wir sind auch drei, wenn die's auch noch nicht wissen.« Er lud seine Schleuder, und Chaline folgte seinem Beispiel. »Nimm du den rechts, ich ziel auf Drillich.«

Nun waren die drei Zwerge bis auf ein paar Meter an Napoleon herangekommen, selbstsicher in dem Bewußtsein, daß es drei zu eins stand. Sie lachten – der Wendel sah so hilflos aus.

»Schaut mal, was wir hier haben«, sagte Drillich und griente zu seinen Begleitern hin, »merkwürdiges kleines grünes Gewächs.«

Napoleon spuckte auf den Boden. »Ich würd' dir das Gehirn zu Brei schlagen«, sagte er ruhig, »wenn ich wüßte, wo du's versteckst. Du bist 'ne einzige Platzverschwendung, Drillich. Das bist du.«

Die Zwerge gaben keine Antwort und kamen näher: Sie wollten den Wendel von drei Seiten zugleich angreifen. Sie kamen nicht weit. Poch und Chaline traten unter dem Zug hervor und schossen ihre Schleudern ab. Chaline hatte völlig sicher gezielt, und der Zwerg stürzte; Poch hatte nicht soviel Glück und fluchte, als er den Stein abschoß. Drillich hatte sich im letzten Augenblick zusammengeduckt und war weitergegangen, und der ihm zugedachte Stein verfehlte sein Ziel um ein paar Zoll – wenn das Geschoß auch glücklicherweise (zumindest für die Borribles) nicht ins Leere ging. Hinter Drillich stand der dritte Zwerg, und Pochs Stein schlug gegen seine Schläfe, daß er mit einem schmerzerfüllten Aufheulen rückwärts über die Schienen zusammenbrach und, wie Chalines Opfer, bewußtlos liegenblieb.

Der Anführer der Zwerge wandte sich halb um,

erschrocken, seine Gefährten mit solcher Präzision ausgeschaltet zu sehen. Er wandte seinen Blick nur eine Sekunde lang von Napoleon ab, doch das war genug.

»Ring frei«, rief der Wendel, schwang blitzschnell den erbeuteten Knüppel und versetzte Drillich einen Schlag seitlich gegen den Kopf. Der Zwerg stolperte, glitt an der Schiene aus und sank auf ein Knie.

Napoleon schlug wieder zu, aber Drillich war kein Schwächling und parierte den Schlag. Seine Muskeln hatte der Zirkus trainiert, und seine Reaktionen waren schnell und sicher. Drillich würde nie nachgeben, und Poch und Chaline, die den Kampf aus ihrem sicheren Versteck beobachteten, wußten dies nur zu gut. Mann gegen Mann im Nahkampf war selbst Napoleon dem Zwerg nicht gewachsen.

»Hierher!« schrie Poch. »Wir decken dich, kriegst Feuerschutz! Komm schon!«

Napoleon nahm aus Stolz oder einfach aus dem Begehren, Scooters Tod ganz allein zu rächen, keine Notiz von der Einladung seines Freundes. Er ließ seinen Knüppel wieder wirbeln, und als Drillich aufstand, tanzte er um ihn herum, daß es dem Zwerg schwindlig wurde, als Napoleon immer wieder scharfe Stöße gegen seine Rippen und auf seinen Bauch führte.

Poch schaute sich um. Die Kampfgeräusche kamen näher. Er sagte zu Chaline: »Wir werden in diesem Kampf so oder so getötet oder gefangen, Chal, also ist's auch egal, ob wir fair kämpfen. Ich schieß' Drillich von hinten über den Haufen, ehe seine beiden Kollegen wieder aufwachen, und du mußt mich von hier aus decken.« Poch lief los und kreuzte die Geleise: Vor ihm ging Napoleons Kampf weiter, wie er begonnen hatte

– der Wendel focht und sprang hin und her, und der Zwerg schritt ihm geduldig nach und wußte, wenn er den Borrible einmal in die Hände bekäme, dann würde er ihn erwürgen.

Als Poch noch zwanzig Meter von dem Zwerg weg war, hielt er an und spannte das Gummiband seiner Schleuder bis zum Ohr, mit größter Sorgfalt auf Drillichs Hinterkopf zielend. In diesem Moment hieb Napoleon, der sich unter die Abwehr seines Gegners geduckte hatte, dem Zwerg einen harten Schlag über den Bauch; es klang fest und kompakt wie eine Axt, die in Holz fährt.

Drillich fiel auf die Knie, und der Knüppel fiel ihm aus der Hand, doch selbst jetzt half ihm seine unglaubliche Stärke. Im Fallen zerrte er Napoleons Knüppel aus den Händen des Wendels und warf ihn ihm hart ins Gesicht. Napoleon stolperte schwankend zurück, geblendet vom Schmerz und von dem Blut, das ihm aus der Stirn sprang und in die Augen lief.

Ehe Poch schießen konnte, warf sich Drillich mit einem Aufbrüllen des Triumphes vorwärts und schleuderte mit seinem vierschrötigen, schweren Leib den Wendel wuchtig zu Boden. Dann – mit rascher, sicherer Bewegung – zog er ein langes Messer aus dem Gürtel, hob es hoch in die Luft und stach hinab.

Poch konnte nicht glauben, was er sah. »Nein!« rief er. »Nein!« Er schoß seinen Stein ab, doch Drillich und Napoleon rangen wütend miteinander, und er verfehlte sein Ziel. Er lief hinüber, er mußte Drillich fortziehen. Plötzlich hörte er ein Geräusch zu seiner Rechten und schaute: Einer von Drillichs Gefährten hatte sich aufgerappelt und war nur ein paar Meter entfernt, mit voller Geschwindigkeit auf ihn zurennend, Pochs Tod suchend. Der wagte den Blick nicht von seinem Feind zu wenden, aber aus dem Augenwinkel sah er Drillichs Messer wie einen langen Silberzahn aufblinken, als er es wieder hob. Doch es war keine Zeit mehr: Poch ließ die Schleuder fallen und zog seinen Knüppel.

Der Angreifer hatte den Borrible beinahe erreicht. Sein Mund stand offen; die Augen glühten vor Haß. Poch versuchte sich an all das zu erinnern, was er vor so langer Zeit über den Kampf mit dem Rumbelspeer gelernt hatte; er wußte, er würde alle Schläue brauchen, die er besaß, um dies zu überleben.

Ganz plötzlich flog ein Stein wie eine Flintenkugel an seinem Gesicht vorbei, so dicht, daß er dachte, seine Haut müsse aufgerissen sein. Im Augenblick war der Zwerg bei ihm. Stark und stämmig, war er doch nicht durch die Schule des Zirkus gegangen, er war plattfüßig und voll falschem Selbstvertrauen.

Im allerletzten Moment warf sich Poch auf die Seite, streckte ein Bein vor und ließ seinen an ihm vorbeisausenden Gegner stolpern. Rasch fand er sein Gleichgewicht wieder und stand geduckt und kampfbereit da; es war nicht nötig. Das eigene Tempo hatte den Zwerg über das Gleis fliegen lassen, und Poch sah und hörte, wie sein Kopf auf den massiven Stahl einer rostigen Schiene schlug. Er bewegte sich nicht mehr. Reglos lag er da, der Kopf aufgeplatzt wie eine verfaulte Rübe.

Dann wurde Poch gewahr, wie Drillichs zweiter Gefährte langsam auf die Füße kam, und er drehte sich um und erwartete den nächsten Angreifer. Doch der Zwerg machte keine Anstalten, heranzukommen – er zögerte, starrte töricht an Poch vorbei, und dann schrie er und rannte zu den Zügen, zu seinen Freunden, um Hilfe rufend. Poch schaute dorthin, wohin der Zwerg den Blick gerichtet hatte, doch er begriff nicht, was er sah. Drillich lag über Napoleon, doch weder Zwerg noch Borrible bewegten sich.

Nun brach Chaline aus ihrer Deckung hervor und sprang über die Schienen zu Napoleon, ihr Haar flatternd, die Beine im Sprung gestreckt, eine Schleuder in der Hand, das Gesicht heroisch. Poch vergaß nie, wie sie in diesem Augenblick aussah, und dieses Bild des Mädchens blieb für den Rest seines Lebens unverändert in seinem Gedächtnis, wie eine wunderbare Statue des Kriegs und der Rache.

Doch es kam jetzt nicht auf seine späteren Erinnerungen an. Chaline war bei Napoleon angelangt; sie ergriff Drillichs Schultern und zerrte ihn grob, brutal, weg von dem Wendel. Drillich rollte auf den Rücken, sein rechter Arm sackte schlaff auf die Schienen, und sein eigenes Messer ragte ihm aus der Brust. Seine grüne Jacke war mit hellem Blut befleckt, seine leblosen Augen starrten in die leere Wölbung des Untergrundbahntunnels. Er war tot wie ein Sargdeckel.

Chaline kniete neben Napoleon, und Poch hielt Wache. Kein Laut drang aus dem Swiss-Cottage-Tunnel, die Polizisten warteten immer noch ab – doch drüben auf den Dächern der beiden Züge konnte Poch kämpfende Gestalten sich bewegen sehen, und aus dem Zwischenraum zwischen den Wagenreihen kamen Rufe und das Geräusch von laufenden Füßen auf dem Schotter.

Chaline sagte: »Er ist sehr schwer verwundet. Es fließt viel Blut aus seiner Brust. Entsetzlich. Er braucht einen Arzt.«

»Zwei Messerstiche«, sagte Poch. Er sah sich wachsam um; hier im Freien waren sie leicht anzugreifen.

Der geflohene Zwerg würde bald mit Verstärkung zurückkehren.

Chaline schüttelte den Kopf. »Nein«, sagte sie, »nur einer. Als der andere auf dich los ist, hab' ich geschossen und Drillich am Hinterkopf erwischt, ehe er Napoleon noch einen Stich versetzen konnte. Ich hätte beinahe dich getroffen, du warst im Weg. Deshalb konnte Napoleon ihm das Messer entreißen, nehm' ich an.«

Poch biß sich auf die Lippen. »Wir können nicht hierbleiben«, sagte er, »hier draußen im Freien.« Er kniete sich hin und zog Drillich die grüne Jacke vom Körper, um sie – mitsamt den Blutflecken – anzuziehen. Eine Idee begann sich ganz von ferne in seinem Kopf zu formen.

»Wir müssen Nap zurück zum Stellwerk tragen«, sagte Chaline. »Da ist ein Tisch, wo wir ihn hinlegen können. Nimm seine Beine.«

Poch gehorchte, und die beiden Borribles hoben, so vorsichtig sie konnten, den verwundeten, bewußtlosen Wendel gemeinsam hoch. Sie schritten mit Sorgfalt über die Schienen und gingen zwischen den Zügen hindurch, immer innehaltend, um sich verstecken zu können, wenn die Kampfgeräusche zu nahe kamen.

Sie hatten Glück und erreichten das Stellwerk ohne Zwischenfall. Und dort, in dieser seltsamen Ziegelbude, eine halbe Meile unter den Straßen von London, ruhte Napoleon von der Schlacht. Das Blut lief ihm aus der Brust.

Chaline beugte sich über ihn und zog die Kleider beiseite, um die Wunde zu sehen. Napoleons Augenlider zitterten; er schlug die Augen auf. Seine grünliche Haut war bleich. Er schaute hinauf, an Chalines besorgtem Gesicht vorbei, und starrte auf die Reihen von Schaltern und Hebeln und die große Diagrammkarte des Untergrundbahnsystems. Er wirkte erstaunt; dann erinnerte er sich.

»Hab' ich ihn erwischt?« fragte er, und als Chaline nickte, lächelte der Wendel und schloß die Augen wieder. »Gut«, sagte er, »der kleine Stiesel. Was hat der eigentlich gedacht, wer er ist? Hm? Was hat der gedacht, wer er ist?«

Die Vorstellung, daß Napoleon starb, ließ Poch daran verzweifeln, daß jemals das Leben wieder recht sein könnte. Nie hatte er gedacht, es würde ihn etwas so verletzen oder so traurig machen. Es war seltsam, daß ihre Freundschaft – über die sie nie gesprochen hatten – immer stärker geworden war in den langen Monaten, seit sie sich zuerst voll mißtrauischer Abneigung getroffen hatten. Nun spürte Poch, daß ein großer Teil seines eigenen Wesens wie ein lebendiger Klumpen Fleisch von ihm gerissen würde, wenn der Wendel starb, und daß er nie mehr derselbe wäre. Er, Poch, würde sich tief in seiner Seele ändern. Napoleon – wie er am Tag, als vor der Rumbeljagd die Namen verteilt wurden, geprahlt hatte – hatte seinen Namen mit Ruhm bedeckt. Es gab keinen Borrible wie ihn. Poch schluckte ein Schluchzen hinunter. Er fühlte Haß und Liebe in seiner Brust steigen, Liebe für den sterbenden Wendel verschlang sich mit Haß auf die Gründe für Tod und Schmerz auf der Welt.

Poch wischte sich die Tränen aus den Augen und sah Chaline an. Sie schüttelte den Kopf; dann küßte sie Napoleon auf den Mund, und als sie ihn küßte, spürte sie, wie seine Lippen kalt wurden, und sie sah sein Leben verblassen wie dünnes Sonnenlicht, das sich hinter einer endlosen grauen Wolkenwand verliert.

Poch ertrug es nicht, zuzusehen, und stolperte aus der Tür; die Tränen liefen ungehindert über sein Gesicht. Napoleon, der Wendel, tot. Wie sollte er damit je leben? Napoleon tot, während um Snuffkin immer noch seine Zwerge höhnten und lachten. Napoleon tot, der den Tod Scooters gerächt hatte, des ersten Erwachsenen, der je zum Borrible geworden war. Napoleons Name würde so lange dauern wie die Welt. Poch lächelte grimmig und wischte sich das Gesicht. »Ich schau' jetzt besser mal nach ein paar Zwergen«, sagte er laut, doch ehe er sich in Bewegung setzen konnte, kam ein Geräusch von der Ecke des Stellwerks, und Sydney erschien, atemlos vor Erregung.

»Ich hab' so einen alten Transformatorenraum gefunden«, sagte das Mädchen aus Neasden, »in die Mauer gegraben, groß genug, daß wir uns verstecken können, Pferd auch. Der ist halb angefangen, und dann haben sie's gelassen. Vielleicht wär' das die Lösung, wenn wir uns einmauern könnten.« Sydney war von ihrer Neuigkeit so aufgeregt, daß sie kaum die Worte richtig bilden konnte. Ihre Augen strahlten vor Glück; sie lächelte. Poch sagte ihr nichts von Napoleon – sie würde es früh genug hören, außerdem war er dankbar für die Hoffnung, die sie mitbrachte, dankbar, an etwas anderes denken zu können.

»Gut«, sagte er, »bring das Pferd rein und mach 'ne Portion Zement an ... ich hab' Maurerkellen liegen sehen ... mach zu, rasch. Es ist kein Augenblick zu verlieren.«

Sydney nickte; die in ihr aufsteigende Freude ließ sie mit einem kleinen Gurgeln auflachen. »Gut!« sagte sie und war fort.

»Also«, sagte Poch, »nun zu den Zwergen.«

Er mußte nicht weit suchen. Als er zwischen die

Züge zurückrannte, sah er vier der Feinde in der Ferne. Sie sahen Poch auch, aber wegen seiner grünen Jacke blieben sie stehen und winkten dem Borrible, zu ihnen zu kommen.

Poch lächelte im Lauf. Napoleon töten, ja? Vier gegen einen, was? Das kam gerade richtig ... mit weniger hätte er sich nicht zufriedengegeben.

Ein Stein pfiff an seinem Ohr vorbei, wie er dahinrannte, und verfehlte ihn knapp. Er ließ jede Vorsicht außer acht, doch es war ihm gleich. Sein Hirn nahm den Stein nicht mehr als Gefahr wahr, dachte nicht, daß Steine töten können. Wieder einer, der über ihm von der Zugwand abprallte und als Querschläger dahinsauste, doch ihn konnte nun nichts mehr aufhalten.

Die Zwerge warteten, froh, ihre Kampfstärke vergrößern zu können. Poch rannte schneller und schneller, und das grüßende Lächeln seiner Feinde wurde starr, als sie ihn nicht erkannten, doch zögerten sie noch immer, als Poch mit einem furchtbaren Schrei den Nächsten ansprang und mit seinem Knüppel zuhieb, daß der unglückliche Zwerg besinnungslos fiel.

Poch hielt nicht an. Seine Beschleunigung warf ihn auf den zweiten Zwerg, und wieder stieg ein Schrei auf, ein Schrei, der weit durch die Tunnel hallte und denen, die ihn hörten, das Blut kalt werden ließ, daß Verzweiflung sie erfüllte und daß sie an die Nähe des Todes erinnert wurden.

Der zweite Zwerg stürzte mit zerschmettertem Kopf. Poch wirbelte herum, um sich den beiden Überlebenden zu stellen, doch die hatten genug von diesem Wahnsinnigen. Sie warfen ihre Waffen weg und rannten davon, während sich Poch schwach gegen ein

Rad lehnte und ihnen nachsah. Er fühlte sich plötzlich müde und schwindlig; seine ganze Leidenschaft wich in einem Augenblick von ihm. Er hatte das Kämpfen satt.

Doch was er auch empfinden mochte, der Kampf tobte weiter, und er mußte seine Rolle darin spielen. Eine Stimme brach in seine Gedanken und zog ihn in die Wirklichkeit zurück; sie kam vom Dach des Bahnwagens hinter ihm.

»Solltest bißchen besser aufpassen, Poch, wenn du unbedingt mit so 'ner grünen Jacke rumwetzen mußt. Ich hab' zwei Steine auf dich geschossen, eh' mir klar wurde, daß du kein Zwerg bist. So kann man glatt zu Tode kommen.« Poch schaute auf: Es war Stonkus. Neben ihm stand Torricanyon.

Poch nickte und strich sich mit dem Handrücken über die Stirn. Nun sahen seine beiden Genossen den schrecklichen Kummer in seinem Gesicht, und ihre Mienen wurden selbst angstvoll-besorgt. Sie ließen sich rasch und geschickt zu Boden fallen.

»Was ist?« fragte Torricanyon. »Du siehst furchtbar aus.«

Poch schüttelte den Kopf. Er brachte es nicht über sich, jetzt von Napoleons Tod zu erzählen. Er wußte, davon zu sprechen wäre, als ließe er es noch einmal geschehen. »Ist nichts«, sagte er, das Gesicht starr vor Elend. »Hört mal, nehmt den beiden Zwergen da mal die grünen Jacken ab. Ich glaub, ich hab' eine Idee, aber ganz klar ist mir's noch nicht.«

Stonkus kniete sich hin und tat, wie Poch gesagt hatte. Er stand auf und reichte Poch die Jacken. »Wo sind die anderen?« fragte er. »Alles in Ordnung?«

»Ich weiß nicht«, sagte Poch, »aber wir müssen sie zusammenholen. Ich will alle versammeln, ehe die

Bullen einmarschieren. Mein Plan könnte gerade noch hinhauen.«

»Dann suchen wir sie besser«, sagte Stonkus. »Sie können nicht weit sein, nicht hier drunten.«

Stonkus hatte recht. In eben diesem Augenblick stand Vulgo vorne an den Zügen und schoß mit seiner Schleuder auf eine Gruppe von vier Zwergen, die auf Drillichs Leichnam hinabsahen. Sie waren zornig und hatten Angst – da lag die Leiche ihres Anführers, die Augen weiß und leblos, das Blut näßte durch das Hemd.

»Fangt diesen Mörder!« schrien sie, und alle vier, die nur einen mageren Borrible vor sich sahen, rannten mit geschwungenen Knüppeln auf Vulgo zu.

Das war genau, was er wollte. Als die Zwerge nahe genug waren, drehte er sich um und rannte davon, an den Wagen entlang, die Verfolger, die rasch aufholten, dicht hinter sich.

Vulgo hinkte dahin, so rasch er konnte, aber er hatte nicht die Absicht, weit zu laufen. Er war nur ein Köder und lockte den Feind genau dahin, wo Bingo, Orococco und Zwielicht im Schatten unter dem Zug kauerten.

Als die Zwerge an ihrem Versteck vorbeirannten, zogen die drei Borribles an einem Seil, dessen anderes Ende an einem Signalkasten in der Tunnelwand festgemacht war. Das Seil war mit Staub und Schottersteinen bedeckt, und die beiden ersten Zwerge, die, so schnell sie konnten, hinter Vulgo herrannten, konnten es unmöglich sehen. Es schnappte straff gespannt nach oben, und die beiden stürzten und verletzten sich schwer beim Aufprall auf den steinigen Boden. Das nächste Paar konnte gerade noch rechtzeitig innehalten und sehen, was geschah, dann flohen sie mit erschrecktem Geschrei und überließen ihre Gefährten ihrem Schicksal.

Als der Feind aufgehalten war, drehte sich Vulgo auf dem Absatz um und rannte denselben Weg zurück. Er sprang auf den nächsten der Zwerge, hob einen Knüppel vom Boden auf und fing an, ihn damit auf den Kopf zu schlagen. Bingo, Orococco und Zwielicht krochen ins Freie und erledigten den anderen Zwerg. Es wurden keine Gefangenen gemacht.

Die beiden Überlebenden ließen keine Lust erkennen, sich noch am Kampf zu beteiligen, sondern setzten ihre Flucht fort. Sie wären wahrscheinlich in einem Zug den ganzen Weg zur Station zurückgerannt, wenn nicht in diesem Augenblick Poch, Stonkus und Torricanyon direkt vor ihnen aufgetaucht wären und ihren Rückweg abgeschnitten hätten.

Mit einem erneuten Schreckensschrei schlitterten die Zwerge zum Halt, und als sie über sich eine offene Tür sahen, kletterten sie an der Seite des Zuges hinauf und verschwanden. Orococco und Zwielicht folgten ihnen.

Die Zwerge hatten in der Kabine des Fahrers Zuflucht gesucht, in der sehr wenig Platz war. Sie versuchten fieberhaft, die Tür auf der anderen Seite des Wagens zu öffnen, um nach draußen zu fliehen, doch in ihrer erregten Angst konnten sie die eingerostete Klinke nicht bewegen. Sie mußten sich stellen und kämpfen.

Die Vorteile lagen eigentlich alle auf ihrer Seite. Sie waren kräftiger als die beiden Borribles, von denen ihnen der Angriff drohte, und sie hatten im Gegensatz zu Zwielicht und Orococco ihre Knüppel. Doch sie hatten keinen Mut mehr zu kämpfen. Sie hatten den toten und blutigen Drillich gesehen, ihren besten Krieger; sie hatten ihre Kameraden in den Staub stürzen sehen. Die Courage hatte sie verlassen. Sie kämpften nur noch aus Schreck und Verzweiflung, wild mit Fuß und Faust und Knüppel um sich stoßend.

Auch Zwielicht und Orococco stießen zu, doch es war kaum Raum genug, einen Schlag zu landen. Ihre Kleider blieben an Schaltern und Hebeln hängen und zerrten die Armaturen hierhin und dorthin. Die Zwerge kletterten hastig auf das Schaltpult hinauf; ihre Füße trampelten über die Dutzende von bunten Knöpfen. Sie schwangen ihre Knüppel abwärts, zielten auf die Köpfe ihrer Feinde, und die beiden Borribles duckten sich, fluchten, duckten sich wieder.

Endlich umklammerte Zwielicht den Knöchel eines der Zwerge und zerrte daran. Der Zwerg verlor das Gleichgewicht, stürzte rückwärts hin, und sein Knüppel schlug auf den Türgriff, der sich nicht hatte bewegen lassen. Nun flog die Tür seltsamerweise ganz leicht auf, und der Zwerg fiel hinaus, um verblüfft neben den Schienen auf die Füße zu fallen.

Orococcos Gegner zögerte nicht. Sobald er die winzigste Möglichkeit zur Flucht erkannte, ließ er seine Waffe fallen und sprang über die Köpfe der Borribles hinweg ins Freie. Er landete neben seinem Gefährten, und beide rasten in Richtung Swiss Cottage davon und brüllten, so laut sie konnten, nach den anderen Zwergen, daß sie ihnen folgen sollten.

»Auf, hinterher«, sagte Zwielicht kampfeseifrig.

Ehe Orococco antworten konnte, kam von hinten Pochs Stimme. Er stand an den Schienen, nur sein Gesicht war auf einer Höhe mit dem Boden des Führerhauses zu sehen. »Gibt niemand, dem man hinterher müßte«, sagte er, »die Zwerge haben genug, sind alle fort, außerdem glaub' ich, daß ich einen Plan gefunden habe. Kommt mal hier runter.«

Die Abenteurer gingen zum Anfang der Züge zurück, wo sie den Tunneleingang beobachten, und wo sie lauschen konnten, ob die Polizei vorrückte, die bald kommen würde, diese letzte Schlacht zu beenden. Poch schaute seine Freunde an, die sich um ihn drängten. Nicht einer war ohne Wunden, alle hatten Blut an den Händen. Sie waren schmutzbedeckt, und vor Erschöpfung und Mangel an Nahrung waren ihre Gesichter leer von Hoffnung und Energie. Poch wußte, daß sie tapfer waren und weiterkämpfen würden, wenn es keine andere Möglichkeit gab, aber Poch wollte, daß es eine andere Wahl geben sollte, er wollte sichergehen, daß sie davonkamen, und er glaubte, den Weg dazu gefunden zu haben.

Er schaute zu dem Eingang hinüber, der zur Swiss-Cottage-Station führte. Der eigentliche Kampf hatte noch nicht begonnen. Bald würde die Elite der SBE aus dem Tunnel hervormarschieren, und dann wäre alles vorbei. Poch seufzte. Es gab Zeiten, wo bloße körperliche Tapferkeit töricht war, wo nur die List half. Das sah er nun deutlich ein, und er war gewiß, daß er und seine Gefährten in ihrem Abenteuer an diesem Punkt angelangt waren. Er sehnte sich danach, seine Freunde vor dem ihnen drohenden Schicksal gerettet zu sehen. Er würde dafür alles und jedes opfern, aber er mußte zu diesem Zweck alle List und alle Erfahrung zusammennehmen.

Seine Gedanken gingen zurück zu Zoff: Zoff, dem Zorneszahn, und ein halbes Lächeln flatterte über sein Gesicht. Ja, Zoff. Das war das Kaliber von List, das er nun brauchte, und es war, als käme der Geist des verschlagenen Borribles in dieser Stunde der Not, um

Poch zu helfen, und eine Idee entfaltete sich in ihm, und seine Stimme sprach mit einer Sicherheit, die einem anderen gehören zu schien.

»Wir können nicht kämpfen und siegen«, begann er, »nicht heute, aber wie schulden es Sam, zu überleben, und auch dafür zu sorgen, daß wir weiter und weiter überleben. Das Pferd kann nicht einfach als Katzenfutter verkauft werden, bloß weil Snuffkin sich das so denkt, und um Sam zu retten, müssen wir uns selbst retten. Es gehört beides zusammen. Jetzt hört zu: Sydney hat einen halb zugemauerten Transformatorenraum hinter dem Stellwerk gefunden. Sie hat das Pferd schon reingebracht.«

Poch spähte in den Tunnel, aber es war nichts von der SBE zu sehen oder zu hören. »Ihr müßt jetzt nach da hinten gehen, und zwar sofort. Sie braucht Hilfe mit dem Zement und so. Ich werde euch einmauern. Ist nämlich wichtig, daß ich zusehe, daß der Mörtel auch alt wirkt, sonst findet man euch alle. Muß von außen Staub drüber.«

»Jetzt Moment mal«, sagte Bingo. »Wir sind drin, und du bist draußen. Das ist nicht recht. Snuffkin schnappt dich.«

»Nein, tut er nicht«, sagte Poch, »er schnappt mich nicht. Es ist einfacher für einen, sich zu verstecken, als für uns alle und dann noch ein Pferd.« Er schaute wieder in den Tunnel. Immer noch nichts. Er holte tief Atem. Nun war der Moment da. Er fühlte, wie ihm das Herz brach. »Napoleon ist tot.« Er stieß es hervor. »Drillich hat ihn getötet.«

Bingos Gesicht wurde innerhalb einer Sekunde blutleer. Seine Augen zogen sich zu kleinen Kristallen von Schmerz zusammen, sein Mund klaffte entsetzt. Er machte einen Schritt zu Poch hin und packte ihn mit beiden Händen am Hals, schüttelte ihn. »Du lügst«, schrie er, »du lügst! Niemand schafft Napoleon. Ich liebe ihn.«

Stonkus legte seine starken Arme vorsichtig um Bingo und zog ihn weg von Poch. Orococco vergrub das Gesicht in den Händen, und Zwielicht wandte sich ab und starrte in den Tunnel, um seine Tränen vor Augen zu verbergen, die ebenso weinten wie seine. Vulgos zusammengepreßte Lippen krümmten sich haßerfüllt nach unten; er schüttelte ungläubig den Kopf. Torricanyon weinte und verfluchte die Welt.

Bingo zitterte haltlos und legte den Kopf auf Stonkus' Schulter. Von allen Abenteurern war er Napoleon am nächsten gewesen, schon seit sie das Boot für die Große Rumbeljagd gestohlen hatten, und später hatten sie Seite an Seite in der Bibliothek im Rumbelreich gekämpft und einander vor dem Feuer gerettet. Und nun war er fort. Sein Wendelspott – fort. Seine Zähigkeit, seine planende List, fort, seine rauhe Wandsworth-Stimme für immer verstummt. Daß der Tod so nahe kam, ließ es den Abenteurern scheinen, als stürben sie alle zusammen im selben Moment, die Herzen auf diesen einen Kummer gespießt.

Poch war untröstlich. Wie er es vorher gespürt hatte, war es ihm nun, da er seinen Freunden von Napoleons Tod erzählt hatte, als trüge er Schuld daran, als wäre er, der Überbringer der schlechten Nachricht, der Urheber des Unheils. Doch wußte er nun auch, daß er schließlich Napoleon ebenso geliebt hatte wie Bingo, und das war wichtig, weil ganz zu Anfang er und der Wendel einander viel stärker gehaßt hatten, als je zwei Borribles hätten tun sollen. Und er wußte, daß Napoleons Tod zu etwas nutze sein mußte, er durfte nicht verschwendet sein. Er mußte dazu dienen, die Abenteurer dazu zu überreden, nicht bis zum bitteren Ende zu kämpfen. Sie mußten überzeugt werden, daß sie sich verbergen mußten: Sie mußten Sam retten und weiterleben, um den Kampf vielleicht ein anderes Mal wiederaufzunehmen.

»Was ist mit Drillich?« sagte Stonkus, die Arme immer noch um Bingo gelegt. »Was ist mit dem? Ich könnte es ihm zeigen.«

»Napoleon hat ihn geschafft«, sagte Poch, »Chaline hat dafür gesorgt, daß er's erfahren hat ... er hat noch gelebt ... sie hat nach ihm geschaut, in der Kabine ... die Wunde war entsetzlich.«

»Daß Drillich hat dran glauben müssen, gleicht es nicht aus mit Napoleon«, sagte Bingo. »Nichts kann es.«

»Vielleicht, wenn Snuffkin dran glaubt«, sagte Vulgo zähneknirschend und schüttelte wieder den Kopf.

»Nein«, sagte Poch. »Und wenn wir alle tot oder gestutzt sind, und Sam kleingehackt, was nützt das dann? Was nützt es Napoleon? Wer wird am Leben sein, um den andern von ihm zu erzählen und davon, was er für ein Borrible war? Wer schreibt es dann alles ins Borriblebuch, hm? Wer widerlegt die Lügen von Snuffkin? Das sagt mir mal! Seht ihr's nicht ein? Er wäre dann wirklich tot, wenn keiner weiß, was er getan hat, und dann ist er umsonst gestorben, und wir sind umsonst gestorben, und genau das ist es, was Snuffkin will.«

Stonkus senkte den Kopf wie ein großer Hund, der vor einer verschlossenen Tür nicht weiter weiß. Bingo schaute auf, sein Gesicht zerknittert und aufgeweicht wie eine alte Papiertüte; er wollte etwas sagen, aber Poch hob die Hand und deutete in den Tunnel. »Wir haben keine Zeit für Streitgespräche«, sagte er. »Ihr müßt mir trauen. Nur dies eine Mal. Ich weiß, ich hab' recht … es hängt so ein Hauch von Zoff ums Ganze. Sydney hat das perfekte Versteck gefunden, ein Geschenk des Zufalls. Sterben bringt's nicht. Die Ohren gestutzt bekommen, bringt's nicht, aber Sam retten und uns selbst, das ist es.«

Es gab keine Auseinandersetzung. Poch schaute in die leeren Gesichter seiner Freunde. Der maßlose Kummer hatte ihnen allen Atem genommen, und indem er jetzt auf sie eingeredet hatte, hatte er verhindert, daß dieser Kummer sich zu einem noch größeren Zorn wandelte. Er spürte seinen Verstand tanzen, spürte ihn wie einen riesigen elektronischen Chip, ruhelos summend mit der Energie von millionenfachen Millionen von Teilchen.

»Orococco«, sagte Poch, und der schwarze Borrible drehte sich um. Poch hatte ihn noch nie so leblos gesehen. »Ich möchte, daß du mit Torri den Tunnel bewachst, bis die Bullen kommen. Wenn ihr sie seht, schießt einen Haufen Steine ab und schreit. Versucht, sie so lang wie möglich aufzuhalten.«

Torricanyon trat vor, bereit, aufzubrechen.

»Aber laßt sie nicht an euch ran, macht sie nur langsamer. Wir brauchen Zeit, um die Mauer zuzugipsen und so, das ist alles. Sobald sie näher rankommen, haut ab und kommt zu den anderen.«

»Ist gut«, sagte Orococco. »Mal schauen, ob wir ein paar Schädel knacken können. Komm, Torri.«

Die beiden Borribles rannten leichtfüßig über die Schienen und bezogen links und rechts vom Tunneleingang Stellung. Sie zogen ihre Schleudern und warteten.

»Und was ist mit uns?« fragte Bingo. »Müssen wir jetzt weglaufen und uns verstecken? Du kannst uns nicht sagen, was wir zu tun haben, Poch, auch wenn du dir das gerne einbildest.«

Poch ließ das Kinn auf die Brust sinken und starrte zu Boden. »Ach Bingo! Du kannst in ein paar Monaten auf den Straßen viel mehr tun, als hier drunten mit gestutzten Ohren.«

Stonkus zeigte sich, wieder einmal, als unerschütterlich verläßlich. Er schob sich vor Bingo und unterbrach den Streit. »Was willst du haben?« fragte er. »Ich seh' zu, daß es gemacht wird.«

»Gut«, sagte Poch. Er hob den Kopf. »Geh zurück zum Stellwerk und hol' Chaline, sie ist schon viel zu lange dort mit Nap. Dann such Sydney. Sie sollte jetzt eigentlich den Zement fertig haben, vielleicht hat sie schon die halbe Mauer hochgezogen. Wenn sie nicht fertig ist, macht ihr's ... laßt noch eine Öffnung von einigen Steinen. Das ist es, das wär' auch alles ... beeilt euch jetzt bloß.«

Stonkus machte eine Befehlsgeste mit dem Daumen, und Zwielicht führte Bingo weg, Vulgo folgte. Sobald die drei außer Hörweite waren, schaute Stonkus Poch mit zusammengekniffenen Augen an. »Ich bin vielleicht bißchen langsam«, sagte er, »aber doof bin ich nicht. Was kommt dann noch?«

Poch schaute ihn fest an. »Ich hab' keine Zeit jetzt, Stonkus, aber es klappt, glaub' mir. Und sieh zu, daß Chaline mit euch geht. Wenn sie fragt, wo ich bin ... sag', ich komm dann zum Schluß, um die Mauer zu schließen. Ich komme, ich versprech's euch. Nun lauf, Stonkus. Lauf.«

Es gefiel Stonkus nicht. Er wollte eigentlich noch einiges geklärt haben, doch er vertraute Poch, deshalb nickte er nur und rannte, so schnell er konnte, hinter den anderen her. Vielleicht war ein andermal

Zeit, zu reden, und vielleicht nicht. Jetzt auf keinen Fall.

Sobald er alleine war, begann Poch hastig mit seinen Vorbereitungen. Er kontrollierte die grünen Jacken, die er über dem Arm trug: Es waren zwei. Dann rannte er rasch dorthin, wo die Opfer des Seiltricks lagen. Keiner regte sich, und er beugte sich hinunter und zog die Jacken von den langsam erstarrenden Körpern. Das waren vier. Wieder beugte er sich herab, um die Zwerge davonzuzerren, bis er sie über die große eckige Schiene gezogen hatte, die früher den Strom geführt hatte.

Damit fertig, zog er sich zu einer offenen Wagentür hoch, stieg in den Zug, durchquerte ein Abteil und ließ sich auf der anderen Seite wieder zu Boden fallen. Dort fand er die Leichen der beiden Zwerge, denen er und Chaline ins Genick gesprungen waren, und er zog ihnen die Jacken aus. Das machte sechs.

Doch war noch viel zu tun. Er mußte schauen, ob noch mehr Zwerge auf dem Schlachtfeld lagen. Damit sein Plan gelingen konnte, mußte die Zahl richtig sein; überzählige würde er begraben müssen.

Rasch, mit einer Geschwindigkeit, die jeden Borrible neidisch gemacht hätte, rannte Poch zwischen den Zügen auf und ab, dann außen an dem einen Zug entlang, dann am anderen. Er schaute unter die Züge, kontrollierte jeden Wagen. Es lagen keine Leichen mehr da. Eine Jacke fehlte.

Die Zeit lief ab. Er rannte wieder zum Kopf der Züge. Orococco und Torricanyon waren auf ihrem Posten, schrien Verwünschungen und schossen ihre Schleudern ab. Hinter ihnen sah Poch noch etwas: Eine lange Reihe Polizisten, drei, vier hintereinander gestaffelt, Schilde bereithaltend, schwarze Helme auf den Köpfen und die Gesichter von silbernen Sichtschirmen verborgen.

»Auf geht's!« rief Poch. »Ihr macht da jetzt am besten die Fliege!«

Orococco winkte, und nach einer letzten Salve Steine begannen er und Torricanyon, sich zurückzuziehen. Die Polizisten schienen die Änderung kaum zu bemerken und machten sich auf jeden Fall nicht die Mühe, ihre Taktik zu ändern – sie schritten im selben bedächtigen Tempo weiter voran. Sie hatten keine Eile, und sie hatten keine Lust, in irgendeine Falle zu rennen.

Dann sah Poch es: Das, was er vergessen hatte. Drillich lag noch da, wo er gefallen war, über die Stromschiene gestreckt. Poch hatte ihm schon die Jacke abgenommen; er trug sie am Leibe. Das waren sieben. Aber direkt bei Drillich lag die Leiche des Zwergs, den Poch hatte stolpern lassen – der, der sich den Schädel an der Schiene eingeschlagen hatte. Seine Jacke war noch nicht eingezogen worden.

Poch lachte. Er rannte vorwärts und traf bei den Leichen auf Orococco und Torricanyon. Er kniete sich hin und zog das letzte grüne Kleidungsstück fort. Das waren acht – die magische Zahl.

Orococco wies mit dem Daumen über die Schulter. »Häng hier nicht mehr lang rum«, riet er, »da sind höllisch viel Bullen drin, wie bei 'ner königlichen Hochzeit oder so einem Scheiß.«

Poch stand auf und zog die Jacke aus, die er getragen hatte; er gab sie mit den anderen zusammen Torricanyon. »Nimm die mit zum Transformatorenraum und vergrab sie dort tief«, sagte er. »Die darf nie jemand finden. Sag den anderen, ich komm in Kürze. Stonkus weiß, was zu tun ist, jetzt ab dafür, Beine untern Arm.«

Poch sah ihnen nach und hatte einen Kloß im Hals. Er würde sie nie wieder sehen. Den Gedanken verdrängte er. Dort durch den Tunnel, nun schon an der großen Kurve vorbei, kamen die Polizisten angerückt. Poch leckte sich über die Lippen und schaute auf Drillichs Leiche hinunter. »Verdammdich«, sagte er. »Ohne dich wären wir vielleicht durchgekommen, und Napoleon wär' noch am Leben.« Er runzelte die Stirn. »Aber andererseits«, fuhr er fort, »sorgst du mit deinen Leuten vielleicht dafür, daß unser Haufen am Ende doch noch durchkommt, Drillich, mein Junge. Jedenfalls liegen acht von euch Zwergen tot, und das muß eine bestimmte Bedeutung haben, denn acht plus ich selbst plus Napoleon macht zehn, und zehn Borribles ist genau das, was Snuffkin zu finden erwartet.«

Und rasch und leicht dahinrennend, getragen von dem Gedanken, daß er, Poch, am Ende siegen würde, glitt der Borrible leise zwischen die Züge und lief davon.

13

Poch beobachtete die Tür des Stellwerks von seinem Standort hinter dem letzten Wagen des zweiten Zuges aus. Er duckte sich plötzlich rasch. War das bloße Einbildung gewesen, oder hatte sich eben jemand durch die Tür gedrückt? Poch nagte an seiner Lippe. Er mußte vorsichtig sein. Vielleicht war ein Plattfuß drin, Teil eines Spähtrupps aus der anderen Richtung, vom Marylebone-Tunnel her.

»Verdammt«, sagte Poch. Er hatte sie nicht so früh erwartet. Wenn er nicht hier eindringen konnte, brach sein ganzer Plan zusammen. Poch schlich sich näher, seine Füße glitten lautlos über den Steinstaub. Er ging vorsichtig zum Fenster, doch die Scheiben waren trüb-verschmutzt. Er trat an die Tür und spähte hinein.

Im Licht der Glühbirne sah Poch, daß die Leiche Napoleons immer noch auf dem Tisch lag, die Arme wie ein mittelalterlicher Kriegerkönig über der Brust gekreuzt. Hinter dem Tisch stand eine zweite Gestalt, die Hände zu der großen Schalttafel hochgestreckt: Hauptschalter Licht, Notbeleuchtung, Energie Verbindungstunnel, Notaggregat, Fahrstühle, Energie Hauptstrecke Nord, Energie Hauptstrecke Süd. Poch erkannte die Gestalt sogleich. Es war Chaline.

Poch stöhnte erschrocken auf und wollte eine Warnung rufen, doch seine Kehle war trocken vor Angst. Chalines Hände lagen auf den Hebeln, die, einmal umgelegt, Tausende von Volt durch das ganze Stromnetz dieses Streckenabschnitts der Londoner Untergrundbahn schicken würden.

Poch versuchte wieder zu sprechen, doch Chaline

ließ ihm keine Zeit. Es gab ein lautes Klacken, als sie den ersten Schalthebel nach unten zog, und der elektrische Strom floß begierig durch das Metall, das nun den Stromkreis schloß. Dann legte Chaline einen weiteren Hebel um, dann noch einen und noch einen, und so die ganze Reihe entlang, große und kleine Schalthebel, alle wurden angeworfen.

Die Lichter im Tunnel draußen und die Glühbirne in der Kontrollkabine wurden ruckartig schwächer, als müßte die Elektrizität tief Atem holen, ehe sie aufzuleben begann. Von den Geleisen draußen kam ein murmelndes Summen, als der neue Strom den kalten Wiederstand von Meilen und Meilen Metall beiseiteschob, und die schwarzen Kabeltaue, die an der Wölbung der unterirdischen Mauern drapiert hingen, knisterten und schwollen an voll Tod.

Und diese geheimnisvolle Kraft lief überallhin und suchte hier und dort mit einer zauberischen Geschwindigkeit. Es war ein Sturzbach hervorbrechender, glitzernder Kraft, unwiderstehlich, die sich schlangengleich in jeden Winkel und jede Ecke wand. Es gab kein Entkommen. Sie war stark, sie war unsichtbar, und sie war tödlich.

Die Stahlschienen entlang rann sie, in die alten Motoren der beiden abgestellten Züge und in die Körper der besiegten Liliputaner, wo sie das weiche Fleisch aufbrach und von den Knochen hob, welche sie durchglühte, und wo sie das Mark schwarz buk. Die Leiber zuckten und tanzten wild, als wollten sie entkommen, doch das war unmöglich: Die Kraft hielt sie fest.

Poch bewegte sich endlich. »Chaline!« rief er. »Nicht!«

Chaline fuhr wie ein wildes Tier herum, als sie ihren

Namen hörte. Ihr schmutziges Haar fiel ihr ins Gesicht, ihre Augen glänzten mit einem verrückten Leuchten, als hätte die Elektrizität die Schalthebel übersprungen, sich in ihre Hände ergossen und glühe nun in ihrem Hirn. Alle ihre Muskeln waren zum Sprung gespannt. »Poch!« rief sie. »Ich dachte, du bist tot.«

Der Geruch brennender Leichen kam durch die Tür; Poch würgte es. Er schwankte und streckte eine Hand aus, sich festzuhalten. »Du Närrin«, keuchte er, »du vedirbst alles.«

Chaline achtete nicht darauf, was Poch sagte; sie streckte die Arme vor der Schalttafel aus, als sei sie bereit, sie mit ihrem Leben zu verteidigen. »Stonkus hat mir deine Nachricht gebracht«, sagte sie, »aber je öfter er wiederholt hat, daß du zurückkommst, desto weniger hab' ich's geglaubt. Es klang so, als wärst du bereits erledigt ... da hab' ich geschworen, daß ich's Snuffkin besorge ... Snuffkin, sagte ich, Snuffkin für Napoleon und Scooter und Poch. Ich hab' genug vom Fortrennen, und nirgendwo Ruhe. Ich weiß, es gibt keine Chance, davonzukommen, deshalb bin ich hergekommen, um ein paar Bullen schmoren zu lassen, eh' sie uns die Ohren stutzen ... und wenn es auch schön ist, daß du noch lebst, es kommt im Grund auf dasselbe heraus.«

Poch versuchte zu antworten. Er wollte Chaline sagen, daß es gut war. Er wollte den Strom wieder abschalten. Das mußte er; es war nie Teil seines Plans gewesen, irgendwelche Beamte der SBE zu töten. Im Gegenteil, er wollte sie in dem Glauben lassen, daß sie einen leichten Sieg errungen hatten, dann würden sie nicht auf den Gedanken kommen, das Schlachtfeld allzugenau zu untersuchen und das letzte Versteck der Abenteurer finden. All dies wollte er eigentlich sagen, aber die einzigen Worte, die aus seinem Mund kamen, waren: »Der Strom – der Strom.«

Er hob eine Hand und stolperte weiter in die Kabine hinein. In diesem Augenblick hörte er ein entsetzliches Stöhnen und Klirren. Das Neonlicht flackerte wieder, und man hörte, wie Stahl sich ohrenbetäubend an Stahl rieb. Licht sprang in den Wagen draußen an, und langsam begannen die großen Räder sich zu drehen. Qualm stieg von den Bremsklötzen auf. Einer der Untergrundbahnzüge setzte sich in Bewegung. »Die SBE!« schrie Chaline. »Sie haben auch den Strom angeschaltet. Sie müssen die Züge rausholen, damit sie hier besser suchen können.«

Diese neue Gefahr brachte Poch zur Besinnung. »Rasch dann«, sagte er. »Wir müssen zu den anderen. Schnell! Und paß vor allem auf die Stromschiene auf.« Und Poch legte einen Arm um Chalines Schultern, und die beiden müden Borribles gingen durch die Tür des Stellwerks und durchquerten die ehemalige Werkstatt, um schließlich hinter einem der hohen Schutthaufen zu verschwinden.

Poch konnte es nicht ahnen – und niemand anders ahnte es –, doch niemand lenkte diesen Zug. Er fuhr sich selbst, bewußtlos und unbesiegbar, die Räder wirbelten die Strecke entlang.

Im Führerhaus, wo Orococco und Zwielicht mit den beiden Zwergen gekämpft hatten, hatten Fäuste und Füße und Knüppel auf die Knöpfe und Schalter geschlagen – Kurzschlüsse waren entstanden, Verbindungen hatten sich hergestellt. Sobald die Elektrizität sich wieder frei fühlte und dahinfloß, drängte sie den alten Zug vorwärts, langsam zuerst, dann schneller und immer schneller, und wie die Metallbremsen sich langsam lockerten, so nahm die lange Wagenreihe ständig Geschwindigkeit auf.

Inspektor Snuffkin, Sergeant Hanks und Konstabler Blume standen auf dem Bahnsteig in Swiss Cottage und lauschten den Rufen und Schmähungen von Orococco und Torricanyon, die aus dem Tunnel hervorbliesen.

»Ich sage Ihnen, Hanks«, sagte Snuffkin, »das ist der Mut der Verzweiflung. Es können nach dem Kampf mit den Zwergen nicht mehr viel am Leben sein. Übrigens, Blume, haben Sie die Zwerge ausgezahlt, und sind wir sie jetzt los?«

»O ja, Sir, und eine hübsche Summe wurde denen ausgehändigt.«

»Und haben Sie genau kontrolliert, daß keine Borribles darunter waren?«

»Natürlich, Sir. Ganz genau.«

»Gut«, sagte der Inspektor. »Ich bin froh, daß wir sie endlich aus dem Weg haben. Haben mich sehr nervös gemacht. Es hätte das Ende meiner Karriere bedeutet, wenn der SPP dahintergekommen wäre, daß wir bei diesen Scharmützeln Hilfstruppen einsetzen. Hört ihr das, Hanks, Blume? Es darf diese geheime und vertrauliche Information auf keinen Fall den höheren Instanzen zu Ohren kommen. Dieser delikate Tatbestand würde sie nur reizen und beunruhigen.«

»Nein, Sir«, sagte Blume. »Sie haben's uns gesagt, Sir, und wir haben's nicht vergessen.« Er nahm Haltung an und klemmte sich sein Clipboard fester unter den Arm.

Hanks zuckte zweimal rasch nacheinander mit den Nasenflügeln, als versuche er, etwas Saftiges, Substantielles zu lockern. »Haben eine Menge gekostet, diese

Zwerge«, sagte er. »Ich hätte schwören mögen, daß ein paar sich noch mal hinten angestellt haben und zweimal abkassiert haben. Konnte man ja nicht mehr auseinanderhalten bei all dem Blut und Schmutz und Öl. War schon zu sehen, daß es da heiß hergegangen ist.«

»Waren jeden Penny wert, den wir ihnen ausbezahlt haben, Hanks«, sagte Snuffkin und rieb sich zufrieden die behandschuhten Hände. »Sie haben die Borribles hervorgelockt, die meisten auch getötet, nach dem, was man hört. Jetzt brauchen unsere Männer nur noch durchmarschieren und die Reste einsammeln ... Es wird kein einziger Polizist verletzt werden. Unsere Operation wird ein voller Erfolg. Wundervoll!«

»Es scheint mir«, sagte Blume, nachdem er diskret gehustet hatte, um die Aufmerksamkeit seines Vorgesetzten auf sich zu ziehen, »daß das Geschrei aufgehört hat. Ich würde sagen, unsere Männer haben mittlerweile ihre Aufgabe erfüllt, etwaige Überlebende zu sistieren. Soll ich das ermitteln, Herr Inspektor? Ich könnte eine Anfrage über Funk durchgeben.«

Snuffkin richtete sich zu seiner vollen Größe auf und schaute zu Blume hoch, als sähe er auf ihn hinunter. »Blume«, sagte er und verdrehte seine Arme auf den Rücken, als besäße er entscheidende Informationen, die er sich selbst durch die Folter entlocken müßte, »Blume, Sie haben meinen augenblicklichen Gedanken vollkommen getroffen, gerade als ich ihn äußern wollte. Man hat mich dahingehend informiert, daß auf dem Streckenabschnitt, der hinter jenem Tunnel liegt, ein kleiner Abstellbahnhof sich befindet, wo zwei alte Züge in Reserve bereitgehalten werden. Dahinter, heißt es, schließt der Marylebone-Tunnel an. Wie Sie sich erinnern werden, habe ich Männer postiert, welche diesen möglichen Fluchtweg überwachen, und einige von diesem Kontingent stoßen vor, um sich mit denen zu vereinigen, die von diesem Bahnsteig abmarschiert sind. Unsere Borribles stekken in der Mitte und werden das Opfer einer Zangenbewegung. Der klassische linke Haken, wie Monty zu sagen pflegte, wenn er sich mit dem Wüstenfuchs maß. El Alamein, meine Herren! El Alamein. Hier ist El Alamein.«

Hanks starrte auf das Stationsschild, das in zwei Fuß hohen Lettern »Swiss Cottage« meldete. »Hier steht ›Swiss Cottage‹, Sir«, sagte er.

Snuffkin ignorierte diese Bemerkung und fuhr in seiner Rede fort, wobei er gleichzeitig versuchte, sich einen Halbnelson anzulegen. »Ich wünsche diesen meinen größten Augenblick des Triumphes auf keinen Fall zu versäumen. Ich will diese Kapitulation sehen, sie erleben, sie genießen. Ich will diese Borribles zu meinen Füßen im Staub um Gnade winseln hören. Ich möchte in einem Liegestuhl ruhen und zuschauen, wie der Polizeichirurg die spitzen Enden ihrer Ohren entfernt. Ich will das Rumpeln hören, mit dem die Welt erleichtert in ihre normale Bahn zurückfällt. Mit einem Wort, Hanks, ich beabsichtige, zwischen den Schienen entlang zu gehen und persönlich und eigenhändig zu meinen Männern zu gelangen.«

Snuffkin fing an – gesagt, getan – den Bahnsteig entlangzuschreiten; die Beine zuckten steif und gerade vor ihm her. Hanks rollte neben dem Inspektor voran, den rechten Zeigefinger im rechten Nasenloch und mit einem verträumten Lächeln. Es hatte sich etwas Lohnendes dort oben gefunden. Blume, der immer noch mit hartem Griff sein Clipboard umklammerte, ging respektvoll einen Meter hinter Snuffkin, dessen Haltung er in jeder Einzelheit nachahmte. Er sehnte sich danach, so erfolgreich zu werden wie sein Vorgesetzter.

Am Ende des Bahnsteigs, kurz ehe er sich zu dem in den Tunnel führenden Schotterweg hinabsenkte, fuhr Snuffkin auf dem Absatz herum und wechselte abrupt die Richtung wie ein Boxauto. Sein Mantel bauschte sich flatternd wie das Cape eines Stierkämpfers und enthüllte seine liebevoll gebürsteten Stiefel, die wie frischlackiert glänzten.

»Konstabler Blume«, sagte er, »als ich soeben nach droben telephoniert habe, habe ich Instruktionen hinterlassen, daß der SPP endlich von unserem Erfolg in Kenntnis gesetzt werden soll. Ich erwarte seine Ankunft in der nächsten halben Stunde! Ich möchte, Blume, daß Sie ihn hier auf dem Bahnsteig erwarten, wenn er eintrifft. Sie werden ihn über unseren vollständigen Sieg informieren, und wenn ich noch nicht zurück sein sollte und er tatsächlich Lust dazu hat, dürfen Sie ihn an die Front bringen, wo er die Kapitulation der Borribles verfolgen kann und die Kulmination und Erfüllung des magnum octopus von Inspektor Francis Snuffkin.«

»Francis«, sagte Hanks. Er zog einen grünen Popel aus der Nase und betrachtete ihn nachdenklich. »Wußte nie, daß er Francis heißt«, und enttäuscht von der Ernte an seinem Finger schob er das Produkt wieder an seinen Ort zurück, damit es größer und farbiger werden sollte. In demselben Moment machte Snuffkin schnell auf einem Fuß Rechtsum, wie ein aufgezogener Blechsoldat, und schaute nun in die andere Richtung. »Kommen Sie, Hanks!« sagte er.

Hanks watschelte hinüber, um sich zu seinem Meister zu gesellen, und zusammen stiegen die beiden Männer den kleinen Abhang hinunter, der sie auf

Gleishöhe brachte. Nur ein Schienenstrang lief in den Verbindungstunnel, und so gingen der Inspektor und der Sergeant Seite an Seite zwischen den Schienen dahin. Die Wände traten hier eng zusammen und wölbten sich schon bald zu einer relativ niedrigen Decke. Jedes Wort rief ein hallendes Echo hervor, jeder Schritt klang wie zehn, und trotz des Neonlichts hatte der Ort etwas Spukhaftes. Die glasierten Ziegelsteine des Tunnels glitzerten wie von klammem, giftigem Schweiß.

Diese bange Atmosphäre förderte die Unterhaltung nicht, und die beiden Männer schritten eine Zeitlang schweigend aus, doch nach etwa einer Viertelmeile begann Snuffkin zu reden. »Sagen Sie, Hanks«, meinte er, »wieviel beträgt die Distanz zwischen den Punkten A und B in unserem Falle, und wie lange dehnt sich diese Kurve? Ich kann hinter uns Swiss Cottage nicht mehr sehn und vor uns nicht unseren Bestimmungspunkt.«

Hanks war wegen der seinem Körper ganz ungewohnten Bewegung fast ohne Atem – er war noch nie zuvor in seinem Leben eine Viertelmeile zu Fuß gegangen, trotzdem gelang es ihm, Snuffkin zuliebe eine Antwort hervorzukeuchen: »Ich glaube … uhhh … etwa eine halbe Meile … uuhhh, Sir, aber … uhh … ich bin nicht sicher … aber ich könnte auf jeden Fall jetzt eine schöne Tasse Tee und ein Schinkensandwich niedermachen.«

»Ssst!« befahl Snuffkin und hob die Hand. »Ich höre etwas Ungewöhnliches, das von Punkt B herdringt. Lauschen Sie und atmen Sie leiser, Hanks.«

Snuffkin und Hanks horchten, und wie das Geräusch ihres Atmens sich minderte und das Echo ihrer Schritte verhallte, spannte sich das stromführende Schienenteil zu ihrer Rechten und spie orangefarbene Funken, und die Lichter des Tunnels schwanden und wurden wieder stärker und verblaßten wieder. Aus weiter Ferne kamen Rufe: Die schwachen Rufe von SBE-Beamten, die um Hilfe schrien. Doch hinter diesen verzweifelten Schreien kam ein anderes Geräusch, schlimmer und bedrohlicher. Es war das langsam grollende Vorwärtsrollen von Stahlrädern, das Dröhnen eines ganzen sich in Bewegung setzenden Zuges. Unter ihren Füßen spürten die beiden Polizisten die Schwellen erbeben, und die Schienen wanden sich, als die tonnen- und abertonnenschweren Vehikel in der Ferne anfuhren.

Hanks sah nervös über die Schulter. Snuffkin machte einen scharfen Schritt vorwärts, überlegte es sich und tat einen noch schärferen zurück.

»Es scheint sich da ein Zug zu bewegen, Hanks«, sagte der Inspektor, dessen Stimme noch knapper und präziser artikulierte als gewöhnlich, um die in ihm aufsteigende Besorgnis zu verbergen. »Das ist ungehörig, Hanks. Ich versichere Ihnen, daß ich strikte Anweisung gegeben habe, daß keine Züge sich von A nach B, oder auch nur von C nach D bewegen sollen, bis ich den Befehl selbst und persönlich aufhebe.«

»Jawohl, Sir!« sagte Hanks. »Aber was machen wir nun, Sir?«

»Gute Frage, Hanks. Wir müssen ein Ausweichmanöver einleiten. Unverzüglich – ich will hier nicht als Chateaubriand enden.«

»Ich ebensowenig, Sir«, sagte Hanks, dem der Schweiß aus den Achselhöhlen zu rinnen begann. »Was immer das ist.« Der Sergeant stolperte, als er sich umdrehte. »O Gott«, rief er. »Schütz uns der Himmel.«

»Zurück zu Punkt A!« sagte Snuffkin. »Dieser Zug

hört sich so an, als bewege er sich vergleichsweise langsam, insofern werden wir uns schnell bewegen. Mit anderen Worten, Hanks, laufen Sie um Ihr Leben.«

Die Männer rannten los; ihre Füße knirschten auf dem lockeren Schotter zwischen den Schwellen. Snuffkin rannte mit eiserner Entschlossenheit, einer Entschlossenheit, die alles andere ausschloß und kein Hindernis duldete. Hanks andererseits, bereits außer Atem, rannte voll Verzweiflung, als sei über sein Schicksal schon am Morgen seiner Geburt entschieden worden. Sein Atem durchriß ihn stechend. Er fühlte, wie eine stumpfe Säge ihm die Lungen zerfetzte. Sein massiver Bauch schwappte so wild von einer Seite auf die andere, daß er Hanks jeden Augenblick aus dem Gleichgewicht zu zerren drohte. Seine Knie verloren ihre Spannkraft, und Ermüdung überkam ihn; sein Kopf rollte lose hin und her in seiner Panik, und die Kontrolle über seine Eingeweide versagte. Er spürte, wie sich etwas Häßlich-Feuchtes in seiner Hose formte, doch das Allerschlimmste war: Snuffkin ließ ihn zurück. Schon lagen zwanzig Meter zwischen den beiden Läufern.

»O Herr Inspektor!« rief Hanks und reckte einen Arm nach vorn. »Warten Sie auf mich!«

Snuffkin hielt an und drehte sich um. Er stemmte die Hände in die Hüften und musterte Hanks verächtlich, als er hinter seinem Bauch angekeucht kam.

»Ich warte dann auf dem Bahnsteig auf Sie, Hanks«, rief der Inspektor, und er wandte sich um, um seinen Sprint fortzusetzen, doch in diesem Moment drang der fahrerlose Zug in das andere Ende des Tunnels ein, und sein undeutliches Grummeln wurde zu einem mächtigen Brüllen, als alle die einzelnen Geräusche zu einem Röhren zusammengequetscht und vor dem ersten Wagen einhergefegt wurden wie ein riesiger Haufen Backsteinschutt und klirrende Metallstangen.

Die beiden Hälften von Snuffkins Schnurrbart zuckten wie Radioantennen vor. Die aufgefangene Nachricht war nicht gut: Der Zug wurde schneller.

Hanks winselte auf wie ein Schloßgespenst, und seine Angst verlieh ihm eine Energie, die all die Güterwagen voll Fressalien in seinem bisherigen Leben ihm nicht hatten geben können. Sein Leib wurde leicht und straff, seine Muskeln spannten sich zu Stahlfedern, und ehe Snuffkin noch seiner Gefahr innewerden konnte, geschweige denn seine Flucht fortsetzen, war Hanks über ihm und hatte den rechten Arm des Inspektors mit beiden Händen umklammert.

Snuffkin, der es stets haßte, berührt zu werden, noch dazu von etwas so Großem und Abstoßendem wie Hanks, versuchte sich loszumachen, mit aller Kraft zerrend und mit beiden Stiefeln sich gegen die Schwellen stemmend.

»Hanks!« kreischte er. »Lassen Sie los! Hören Sie mich? Das ist ein Befehl. Unterlassen Sie diese Pflichtvergessenheit! Ich bring' Sie vors Kriegsgericht.«

Hanks achtete nicht auf seine Worte. Er hörte nichts mehr; sein Griff war für die Ewigkeit. Sein ganzes Hirn füllte nun das Geräusch des nahenden Zuges. Dieser eine Ausbruch von Kraft hatte ihn erledigt, er konnte nicht mehr weiter, doch allein dableiben würde er nicht. Er hing an Snuffkins Arm wie am Leben selbst.

»Verlassen Sie mich nicht, Sir«, bat er, »bringen Sie mich nach Hause! Ich will zu meiner Mutter.«

Snuffkin trat wild mit seinen Füßen gegen seinen Sergeanten. Er stieß und zerrte, er argumentierte, lockte und brüllte. Nichts nützte etwas. Hanks hielt fest, und das Geräusch des Zuges rollte durch die Kurve des Tunnels heran und wuchs und wuchs und erfüllte den ganzen Raum von einer Seite zur anderen und vom Boden zur Decke. Snuffkin kreischte nun schrill, um sich über das Gedröhn hinweg Gehör zu verschaffen, doch Hanks hing fest und flehte und bat um Rettung und verhinderte doch die ganze Zeit jene Flucht, die er so innig ersehnte.

Mit einem plötzlichen Ruck schwoll die Woge des Lärms noch höher, und aus der Kurve hervor raste der Zug, hoch, lang, glühend wie ein Drache, der aus seiner Höhle stürmt, Licht und Feuer aus seinem furchtbaren Kopf hervoratmend. Majestätisch kam er heran, die Fenster leuchteten silbern und golden.

Hanks hob wieder seine Stimme und röhrte wie ein Walfisch, und der Schrei war so laut, daß er bis an die Ohren von Konstabler Blume auf dem Bahnsteig von Swiss Cottage drang und ihm das Wasser in der Blase gerinnen ließ.

»O mein Gott!« schluchzte Hanks, zu spät zur Besinnung gekommen, »wir müssen fort.«

»Sie Kretin!« schrie Snuffkin, der seinen Sergeanten liebend gerne getötet hätte, wäre eine Waffe zur Hand gewesen. »Runter vom Gleis, suchen Sie eine Nische! Unsere einzige Chance!«

Mit diesem Ratschlag versuchte Snuffkin auch gleich zu handeln und wollte Hanks auf seine Seite des Tunnels herüberziehen. Hanks, dessen Gehirn nun wie ein Klumpen Rührei arbeitete, glaubte, seine Seite sei näher, und mit neuer Energie riß er Snuffkin von den Füßen und zog ihn rücklings über die Schienen.

Snuffkin geriet in Panik. Er wußte, daß Hanks sich in

die Richtung der Stromschiene bewegte. Hanks nahm nur noch die Regungen eines tierischen Überlebensinstinkts wahr. »Hanks! Nein!« brüllte Snuffkin.

Es war zu spät. Hanks warf sich dem heranrasenden Monstrum aus dem Weg, wobei er immer noch Snuffkins beinahe brechenden Arm hielt. Er stolperte, von den hellen Lichtern, die auf ihn eindrangen, geblendet und verwirrt. Er sah die Stromschiene und erkannte, was das war – er sprang hinüber, landete sicher auf der anderen Seite und stieß einen Triumphschrei aus, der in seiner Kehle stecken blieb. Snuffkin wimmerte und wußte um sein Ende. Er versuchte, seinen Körper wegzukrümmen, in die Höhe zu schweben, doch er konnte es nicht. Hanks zog ihn vorwärts, und das Bein des Inspektors streifte die entsetzliche Schiene, und das genügte.

Die Elektrizität liebt den menschlichen Körper. Im Bruchteil einer Sekunde kann sie durch jede Ader und jedes Gewebeteilchen hüpfen, das du besitzt, jedes Haar versengen und die Zehennägel wie Neonreklamen aufleuchten lassen. Elektrizität, die sechzig Tonnen Untergrundbahn bewegt, macht sich einen Spaß aus Beinen und Armen, und an diesem Tag sprang sie freudig vergnügt in den Leib des Inspektors, ohne das Hindernis des Fleisches wahrzunehmen und ohne das kleine Leben zu bemerken, das sie auslöschte. Sie verbrannte sein Blut, briet seine Lunge und versengte sein Herz zu einem Stückchen Koks. Und immer noch voller Eifer lief sie weiter auf der Suche nach neuen Streichen und fand den stolzen kleinen Schnurrbart und grillte ihn zu einem schmutzigknisternden Stückchen Asche, das sich auf Snuffkins schwarzgebrannter Oberlippe kräuselte.

Und in diesem Moment erfaßt der Strom Hanks'

Hand, die immer noch den Arm seines Vorgesetzten umklammert hielt, und die Elektrizität freute sich und drang in Hanks ein, und wieder sengte und brannte und briet sie, und alle seine Fettschichten zischten und schäumten. Und sechshundert Volt suchten sich die in den dunklen Gängen der Nase des Sergeanten blühenden Popel und kochten sie, bis sie sich wie heiße Speckschwarte wanden und drehten.

Und als dieses Spiel vorbei war, lief der Strom davon und suchte neuen Raum, den es mit Kraft zu füllen galt, und ließ eine merkwürdige rauchende Skulptur zurück – Snuffkin und Hanks, trockene Hülsen, aneinandergeschweißt. Doch der große Zug kam und warf die Skulptur um und zerbrach sie. Snuffkin und Hanks waren tot – nur noch warme, schwarze Asche, die sich mit altem, mürbem Staub vermischte.

Auf dem Bahnsteig der Station Swiss Cottage hörte der wartende Beamte Blume das ferne Grollen eines fahrenden Zuges. Er hörte auch mehrere schrille Schreie und entsetztes Kreischen. Er umklammerte seine Hände hinter dem Rücken, seinen Inspektor imitierend, und schaute zu der Gruppe von SBE-Beamten nahebei hinüber. Blume zögerte und fragte sich, was wohl zu tun wäre. Offensichtlich war da etwas nicht in Ordnung, durchaus nicht in Ordnung. Ein großer Lärm hallte aus dem Tunnel und verstärkte sich von einer Sekunde zur anderen.

Blume begann, den Bahnsteig hinauf zum Tunneleingang zu gehen, wo Snuffkin und Hanks verschwunden waren. Vielleicht sollte er ihnen doch zu Hilfe kommen, trotz seiner Anweisung, auf den SPP zu warten. Blumes Stirn überzog sich mit angestrengten Sorgenfalten, doch er hätte sich die Abwägung ersparen können. Eine Entscheidung wurde für ihn getroffen.

Ein enormes Brüllen donnerte heran, und inmitten einer Lichtwolke brach der fahrerlose Zug mit Höchstgeschwindigkeit ins Freie, von einer Seite verrückt auf die andere schwankend. Polizist Blume stolperte verblüfft zurück und verhedderte seine Füße, so daß er rückwärts fiel und schwer auf dem Beton des Bahnsteigs aufschlug, wo er sich die Ellenbogen prellte. Er blieb hilflos liegen, wo er lag, und sah zu, wie der Zug an ihm vorbeiraste.

Nun der Enge des schmalen Tunnels entronnen, fing der Zug zu taumeln und nach den Seiten zu sakken an. Die Wagen krachten gegeneinander und wurden von hinten knallend vorwärtsgestoßen, dröhnten gegen die Kachelwand und schrammten an der Bahnsteigkante daher.

Nach einigen Sekunden gaben die ersten Wagen unter all den Stößen und dem Druck nach und bäumten sich auf. Sie kratzten an der Decke der U-Bahn-Station entlang und rissen ein langes Stück herab. Weitere Wagen sprangen aus den Schienen und versuchten, links oder rechts auszubrechen, doch sie schlugen nur noch härter gegen die Wand oder kippten auf den Bahnsteig. Ihre Fenster zersprangen zu Myriaden von Splittern, die Türen bogen sich ächzend und sprangen ab. Räder flogen aus ihren Verankerungen und zerrissen die Schienen.

Der Krach war ohrenbetäubend: Ein Bersten und Klirren und Stöhnen zerreißenden Metalls, daß es einem das Trommelfell sprengen wollte. Der Lärm schwoll wie ein Tornado – ein Aufheulen, das nicht enden wollte, das einen zum Wahnsinn treiben konnte, und die Beamten der SBE wandten sich zur

Flucht und stießen sich gegenseitig aus dem Weg, um sich nur schnell auf der nächsten Treppe nach oben in Sicherheit zu bringen. Nur nicht zu blutigen Klumpen zerquetscht werden unter dieser splitternd einherrollenden Lawine aus Eisen und Stahl!

Konstabler Blume blieb sitzen, wo er war, und versuchte nicht, auf die Füße zu kommen. Er bedeckte seine Ohren mit den Händen, aber es war nicht vorüber. Die zerbrochenen Wagen knirschten bis ganz ans Ende des Bahnsteigs, und dann, quergestellt weiterschlitternd, krachten sie gegen die Tunnelöffnung auf der anderen Seite. Eine Explosion von lautem Geräusch, noch gewaltiger und furchterregender als zuvor, erhob sich: Die Wagen schoben sich in rascher Folge auf- und ineinander, sich immer höher häufend, als suchten sie oben einen Ausweg in die Freiheit, um dann nach und nach, als kein Entkommen war, zurückzurutschen und sich überschlagend wegzurollen in eine Stille, erschöpft und demoliert, während große rote und gelbe Flammen in hohen Bögen über dichtem schwarzem Rauch flackerten und der ganzen Station das Aussehen und den Geruch der Hölle verliehen.

Poch und Chaline hörten auch das Geräusch des Aufpralls, doch für sie war es ein ferner Donner, und sie waren sich nicht sicher, was das sein mochte. Sie standen hinter einem großen Haufen aus alten Ziegelsteinen und anderem Mauerschutt und lauschten, als das rollende Dröhnen erstarb. Chaline starrte niedergeschlagen, lustlos vor sich hin. Sie hatte, seit sie aus dem Stellwerk gekommen waren, kein Wort gesprochen.

»Bald ist die Polizei da«, sagte Poch. »Wir gehen jetzt

besser rein zu den anderen, hoffen wir, daß der Plan funktioniert.«

Er ging ein, zwei Schritte weiter. Hier sah es seltsam aus: Er war in einer weiten Höhlung mit einer schrägen Decke, und genau da, wo die Decke schräg auf den Boden traf, sah Poch, was Sydney entdeckt hatte: Eine alte Türöffnung, aus der der hölzerne Rahmen herausgerissen worden war. Auf dem Boden in der Nähe lagen alle möglichen Werkzeuge herum, Abschnitte von grobem Bauholz und Zementsäcke. Einer dieser Säcke war aufgerissen, und ein kleines Häufchen frisch angemachter Gips, eine Maurerkelle mittendrin schimmerte im Neonlicht.

Als er dicht an die Türöffnung herantrat, konnte Poch sehen, daß sie beinahe bis obenhin zugemauert war, so daß nur noch Raum blieb, daß ein Borrible sich hindurchzwängen konnte. Der neue Mörtel zwischen den Steinen glänzte hell und feucht und ließ genau erkennen, wo der alte Türdurchgang gewesen war. Hier mußte man noch etwas unternehmen.

Poch ging zur Mauer und machte mit den Händen den Steigbügel. »Auf geht's, Chal«, sagte er und ließ seine Stimme fröhlich klingen, »geh du vor, ich komm dann.«

Chaline nickte, kam her und stellte ihren rechten Fuß auf Pochs Hand. Er stieß sie nach oben, sie zog sich hoch, und Stonkus erschien in der Öffnung und half ihr, über die Mauer zu verschwinden.

Dann bückte sich Poch und schichtete einige von den übriggebliebenen Backsteinen aufeinander, um dann hinaufzusteigen, so daß er durch das Loch sehen konnte. Stonkus' Gesicht starrte ihn an.

»Kommst jetzt besser rein hier«, sagte Stonkus, »und wir ziehn die Mauer vollends hoch.«

Poch war das Herz schwer. Die Ungeheuerlichkeit seines Vorhabens wurde ihm plötzlich ganz bewußt. Er fühlte sich einsam, ganz einsam. Er senkte die Stimme. »Ich kann nicht reinkommen, Stonkus«, sagte er. »Stell dir bloß mal vor, wie's von hier draußen aussehen würde. Ein Tritt aus den Steinen, wo ich reingeklettert bin, eine Ladung Zement, eine Kelle und frischer Mörtel zwischen den Backsteinen.«

Bingos Gesicht erschien abrupt neben dem von Stonkus. »Ich hab' das gehört«, sagte er. »Was hast du vor?«

»Jemand«, erklärte Poch, »muß hier die Beweise verschwinden lassen. Es ist klar, daß die Bullen hier alles auf den Kopf stellen ... jemand muß den Mörtel beseitigen, die Mauer von dieser Seite zu Ende bringen, aber vor allem die Fugen schmutzig machen, Staub reinreiben ... es ist unsere einzige Chance, sonst finden sie euch, und eure Ohren sind ab, ehe ihr noch Scheiße sagen könnt.«

»Du wirst geschnappt«, sagte Bingo, »es gibt draußen kein Versteck!«

Poch versuchte geringschätzig zu lachen. »Sag das nicht! Ich hab 'ne gute Chance. Ich kann sie von diesem Ort hier weglocken, vielleicht an ihnen vorbeischleichen. Ich bin vor euch in Neasden, paß auf.«

Poch konnte das Gespräch nicht mehr länger ertragen. Er war sich nicht gewiß, wie fest sein Entschluß war. Er liebte seine Freunde wie das Leben selbst und wollte sie nicht verlassen. Er sprang von seinem Backsteinstapel herunter und griff sich die Kelle, kratzte Mörtel auf, nahm einen Stein und stieg wieder hoch. Er strich Mörtel auf die oberste Lage, schön dick, und legte den Stein an seine Stelle. Die Gesichter von Stonkus und Bingo starrten ihn an. Sie sagten nichts, und

Poch stieg gleich wieder hinab, mehr Mörtel und einen neuen Stein zu holen. So ging es einige Male, und langsam wurde das Loch oben in der Mauer kleiner, bis Poch wußte, daß drei, vier weitere Steine die Öffnung endgültig schließen würden.

Er zögerte. Er lauschte, doch aus der Richtung der Gefahr kam nur ein Schweigen. Er wollte gerade Stonkus und Bingo zum Abschied zulächeln, als ihre Gesichter plötzlich schwankten und verschwanden. Sie waren grob von dem, worauf immer sie standen, heruntergestoßen und -gezogen worden. An ihrer Stelle stand Chaline; ihre blauen Augen waren stumpf, ihre Wangen noch mit Napoleons Blut beschmiert.

»Poch!« sagte sie. »Was glaubst du eigentlich, was du da abziehst, spiel hier verdammt noch mal nicht den Helden.« Sie fing an, gegen die Steine zu drücken, die Poch gerade vermauert hatte. »Komm hier rein zu uns, du Idiot. Schnell.«

Poch schlug mit der Kelle zu, und Chalines Knöchel sprangen auf. »Haltet sie!« rief er. »Holt sie weg, oder sie schmeißt die Mauer ein.«

Chaline wurde von der Öffnung fortgezerrt. Man hörte Stimmen, dann erschien sie wieder. »Schon gut«, sagte sie, nach hinten gewandt, »ich will nur reden. Laßt mich.«

Poch sprang wieder zu Boden, holte sich die Steine, die heruntergefallen waren und schob sie an ihren Platz zurück. Er brachte noch einen an seine Stelle. Noch drei, dann war die Mauer fertig.

Chalines Stimme war tonlos, als ob sie bis ans Ende des Lebens gereist wäre, um nichts dort zu finden. »Warum, Poch«, fragte sie, »warum mußt du draußen bleiben und dich fangen lassen?«

Poch klatschte Mörtel auf einen Stein. »Weil's nur so geht, Chaline. Das ist ein gutes Versteck, aber es ist kein Streichholz wert, wenn man's nicht von draußen tarnt.« Poch setzte den Stein ein und stieg hinab, um sich Mörtel und noch zwei Steine zu holen: Das war alles. Nun konnte er durch die Öffnung nur noch das halbe Gesicht Chalines sehen. Sie starrte ihn an, und er spürte, daß er es nicht ertrug, sie zu verlassen. Gleichzeitig wußte er, daß alle Abenteurer und das Pferd verloren waren, wenn er es nicht tat. Er breitete die letzte Kelle voll Mörtel aus und schaute in das dreckige Gesicht des Mädchens.

»Kommt alles in Ordnung, Chal«, sagte er. »Ich treff' euch in Neasden.«

»Laß mich mir dir kommen«, sagte Chaline. Ihr Gesicht wirkte kleiner, beinahe fern, durch das nur noch einen Backstein große Loch. »Wir können beide die Bullen in die Irre führen. Zusammen.«

Pochs Herz dehnte sich und stieß gegen seine Rippen. Nichts wäre ihm lieber gewesen. »Nein, Chaline«, sagte er. »Ich hab' jetzt die Mauer hochgezogen, und wir haben keine Zeit, sie runterzuhauen und eine neue zu bauen. Die Bullen sind jetzt jeden Augenblick da. So gibt es eine Chance, daß ihr alle davonkommt. Ich will nicht gefangen werden, gewiß nicht, aber es wär' mir noch schlimmer, wenn ihr mit mir gefangen würdet.«

Chaline preßte ihr Gesicht eng an das Loch und schaute Poch fest an. »Du bringst hier nicht so einen Trick à la Zoff?« fragte sie. »Du bist nicht hinter einem dritten Namen her – Poch Brandhand vom Schlachthof?«

Poch schüttelte den Kopf. »Das ist alles vorbei, Chaline. Ich hab' drunten in Eisenkopfs Schacht ziemlich viel nachgedacht. Wenn es nicht wegen Snuffkin wäre, immer hinter unserem Pferd her, dann wär' ich gar nicht hier.«

»Was ist es dann?« fragte Chaline hartnäckig. »Ich kenn' dich so genau. Du hast etwas vor, und wenn du willst, daß ich hier drin bleibe bei den anderen und nichts unternehme, dann mußt du mir's sagen, oder diese Mauer fällt, Stonkus oder nicht, Bullen oder keine.«

Poch lauschte. Kein Geräusch einer Bewegung kam aus den Tunneln. Etwas mußte das Vorrücken der Polizei aufgehalten haben. Er sah Chaline wieder an. »Da draußen liegen acht tote Zwerge«, begann er, »und ich hab' sie alle so hingeschoben, daß sie die Stromschiene berühren. Als ich zur Kontrollkabine zurückgekommen bin, da wollte ich nur den Saft auf dieser Strecke hier einschalten, wo die Zwerge lagen, nur ein, zwei Sekunden, sie zu Kohle verbrennen. Ich wollte nicht, daß der Strom hier überall angeht und vielleicht die ganze SBE brät. Ich wollte es so haben, daß die Bullen die toten Zwerge nicht von toten Borribles unterscheiden können. Sie werden den armen alten Napoleon erkennen, der da drinnen liegt, und mich, wenn ich mich im Tunnel zeige, und dann, verstehst du, sollen die mich erstmal erwischen. Acht und Nap und ich sind zehn. Das ist die Anzahl, die Snuffkin zu finden erwartet. Ich hoffe, er denkt, er hat uns alle geschafft, und wenn sie sich dann mal umgesehen haben, verschwinden sie. Ihr müßt da drin zwei oder vielleicht drei Tage warten, ihr werdet Hunger kriegen, aber am Leben sein. Wenn ihr glaubt, es ist sicher, dann brecht die Mauer nieder und kommt raus. Nur ein paar Stunden Marsch durch den Tunnel, und ihr seid in Neasden, und alles ist vorüber. Bleibt eine

Weile untergetaucht, und dann könnt ihr alle nach Hause.«

»Wenn du dir so sicher bist, daß du Snuffkin in den Tunneln entwischen kannst«, sagte Chaline, »dann könntest du doch selber zurückkommen und uns sagen, wann wir wieder rauskommen können.« Die Hälfte ihres Gesichts, die Poch sehen konnte, trug eine ironische Miene.

»Ja«, sagte Poch, »klar. Das ist es.«

»Du lügst«, sagte Chaline. »Ich weiß, daß du lügst.«

»Als Adolf im Rumbelreich verbrannt ist«, sagte Poch leise, »wußte ich, es ist meine Schuld. Es hätte nie geschehen dürfen, aber in jenen Tagen konnte ich bloß an den Schatz denken und an einen zweiten Namen. Mit Adolf verglichen, war ich nicht mal ein richtiger Borrible. Du erinnerst dich, Adolf hat Vulgo rausgetragen, und weil das noch nicht genug war, ist er umgekommen, als er mich gerettet hat. Und Napoleon, denk mal dran, hat sich gegen Eisenkopf stellen müssen, gegen seinen eigenen Stamm, damit er uns retten konnte.«

Die Verzweiflung wich aus Chalines Augen, doch Tränen begannen in ihnen zu schimmern. »Und du bist mit den anderen in dem Wandletunnel geblieben«, sagte sie, »damit wir mit dem Boot entkommen konten.«

Poch schüttelte den Kopf. »Das war wegen des Rumbelschatzes und für den Namen«, sagte er, »ich wollte bloß gewinnen. Ich hab' es nicht für andere Borribles getan. Sieh doch ein, ich muß etwas tun. Es nützt nichts, wenn wir alle zusammen hier drunten gefangen werden, nicht, wenn ich euch davor bewahren kann.«

Chalines Tränen flossen nun. »O Poch«, sagte sie,

»ich will nicht, daß sie dich fangen und stutzen. Ich will nicht, daß du alt wirst und stirbst.«

Poch blinzelte und wog den letzten Stein in der Hand. »Ich weiß«, sagte er, »aber du und die anderen, ihr müßt überleben, und das ist die einzige Möglichkeit, die mir einfällt. Sam muß Snuffkin entkommen, und ihr müßt alle in eure eigenen Viertel zurück, damit ihr immer wieder die Geschichte erzählen könnt und die anderen Borribles die Wahrheit erfahren. Denk nur an das, was die SBE in Umlauf setzen wird. Wenn wir nicht erzählen, wie es war, wird's niemand tun. Die Borribles müssen hören, daß sie Borribles bleiben sollen, und vor allem müssen sie das mit Scooter erfahren. Wenn Erwachsene zu Borribles werden können ... dann kann alles noch kommen ... stell dir das vor! Kannst du glauben, daß Snuffkin das irgend jemand erzählt, selbst wenn er's wüßte? Das würde streng geheimgehalten. Komm, Chaline, du weißt, so ist es richtig, und besser als ich. Wenn es irgendeine Möglichkeit gibt, daß ihr hier lebend rauskommt, dann müßt ihr's tun. Ihr wißt mehr darüber, wie man borriblemäßig lebt, als irgend jemand sonst.«

Chaline senkte den Kopf, und das, was von ihrem Gesicht noch zu sehen war, verschwand im Schatten. »Ach, Poch«, sagte sie. »Ich liebe dich.«

Poch schluckte. »Und ich dich«, sagte er, »und all die anderen. Deshalb tu ich's. Es mag jetzt so aussehen, als ob wir gegen Snuffkin verlieren, aber das stimmt nicht, im Gegenteil.«

»Ich weiß, Poch, aber was machst du, wenn sie dir die Ohren stutzen?«

Poch tat, als lachte er. »Die haben keine Chance, mich zu fangen«, sagte er, »nicht die geringste ... aber wenn, dann glaub' ich, ich würde so viel wie möglich von unserer Geschichte aufschreiben, ehe die Erinnerung verblaßt, ehe sie mich zum Vergessen zwingen. Das würde den Leuten zeigen, was es heißt, ein Borrible zu sein und wie wir für Sam gekämpft haben und so. Das würde ich machen.«

Es war eine Weile still, als Poch mit seiner Rede zu Ende war, aber Chaline hob rasch wieder ihr nasses Gesicht und sah ihn an; er konnte seine Trauer nicht länger verbergen, und seine Tränen flossen, und er ließ sie fließen.

»Leb wohl, Chaline«, sagte er, »leb wohl, und laß dich nie erwischen.« Seine Stimme brach, und er schluchzte, und mit dem Aufschluchzen schob er den letzten Stein in die Öffnung und schmierte mit dem Daumen den Mörtel ringsherum und sah Chaline nicht mehr. Dann sank er auf die Knie und lehnte die Stirn gegen die Mauer. »Lebt wohl, ihr alten Halunken«, flüsterte er, »leb wohl, Sam. Bleibt Borribles, bleibt Borribles.«

Ein paar lange Minuten blieb Poch, wo er war, und regte sich nicht, obwohl er im Innersten wußte, daß er keine Zeit hatte, sich seiner Traurigkeit zu überlassen. Die Polizei konnte jeden Moment kommen, und er hatte noch viel zu tun.

Mit einem tiefen Seufzen stand er auf und wischte sich mit der Manschette die Augen ab. Als er klarer sehen konnte, nahm er die Kelle und grub ein großes Loch, in das er den Rest des frischen Mörtels hineinkratzte; dann vergrub er die Kelle selbst und füllte das Loch mit Erde und Schutt. Dann hob er Fäustevoll Schmutz und Staub und warf sie gegen die eben errichtete Mauer, daß nach und nach der hellere, feuchte Zement denselben Farbton wie die ihn umgebende Mauer annahm und sich nicht mehr unterscheiden ließ – die Mauer war nur noch irgendein Teil der Backsteinhaut, welche die Untergrundbahn Londons umhüllte.

Poch war noch nicht zufrieden. Er hockte sich nieder und glättete den Boden mit den Fingern und verstreute dann überall Hände voll Staub und Splitt, um die Fußspuren der Abenteurer auszulöschen. Als dies geschehen war, holte er eine alte Bank, eine kaputte Leiter und eine Menge altes Werkzeug und legte und lehnte alles vor die Mauer, so daß es, wie er hoffte, zufällig weggestellt aussah. Endlich trat er zurück und besah sein Werk, und er mußte zugeben, daß selbst im grellen Neonlicht die SBE schon sehr viel Glück haben mußte, um den Eingang zu dem alten Transformatorenraum zu entdecken. Poch lächelte. Ja, mit ein klein wenig Glück würden die Abenteurer davonkommen.

Ein rauher Schrei in der Ferne brach in seine Gedanken, und mit einem raschen Blick in die Runde rannte Poch zur Kontrollkabine, sprang auf das Gleis und spähte in den Tunnel nach Norden. Nun kamen die Dinge in Gang. Man konnte von weitem die zweite Hälfte von Snuffkins Zangenbewegung sehen – Lampen, blaue Uniformen, Helme und Plastikschilde, in einer Reihe quer über die Schienen langsam vorrückend.

Ohne Zögern sprang Poch vor, daß man ihn sehen konnte, schwenkte die Arme über dem Kopf und schrie, bis er sicher war, daß man ihn bemerkt hatte. Sobald das geschehen war, drehte er sich um und rannte an dem zurückgebliebenen Zug entlang, ohne innezuhalten, bis er den ersten Wagen erreicht hatte. Dort schaute er vorsichtig um die Ecke, um zu sehen, was im Tunnel zur Swiss-Cottage-Station geschah.

Was hier vor sich ging, war etwas verwirrend. Am Eingang standen etwa fünfzig Polizisten in kleinen Gruppen beisammen und besprachen sich, ohne vorzurücken oder auch nur das Terrain abzusuchen. Sie wirkten erschrocken und beunruhigt. Ein rauchiger Staub schwebte in der elektrisch aufgeladenen Luft über ihren Köpfen, und in seinem Glanz vibrierte noch die Erschütterung des großen Aufpralls.

Poch überlegte ratlos. Was war geschehen? Die Polizisten machten einen verschreckten Eindruck, als sei ihnen ein großes Unglück zugestoßen. »Die müssen wir mal an ihre Berufspflichten erinnern«, sagte er sich und sprang wieder hinaus, daß man ihn sah, und schoß eine Salve von Steinen ab; ohne abzuwarten, was dies für Gegenmaßnahmen auslösen würde, schrie er eine Verwünschung und fegte davon.

Seltsamerweise gab es keine Verfolgung. Poch verlangsamte seinen Schritt, trabte eine Weile dahin und ging schließlich bis zum Stellwerk. Er sah durch die Tür: Die Leiche Napoleons lag immer noch allein und mit gekreuzten Armen auf dem Tisch. Poch betrat den Raum, setzte sich auf einen Stuhl und starrte seinen toten Freund an. »Dann bleibe ich bei Napoleon«, sagte er laut, »und laß sie mich hier finden.«

Und wie Poch wartete, kam wieder die furchtbare Einsamkeit über ihn, und er dachte an Chaline und die anderen, die in ihrem Versteck auf ihre Zeit warteten. Er hatte Chaline nicht alles gesagt, längst nicht alles. Sein Plan hatte einen schwachen Punkt, der ihm Kopfschmerzen machte. Snuffkin müßte sich eigentlich Gedanken über die fehlenden Zwerge machen. Ob er sie nicht alle beim Einmarsch in den Tunnel, beim Rückzug gezählt haben würde? Poch hoffte nicht. An jenem Abend, als er, Napoleon, Switch und

Treld als Zwerge in den Wohnwagen gekommen waren, schien sich Snuffkin nicht besonders viel um die tatsächliche Anzahl seiner Hilfstruppen zu scheren oder auch nur um ihre Namen. Vielleicht war das immer noch so.

Poch hatte diesen Schwachpunkt absichtlich für sich behalten; er hätte seinen Versuch, Chaline zu überreden, noch schwieriger gemacht, sie hätte sich noch mehr gesträubt, ihn gehen zu lassen. Poch lehnte sich vor und glättete Napoleons Jackenkragen und strich ihn richtig hin. Er wußte, daß sein Plan nicht die geringste Aussicht auf Erfolg hatte, wenn nicht er, Poch, gefangen und erkannt würde und bei dem Verhör dann Snuffkin wissen lassen konnte, daß die anderen Borribles tot waren. Aber er durfte nicht zu übereifrig vorgehen. Im Gegenteil, er würde darauf bestehen, daß die Borribles entkommen waren, und Snuffkin – seiner Natur entsprechend – würde mit Mißtrauen reagieren. Dann würde Poch unter den nun folgenden Drohungen zusammenzubrechen beginnen und genau das sagen, was die Polizisten hören wollten, aber er würde es so sagen, als sei es das Letzte, was er sie wissen lassen wollte. Es war die einzige Methode, Snuffkin davon zu überzeugen, daß die SBE gewonnen hatte. Es würde ein schreckliches Opfer sein, das höchste, sich selbst so auszuliefern, und Poch wußte, daß am Ende für ihn der lebende Tod stehen würde – aber es gab sonst nichts, gab keinen Weg.

Er legte den Finger an Napoleons kalte Wange und dachte an die Vergangenheit – die Große Rumbeljagd, den Wandlefluß und Eisenkopfs tiefen Schacht, an den Kampf des Wendelhäuptlings mit Zoff ... jetzt beide tot ... und Napoleon auch tot. Wer hätte es nach so viel Abenteuern für möglich gehalten, mit all dem Leben, das in ihm steckte? »Verdammte SBE«, sagte Poch, »wenn sie uns nur in Ruh' gelassen hätten.«

Pochs Kopf begann zu nicken. »Ich muß sichergehen«, sagte er, »ich muß sichergehen, daß ich mich an jede Einzelheit dieser Abenteuer erinnere. Ich darf's nie vergessen. Diese Geschichte darf nicht verloren gehen.« Und Poch nahm Napoleons Hand und legte seinen Kopf auf den Arm des Wendels. Er schloß die Augen, nur für eine Sekunde, um sein wehes Herz zu stillen und alles Böse der Welt auszuschließen, doch erschöpft durch den Mangel an Nahrung und durch all die Kämpfe und Rennereien war er gleich tief eingeschlafen.

Er erwachte, als eine grobe Hand ihn brutal an der Schulter schüttelte. Als er erwachte, griff sich eine andere Hand einen großen Büschel seines Haars. Poch wurde vom Stuhl gezerrt, und als seine Augen sich öffneten, sah er, daß die Kontrollkabine gedrängt voll war mit den Männern der SBE, die Schirme auf die Helme hochgeklappt, grinsend ihre großen viereckigen Zähne zeigend und mit siegesstrahlenden Gesichtern.

»Komm schon, du gottverdammter Mörder, her mit dir«, sagte eine Stimme, und Pochs Arme wurden ihm auf den Rücken gezogen, und dann wurden ihm Handschellen angelegt.

»Wie heißt du?« sagte der zunächststehende Polizist und drehte seine Hand tiefer in Pochs Haar.

»Poch«, sagte Poch, »und hör auf, mich am Haar zu ziehen.«

»Wer zieht dich denn hier am Haar?« sagte der Polizist und zog noch stärker.

Ein anderer Polizist kam um den Tisch herum und schob die Hand unter Napoleons Kopf, den er in die Höhe hob, um ihn genauer ansehen zu können. »Welcher ist das?« fragte er. »Gemeine Visage hat der Typ.«

»Das ist Napoleon«, sagte Poch. »Er ist jetzt tot, brauchst keine Angst zu haben.«

Pochs Kopf wurde nach hinten gerissen, und man drängte ihn zur Tür. »Raus hier, Freundchen«, sagte der, der ihn gefangen hatte. »Raus und keine so kesse Lippe, oder ich bring' dir persönlich Manieren bei.«

Mit dieser Warnung wurde Poch aus der Tür des Stellwerks gestoßen und draußen von oben bis unten durchsucht. Seine Schleuder und sein Messer wurden gefunden; dann teilte man ihm eine Wache von vier Männern zu, die ihn im Polizeigriff die Schienen entlang Richtung Swiss Cottage führen sollten. Als Poch vorwärtsgedrängt wurde, sah er überall Gruppen von Polizeibeamten, wie sie die Züge durchsuchten und unbekümmert über die Schienen gingen, die nun, nachdem der Strom abgestellt worden war, wieder sicher waren.

Die Hand zog ihn wieder am Haar. »Du sagst uns mal besser, wo deine Kumpel stecken«, sagte der Polizist, der ihn verhaftet hatte.

Poch drehte seinen Kopf herum, so weit es ging. »Weit weg, Plattfuß, weit weg, wo ihr sie niemals findet.«

»He!« sagte ein anderer von den Polizisten, hielt Poch an und hockte sich vor ihn, daß sein Gesicht auf einer Höhe war mit dem des Borribles. »Das warst nicht vielleicht zufällig du, der den Strom angeschaltet und den Zug in Gang gesetzt hat?«

Poch zögerte und fragte sich, was er hier wohl am besten antworten sollte. Wenn sie ihn fragten, hieß das, daß sie es nicht selbst getan hatten, wie er geglaubt hatte. Er könnte sagen, Napoleon sei verantwortlich gewesen ... aber die SBE-Beamten wollten lieber einen lebendigen Gefangenen als einen toten, wollten jemand, an dem sie ein wenig ihr Mütchen kühlen konnten. Poch sah dem Polizisten in die Augen – er sah rundlich, eigentlich beinahe freundlich aus. Ein kleines Speichelbläschen saß auf seinen Lippen. »Ich war's«, sagte Poch, »ich hab' den Strom angeschaltet und hab' ihn dann angelassen.«

Der Polizist lächelte wie ein Gehirntumor und stand langsam auf; seine großen Knie knackten. Die anderen drei Beamten kamen näher und bildeten einen Kreis um den kleinen Borrible. Poch schaute hinauf in ihre Gesichter.

»Hoho!« sagte der, der ihm gerade die Frage gestellt hatte. »Du kommst direkt in den Bau. Dir stutzen sie die Ohren, und dann mußt du arbeiten, bis du tot umfällst. Du kommst nie mehr raus!« Und das Lächeln erstarb auf seinen Lippen und wich einem Ausdruck ungeheuren Zorns. »Ich bin froh, daß wir dich lebend gefaßt haben«, sagte er. »Du bleibst 'nen Monat in der Luft, mit dir spielen wir Handball. Du hast Inspektor Snuffkin und Sergeant Hanks umgebracht. Sie im Tunnel an einem Stromschlag sterben lassen und dann den Zug drüber gefahren. Das ist Mord, Freundchen, Mord! Und dafür zahlst du den Rest deines Lebens.«

Poch starrte reihum in die großen Gesichter über ihm und fragte sich, ob sie die Wahrheit sagten. Angst rührte an sein Herz, das stolpernd einen Schlag ausließ. Jetzt würden sie's ihm besorgen, er würde so lang wie möglich leiden müssen. Aber dann ließ die Angst nach, und er dachte an Chaline, und die Angst wurde zu Stolz. Chaline hatte, ohne daß sie es direkt beabsichtigt hatte, geschafft, was niemand sonst geglückt war. Durch reinen Zufall, verzweifelt und frustriert, hatte sie für alle Borribles überall einen starken Schlag gelandet. Poch lächelte; Chaline hatte immer einer seltsamen Weisheit gehorcht.

Ein harter Streich fegte ihm das Lächeln vom Gesicht und warf ihn zu Boden. »Da lachst du drüber, was?« sagte einer der Bewacher. »Du herzloses Schwein. Dir vergeht noch das Grinsen, bevor wir mit dir fertig sind. Los, weiter!«

Wieder wurde Poch an den Haaren hochgezerrt und vorangetrieben. Oft stolperte er, und der Hieb schmerzte ihn noch stark, aber sein Herz sang. Wenn die anderen das erfuhren!

Wenn sie das hörten!

Am Ende des Zuges kamen Poch und seine vier Wachen auf die freie Fläche, wo Napoleon mit Drillich gekämpft hatte. Hier standen noch mehr SBE-Beamte und in ihrer Mitte ein hochgewachsener Mann, wunderschön adrett gekleidet und auf einen ordentlich aufgerollten Regenschirm gelehnt. Es war der SPP, und er trug einen breitkrempigen Homburg und einen dunkelblauen Nadelstreifenanzug. Achtlos wie ein Cape um die Schultern geworfen hing ein marineblauer Alpakamantel.

Hinter dem SPP suchten Dutzende von Polizisten den Boden ab und schauten in jedes Eckchen und jeden Winkel. Immer mehr trafen jeden Augenblick aus allen Richtungen ein und brachten Nachrichten auf kleinen Zetteln, die der SPP studierte, ehe er sie an einen Konstabler mit einem Clipboard weiterreichte, der in seiner Nähe stand. Poch konnte sehen, daß man am Eingang des nach Süden führenden Tunnels einige verkohlte Leichen zusammengetragen hatte. Das mußten die Zwerge sein.

Es herrschte große Aufregung unter den lebhaft aufeinander einredenden Polizisten, als Poch mit seinen vier Bewachern erschien. Der SPP sah aufmerksam zu, wie sich die Gruppe näherte. Als er die Distanz für gering genug hielt, hob er seinen Regenschirm und zeigte auf den zerzausten und schmutzigen Borrible.

»Was ist das Ding da?« fragte er, und seine Upper-Class-Stimme quetschte die Vokale flacher als Kopfkissenbezüge in der Mangel.

»Das ist ein Rädelsführer, Sir«, sagte eine von Pochs Wachen. »Poch ist sein Name. Der war von Anfang an dabei. Diese Geschichte in Southfields, Tautröpfchen und Sohn, Mord, Sir. Aus der Präventivhaft in Clapham-Süd entsprungen. Wieder ein Mord am King's Cross. Die Liste ist endlos. Indem wir den hier sichergestellt haben, haben wir die Nabe aus den Speichen rausgeschlagen, Sir. Sozusagen. Er gibt auch zu, daß er den Schalter umgelegt hat, der den Strom ausgelöst hat, mit welchem der Zug gefahren ist ...« – der Polizist senkte respektvoll die Stimme – »der Inspektor Snuffkin und Sergeant Hanks umgebracht hat.«

Der SPP zog eine Augenbraue hoch. »Das war der, was?« sagte er nasal. »Nun, dann schulden wir ihm einiges und müssen schauen, daß er auch alles bekommt, wie? Und seine kleinen Freunde, wo sind die?«

Konstabler Blume sah auf sein Clipboard und mischte sich in die Unterhaltung. »Nach Inspektor Snuffkins Notizen«, sagte er, »die auf streng geheimen Berichten von gewissen asozialen Elementen beruhen und die er in unserem Borriblecomputer gegeneinander gecheckt hat, Sir, also diesen Informationen zufolge haben wir zehn Borribles verfolgt, Rädelsführer aus vielen Stämmen. Das hier muß Poch aus Battersea sein.«

Der SPP nahm Blume das Clipboard aus der Hand und blätterte flüchtig in den einzelnen Papieren, ehe er es wieder zurückreichte. »Was bedeutet das Wort ›Drillich‹ in diesem Zusammenhang?« fragte er. »Kommt ständig vor in den Berichten.«

Poch fühlte, wie sich der Polizist neben ihm verkrampfte: Die Finger in seinem Haar spannten sich.

»Ah ja, Drillich, Sir.« Blume blätterte in seinen Berichten herum und tat so, als suche er eifrig nach etwas. »Ah! Jawohl, Sir. Hier haben wir's. Drillich war der Codename für den Computer, Sir. Der hieß Drillich.«

Der SPP nickte und vergaß das Ganze. Er hatte nur irgendeine Antwort haben wollen. Wieder wandte er sich zu Poch und blickte auf ihn hinunter.

»Und wo sind deine Komplizen, guter Mann? Schwere Vergehen, die dir da zur Last gelegt werden. Kein Ausweg, mein Lieber, es gibt da keinen Ausweg. Aber ich könnte mir mildernde Umstände überlegen, wenn du hilfsbereit bist. Die Ohren müssen runter, selbstverständlich, aber es gibt so was wie Anästhesie. Wir könnten die Anklage auf Totschlag anstatt auf Mord lauten lassen, du wärst nur halb so lang drinnen, aber dann mußt du jetzt auch alles laut und deutlich verpfeifen, was du weißt. Könntest du das?«

Poch schüttelte den Kopf. »Die anderen sind durchgekommen«, sagte er. »Mehr sag' ich nicht, die fangt ihr nie.«

Ein Schlag hieb auf den Borrible, und er stolperte gegen den Körper des Polizisten, der ihn immer noch am Haar festhielt. »Sag Sir, wenn du dem SPP antwortest«, sagte eine Stimme.

»Leck mich«, sagte Poch und fing sich einen weiteren Schlag ein.

Der SPP gähnte und hob eine Hand. »Schon gut«, sagte er. »Nicht in meiner Gegenwart, wenn es euch nichts ausmacht, Leute. Also, Blume, wie ist das mit den Komplizen?«

Blume sah wieder auf sein Clipboard. »Acht Leichen gefunden«, sagte er, »alle mit spitzen Ohren, aber alle durch Stromstoß verbrannt und nicht mehr zu identifizieren.«

»Tatsächlich«, sagte der SPP, und diesmal zog er beide Augenbrauen hoch. »Sie scheinen nicht nur Snuffkin, sondern auch sich selbst durch die elektrische Eisenbahn beseitigt zu haben. Wie ordentlich.« Er ließ ein-, zweimal zufrieden seinen Regenschirm wirbeln. »Acht Leichen, und der hier, macht neun ... einer läuft noch frei herum, was?«

Einer von Pochs Bewachern trat vor. »Verzeihung, Sir, aber – nein, Sir. Es liegt noch eine Leiche im Stellwerk, etwas weiter drüben. Definitiv ein Borrible. Spitze Ohren, einwandfrei tot. Napoleon mit Namen, gemeines Stück aus Wandsworth, was sie, glaub' ich, einen Wendel heißen. Das macht zehn.«

»Sie sind geflohen, sie sind durchgekommen«, sagte Poch. »Die Leichen, das sind keine Borribles, ihr wißt, das stimmt nicht, es ist jemand anders. Ich nehme an, Napoleon ist im Kampf gegen einen Computer gefallen, hm?«

»Was geht hier vor?« fragte der SPP. Wieder zeigte er mit dem Regenschirm auf Poch.

Blume starrte Poch drohend an, als wollte er ihn auf der Stelle töten. »Hat nichts zu bedeuten, Sir«, sagte er.

»Ich glaube, dieser Borrible ist ein wenig verrückt, Sir, nachdem er alle seine Freunde auf so schreckliche Weise verloren hat. Er hat wahrscheinlich seit Tagen nichts gegessen. Borribles halten es nicht lang ohne Nahrung aus, Sir.«

Der SPP ließ mit einer Handbewegung eine blendendweiße Manschette aufblinken und sah auf die Uhr. »Ich auch nicht«, sagte er, »oder ohne einen Rotwein. Können wir jetzt voranmachen? Ich muß sagen, es käme mir sehr gelegen, wenn ich so bald wie möglich einen hübschen Bericht, klar und eindeutig, in Downing Street vorlegen könnte. Gut! Zehn Borribles, das ist geklärt. Was ist jetzt mit dem Pferd? Ist nicht auch das Pferd wichtig?«

Blume legt den Kopf bedeutungsvoll schief. »Sehr wichtig, Sir, aber das ist schon längst geklärt«, erläuterte er. »Wir sind der Überzeugung, daß das Pferd nicht vom Schlachthaus hierhergebracht worden ist. Die meisten der Tiere sind hinauf nach Hampstead Heath entkommen, Sir, obwohl es Berichte über Kühe und Pferde bis hinüber nach Potter's Bar gibt. Jedenfalls sind alle wieder eingefangen und zurück in den Schlachthof gebracht worden. Und das wär's. Alle geschlachtet, Sir, und das Pferd der Borribles sicherlich darunter. Die sind ihr Maskottchen los, und die Mordfälle von Southfield sind endlich geklärt.«

»Hervorragend«, sagte der SPP. »Tut einem leid um das Pferd, aber was will man machen. Jede Katze braucht ihr Katzenfutter, was? Das gehört zu den merkwürdigen Widersprüchen der Verantwortung, wir müssen manchmal grausam sein, um besser zu helfen. Noblesse oblige und so weiter, was?«

»Jawohl, Sir«, sagte Blume, und hob sich ein-, zweimal auf die Zehenspitzen.

Der SPP betrachtete Poch noch einmal. »Also«, sagte er schließlich, »sieht so aus, daß er der einzige Überlebende ist. In diesem Fall, Blume, schauen Sie zu, daß er ins SBE-Hauptquartier kommt und wie üblich verhört wird, dann die Ohren stutzen und in Verwahrung. Wenn er alt genug ist, ins Gefängnis.«

»Jawohl, Sir! Sofort!«

»Und was die Medien angeht, erwarte ich von Ihnen hier hübsch sorgsame Schachzüge, Blume. Es gäbe eine Panik, wenn die Leute erfahren würden, wieviel Borribles es tatsächlich gibt, und was sie alles anrichten. Die Regierung *insistiert* auf strengstem Stillschweigen, was diese ganze Chose angeht. Die Geschichte, die an die Öffentlichkeit geht, und schreiben Sie sich das gut hinter die Ohren und ihren Leute auch, ist, daß eine Bande Skinheads oder Punks oder wie immer die sich heutzutage nennen hier heruntergekommen ist und sich eine Schlacht mit einer anderen Gang geliefert hat, Junkies, Schnüffler, was weiß denn ich. In dieser Art. Kein einziges Wörtlein über Borribles! Bedenken Sie, mein lieber Blume, die besten Lügen hören sich so vernünftig an, daß es ein absurdes Fehlurteil wäre, sie nicht zu glauben. Es macht die Leute nervös, wenn sie von etwas hören, das sie nicht begreifen. Soweit es den breiten Mann auf der Straße betrifft, gehören die Borribles in die Welt der Hobbits, Elfen, Wichtel und Osterhasen, und da müssen sie bleiben. Man darf niemals an sie glauben.«

Blume machte sich eine Notiz auf seinem Clipboard. »Ich hab' nie an sie geglaubt, Sir«, sagte er. »Mein Vati hat mir eins auf den Kopf gegeben, wenn ich Borribles auch nur erwähnt hab'.«

Der SPP schob mit seinem glänzend blankgeputzten Schuh ein loses Steinchen zur Seite. »Eben, eben«, sagte er. »Im übrigen werde ich eine lange Verlautbarung über Snuffkin und Hanks an die Presse geben. Sie kennen das ja – wie stolz Snuffkin gewesen wäre, der Ehrgeiz seines Leben in seiner größten Stunde erfüllt, so wenige, so vieles für so viele erkämpft, tapferer Tod unter den Straßen Londons in einer Schlacht, um eben diese Straßen sauberzuhalten und in Ordnung. Rückgrat der Nation, ein Beispiel für uns alle ... der ganze Riemen, was?«

Konstabler Blume lächelte leer. Er sah verblüfft aus, und der SPP trat näher zu ihm hin und senkte die Stimme.

»Schauen Sie nicht so geschmerzt, Blume, Sie wissen doch, es ist immer besser, einen toten Narren zu loben, als sich um einen lebenden zu scheren.« Der SPP lachte laut über seinen eigenen Esprit, ließ seinen Regenschirm kreisen und zwinkerte Poch zu. »Ihr Borribles seid nicht die einzigen mit einem Schatz von Sprichwörtern, wie man sieht«, sagte er und lachte wieder in sich hinein, ehe er fortfuhr:

»Sehen Sie, Blume, je mehr wir Snuffkin und Hanks rühmen, desto mehr Ruhm fällt für uns dabei ab. Deshalb muß der Inspektor postum einen Orden bekommen und einen Nachruf in der *Times,* und Hanks wird in Tagesbefehlen speziell erwähnt und kriegt ein Militärbegräbnis mit dem Sarg auf der Lafette, keine Kosten gescheut. Alles hübsch ordentlich und aufgeräumt, nur ein kurzer kleiner Geheimbericht von mir an das Regierungsoberhaupt. Und später wird es dem Kabinett natürlich klar werden, daß ich die richtigen Männer mit dieser Aufgabe betraut habe, einfach, weil sie bereit waren, in Ausübung ihrer Pflicht zu sterben, und weil ich solchen Scharfblick bewiesen habe, werde ich schließlich und endlich geadelt. Ich war der richtige Mann, der am richtigen Ort das Richtige gesagt hat, Blume.«

Blume schniefte trotzig und machte sich Notizen. Er wirkte nun nicht nur verblüfft, sondern auch beleidigt, was der SPP bemerkte. Er legte dem Konstabler sanft die Hand auf den Ellenbogen.

»Mein lieber Blume«, sagte er, »dieser Satz gilt nicht nur für mich, sondern auch für Männer Ihres Ranges. Auch Sie befinden sich zur richtigen Zeit am richtigen Ort. Wie Sie wissen, benötige ich einen neuen Kommandanten für die SBE, und er ist bereits erwählt: Superintendent Birdlime ist in diesem Augenblick auf dem Wege hierher, um den Befehl über die Männer zu übernehmen ... aber ich weiß, er wird einen Assistenten brauchen, und ich bezweifle nicht, daß er in dieser Angelegenheit meinem Rat folgen wird, vor allem, wenn ich ihm sage, daß ich genau den richtigen Mann habe ... einen Mann voll Diskretion und Energie. Ja, Blume, Sie sind's. Nein, danken Sie mir nicht. Ich weiß, Sie werden auf diesem Posten ganze Arbeit leisten. Wir haben Sie immer im Auge behalten, wissen Sie. Es ist die erste Sprosse der Leiter.«

Konstabler Blume errötete und wurde mindestens zwei Zoll größer. Er schaute stolz auf die vier Polizisten, die immer noch Poch bewachten. »O danke, Sir«, sagte er, »o ich danke Ihnen.«

»Ja, natürlich«, sagte der SPP. »Jedoch – ich muß Ihnen gleich sagen, daß sich die Dinge ein wenig ändern werden. Birdlime ist ein neuer Besen und muß einiges fortkehren. Snuffkin hatte verschwenderische Angewohnheiten und gab zuviel Geld für diese Anti-Borrible-Operationen aus, und Sie wissen, wie sehr diese Regierung auf Sparsamkeit achtet. Jedenfalls müssen wir uns nun, da die Rädelsführer der Borribles beseitigt sind, einschränken ... das ist Ihr Job, Blume, Ihrer und der von Birdlime. Verstehen Sie mich? Weniger Männer, weniger Streifen, weniger Mannschaftswagen. Wir müssen die Fühler ein wenig einziehen.«

Blume strahlte immer noch. »Das ist kein Problem, Sir, ich kann's Ihnen versprechen. Wir haben das eigentliche Borribles-Problem hinter uns, da bin ich sicher.«

Der SPP nickte und schaute zufrieden drein. »Ich wußte, Blume, ich kann auf Sie zählen, ich wußte es.« Sein Blick fiel wieder auf Poch. Er hob den Regenschirm und deutete damit auf die vier Wachen. »Führt den Gefangenen ab, Leute, und seid vorsichtig mit ihm. Den muß ich dem Minister zeigen. In Whitehall machen Sie sich nichts aus Katastrophen und Desastern, Blume, solange am Abend des langen Tages Leichen und Gefangene vorgezeigt werden können. Das lehrt die Nation, daß solche Kalamitäten eigentlich ein Segen sind, weil man etwas davon hat, wenn es auch im Grunde nur ein Schlag ist, den man sich auf die eigene Nase versetzt. Gut! Also! Laßt diesen Straßenläufer nicht entkommen, der ist sehr wichtig. Nun, Blume, ich muß mir jetzt den Rest der Leichen ansehen, folgen Sie mir.« Und mit einem letzten schneidigen Wirbeln des Schirms ging der SPP zum Stellwerk hinüber, wobei er zierlich über die Schienen hinweg schritt, Blume an seiner Seite. Das Gesicht des Polizisten zeigte grenzenlose Zufriedenheit; er sah überaus glücklich aus.

Er wäre vielleicht nicht ganz so selbstzufrieden gewesen, wenn er es noch der Mühe wert gefunden hätte, einen Blick auf Poch zu werfen, den die vier Wachen wegeskortierten. Auch auf dem Gesicht des

Borribles lag ein entzücktes Lächeln, und er schritt zuversichtlich und froh dahin. Pochs Herz fühlte sich nicht mehr winzig eingeschrumpft an – jeden Augenblick schwoll es mehr vor Glück. Sein Plan hatte besser funktioniert, als er es sich in seinen kühnsten Träumen erhofft hatte. Kein Snuffkin, kein Hanks und eine kleinere SBE – vor allem eine SBE, die glaubte, die Abenteurer und Sam seien tot, wo sie doch am Leben und in Sicherheit waren. Poch konnte es kaum glauben. Er war so glücklich. Er hielt den Kopf hoch, seine Seele schien zu schweben, und so müde er war, seine Haltung zeigte es nicht. Er marschierte eifrig voran, so eifrig, daß die vier Polizisten sich beeilen mußten, um Schritt zu halten. Er kam an der Stelle vorbei, wo Snuffkin und Hanks unter einer Plane lagen, unter der ein verkohlter Stiefel hervorragte; weiter ging es durch den Tunnel zur Station Swiss Cottage, und endlich wurde er auf den Bahnsteig geführt, in den Anfang einer entsetzlichen Gefangenschaft – einer Gefangenschaft, aus der ihn nur der Tod befreien würde –, und doch stockte sein Schritt kein einziges Mal, und seine Entschlossenheit gab kein einziges Mal nach. Poch wußte, daß er gewonnen hatte, und er wußte auch, daß seine Freunde, die Borribles, die ihn liebten, frei waren und lebten, für immer.

14

Etwa um neun Uhr abends am dritten Tag, nachdem Poch gefangen worden war, drehte sich Orococco, im Dunkeln liegend, um. »›Nichts‹, sagt das Sprichtwort«, meinte er, »ist kein Ersatz für ein ordentliches Essen.‹« Er hatte recht: Die überlebenden Borribles waren nun ganz schwach vor Hunger, und sie wußten, daß sie sich bald auf den Weg machen mußten, weil sie sonst gar nicht mehr in der Lage sein würden, die Reise fortzusetzen. Und ihr Aufbruch mußte leise und vorsichtig geschehen. So zogen sie für den Anfang mit so wenig Geräusch wie möglich einen Stein ganz unten aus der Mauer heraus, die sie gebaut hatten, und lauschten durch das Loch auf irgendwelche Geräusche von Menschen oder Zügen. Sie hörten nichts.

Nachdem sie geduldig eine Stunde oder so gewartet hatten, stemmte Orococco, der sagte, er sei von den anwesenden Borribles der Schnellste und der Schwärzeste, noch ein paar Steine aus der Wand und schlüpfte als erster hinaus, um die Lage auszuspähen. Nach einer weiteren Stunde kam er zurück. Es war Nacht, sagte er, die Züge fuhren nicht mehr, und alle Spuren des Kampfes waren beseitigt. Es war Zeit zu gehen.

Wenn die Borribles auch schwach vor Hunger waren und von dem Mangel an frischer Luft, brauchten sie nicht lange dazu, die restliche Mauer einzureißen, und Sydney führte Sam durch den Staub des aufgegebenen Verbindungstunnels, und die Gefährten folgten. Sobald sie draußen waren, gingen sie sogleich zu dem Wasserhahn und füllten den Eimer, aus dem das Pferd reichlich trinken durfte, sowohl um seinen

Durst zu stillen wie um den nagenden Hunger etwas zu unterdrücken. Aus dem gleichen Grund tranken die Borribles selbst tief, und sobald sie bereit waren, marschierten sie davon, um wieder auf die Bahnlinie zu kommen, die sie nach Nordosten führen würde: Finchley Road, West Hampstead, Kilburn, Willesden Green, Dollis Hill und das Ende ihres Zuges – Neasden.

Es war kein schwieriger Marsch, nur noch vier oder fünf Meilen bis zu ihrem letzten Ziel, und glücklicherweise konnten sich die Abenteurer die ganze Nacht Zeit lassen. »Ist auch gut so«, sagte Torricanyon, »ich bin so wacklig auf den Beinen, daß ich nicht rennen könnte, und wenn die gesamte SBE hinter mir her wäre.«

An den leeren Geleisen entlang und durch die öden Bahnhöfe stolperten die acht Freunde, unter großen Schmerzen weiterschleichend, jeder Schritt eine große Willensanstrengung, ohne noch Energie zum Sprechen zu haben. Orococco ging als Späher voran, und Zwielicht ging als Nachhut, doch sie trafen auf keine Gefahren und kamen an keine Fallen. Dank Poch war die SBE sicher, daß die Abenteurer und das Pferd ganz gewiß umgekommen waren. Was die Polizei betraf, war die Bedrohung durch die Borribles erledigt.

So trafen die Fliehenden auf keine Feinde, und irgendwo, noch vor der Morgendämmerung, stieg der enge Tunnel zur Oberfläche der Stadt empor, und die Borribles standen endlich wieder im Freien. Statt der tiefen, erdrückenden Düsternis und der verbrauchten Luft der Untergrundbahn standen sie nun in dem hohen Dunkel der sich wie eine Kathedrale wölbenden Londoner Nacht; die leise Berührung frischer

Feuchtigkeit streifte ihre Gesichter. Gelegentlich rissen die Wolken, und eine Sekunde lang blinkte der silberne Rand des Mondes wie eine Klinge auf, verschwand und blitzte wieder hervor. Sam spitzte froh die Ohren, schritt leichter aus und wieherte zufrieden. Auch er schien zu wissen, daß das Ende der langen, langen Reise bevorstand.

»Ja, Sam«, sagte Sydney, als sie ein Stück weitergelaufen waren, »jetzt ist es nicht mehr weit.« Und sie ging mit Sam neben sich an die Spitze der Kolonne; sie brauchte kein Licht und keine Karte, um sich hier zurechtzufinden – das war ihr Revier, und es war nur recht, daß sie die Führung übernahm.

Sie führte sie weiter, bis die Abenteurer durch die Station Neasden schritten, und alle Straßen und Gassen Londons schwiegen auf allen Seiten, und ein großes Triumphgefühl überkam die Borribles allein deshalb, weil sie nun nach allem, was sie durchgemacht hatten, an diesem Ort waren, wenn der auch nach gar nichts Besonderem aussah.

»Ist nur Neasden«, sagte Sydney und hielt einen Augenblick auf dem Gleis an. »Ist wie überall anderswo auch, aber ich liebe es hier, und ich hab' genau den richtigen Platz für Sam … und da gibt's auch was zu futtern. Nur noch eine halbe Meile.«

Sydney hörte sich nun fröhlich an, und ihre Stimme forderte den Gefährten noch eine letzte Anstrengung ab. Es war zwischen den Dächern noch dunkel und zwischen den Wolken, aber hoch am östlichen Rand des Himmels waren die Sterne verblichen, und ein Hauch perlgrauen Lichts wurde langsam kräftiger.

Sydney ging stets weiter und führte die Abenteurer bis zu der Bahnfabrik nördlich der Hauptlinie, doch ihr Ziel lag nicht in dieser Richtung, und sie bog nach

Süden ab, in einen Teil der Stadt, der auf der Karte weiß und ohne Bezeichnung erscheint, ein Areal, das den Normalbürgern unbekannt ist und nie von ihnen betreten wird.

Die Borribles folgten ihr ohne Zögern. Sie vertrauten dem Mädchen aus Neasden und wußten, daß sie sich hier auskannte. Mit sicherem Schritt führte sie das Pferd einen abschüssigen Pfad hinab, durch struppiges Gras und bis zu einer alten Bahnarbeiterhütte aus massiven Holzplanken. Dort, vom Bahndamm her nicht zu sehen, setzten sich die Flüchtlinge mühsam hin und lehnten nebeneinander die Rücken gegen die rauhen Bretter der verlassenen Hütte. »Wartet hier!« sagte Sydney. »Ruht euch aus, aber schlaft mir nicht ein.«

Langsam wurde es Tag. Ein Zug, der erste dieses frühen Morgens, raste vorbei wie in panischer Hast, wieder in die langen dumpfen Tunnel unter der Erde zurückzukehren. Nur halb wach sahen die Borribles zu, wie das schwache Licht stärker wurde und sich Zoll für Zoll über diesen abgelegenen Teil des Planeten schob. Es war ein solch merkwürdiger Ort, an den sie hier gekommen waren: so weit, so leer, vom Rest der Welt abgetrennt, ungesehen und ungedacht.

Es war ein Areal, das aussah, als wäre es aufgrund einer Reihe sprunghafter Entschlüsse bebaut und gleich wieder vergessen worden. Ein paar seltsame Gebäude standen verloren und halbfertig da, verlassen und fensterlos, Höhlen, in denen der Wind pfeifen durfte; im Osten begrenzte die weite Kurve der North Circular Road das Gebiet, und im Süden und Westen lagen der Fluß Brent und der Sportpark von Tokyngton. Rechts durchschnitt die Marylebone-Eisenbahnlinie die weite Fläche, und links lief ein dumpf stehender Wasserarm, ein Zufluß des Grand-Union-Kanals, denn auch der Kanal hatte all die Meilen zurückgelegt und die Themse am Limehouse Basin verlassen, um im Bogen nach Norden ihr wieder bei Brentford zu begegnen. Hier hatte Sydney herkommen wollen, und dies war es, wo Sam in Sicherheit sein würde – es war ideal, hatte sie gesagt.

Das Tageslicht wurde stärker. Etwa fünfzig Meter entfernt von der Bahnarbeiterhütte stand ein alter Mann in einem ausgebleichten blauen Anorak, einem Overall mit dem Schriftzug »Gemeindeverwaltung Brent« und alten Gummistiefeln. Neben ihm standen Sam und Sydney; Sam fraß dem Alten etwas aus der Hand. Hinter dem alten Mann waren noch zehn andere Pferde und an die zwanzig Esel zu sehen, die das wilde Gras und die Disteln abweideten, welche hier wuchsen. Noch weiter entfernt standen Ziegen und lagen schlafende Hunde.

Die nassen Wolken schälten sich ab und zeigten eine neue Schicht Himmel. Die Borribles erschauerten. In der Ferne, vielleicht eine Meile weg auf der anderen Seite dieses großen leeren Dreiecks, konnten sie sehen, wo die Schlachtreihen der Häuser und Straßen weiterzogen. Zwischen diesen Straßen und der Bahnarbeiterhütte lagen die düsteren Vorratshaufen und die aufgehäuften Geräte, die den Straßenarbeitern der Gemeinde gehörten – Loren für Kies, rostige fahrbare Mülltonnen und große gelbe Maschinen zum Ausheben von Erdlöchern und zum Hin- und Herschieben des Erdreichs. Von allen Seiten dröhnte jetzt der Autoverkehr, der zur Arbeit fegte. Oben am Himmel kreischten und jaulten Düsenmotoren, als die fetten Jets sich auf den Flughafen Heathrow senkten. London fing einen neuen Tag an.

Der Mann wandte sich um und ging tiefer in das Ödland hinein, seinen Weg durch die Pferde und Ziegen, Esel und Hunde hindurch suchend. Sydney winkte den Borribles, dann folgte sie dem Mann, und Sam folgte ihr. Die Borribles stöhnten, kamen mühevoll auf die Füße und zwangen sich, voranzugehen, doch es war ein kurzer Weg. Nach nur zwei-, dreihundert Metern standen sie vor einem langen, niedrigen Schuppen aus gewellten Asbestplatten. Die Türen fehlten und waren durch zusammengebundene Säcke ersetzt. An der Südseite des Schuppens stand eine Bank, und einige der Abenteurer setzten sich hin, während die anderen sich der Länge nach auf den Boden warfen, nicht mehr in der Lage, auch nur noch einen Schritt zu tun. Es machte nicht viel aus: Sie lagen in einer kleinen Senke und fühlten sich sicher. Kein Gebäude stand so, daß es sie überragte, niemand konnte sie von der Straße oder der Bahnlinie her sehen.

Eine kurze Zeit nach ihrer Ankunft kam Sydney mit einem halben Sack Pferdefutter auf der Schulter wieder aus dem Schuppen; sie leerte ihn auf den Boden, und Sam fing an zu fressen. Innen hörte man, wie eine Pfanne auf eine Kochplatte klirrte, und dann verbreitete sich der Geruch von Speck und gebratenem Brot. Sydney verschwand wieder und kam nach einer Weile zurück: Diesmal trug sie ein aus einem Brett gesägtes Stück Holz, auf dem acht alte Bohnenbüchsen standen, alle voll mit dampfendem Tee, und sie reichte sie weiter.

Der heiße Tee wärmte die Abenteurer. Sydney trank aus ihrer Büchse und schaute ihre Freunde an. Ihre Gesichter waren schmutzüberkrustet und ölverschmiert, so daß es unmöglich war, ihre Müdigkeit zu erkennen, doch Sydney spürte sie – die Bewegungen waren steif, wie rheumatisch; keiner sprach, es flogen keine Sticheleien. Sydney starrte auf die Kratzer und Schnitte an ihren eigenen Handrücken, schaute sich die Überbleibsel der Kleider an, die sie am Leibe trug – zerfetzt, ausgefranst und dreckbesudelt.

»Sie nennen ihn Mick den Spinner«, sagte sie zu den anderen und hockte sich auf die Erde, Sam zusehend und ihm hie und da den Kopf streichelnd, »und der Platz hier heißt Mad Mick's, aber er spinnt nicht, keine Spur. Er kümmert sich nur gern um alte Pferde und Esel und so. Er rettet sie vor dem Abdecker. Die Leute bringen ihm Essen und Sachen, die er braucht, manchmal werfen sie was über die Mauern da hinten. So können wir helfen, solang wir hier sind, indem wir an den Mauern entlang das Zeug aufsammeln. Der Gemeinderat weiß, daß er hier lebt, aber hier ist so viel Platz …«

Mick der Spinner schlurfte aus seinem Schuppen, das Brett vor sich hertragend. Diesmal lagen große Erdnußbutter-Sandwichs drauf. »Speck ist in der Pfanne«, sagte er und ging wieder.

Die Borribles warfen sich wie Wilde auf das Essen, fraßen und tranken den Tee dazu in großen Zügen. Während sie aßen, sprach Sydney. Es war, als müsse sie alles erklären, nach dem, was es gekostet hatte, hierherzukommen.

»Er ist schon seit Jahren hier«, sagte sie mit vollem Mund, »aber das kümmert keinen, außer uns. Er gibt uns was zu essen, wenn wir knapp sind, und wenn er knapp dran ist, gehn wir hin und klauen ihm was.«

»Sagen tut er nicht viel«, sagte Torricanyon.

»Braucht er nicht. Er spricht die ganze Zeit mit den Tieren. Immerhin hat er mir gesagt, daß ihr bleiben könnt, solange ihr wollt, bis ihr wieder ganz erholt seid und mal wieder wirklich gutes Essen im Magen habt.«

»Ich seh' keinen Markt und keine Geschäfte«, sagte Torricanyon. »Was zu essen brauchen wir, da kannst du was von halten.«

Sydney schwenkte den Arm. »Da drüben liegen Willesden und Stonebridge«, sagte sie, »und dort Neasden, wo ich lebe. Ich kann immer hierher kommen und Sam besuchen, ist gar keine Entfernung.«

Wie sie das sagte, kam Mick der Spinner aus seiner Hütte und trug noch mehr Sandwiches herbei und verteilte sie, die ganze Zeit nickend, aber ohne etwas zu sagen. Als alle versorgt waren, ging er, um noch mehr zu machen.

»Wenn wir alle ausgeruht sind«, sagte Stonkus, »und ehe wir gehn, sollten wir uns drum kümmern, daß Mick einen Vorrat für die nächsten zwölf Monate hat. Sieht wirklich sicher aus hier.«

»Sag bloß noch nichts vom Gehen, Mann«, sagte Orococco. »Ich bin müde, und meine Beine tun weh.«

»Ich rede nicht vom Gehen«, sagte Chaline und kam plötzlich auf das Thema, an das alle dachten, das aber niemand erwähnt hatte. »Ich werde auf Poch warten.«

Stonkus holte tief Atem, tief aus dem Bauch herauf. »Wenn er nun nicht hier ankommt«, sagte er, »was dann?«

»Er kommt«, sagte Chaline. »Braucht's mehr als Snuffkin, um ihn zu fangen.«

Stonkus saß auf der Bank und schaute auf den Boden zwischen seinen Füßen, starrte an der Büchse vorbei, die er in beiden Händen hielt. »Hör mal«, sagte er, »als ich das letzte Mal mit ihm geredet habe, da hat er sich so angehört, als glaubte er nicht, daß er zurückkommt, als hätte er einen Plan … einen Plan, der es Snuffkin zeigt, aber bei dem er selbst vielleicht auch den Löffel abgibt.«

Zwielicht trank den Rest seines Tees und spuckte ein Teeblatt zwischen den Zähnen hervor. »Du hast auch mit ihm geredet, Chaline, durch das Loch in der Mauer. Was hat er dir gesagt?«

Chaline schaute hinter sich und beobachtete die Pferde, die ihre Köpfe hin und her warfen und mit den eleganten Schwänzen zuckten. Sie waren so schön, ein merkwürdiger Kontrast zu ihrer öden Umgebung, und Sam, dessen weiches braunes Fell nun vom Regen von jeder Spur der Farbe Knibbsies und der Schuhcreme Sydneys reingewaschen war, war auch schön. Es war richtig gewesen, ihn herzubringen, ein gutes Unternehmen für Borribles, wert all den Kampf und das Opfer.

Chaline schniefte. Sam hatte sein Futter gefressen und lief mit leichten Bewegungen zu den anderen Pferden hinüber, die an dem rauhen Gras knabberten, das in Büscheln neben einem Asphaltrechteck wucherte, das einmal der Boden eines Gebäudes gewesen war. Das Pferd war nun glücklich und für immer sicher. Es war nach Hause gekommen und hatte Freunde gefunden. Chaline schaute zurück zu Zwielicht und antwortete auf seine Frage. »Er hat gesagt, es gebe nur einen Weg, wie er Snuffkin davon überzeugen könnte, daß wir alle tot sind. Snuffkin muß glauben, daß all die Leichen, daß das wir sind, und Poch meinte, er könne es schaffen, indem er die Leiche von Napoleon liegen läßt, damit ihn die Bullen finden, und wenn er sich dann selbst zeigt und sich von denen durch die Tunnel jagen läßt. ›Acht plus zwei macht zehn‹, hat er gesagt.«

»War kein schlechter Plan«, sagte Bingo.

»Ob er sich absichtlich hat fangen lassen?« sagte Vulgo, »damit er sich scheinbar zwingen lassen konnte, Snuffkin eine Lüge aufzubinden, und ihn gleichzeitig denken machen, gerade das sei die Wahrheit.«

»So muß es gewesen sein«, sagte Bingo, »warum wären wir sonst so leicht weggekommen!«

»Das ist es«, pflichtete ihm Zwielicht bei. »Die SBE wußte, wir mußten irgendwo aus der U-Bahn raus, aber kein Schwanz von denen war zu sehen. Kein Wagen, keine Uniform, nicht eine Sirene.«

Es war eine Zeitlang still; alle dachten über das nach, was Zwielicht gesagt hatte.

Torricanyon kratzte sich den Kopf. »Was können wir machen?« fragte er. »Wir haben Sam hierhergebracht, wir haben den Kampf gewonnen, aber wir haben zwei von den Besten verloren, zwei von den Aller-, Allerbesten. Was können wir machen?«

Chaline rieb sich die roten Augen und stand auf. Sie schüttelte ihr schmutziges Haar frei.

»Poch hat gesagt, wir müssen in unsere eigenen Viertel zurück. Er sagte, ohne das Pferd wird das einfach ... zurück zum normalen Borribleleben. Er sagte, wir müssen die Geschichte von unserem Abenteuer erzählen, alles, gerade so, wie es geschehen ist, wann und wo auch immer, normalen Kindern so wie den Borribles. Nach solchen wie Scooter schauen, hat er gesagt.«

»Scheißdrillich«, sagte Orococco.

»Wir mußten Snuffkin hindern, Katzenfutter aus Sam zu machen, was wir auch sonst wollten«, fuhr Chaline fort. »Sam durfte nicht in Dosen im Supermarkt enden.«

»Was hat er noch gesagt?« fragte Stonkus. »Was noch?«

»Er hat gesagt, weitermachen, wie wir's gewohnt sind, teilen, was wir klauen, in Bewegung bleiben, unterwegs, uns verstecken … sich nichts bieten lassen. Wegbleiben von der Arbeit und vom Geld, sagte er, das ist der Tod für den Borrible. Seid Borribles und lebt für immer.«

»Wir haben viel gesehen«, sagte Sydney und schaute sich im Kreis ihrer Freunde um; sie nickten.

Chaline machte einen Schritt nach vorn und reckte die Arme über den Kopf, weit über London hinsehend; von der Stadt konnte man nun, wo die Regenwolken sich gehoben hatten, viele Quadratmeilen erkennen, und das alte graue Tageslicht lag wie Silber auf einer Million Dächern verstreut, jeder Dachziegel und jede Kachel, jeder Backstein und jeder Kamin hob sich scharf und genau ab. Sie wischte sich die Augen frei, eine neue Härte schien durch den Schmutz ihres Gesichts.

»Poch hat gesagt, wir sollen all das hinter uns lassen und neu anfangen. Steckt den Kummer weg, hat er gesagt, und erinnert euch an die guten Dinge, und die besten Dinge seien, einfach hierzusein und sich daran zu freuen, es zu genießen, am Leben zu sein und borriblemäßig zu leben.«

Stonkus erhob sich und stellte sich neben Chaline. Die anderen standen auch auf und sammelten sich in einer Gruppe um das Mädchen aus Whitechapel. Sie sahen zu Sam und den anderen Pferden hinüber, und dahinter zum entferntesten Rand der Stadt, wo sie blau und undeutlich verschwamm.

Stonkus legte den Arm um Chalines Schultern. »Hat er gesagt, was er macht, wenn sie ihn fangen?« fragte er, und seine Stimme brach, und er senkte den Kopf und trat mit der Schuhspitze gegen den Boden.

»Ja«, antwortete sie. »Er sagte, wir sollten nicht nach ihm suchen. Wenn er entkommt, findet er uns ... und wenn sie ihn erwischen ... es gab etwas, was er dann tun wollte.«

»Tun!« sagte Vulgo. »Was?«

»Er wollte unsere Geschichte auf der anderen Seite erzählen, das wäre das Einzige, was es noch für ihn gibt. Die Geschichte erzählen, ehe er ganz vergißt, wie es war, ein Borrible zu sein ... ihr versteht, wenn sie ihn arbeiten lassen.«

»Scheiße«, sagte Orococco.

Chaline schüttelte Stonkus' Arm fort und ging ein paar Schritte weg von den anderen und weinte allein, ein, zwei Minuten. Dann sog sie tief den Atem ein und schluckte, um das in ihr aufsteigende Schluchzen zum Verstummen zu bringen. Es gab so viel, was sie noch sagen wollte.

Die Abenteurer bewegten sich nicht; sie standen mit ihren eigenen Tränen vor London. Die Wolken waren nun heller, und ein grober Wind fetzte sie auseinander, schlug auf sie ein und legte das weiße Licht dahinter bloß und schrubbte tiefe Furchen frischer Farbe über den Himmel. Die Luft war noch feucht und schwer, aber nirgends regnete es auf die Stadt, und über der stumpfschimmernden Themse war ein kleiner Fleck tiefes Blau zu sehen.

»Der war wirklich der beste Borrible. Poch«, sagte Sydney. Sie schüttelte wild ihren Kopf, um wieder klar sehen zu können. »Er hat Sam gerettet und hierhergebracht, er war der beste von allen Borribles.«

Chaline stemmte die Hände in die Hüften und drehte sich langsam wieder zu ihren Freunden um, die müde und niedergeschlagen in der traurigen Öde bei Micks Schuppen hinter Neasden standen. Ihre Augen waren endlich trocken und glänzten von einem merkwürdigen und mächtigen Lächeln.

»Er *war* es nicht, Sydney«, sagte sie, *»ist,* vergiß das nicht.« Sie erhob eine Hand, und ohne sich umzusehen, deutete sie hinter sich auf das große häßliche Chaos Londons. »Poch ist es«, sagte sie, »er ist es.«

J. R. R. Tolkien:

Der Herr der Ringe
Normalausgabe mit den »Anhängen«
1. Auflage dieser Ausgabe
Aus dem Englischen von Margaret Carroux.
Drei Bände, zus. 1379 Seiten, mit je 16 Seiten illustr. Vorspann, Pappband mit Schutzumschlag,
Band 1: ISBN 3-608-95536-4
Band 2: ISBN 3-608-95537-2
Band 3: ISBN 3-608-95538-0

Der Herr der Ringe
Wohlfeile kartonierte Ausgabe
Drei Bände im Schuber, zus. 1257 Seiten, ISBN 3-608-95211-X

Der Herr der Ringe – Anhänge
128 Seiten, kart. im Schuber, ISBN 3-608-95149-0

Das Buch der Verschollenen Geschichten
Aus dem Englischen von Hans J. Schütz.
Teil 1: 318 Seiten, illustr., Pappband, ISBN 3-608-95306-X
Teil 2: 382 Seiten, illustr., Pappband, ISBN 3-608-95307-8

Das Silmarillion
Aus dem Englischen von Wolfgang Krege.
404 Seiten, illustr. Pappband, ISBN 3-608-95131-8

Nachrichten aus Mittelerde
Aus dem Englischen von Hans J. Schütz. 603 Seiten, Linson, ISBN 3-608-95160-1

Die Ungeheuer und ihre Kritiker
Gesammelte Aufsätze
Aus dem Englischen von Wolfgang Krege. 264 Seiten, illustr., Pappband, ISBN 3-608-95257-8

Herr Glück
Aus dem Englischen von Anja Hegemann. 105 Seiten mit 50 farbigen Illustrationen, Pappband, ISBN 3-608-95221-7

Briefe vom Weihnachtsmann
Aus dem Englischen von Anja Hegemann. 44 Seiten mit zahlreichen farbigen Abbildungen, Pappband, ISBN 3-608-95330-2

Die Abenteuer des Tom Bombadil und andere Gedichte aus dem Roten Buch
Aus dem Englischen von Ebba-Margareta von Freymann.
87 Seiten mit Abbildungen, engl. brosch.,
ISBN 3-608-95009-5

Fabelhafte Geschichten
160 Seiten, engl. brosch.,
ISBN 3-608-95034-6

Gute Drachen sind rar
Drei Aufsätze.
214 Seiten, Pappband,
ISBN 3-608-95278-0

Humphrey Carpenter
J. R. R. Tolkien.
Eine Biographie
Aus dem Englischen von Wolfgang Krege. 323 Seiten, 24 Tafeln, Leinen,
ISBN 3-12-901460-8

DIE HOBBIT PRESSE BEI KLETT-COTTA
EINE AUSWAHL

J. R. R. Tolkien:

Der Herr der Ringe
Normalausg. mit den »Anhängen«
Drei Bände, zus. 1379 Seiten, mit je 16 Seiten illustr. Vorspann, Pappband mit Schutzumschlag
Band 1: ISBN 3-608-95536-4
Band 2: ISBN 3-608-95537-2
Band 3: ISBN 3-608-95538-0

Der Herr der Ringe
Wohlfeile kartonierte Ausgabe
Drei Bände im Schuber, zus. 1257 Seiten
ISBN 3-608-95211-X

Der Herr der Ringe – Anhänge
128 Seiten, kart. im Schuber
ISBN 3-608-95149-0

Nachrichten aus Mittelerde
603 Seiten, Linson mit Schutzumschlag
ISBN 3-608-95160-1

Das Silmarillion
404 Seiten, illustr., Pappband
ISBN 3-608-95131-8

Fabelhafte Geschichten
160 Seiten, engl. brosch.,
ISBN 3-608-95034-6

Das Buch der Verschollenen Geschichten
Teil 1: 318 Seiten, illustr., Pappband
ISBN 3-608-95306-X
Teil 2: 382 Seiten, illustr., Pappband
ISBN 3-608-95307-8

Briefe vom Weihnachtsmann
44 Seiten mit zahlreichen farbigen Abbildungen, Pappband
ISBN 3-608-95330-2

Herr Glück
105 Seiten mit 50 farbigen Illustrationen, Pappband
ISBN 3-608-95221-7

Die Abenteuer des Tom Bombadil und andere Gedichte aus dem Roten Buch
87 Seiten mit Abb., engl. brosch.
ISBN 3-608-95009-5

Die Ungeheuer und ihre Kritiker
Gesammelte Aufsätze
264 Seiten, illustr., Pappband
ISBN 3-608-95257-8

Karen Wynn Fonstad
Historischer Atlas von Mittelerde
XII, 201 Seiten, über 100 zweifarbige Karten, Pappband.
ISBN 3-608-95023-0